C·H·Beck

PAPERBACK

Gabriele Krone-Schmalz

# EISZEIT

Wie Russland dämonisiert
wird und warum das so
gefährlich ist

C.H.Beck

1. Auflage. 2017
2. Auflage. 2017
3. Auflage. 2017

4. Auflage. 2017

Originalausgabe

© Verlag C.H.Beck, München 2017
Satz: Druckerei C.H.Beck, Nördlingen
Druck und Bindung: Pustet, Regensburg
Umschlagabbildungen: Autorin: © dpa Picture-Alliance/
Karlheinz Schindler; Hintergrundbild: © shutterstock
Umschlagentwurf: Geviert, Grafik und Typografie, Andrea Janas
Printed in Germany
ISBN 978 3 406 71412 2

*www.chbeck.de*

# Inhalt

## Vorwort

Wissen Sie noch, wie es in den Hochzeiten des Kalten Krieges war? Der böse Russe lauerte überall, während der gute Westen seine Werte verteidigte. «Gut» und «Böse» waren sauber verteilt, Orientierung kein Problem. Wer eine antisowjetische Politik betrieb, zählte zu den «Guten», auch wenn er Pinochet, Suharto oder Reza Schah Pahlevi hieß. Wer westlichen Interessen in die Quere kam, steckte gewiss mit Moskau unter einer Decke und gehörte beseitigt, wie Allende in Chile, Lumumba im Kongo, Mossadegh im Iran, Sukarno in Indonesien oder Nasser in Ägypten. Der Kalte Krieg war eine Zeit zynischer geostrategischer Interessenpolitik – auf beiden Seiten des Eisernen Vorhangs. Und nicht selten verstellten die klaren Feindbilder den Blick auf die Realität. Mehrfach stand die Welt am Rande eines Atomkrieges. Die Kontrahenten belauerten sich, rätselten über die Absichten des Gegners und lagen oft spektakulär daneben. Geglaubt wurde dem, der die düstersten Annahmen traf, alles andere galt als naiv.

Ein Vierteljahrhundert später wurde es komplizierter: Entspannungspolitik, Abrüstung, Gorbatschows Perestroika, die deutsche Wiedervereinigung, das Ende der Ost-West-Konfrontation. Für einen kurzen Moment schien es möglich, gemeinsam statt gegeneinander über die Gestaltung der Zukunft nachzudenken, unterschiedliche Erfahrungen in die Waagschale zu werfen und zu überlegen, wie man Völkerverständigung – immerhin eines der erklärten Ziele deutscher Außenpolitik – konkret umsetzen könnte: Jeder sollte sich sicher fühlen, allen sollte es besser gehen und strittige globale Fragen auf der Grundlage des entstandenen Vertrauens zwischen Ost und West behandelt werden. Was für eine Chance! Genau zu dieser Zeit habe ich in Moskau gelebt. Wie groß waren die Hoffnungen, wie stark war die Begeisterung und wie stabil die Motivation, gemeinsam an einer besseren Welt zu bauen. Wieder ein Vierteljahrhundert später ist nichts mehr davon übrig. Die NATO, die sich seit Ende der 1980er Jahre weder aufgelöst noch umgestaltet hat, sieht in Russland inzwischen erneut eine Bedrohung. Russland hat im Westen wieder die Rolle eingenommen, auf die früher die Sowjetunion abonniert war: die des ewigen Schurken.

Wie kommt es, dass kaum ein Tag vergeht, ohne dass die neuesten russischen Untaten angeprangert werden? Der russische Präsident Wladimir Putin erscheint in Politik und Medien geradezu als Inkarnation des Bösen, dem man auf keinen Fall trauen kann und der nichts Gutes im Schilde führt, selbst wenn er mit Blick auf internationale Krisenherde konstruktive Vorschläge macht, im Kampf gegen Terrorismus Zusammenarbeit anbietet oder alte Kontakte aus sowjetischen Zeiten nutzt, um Gesprächspartner an einen Verhandlungstisch zu bekommen, an dem sie auf Einladung des Westens gar nicht erschienen wären. Sicher: Es gibt viel zu kritisieren an Putins Politik. Aber ist er wirklich der omnipotente Bösewicht, wie ihn sich Ian Fleming, der Erfinder von James Bond, nicht besser hätte ausdenken können? Oder gibt es andere Gründe für das negative Russlandbild, das uns gegenwärtig auf allen Kanälen vermittelt wird? Geostrategische Interessenkonflikte vielleicht? Oder die Sehnsucht nach einem klaren Feindbild, das eine unübersichtliche Welt überschaubarer werden lässt und der NATO wieder eindeutige Aufgaben verschafft?

Moskau, so heißt es, sei eine Bedrohung – für den Zusammenhalt der EU, für den Frieden in der Welt und ganz konkret für die Sicherheit der osteuropäischen Staaten. Deswegen müsse der Westen Stärke zeigen, müssten Manöver abgehalten und NATO-

Truppen in die baltischen Staaten und nach Polen verlegt werden. Alles andere würde Putin nur ermutigen, seine aggressive Expansionspolitik fortzusetzen, so wie die Appeasement-Politik der 1930er Jahre Hitler nur darin bestärkt habe, dass Vertragsbruch und Gewalt erfolgversprechend seien. Doch welche Belege gibt es eigentlich dafür, dass der Kreml danach strebt, sich die baltischen Staaten einzuverleiben? Wäre das überhaupt in seinem strategischen Interesse? Woher weiß man, dass Putins Ziele expansiv sind und er den alten Einflussbereich der Sowjetunion wiederherstellen will? Könnten sie nicht auch defensiv sein angesichts einer immer mehr geschrumpften Einflusszone in den letzten Jahrzehnten? Wer agiert, wer reagiert? Und ist Putin der unberechenbare Draufgänger, als der er manchmal dargestellt wird? Oder nicht doch ein rational und strategisch geschickt agierender Machtpolitiker, der damit letztendlich berechenbar ist?

Wer früher im Westen über die Motive und Absichten der sowjetischen Führung spekulierte, den nannte man einen Kremlastrologen – auch weil die Voraussagen über die Ziele Moskaus nicht selten denselben Realitätsgehalt hatten wie Horoskope. In ähnlicher Weise wird heute über die Absichten Putins spekuliert, wobei auf die größte Zustimmung rechnen kann, wer die schlimmste Prognose stellt – doch auf welcher Grundlage eigentlich?

Müsste nicht über diese zentralen Fragen offen gestritten werden? Immerhin hängt von der Antwort ab, welche Politik wir gegenüber Russland in Zukunft verfolgen sollen. Doch diejenigen, die nicht in das «Kreuziget ihn» einstimmen, werden der Propaganda bezichtigt, als «Trolle» oder Verbreiter von «Fake News» und «Verschwörungstheorien» diffamiert, vom Kreml angeblich auf die eine oder andere Weise bezahlt oder ob ihrer bedauerlichen Naivität belächelt. Eine faire Auseinandersetzung über unterschiedliche Perspektiven kann unter diesen Bedingungen kaum noch stattfinden. Für eine Demokratie, die eine lebendige Debatte ihrer Bürger braucht, ist es fatal, wenn jemand, der auch die russische Perspektive zu beleuchten versucht, in den Verdacht gerät, «im Auftrag» zu handeln oder bestenfalls ein nützlicher Idiot einer Propagandamaschinerie zu sein, die er nicht durchschaut.

Wegen dieser vergifteten Grundstimmung habe ich das vorliegende Buch etwas anders gestaltet als meine bisherigen Bücher. In «Eiszeit» mute ich Ihnen viele Details und einen umfangreichen Anmerkungsapparat zu. Die «leichte Lesbarkeit», die Sie von meinen Büchern gewohnt sind, wird an der einen oder anderen Stelle, an der es gilt, komplizierte Zusammenhänge durchschaubar zu machen, möglicherweise nicht ganz so leicht sein. Ich will nicht ausschließen, dass «Arbeit» und «Lesefreude» – soweit das behandelte Thema Freude zulässt – sich bei der Lektüre ein wenig anders verteilen als bisher, aber da das Anliegen des Buches so wichtig ist, möchte ich es den «Hardlinern», die keine andere Position als die eigene zulassen, so schwer wie möglich machen.

Was lässt die Befürworter einer militärischen und politischen Eindämmung Putins so sicher sein, dass ihre Deutung der Realität entspricht? Ist ihre Haltung wirklich so alternativlos, dass es sich nicht zu streiten lohnt? Ist Russland unser Feind? Und wenn ja, warum? Ist eine konfrontative Politik richtig, weil sie dem Mainstream entspricht? Weil eine Mehrheit der Eliten sie vertritt? Bis kurz vor der Finanzkrise von 2008 lautete ein breiter Elitenkonsens, dass eine Deregulierung der Finanzmärkte «alternativlos», durch die Globalisierung erzwungen und überdies zum Wohle der Wirtschaft sei. Heute sagt das niemand mehr.

Von dem britischen Philosophen John Stuart Mill stammt der Satz: «Da keiner die Wahrheit besitzt, ist es gut, um die Wahrheit zu streiten.» Demokratische westliche Gesellschaften rühmen sich, genau das tun zu können und auch zu tun. Unsere Verfassung garantiert uns Presse- und Meinungsfreiheit. Pluralismus gilt als Wert. Wir sollten uns auch im alltäglichen Streit daran orientieren. Nicht jeder, der vom Mainstream abweicht, ist ein «Populist» oder ein Einflussagent fremder Mächte. Man kann auch ganz von alleine zu einer anderen Meinung kommen. Sicher, es gibt Fakten, über die sich nicht streiten lässt. Was etwa in Verträgen steht, kann man schwarz auf weiß nachlesen. Aber um auf Fragen wie: Was will Putin? Welche Politik gegenüber Russland sollten wir verfolgen? etc. unterschiedliche Antworten zu geben, braucht es keine «alternativen Fakten». Bei solch komplexen Fragen gibt es kein Richtig oder Falsch, sondern nur bessere und schlechtere Argumente.

Meines Erachtens kommt man der Wahrheit am nächsten, wenn man erstens akzeptiert, dass niemand sie besitzt, und wenn man zweitens versucht, Interessen auf den Grund zu gehen. Wem nützt das, was da passiert? Warum wird diese Information gerade jetzt verbreitet? Und es gilt noch einen Punkt zu beachten: sich und andere dafür zu sensibilisieren, nicht mit zweierlei Maß zu messen. Ob absichtsvoll oder gedankenlos, ist für die Wirkung unerheblich.

Wie soll es weitergehen? Immer mehr NATO-Soldaten und schweres Militärgerät näher an die Grenzen Russlands rücken, um Moskau ein deutliches Signal zu senden und dem Sicherheitsbedürfnis in Polen und den baltischen Staaten Rechnung zu tragen? Eine Wiederauflage des Kalten Krieges? Was ist mit der Angst von Menschen im Westen und in Russland vor einem heißen Krieg? Will den jemand? Kann der einfach so passieren? Weil Missverständnisse in einer Atmosphäre des Säbelrasselns eine Eigendynamik entwickeln, die sich nicht mehr einfangen lässt? Die «Kriegsgeneration» stirbt langsam aus, und ich habe den Eindruck, das Bewusstsein für die Zerbrechlichkeit von Frieden auch. Deeskalieren, vermitteln, sich in die Lage anderer versetzen, um deren Handeln besser begreifen und die Folgen des eigenen Handelns besser einschätzen zu können – das hat nichts mit Schwäche zu tun, sondern mit politischer Weitsicht, mit menschlicher Größe und mit genau den christlichen Werten, die so viele im Munde führen.

*«Wer die Sowjetunion nicht vermisst, hat kein Herz.*
*Wer sie sich zurückwünscht, keinen Verstand.»*
*(Wladimir Putin)*

# Russlands Rückkehr

Die Enthüllungsplattform Wikileaks hat im März 2016 Tausende E-Mails veröffentlicht, die in den Jahren 2010 bis 2014 vom und an den privaten E-Mail-Account von Hillary Clinton gesendet wurden. Um sie in die Hände zu bekommen, waren keine russischen Hackerangriffe vonnöten, es reichte der Freedom of Information Act, der es in den USA erlaubt, Einsicht in Regierungsunterlagen zu erhalten, denn Clinton hatte ihren privaten E-Mail-Account für dienstliche Zwecke verwendet. Unter den geleakten Mails aus dem Postfach der Ex-Außenministerin findet sich auch eine ohne Unterschrift, Absender und Empfänger, die wohl von April oder Mai 2012 stammt.[1] In ihr wird erläutert, warum ein Sturz des syrischen Präsidenten Baschar al-Assad im Interesse der USA sei, und dafür plädiert, die Hilfen für die syrische Opposition auszuweiten. Auf Russland, so heißt es, müsse keine besondere Rücksicht genommen werden: «Einige behaupten, die Einmischung der USA berge das Risiko eines Krieges mit Russland. Aber das Beispiel des Kosovo zeigt das Gegenteil. Damals hatte Russland sogar besondere ethnische und politische Bindungen zu den Serben, die zwischen Russland und Syrien nicht existieren, und sogar damals hat Russland wenig mehr getan, als sich zu beschweren.»[2]

Wie wir wissen, kam es diesmal anders. Wer auch immer die E-Mail verfasst hat – ob Clinton selbst oder einer ihrer aktiven bzw. ehemaligen Mitarbeiter[3] –, sie macht eines deutlich: Die USA nahmen Russland bis vor kurzem weltpolitisch nicht sonderlich ernst – Barack Obama sprach sogar im März 2014 noch von Russland als einer «Regionalmacht».[4] Selbst bei Verletzung vitaler außenpolitischer Interessen – Syrien ist neben dem Iran der einzige Verbündete Moskaus im Nahen Osten, es gab bei Konfliktbeginn dort eine der wenigen russischen Militärbasen außerhalb Russlands (inzwischen ist eine weitere hinzugekommen), es existieren noch aus Sowjetzeiten enge wirtschaftliche und politische Beziehungen – rechnete man mit keinem ernsthaften Widerstand und hielt eine Abstimmung mit Moskau für unnötig.

Als Russland im Syrienkonflikt und in der Ukrainekrise seine eigenen Interessen offensiv vertrat und den Westen auch machtpolitisch herausforderte, herrschte dort eine Mischung aus Fassungslosigkeit und Unverständnis. Russland erschien als schwieriger und unzuverlässiger «Partner», der die ausgestreckte Hand des Westens ausschlug und sich nicht an Regeln hielt. Wenn es jetzt zur Konfrontation gekommen war, so die vorherrschende Meinung in Politik und Medien, dann lag das allein an Russland, das seit längerer Zeit versuche, seine Einflusssphäre aggressiv auszudehnen.

Doch war der Westen wirklich so unschuldig, wie er sich darstellte? War die russische Reaktion wirklich so unvorhersehbar? Stimmt es überhaupt, dass Russland seinen Einflussbereich schon seit langem aggressiv auszudehnen versucht? Und wer war in den Jahrzehnten seit dem Ende des Kalten Krieges der schwierigere Partner? Russland für den Westen oder der Westen für Russland?

### Verspieltes Vertrauen

Es sind manchmal die kleinen Dinge, die im Gedächtnis bleiben, weil sie auf einfache Weise die großen auf den Punkt bringen. «Ihr Deutschen hattet Mitleid mit uns Russen, als es uns schlecht ging, Ihr habt uns geholfen, grandios, wirklich, aber jetzt, wo wir wieder auf die Beine kommen, da werden wir Euch suspekt, und

Ihr geht auf Distanz.» Diese Aussage eines Russen mir gegenüber bezog sich einerseits auf die Zeiten Anfang der 1990er Jahre
des vorigen Jahrhunderts, als die Versorgungslage in Russland
immer katastrophaler wurde und sich in großem Stil Hilfs-
konvois aus Deutschland in Bewegung setzten, um an Ort und
Stelle zu helfen. Abendfüllende Fernsehsendungen wurden in
den Dienst von Spendenaktionen gestellt, wie wir sie heute für
Opfer von Naturkatastrophen oder im Kampf gegen Hungers-
nöte kennen, und die Bürger Deutschlands engagierten sich
großzügig für Russland.

Zu Zeiten des Kalten Krieges war die Sowjetunion für den
Westen gleichermaßen bedrohlich wie rätselhaft gewesen, bis
Gorbatschows Perestroika-Politik im wahrsten Sinne des Wortes
alle Mauern einriss und sein Glasnost-Programm[5] für Offenheit
und Transparenz sorgte. Vor allem Deutschland wurde von einer
Gorbimanie-Welle ergriffen, die ausländische Beobachter gelegentlich als «geistigen Ausnahmezustand» bezeichneten. Weltweit war Erleichterung zu spüren. Hoffnung auf friedliche Zeiten und gute Zusammenarbeit zwischen bisherigen Gegnern
bestimmte das politische und mediale Klima. Und so war es nur
folgerichtig, dass man dem zusammengebrochenen Koloss Sowjetunion bzw. später Russland half. Schließlich orientierten sich
die Russen jetzt mental «nach Westen», und das verdiente Unterstützung.

Wenn man sich die Entwicklung der letzten 25 Jahre vor Augen führt, wird aber andererseits klar, was dieser Russe mit seiner
Aussage auch gemeint hat: Als Russland ins Chaos stürzte, war
die Hilfsbereitschaft groß, an einer Partnerschaft auf Augenhöhe aber war dem Westen nicht gelegen. So war zwar viel von
Wirtschaftshilfe die Rede, weniger aber von wirtschaftlicher Zusammenarbeit. Das Schlagwort, das immer wieder für gebrems-
tes wirtschaftliches Engagement in Russland herhalten musste,
lautete: «fehlende Rahmenbedingungen». Das Einreißen alter
Strukturen ging dem Westen nicht schnell genug. Das Aufbauen
neuer erst recht nicht.

War das Ziel damals, Russland zu helfen, oder doch eher, die eigenen Märkte abzusichern und zusätzliche Marktanteile zu gewinnen? Der russische Markt wurde jedenfalls von Westprodukten überschwemmt, während die Käufer die heimischen Produkte als «minderwertig» verschmähten. «Das führte zu so absurden Erscheinungen, dass in den Lebensmittelläden Joghurt aus Deutschland, Butter aus Neuseeland, Cornflakes aus Amerika und vieles mehr angeboten und trotz hoher Preise verkauft wurde, während russische Lebensmittel, die qualitativ nicht schlechter und billiger waren, aus dem Sortiment verschwanden.»[6] Russland öffnete seinen Markt gegenüber Westprodukten und erhob keine Schutzzölle, während dies umgekehrt nicht galt. Viele Russen nahmen es damals so wahr, dass der Westen sie auf dem bereits aufgeteilten Weltmarkt schlicht nicht haben wollte. Die Hilfsprogramme für Russland waren in ihrer Höhe bemerkenswert. Vieles davon floss jedoch wieder in den Westen zurück, um alte Kredite abzulösen, aber mehr noch, um importierte Westwaren zu bezahlen. Damals ist viel Vertrauen verspielt worden.[7]

Moskau wurde aus westlichen Hauptstädten und von Einrichtungen wie dem IWF, dem Internationalen Währungsfonds, mit detaillierten Vorschriften überschüttet, die zwingend zu befolgen waren, andernfalls gab es weder Zusammenarbeit noch Kredite. Man hätte wissen können, dass diese Hauruckpolitik ein erhebliches Destabilisierungspotential in sich barg. Wie der inzwischen leider verstorbene Altbundeskanzler Helmut Schmidt im Jahr 2000 zu Recht bemerkte, war die Politik des IWF für die wirtschaftliche Krise Russlands in den 1990er Jahren mit verantwortlich.[8]

### Der Zusammenbruch unter Jelzin

Unter Präsident Jelzin (1991–1999) brach die staatliche Autorität zusammen, und die Mehrheit der Russen musste ums tägliche Überleben kämpfen, während sich einige wenige hemmungs-

los bereicherten – die Geburtsstunde der «Oligarchen». Bis Mitte
der 1990er Jahre halbierte sich das russische Bruttoinlandspro-
dukt im Vergleich zu 1989.[9] Um diese schlichte Aussage in ihrer
Dramatik wenigstens ansatzweise zu begreifen, bietet sich ein
Vergleich mit der Weltwirtschaftskrise Anfang der 1930er Jahre
an, die zu Massenarbeitslosigkeit, Hunger, Not und Elend führte.
Damals schrumpfte die Wirtschaft in den USA, dem am stärksten betroffenen Industrieland, «nur» um 30 – nicht um fast 50 –
Prozent.

Nach außen fiel Russland als Machtfaktor praktisch aus, was
Jelzins Popularität im Westen vermutlich nicht geschadet hat.
Das russische Außenministerium agierte in den Worten des britischen Historikers und Essayisten Perry Anderson damals wenig anders als ein amerikanisches Konsulat.[10] Das traf für die
ersten Jelzin-Jahre durchaus zu, als Russland sich vorbehaltlos
nach Westen orientierte und eine Einbindung in die europäisch-
transatlantischen Strukturen anstrebte. Spätestens als die USA
1993 Ungarn, Tschechien, die Slowakei und Polen in ihrem Streben nach einer NATO-Mitgliedschaft unterstützten und sich
gleichzeitig dem russischen Wunsch nach einer Einbindung in
die NATO und einem Bündnisvertrag mit Washington verwei-
gerten, war die «romantische Phase» in den Beziehungen zum
Westen aber vorbei. Denn jetzt zeigte sich, dass es nicht zu einer
neuen Sicherheitsarchitektur für Europa, etwa im Rahmen der
OSZE, kommen würde. Im Dezember 1994 warnte Jelzin vor einem «kalten Frieden», sollte die NATO sich Richtung Osten
erweitern, was jedoch nichts bewirkte. Auch die antiserbische
Haltung des Westens bei der Auflösung Jugoslawiens und im
Bosnienkonflikt trug zur Verhärtung der Beziehungen bei, und
Jelzin bemühte sich nun darum, den russischen Einfluss in den
benachbarten, gerade erst unabhängig gewordenen ehemaligen
Sowjetrepubliken wieder zu stärken. In Russland entstand der
Eindruck, der Westen drücke Moskau in die Rolle eines Junior-
partners und degradiere Jelzin zu einem Bittsteller anstatt ihn
wie einen Partner zu behandeln.[11]

Es lohnt sich, einmal zusammenzutragen, was Russland rein faktisch – nicht gefühlt – mit dem Auseinanderbrechen der Sowjetunion zu Beginn der Präsidentschaft Jelzins abhandengekommen ist. Mehr als fünf Millionen Quadratkilometer des Territoriums sind verloren gegangen, eine Fläche eineinhalb Mal so groß wie Indien, wobei nicht die gigantische Zahl das Entscheidende ist, sondern die Tatsache, dass es sich um die kultiviertesten und am höchsten entwickelten Gebiete (im Westen) und die bevölkerungsreichsten (in Zentralasien) handelte. Russland war damit territorial so «klein», wie es zuletzt im 17. Jahrhundert gewesen war.[12] In der Russländischen Föderation lebten nur noch halb so viele Menschen wie in der Sowjetunion. Geopolitisch und strategisch hat Russland viel eingebüßt, zum Beispiel große Teile der Schwarzmeerküste und mit Ausnahme von Sankt Petersburg und Kaliningrad den Zugang zur Ostsee. Von den zwanzig größten Hafenstädten der Sowjetunion verblieben nur drei bei Russland.[13] Nicht unwesentlich ist die Tatsache, dass Russland sozusagen in die nordöstliche Ecke Europas «verschoben» wurde, also in Richtung Eurasien, wo die Infrastruktur schlechter und die Lebensbedingungen härter sind. Diverse direkte Landwege über eigenes Territorium nach Westeuropa stehen nicht mehr zur Verfügung, dazu gehören Straßen- und Eisenbahnverbindungen, aber auch Pipelines. Plötzlich fanden sich zudem etwa 25 Millionen Russen als Minderheiten in fremden Staaten wieder, in denen sie vorher heimisch waren.[14]

Überhaupt nicht im westlichen Blick ist die Tatsache, dass Russland nach dem Zerfall der Sowjetunion an zahlreichen Stellen zu ehemaligen Unionsrepubliken keine «eingerichteten», fest gezogenen Grenzen hatte und bis in die Gegenwart nicht hat. Zum Teil dauern die Grenzstreitigkeiten heute noch an, so gibt es zum Beispiel zwischen Estland und Russland ungeklärte Grenzziehungen, auch wenn hier inzwischen möglicherweise eine Lösung in Sicht ist.[15] Eine Grenzinfrastruktur fehlt in weiten Teilen gänzlich. Das ist insbesondere im Süden Russlands von Belang, wo sich islamistische Fundamentalisten in ehemals sowjetischen Republiken Mittelasiens ausbreiten. Die Auswirkungen der beschleunigten Desintegration zwischen den Staaten der ehemaligen Sowjetunion sind auch nicht zu unterschätzen. Teilweise sind die bilateralen Kontakte auf ein Minimum zurückgegangen. Unter Jelzin kam es zudem in den 1990er Jahren zu einer gewaltigen Abwanderung von Fachkräften aus Russland. Die Zahl der Wissenschaftler hat sich in dieser Zeit um ein Drittel reduziert, 25 Prozent der Auswanderer waren Leute mit Hochschulabschluss, davon stammten 41 Prozent aus Moskau und Sankt Petersburg.[16]

Die Amtszeit Jelzins zeichnete sich darüber hinaus durch ein erstaunliches Phänomen aus. Er hat reihenweise Zeitungen verboten und zur Aushöhlung der unter Gorbatschow praktizierten Pressefreiheit beigetragen. Er hat Korruption seiner «Familie» in ungeahntem Ausmaß geduldet. Er hat im Oktober 1993 das Weiße Haus, das Parlamentsgebäude, in dem sich Abgeordnete verschanzt hatten, von Panzern zusammenschießen lassen. Hintergrund war ein Verfassungskonflikt: Das russische Parlament wollte Jelzin seines Amtes entheben, dieser erklärte es daraufhin für aufgelöst und setzte Neuwahlen an, was verfassungswidrig war. Und schließlich, nicht zu vergessen: Jelzin hat im Dezember 1994 den ersten Tschetschenienkrieg begonnen und damit einen Konflikt losgetreten, dem allein in den ersten zwei Jahren mehr als 80000 Menschen zum Opfer gefallen sind, von den Zerstörungen und den bis heute andauernden Folgen gar nicht zu reden.[17] Dennoch wurde Jelzin nahezu bis zum Schluss im westlichen Ausland als *die* Galionsfigur für die Demokratisierung und Liberalisierung Russlands gefeiert. Ein Widerspruch, der in weiten Teilen der russischen Bevölkerung irritiert zur Kenntnis genommen wurde.

Mitte 1996 stellte sich Jelzin als Präsident zur Wiederwahl. Seine Popularitätswerte ließen für seine verbliebenen Anhänger Schlimmes befürchten. Noch im Februar 1996 hatten ihn Umfragen bei gerade einmal acht Prozent gesehen. Verwunderlich war das aus den geschilderten Gründen nicht. Es brauchte also eine aufwendige, von den «Oligarchen» großzügig unterstützte Kampagne, die verschiedenen Schätzungen zufolge zwischen 700 Millionen und zwei Milliarden US-Dollar gekostet haben soll, wobei das russische Wahlgesetz umgerechnet lediglich ungefähr drei Millionen US-Dollar pro Kandidat erlaubte.[18] US-Berater, unter ihnen ein ehemaliger Wahlhelfer Bill Clintons, sorgten für einen «professionellen» Wahlkampf, zu dem auch systematisches «negative campaigning» gegen den wichtigsten Gegenkandidaten, den Kommunisten Gennadij Sjuganow, gehörte.[19] Doch damit nicht genug. Die USA drängten den IWF, Russland einen Kredit in Höhe von 10,2 Milliarden US-Dollar zu gewähren, damit Jelzin rechtzeitig vor der Wahl ausstehende Löhne und Renten zahlen konnte.[20] Seine verheerende innenpolitische Bilanz – wirtschaftlicher Niedergang, Korruption, Waffeneinsatz gegen das eigene Parlament, Unterdrückung der freien Presse und der Krieg in Tschetschenien – spielte dabei offenbar keine Rolle.

### Der neue Mann

Im August 1998, zwei Jahre nach Jelzins Wiederwahl, kam es schließlich zum Staatsbankrott. Russland musste die Bedienung seiner Auslandsschulden einstellen. Der Rubel war nichts mehr wert. Die Bevölkerung verlor über Nacht den Großteil jener Ersparnisse, die ihnen nach der galoppierenden Inflation der Vorjahre noch geblieben waren. Und dann inthronisierte Jelzin, ein alter kranker Mann, Ende Dezember 1999 seinen jungen tatkräftigen Nachfolger Wladimir Putin, der bereits seit August 1999 als Ministerpräsident amtierte und es sich zur Aufgabe gemacht hatte, «sein» Land wieder auf die Beine zu bringen. Nach all den Demütigungen wollte er den Menschen wieder Selbstvertrauen geben. Eine Mischung aus Politik, Psychologie («wir sind wieder wer») und Glück (steigende Rohstoffpreise beflügelten die Wirtschaft und ermöglichten es Russland, vorfristig alle Auslandsschulden zu begleichen) mobilisierte ungeahnte Kräfte und führte Russland weit weg von dem Abgrund, in den es nach Ansicht vieler politischer Beobachter längst hätte fallen müssen.

Der Westen war irritiert. Statt mit einem Bittsteller namens Jelzin hatte man es plötzlich mit einem politischen Führer zu tun, der eigene Vorstellungen über die Geschwindigkeit von gesellschaftlicher Transformation hatte («Demokratie entsteht nicht über Nacht»), der als Gleicher unter Gleichen behandelt werden wollte, der zu allem Überfluss auch noch aus dem Geheimdienst kam und meinte, dem Westen Angebote zur Zusammenarbeit machen zu können.

Außenpolitisch war der junge russische Präsident ohne Wenn und Aber westlich orientiert.[21] Wladimir Putin hat in seiner ersten Amtszeit (2000–2004) entsprechende Signale in Serie gesandt. 2001, bei seinem Staatsbesuch in Deutschland, brachte er eine Freihandelszone von Wladiwostok bis Lissabon ins Gespräch und signalisierte die Bereitschaft, über einen russischen NATO-Beitritt zu sprechen.[22] Noch 2008, am 5. Juni in seiner «Berliner Rede», schlug Präsident Medwedew eine «paneuropäische Sicherheitsarchitektur» vor,[23] und 2010 erneuerte Putin in einem Gastbeitrag in der «Süddeutschen Zeitung» seinen Vorschlag einer engen Wirtschaftskooperation zwischen Russland und EU.[24] Die Liste der russischen Initiativen ließe sich noch verlängern, doch auf eine substantielle Reaktion jenseits höflicher Floskeln wartete man in Moskau vergeblich.

Zwar waren Deutschland und Frankreich durchaus an einer engeren Kooperation interessiert, aber in den osteuropäischen Staaten und in den USA sah man das anders. In Washington hatte man sich abgewöhnt, Russland ernst zu nehmen, und vom Vertrauen aus Perestroika-Zeiten, wenn es denn je wirklich existiert hat, war nichts mehr zu spüren. Es wurde viel zu wenig beachtet, dass sich in Putins Anfangsjahren – als kriminelle Strukturen fast das einzig Verlässliche in Russland waren – innerhalb der politischen Führung ein Richtungsstreit abspielte. Die Orientierung nach Westen war alles andere als selbstverständlich.

Der junge russische Präsident, gerade erst im Amt, hat dafür kämpfen müssen.[25] Doch statt die Gelegenheit beherzt zu ergreifen, ließ man ihn gleichsam am ausgestreckten Arm verhungern. Die Chance wurde vertan.

In der Rede, die Wladimir Putin am 25. September 2001 vor dem Deutschen Bundestag – auf Deutsch – gehalten hat, war die Enttäuschung bereits deutlich zu spüren: «Wir sprechen von einer Partnerschaft. In Wirklichkeit haben wir aber immer noch nicht gelernt, einander zu vertrauen.» Es sei noch einmal daran erinnert: Der russische Präsident – das erste Staatsoberhaupt seines Landes, dem die Ehre zuteilwurde, vor dem Deutschen Bundestag zu sprechen – erhielt für seine Rede stehende Ovationen, obwohl oder vielleicht gerade weil er Dinge deutlich beim Namen genannt hat. Zum Beispiel den Widerspruch, dass einerseits – damals wie heute – betont wird, wie sehr die Weltgemeinschaft darauf angewiesen sei, dass sich Russland international an Problemlösungen beteiligt, andererseits aber immer wieder an Russland vorbei Entscheidungen getroffen werden und man wie selbstverständlich erwartet, dass Moskau sie ohne weitere Diskussion abnickt.[26]

Wäre Russland als politischer Akteur ernst genommen worden, dann hätte es zum Beispiel keine Bombardierung Serbiens durch die NATO geben dürfen. Aber anders als heute «beschwerte» sich Russland damals eben nur. Also setzte sich die NATO über alle Einwände hinweg und beschloss Luftangriffe auf Belgrad (März 1999), um eine «humanitäre Katastrophe» im Kosovo zu verhindern. Der UN-Sicherheitsrat wurde übergangen, worüber sich in der westlichen Welt kaum jemand aufregte.[27] Keine gute Erfahrung für jemanden, von dem umgekehrt erwartet wird, sich an genau die westlichen Regeln zu halten, die in diesem Fall gebrochen wurden. Die USA sollten «nicht für eine Minute, nicht für eine Sekunde» vergessen, dass Russland über Nuklearwaffen verfüge, drohte Jelzin, als er von den NATO-Bombardements in Serbien erfuhr. Doch war dies, wie der Russlandhistoriker Dietmar Neutatz schreibt, weniger ein «Zeichen der Stärke» als vielmehr «Ausdruck der Hilflosigkeit» gegenüber der Politik des Westens.[28]

Etwa zeitgleich – auch im März 1999 – waren Polen, Tschechien und Ungarn, einst im Warschauer Vertrag mit der Sowjetunion verbündet, der NATO beigetreten. Weitere Staaten des ehemaligen Ostblocks bzw. der Sowjetunion, darunter die baltischen Republiken, sollten 2004 folgen. Russland protestierte, mal lauter, mal leiser, und versuchte, die Erweiterung zu verhindern. Aber letztlich blieben alle Bemühungen erfolglos. Moskau nahm die von der NATO unterbreiteten Kompensationsangebote an, die für eine engere Zusammenarbeit sorgen sollten (NATO-Russland-Rat), musste aber die Erfahrung machen, dass es sich eher um Kosmetik als um Substanz handelte. Denn Russland wurde weder an Entscheidungsfindungen beteiligt, noch fanden russische Interessen Gehör. Schlimmer noch: Als der NATO-Russland-Rat wirklich gebraucht worden wäre, während der Ukrainekrise 2014/15, wurde er nicht einmal einberufen.

1998, als die erste Welle der NATO-Osterweiterung durch den US-Senat ratifiziert worden war, hatte der damals 94-jährige George Kennan, der Architekt der amerikanischen Eindämmungspolitik gegenüber der Sowjetunion nach dem Zweiten Weltkrieg, gewarnt, dies sei der Beginn eines neuen kalten Krieges. «Ich denke, das ist ein tragischer Fehler. Es gab überhaupt keinen Grund dafür. Niemand bedrohte irgendjemanden. ... Natürlich wird es darauf zukünftig eine böse Reaktion durch Russland geben, und dann werden [die NATO-Erweiterer, GKS] sagen: So sind die Russen, wir haben es euch immer gesagt – aber das ist komplett falsch.»[29]

### Gemeinsamer Kampf gegen den Terror

Nach den Anschlägen des 11. September 2001 bot Putin dem amerikanischen Präsidenten George W. Bush dennoch eine enge Kooperation im Kampf gegen den Terrorismus an – auch weil er sich davon mehr Verständnis für die Schwierigkeiten erhoffte, die Russland seit geraumer Zeit mit islamistischen Terroristen aus Tschetschenien hatte. Ein Problem, das durch die Politik Präsident Jelzins zu keinem geringen Teil erst geschaffen worden war. Aber Russland ist nicht die einzige Großmacht, die ihre schlimmsten Feinde immer wieder selbst hervorbringt. Während der erste Tschetschenienkrieg 1994 unter Jelzin noch dazu diente, Selbständigkeitsbestrebungen zu unterdrücken, waren die Hintergründe beim zweiten Tschetschenienkrieg, der zwar ebenfalls noch unter Jelzin begonnen, aber im Grunde von Putin geführt wurde, schon komplizierter. Nach dem ersten Tschetschenienkrieg war der Anfang 1997 gewählte tschetschenische Präsident Maschadow nicht in der Lage gewesen, die zahlreichen bewaffneten islamistischen Banden in seinem Land zu kontrollieren, die infolgedessen die Macht unter sich aufteilten. Zudem wurde die Scharia eingeführt, so dass die «Tschetschenische Republik Itschkerija» nach strengsten islamischen Regeln funktionierte. Die russische Minderheit im Land wurde drangsaliert, und immer wieder kam es zu Raubzügen in die benachbarten russischen Kaukasusrepubliken. Anfang August 1999 überfielen tschetschenische Dschihadisten die russische Nachbarrepublik Dagestan, um auch dort einen islamischen Gottesstaat zu errichten. Daraufhin griff die russische Armee ein und vertrieb die tschetschenischen Kämpfer aus Dagestan. Der angesehene und grundsätzlich regierungskritische russische Menschenrechtler Sergej Kowaljow kommentierte den Einsatz in Dagestan so: «Zum ersten Mal seit dem Zweiten Weltkrieg hat die russische Armee eine echte Befreiungsaktion durchgeführt.»[30]

Im September 1999 wurde Russland zusätzlich durch eine Reihe von Anschlägen auf Wohnhäuser mit über 200 Toten erschüttert, bei denen es sich nach dem offiziellen Untersuchungsergebnis um Racheakte für das Eingreifen in Dagestan handelte. Da sich Präsident Maschadow Moskaus Forderung verweigerte, gemeinsam gegen die Islamisten vorzugehen, marschierte die russische Armee am 1. Oktober 1999 erneut in Tschetschenien ein, wo sie mit großer Brutalität agierte, um das Land unter Kontrolle zu bekommen.[31] Im internationalen Dschihad spielten tschetschenische Kämpfer damals eine wichtige Rolle, und sie tun dies bis heute. Ob westliche Medien und Politik den Krieg in Tschetschenien als Antiterrorkampf eingestuft hätten, wenn es nicht Russland gewesen wäre? Weil er Putins Popularitätswerte in die Höhe schnellen ließ und ihm dabei half, seine erste Präsidentschaftswahl im März 2000 zu gewinnen, wurde stattdessen spekuliert, der Kreml habe den Krieg vom Zaun gebrochen, um Putin an die Macht zu bringen. Einige gingen sogar so weit zu behaupten, die Anschläge auf die Wohnhäuser seien vom russischen Geheimdienst FSB verübt worden, um einen Vorwand für das Eingreifen in Tschetschenien zu schaffen – eine Denkfigur, die den Verschwörungstheorien zu den Anschlägen vom 11. September 2001 ähnelt, in denen behauptet wird, die CIA habe diese verübt, um einen Vorwand für das Eingreifen in Afghanistan und im Irak zu haben.[32]

Putin nahm in der Folge diverse westliche Aktivitäten im «Krieg gegen den Terror» hin, die – wie man heute weiß und damals wissen konnte – ganze Regionen destabilisierten. Dazu gehörten der Einmarsch in Afghanistan 2001, den Russland sogar unterstützte, und der völkerrechtswidrige Angriffskrieg gegen den Irak 2003, für dessen Rechtfertigung gefälschte Beweise über angebliche Massenvernichtungswaffen herhalten mussten. Auch die systematische Eskalation in den Beziehungen zwischen dem Westen und dem Iran hat Russland relativ ruhig begleitet, obwohl der Iran seit dem Sturz des Schahs gute Beziehungen zu Moskau unterhält.

Wie sehr Russland in Afghanistan kooperierte, gerät heute gerne in Vergessenheit, bzw. es scheint als selbstverständlich hingenommen zu werden. Um den Taliban die Herrschaft zu entreißen, verließen sich die USA stark auf die Bodentruppen der sogenannten afghanischen Nordallianz. Diese wurde schon seit Mitte der 1990er Jahre von Russland unterstützt. Im Herbst 2001, nach den Anschlägen von 9/11 und vor der Offensive, erhielt die Nordallianz weitere Waffenlieferungen aus Russland.[33] Zudem sollen russische Militärberater ebenso wie amerikanische Special Forces die Nordallianz bei ihrem Vormarsch verstärkt haben – die USA gaben vor allem Luftunterstützung und setzten eigene Bodentruppen nur in geringem Ausmaß ein.[34] Russland hatte selbst Interesse am Sturz der Taliban, da Afghanistan unter ihrer Herrschaft im Januar 2000 diplomatische Beziehungen zu den Tschetschenen aufgenommen und ihnen alle nur mögliche Unterstützung im Kampf gegen Russland zugesagt hatte. Moskau warf den Taliban außerdem vor, tschetschenische Kämpfer in Afghanistan auszubilden.[35] Zudem waren die ehemaligen zentralasiatischen Sowjetrepubliken, vor allem Tadschikistan und Kirgistan, wiederholt Angriffsziele islamistischer Terroristen, und somit wurde auch die russische Südflanke durch den islamistischen Terror bedroht. Außerdem befürchtete Moskau durch das Beispiel Afghanistans auch eine Radikalisierung russischer Muslime.

Für den Krieg in Afghanistan brauchten die westlichen Streitkräfte Militärbasen in den Nachbarländern. Ein Blick auf die Landkarte zeigt, welche Schwierigkeiten damit verbunden waren. Die Nachbarn Afghanistans sind Pakistan, Iran, an einem kleinen Zipfelchen auch China und die ehemaligen Sowjetrepubliken Turkmenistan, Usbekistan und Tadschikistan. Ohne russische Unterstützung wäre nur Pakistan übrig geblieben, mit der großen Gefahr einer weiteren Stärkung antiwestlicher Stimmungen in der pakistanischen Bevölkerung, in der die Taliban ohnehin bereits über großen Rückhalt verfügten. Es sei daran erinnert, dass auch Al-Qaida-Chef Osama Bin Laden Pakistan als Rückzugsraum nutzte. Vor diesem Hintergrund akzeptierte Russland 2001, dass die USA Militärbasen in den ehemaligen Sowjetrepubliken Usbekistan und Kirgistan einrichteten. Auch die Bundeswehr nutzte einen Stützpunkt in Usbekistan für ihren Afghanistaneinsatz. Diese Militärpräsenz der NATO in Zentralasien, unmittelbar an der eigenen Südgrenze, war in Russland nicht unumstritten, und selbstverständlich war sie schon gar nicht.[36]

Mit der Zeit wurden denn auch die kritischen Stimmen lauter. 2005 verlangten die Staaten der Schanghaier Organisation für Zusammenarbeit – Russland, China, Usbekistan, Kirgistan, Tadschikistan und Kasachstan –, die Amerikaner und die NATO sollten eine Frist für den Abzug ihres Militärs nennen und Auskunft darüber geben, wann sie die Nutzung militärischer Infrastruktur in Zentralasien beenden wollten.[37] Tatsächlich war die Bundeswehr im usbekischen Termez von 2002 bis 2015 präsent,[38] die USA in Usbekistan von 2001 bis 2005 und in Kirgistan von 2001 bis 2014 – im Vorfeld hatte Russland die kirgisische Regierung über etliche Jahre gedrängt, endlich für einen Schlussstrich zu sorgen.[39] Heute nutzen die USA, nachdem das Gros der westlichen Truppen aus Afghanistan abgezogen wurde, vor allem einen Stützpunkt in Rumänien als Nachschubbasis für Afghanistan.[40]

Aber auch nach 2005 gab es auf russischer Seite noch die Bereitschaft zur Kooperation. 2008 gerieten die NATO-Truppen in Afghanistan insofern in eine schwierige Lage, als es mit dem Nachschub über Pakistan zunehmend Probleme gab. Es häuften sich Angriffe der Taliban auf Konvois noch auf pakistanischer Seite.[41] Obwohl die Beziehungen zwischen Moskau und Washington sich zu diesem Zeitpunkt schon deutlich eingetrübt hatten, erlaubte Russland der NATO, russisches Territorium für den Landtransit von «nicht tödlichen Gütern», also Transportfahrzeugen, Lebensmitteln, Treibstoff etc., zu nutzen.[42]

Im März 2012 gestattete der damalige Präsident Medwedew dann auch den Lufttransit. Als Logistikzentrum war dabei der Flughafen Uljanowsk-Wostotschny vorgesehen. Ein NATO-Stützpunkt ausgerechnet in der Geburtsstadt Lenins – daraufhin warfen die Kommunisten dem Kreml «Staatsverrat» vor. Putin, inzwischen erneut Präsident, erklärte am 1. August 2012, als das Logistikzentrum der NATO eröffnet wurde: Es sei im nationalen Interesse Russlands, der NATO bei der Erfüllung ihrer Aufgaben in Afghanistan zu helfen.[43] Die USA und die NATO waren zu diesem Zeitpunkt dringend auf Routen für den geplanten Abzug aus Afghanistan angewiesen, da Pakistan sein Territorium nach einem amerikanischen Angriff auf einen pakistanischen Grenzposten Ende November 2011 eine Zeit lang für den Transit komplett geschlossen hatte. Die Route über den Flughafen Uljanowsk-Wostotschny wurde dennoch für den Abzug wenig genutzt, angeblich weil Russland relativ hohe Transitgebühren verlangt habe und zentralasiatische Republiken von daher günstiger gewesen seien. Außerdem habe es bei der NATO auch politische Bedenken gegen diese Route gegeben.[44] Im Mai 2015 hat Moskau die Zusammenarbeit dann eingestellt.[45]

Auch als der UN-Sicherheitsrat 2011 eine Flugverbotszone für Libyen beschloss, legte Russland kein Veto ein, wie man vielleicht hätte erwarten können, sondern hat, ebenso wie China, die Resolution durch Stimmenthaltung passieren lassen – auch die Bundesrepublik enthielt sich, was dem damaligen Außenminister Guido Westerwelle heftige Kritik einbrachte. Die Flugverbotszone sollte zum Schutz der Zivilbevölkerung eingerichtet werden, die unter katastrophalen Bedingungen in der Stadt Benghasi von libyschen Regierungstruppen eingekesselt war. Doch Frankreich, Großbritannien und die USA erweiterten das Mandat des UN-Sicherheitsrates eigenmächtig und agierten quasi als Luftwaffe der libyschen Rebellen. Es ging nicht mehr um den Schutz der Zivilbevölkerung, sondern mehr oder weniger offen um Regimechange. Das Ergebnis ist bekannt. Ghaddafi wurde aufgespürt und beseitigt. Seither haben in Libyen diverse Milizen das Sagen, zwei Regierungen kämpfen um die Vorherrschaft, und von Staatlichkeit geschweige denn Demokratisierung kann keine Rede sein. Ob es der Zivilbevölkerung unter den neuen Umständen tatsächlich besser geht, wäre eine berechtigte Frage, die aber kaum einmal gestellt wird. Dieser Erfahrungshintergrund ist für das Verständnis der russischen Position im Syrienkonflikt jedenfalls von großer Bedeutung.[46]

Aus dieser Perspektive wird die Geschichte bei uns jedoch selten erzählt. Stattdessen wird darauf verwiesen, wie sehr der Westen Russland unterstützt habe und welche vielfältigen Angebote unterbreitet worden seien. Und das ist nicht einmal falsch, auch wenn die meisten von ihnen in die Ära Jelzin fallen. 1992 wurde Russland in den Internationalen Währungsfonds und die Weltbank aufgenommen. 1996 folgte der Europarat, 1998 wurde Russland Mitglied der G8, aus der man es im Zuge der Ukrainekrise wieder ausschloss. 1999 war Moskau Gründungsmitglied der G20, und 2012 wurde es in die Welthandelsorganisation (WTO) aufgenommen. Geschichte ist nie nur schwarz und weiß, es gibt immer zahlreiche Grautöne und unterschiedliche Perspektiven, unter denen sie betrachtet werden kann. Wer sie verstehen will, tut allerdings gut daran, sich nicht bloß auf einen Blickwinkel zu beschränken.

Bei uns besteht derzeit die Neigung, nur einen Teil der Geschichte zu erzählen und die Elemente wegzulassen, die nicht in das Bild vom friedlichen Westen und vom aggressiven Russland passen. Wer aber die eigenen Handlungen unerwähnt lässt und nur die Reaktionen Russlands benennt, der verwischt Ursache und Wirkung und verfehlt den bereits erwähnten Erfahrungshintergrund, vor dem die russische Politik handelt. Wenn daher in diesem Buch die Aktionen des Westens im Vordergrund stehen, dann nicht deswegen, weil Russland lediglich das wehrlose Opfer westlicher Aktionen wäre und eine komplett reine Weste hätte, sondern weil der andere Erzählstrang bei uns viel zu oft überhaupt keine Berücksichtigung findet.

### Die Revolutions-GmbH

Am 14. November 2005 erschien im Nachrichtenmagazin «Der Spiegel» eine Titelgeschichte unter dem Namen «Die Revolutions-GmbH». Es ging dort um die Verbindungen zwischen den Umstürzen in Serbien (2000), Georgien («Rosenrevolution», 2003), der Ukraine («Orangene Revolution», 2004) und Kirgistan («Tulpenrevolution», 2005). Darin war von jungen Revolutionären zu lesen, Reisenden in Sachen Umsturz, die sich länderübergreifend vernetzten, Erfahrungen austauschten und eine Art Leitfaden zum Sturz autoritärer Regime entwickelt hatten, der in unterschiedlichen Ländern immer wieder zur Anwendung kam. Und noch etwas hatten sie gemeinsam: Sie wurden bei ihrer Tätigkeit in erheblichem Umfang – finanziell und logistisch – aus den USA unterstützt.[47] Besonders aktiv zeigten sich die «Soros Foundation» und das «Open Society Institute», beides Gründungen des Milliardärs und Investors George Soros, der auch immer wieder als Mitauslöser des Währungscrashs in Russland 1998 ins Spiel gebracht wird; darüber hinaus ebenso das «International Republican Institute» (IRI), dessen Board von den Republikanern dominiert wird, und das «National Democratic Institute» (NDI), sozusagen das Gegenstück auf Seiten der Demokraten, sowie die 1941 im Kampf gegen den Faschismus gegründete Organisation «Freedom House» und das «National Endowment for Democracy» (NED).

NED, IRI und NDI wurden 1983 unter Präsident Ronald Reagan als NGOs (Non Governmental Organizations, also Nichtregierungsorganisationen) geschaffen, um im Kalten Krieg die «Verbreitung von Demokratie und Freiheit» fördern zu können, und zwar offen und nicht wie zuvor verdeckt durch die CIA. Das NED erhält seine Mittel jährlich aus dem Etat des US-Außenministeriums, unterliegt also der Budgetkontrolle des Kongresses. Es leitet dann wiederum Mittel an das IRI und NDI weiter, die beide zudem ebenfalls direkt Gelder aus dem Budget des US-Außenministeriums erhalten. Die dritte Finanzierungsquelle beider Organisationen ist die «United States Agency for International Development» (USAID), eine unabhängige, aber der Aufsicht des US-Außenministeriums unterstehende Behörde, die ihre beträchtlichen Mittel ebenfalls direkt aus dessen Budget bezieht.[48] 2016 waren es über 27 Milliarden US-Dollar.[49] USAID fördert außerdem eine Reihe anderer NGOs und finanziert direkt Organisationen im Ausland, die sich die Verbreitung der Demokratie auf die Fahnen geschrieben haben. Auch «Freedom House» erhält seine Mittel überwiegend aus US-Steuergeldern.

Abgesehen von den Soros-Organisationen bezogen die NGOs, die die «Revolutions-GmbH» unterstützten, ihre Gelder also mehr oder weniger direkt aus dem Staatshaushalt der USA – eine ganz uneigennützige Investition?

All die genannten Länder – Serbien, Georgien, die Ukraine und Kirgistan – haben für Washington eine große geostrategische Bedeutung. In Serbien war es mithilfe der NATO-Luftschläge gelungen, den Krieg um das Kosovo zu beenden. Doch Präsident Milosevic war im Amt geblieben – eine offene Rechnung. Die Ukraine, auf die im nächsten Kapitel noch genauer eingegangen wird, würde der NATO-Osterweiterung strategische Tiefe verleihen.

Auch Kirgistan besaß eine nicht zu unterschätzende geostrategische Bedeutung: als Basis für den Afghanistankrieg, die sich bei einer westlich orientierten kirgisischen Führung nutzen ließ, ohne von russischem Wohlwollen abhängig zu sein. Seit 2001 gab es dort eine amerikanische Luftwaffenbasis. Der damalige Präsident Akajew gestattete jedoch 2003 auch die Eröffnung einer russischen Luftwaffenbasis, was Kirgistan zum einzigen Land machte, in dem die USA und Russland je eine Basis unterhielten. Akajew, der nach seinem Sturz durch die «Tulpenrevolution» im Februar/März 2005 nach Moskau flüchtete, gab «Associated Press» am 30. Juni 2005 ein Interview, in dem er sagte, Washington sei offenbar über seinen Versuch verärgert gewesen, den amerikanischen, russischen und chinesischen Einfluss auf sein Land zu balancieren. Die USA wollten keine Balance, sondern dass andere sich an ihnen orientieren. Und die Chronologie spricht dafür, dass hier nicht einfach ein gestürzter Herrscher einen Sündenbock für seinen Machtverlust suchte: Putin hatte am 23. Oktober 2003 in Anwesenheit von Akajew den russischen Luftwaffenstützpunkt in Kant eröffnet. Ab November 2003 betrieb die amerikanische Stiftung «Freedom House» mit Finanzierung durch das State Departement in Kirgistan eine Druckerei, um der kirgisischen Presse eine Alternative zum Staatsmonopol für den Druck von Presseerzeugnissen zu bieten. «Freedom House» wurde damals von dem früheren CIA-Direktor und An-

hänger der Neokonservativen James Woolsey geleitet. Zur Dru-
ckereieröffnung im November 2003 kamen der republikanische
Senator John McCain, ein ausgesprochener Hardliner in Bezug
auf Russland, und zwei weitere US-Senatoren. Gelder zur Stärkung der kirgisischen Opposition flossen außerdem von NED,
IRI und NDI sowie den Soros-Stiftungen.[50]

Sollten die USA gehofft haben, der neue Präsident Bakijew
werde die russische Luftwaffenbasis schließen, hatten sie sich
allerdings getäuscht. Im Gegenteil: Am 5. Juli 2005 stellte sich
Bakijew auf die Seite der Schanghaier Organisation für Zusammenarbeit, die die USA zum Abzug aus der Region anhielt.
Nicht immer bringen Umstürze den gewünschten Effekt. Es
folgten dringende Besuche von US-Verteidigungsminister Rums-
feld und der Nationalen Sicherheitsberaterin Condoleeza Rice,
um Bakijew mit deutlich erhöhten amerikanischen Finanzhilfen
dazu zu bewegen, das Fortbestehen der Basis zu erlauben. 2010
gab es in Kirgistan dann einen erneuten Regierungswechsel, der
zur Schließung der amerikanischen Basis im Jahr 2014 beigetragen hat.

Erfreulicher gestaltete sich für die USA der Umsturz in Georgien. Die Kaukasusrepublik, ehemals Teil der Sowjetunion, besitzt an sich schon großen strategischen Wert als nördlicher
Sperrgürtel für das NATO-Mitglied Türkei und aufgrund ihrer
Schwarzmeerhäfen. Doch Georgien hat noch eine viel wichtigere
Bedeutung. Und wie so oft spielt Öl eine Rolle. Wenn dieser wert-
volle Rohstoff aus dem aserbaidschanischen Baku am Kaspischen Meer in die Türkei gepumpt werden soll, ohne russisches
Territorium oder das Gebiet des russischen Verbündeten Armenien zu berühren, dann ist man auf Pipelines durch Georgien angewiesen. Genau um eine solche Pipeline von Baku über die georgische Hauptstadt Tiflis ins türkische Ceyhan ging es damals.[51]

Am 8. Februar 2008 erläuterte die US-Botschaft in Tiflis in
einem Bericht die strategische Bedeutung Georgiens für die
USA. Darin hieß es unter anderem: «Georgien kontrolliert den
hauptsächlichen alternativen Korridor für den Handel von Öl,

Gas und anderen Waren aus Zentralasien und weiter östlich nach Europa. Ohne die Kooperation Georgiens kann keine Strategie, zusätzliches aserbaidschanisches, kasachisches oder turkmenisches Öl auf den Weltmarkt zu bringen, ohne russisches Territorium zu berühren, erfolgreich sein.»[52]

Dieses Dokument findet sich neben mehr als 250 000 anderen in der von Wikileaks seit dem Jahr 2010 online gestellten «Public Library of U. S. Diplomacy». Da diese Quelle im Folgenden noch öfter auftauchen wird, muss die Herkunft kurz erläutert werden. Denn heute wird allgemein vor «Leaks» gewarnt, die im Verdacht stehen, von Russland gesteuerte Beeinflussungsversuche der öffentlichen Meinung zu sein und gefälschte Dokumente neben echten zu verbreiten, um den Westen zu diskreditieren und russische Propagandapositionen glaubhaft erscheinen zu lassen.[53] Die Dokumente stammen aus dem sogenannten Cablegate. Bradley Manning, ein im Irak stationierter US-Soldat, hatte sie aus einem internen Kommunikationsnetz des US-Verteidigungsministeriums heimlich heruntergeladen und Wikileaks zugespielt. Die Sammlung enthält Berichte und andere Dokumente aus amerikanischen Botschaften und Vertretungen auf der ganzen Welt bis zum Februar 2010 und bis zur Geheimhaltungsstufe «secret». Als «top secret» markierte Dokumente waren über dieses Netz nicht einsehbar. Manning wurde 2013 zu 35 Jahren Haft verurteilt, von Präsident Barack Obama aber als eine seiner letzten Amtshandlungen begnadigt. Manning handelte vor dem Hintergrund der US-Kriege im Irak und in Afghanistan. Mit Russland hatte er keinerlei Kontakte. Bis heute ist zwar die Veröffentlichung der Dokumente kritisiert worden, da sie zum Teil Klarnamen enthalten und beteiligte Personen in ernste Schwierigkeiten bringen können und auch gebracht haben, ihre Authentizität ist jedoch bislang nicht angezweifelt worden. Alle hier unter Verweis auf Wikileaks zitierten Dokumente kommen aus diesem Bestand.

Vor der «Rosenrevolution» hieß der georgische Präsident Eduard Schewardnadse, der letzte Außenminister der Sowjetunion.

Während seiner Präsidentschaft wuchsen Korruption und Instabilität, aber die amerikanischen Investitionen in Zusammenhang mit der Pipeline sollten nicht gefährdet werden. Davor hatte Michail Saakaschwili – damals Präsident des Stadtrates von Tiflis und Führer der georgischen Opposition – bei seinem Besuch in Washington am 17. April 2003 eindringlich gewarnt.[54] Noch im Sommer 2003 versuchte James Baker, ehemals amerikanischer Außenminister, im Regierungsauftrag, Schewardnadse auf Linie zu bringen, allerdings bereits in einer anderen Funktion: als Anwalt einer führenden Kanzlei in Öl- und Gasgeschäften rund um das Kaspische Meer.[55]

Saakaschwili, der nach der Rosenrevolution 2004 Schewardnadse als Präsident ablöste, genoss in den USA großes Vertrauen, denn er hatte in Amerika studiert, promoviert und einige Zeit als Anwalt gearbeitet. Die Bush-Regierung betrachtete ihn als «our guy» im Kaukasus.[56] Er machte nie einen Hehl daraus, sich nach Westen orientieren zu wollen, und forcierte das schon unter Schewardnadse begonnene Streben nach einer NATO-Mitgliedschaft seines Landes. Als Präsident Georgiens versuchte er, des von Schewardnadse hinterlassenen Chaos aus Korruption und Verwaltungsvakuum Herr zu werden, und konnte dabei auch einige Erfolge vorweisen. Er bediente sich allerdings eines autoritären Führungsstils, nutzte Wahlmanipulationen, um an der Macht zu bleiben, und beschnitt die Unabhängigkeit von Justiz und Medien massiv.[57]

Nach dem Ende seiner Präsidentschaft 2013 – die georgische Verfassung erlaubt nur zwei Wahlperioden – emigrierte Saakaschwili in die USA und lebte eine Zeit lang in New York. Im Februar 2015, nach dem Regierungswechsel in Kiew, wurde er als Präsidentenberater in die Ukraine berufen, erhielt die ukrainische Staatsbürgerschaft und war von Mai 2015 bis November 2016 Gouverneur in Odessa, der ukrainischen Hafenstadt und dem gleichnamigen Bezirk (Oblast) am Schwarzen Meer. 2017 wurde ihm die ukrainische Staatsbürgerschaft wieder entzogen, nachdem er sich mit dem Präsidenten Petro Poroschenko überworfen hatte. Auch in seinem eigenen Land kann Saakaschwili nicht mehr politisch tätig werden, denn schon seit Mai 2013 ermittelt die georgische Staatsanwaltschaft gegen ihn. Gegenstand der Ermittlungen sind die Veruntreuung von Staatsgeldern und die gewaltsame Niederschlagung von Protesten im November 2007. Es existiert ein Haftbefehl der Generalstaatsanwaltschaft, der in Abwesenheit ausgesprochen wurde, und Saakaschwili steht auf der georgischen Fahndungsliste. Im Falle einer Verurteilung droht ihm eine mehrjährige Haftstrafe. Saakaschwili selbst hält das Verfahren für politisch motiviert.[58] Jedenfalls ließ er im November 2007 Demonstranten brutal auseinandertreiben und verhängte den Ausnahmezustand, was selbst die US-Diplomaten in Tiflis kritisierten.[59] An Washingtons Unterstützung des Präsidenten und seiner NATO-Beitrittspläne änderte das aber nichts. Offenbar hatten die geostrategischen Interessen Vorrang.

Am 10. Mai 2005 hielt sich George W. Bush in Tiflis auf. Anlass war die Einweihung der Pipeline Baku–Tiflis–Ceyhan. Der amerikanische Präsident fand lobende Worte für die «Rosenrevolution», pries den «mutigen Kampf des georgischen Volkes für Unabhängigkeit» und nannte Georgien einen «Leuchtturm der Freiheit». Führende Aktivisten der «Rosenrevolution» und der «Orangenen Revolution» in der Ukraine waren anschließend zu einem Empfang geladen. Die extra angereisten Demokratieaktivisten aus dem Nachbarland Aserbaidschan erfuhren allerdings eine weniger zuvorkommende Behandlung. Ihre Plakate und Flugblätter wurden beschlagnahmt, und zwei von ihnen, darunter der Gründer der Jugendbewegung «Joch!», Rasi Nurullajew, wurden sogar verhaftet. Es war ja auch reichlich naiv von ihnen anzunehmen, sie würden im Kampf gegen ihren autoritär regierenden Präsidenten Ilham Alijew ebenfalls unterstützt, den Herrn über die Ölquellen von Baku und Verbündeten der USA.[60]

Die Politikwissenschaftlerin Mária Huber hat die Demokratisierungsbemühungen in dieser Region einmal als «Kollateralnutzen» amerikanischer Außenpolitik beschrieben.[61] Wie diese US-Politik zu bewerten ist, darüber wird intensiv gestritten. Betrieben die USA unter George W. Bush mit ihrer Hilfe Geopolitik durch Regimechange? Zumindest aus russischer Sicht schien es so. Im Juli 2006 berichtete der Moskauer US-Botschafter, eine «Welle der Hysterie» rolle durch Russland, «dass die USA die Orangene Revolution und die Rosenrevolution angefacht hätten, um Russland mit feindlichen Regimen und NATO-Basen einzukreisen, und russische Experten warnen, dass die USA (und George Soros) nun Russland im Visier hätten».[62] Kann es da verwundern, wenn Wladimir Putin in seiner zweiten Amtszeit ab 2004 andere Prioritäten setzte, aus dem Ausland finanzierte NGOs durch Gesetzesverschärfungen (2005 und 2012) stärker kontrollierte und der Politik des Westens zunehmend misstrauisch gegenüberstand?

In einem als geheim eingestuften Bericht vom 14. November 2005 beklagte der US-Botschafter in der tadschikischen Hauptstadt Duschanbe, dass Russland sowohl in Tadschikistan als auch in umliegenden Ländern aktiv vor US-gesteuerten «Farbenrevolutionen» warne. Als «Farbenrevolutionen» bezeichnet man das Werk der «Revolutions-GmbH», obwohl genau genommen nur die «Orangene Revolution» in der Ukraine nach einer Farbe benannt ist. Weiter heißt es, Moskau entwickle größere Aktivitäten in Tadschikistan, gerade auch im ökonomischen Bereich, um seinen Einfluss zu bewahren und die Arbeit der US-NGOs, vor allem von «Freedom House» und dem NDI, zu erschweren. Diese russischen Aktivitäten könnten der «Demokratieagenda» des US-Präsidenten und «den größeren Zielen der Transformationsdiplomatie [transformational diplomacy, GKS] in den früheren Sowjetrepubliken» schweren Schaden zufügen. In Moskau scheine man zu glauben, «dass die USA zusätzliche und permanente Militärbasen in Zentralasien wollten und Tadschikistan als Hauptkandidaten dafür sähen», vor allem nach dem Verlust der usbekischen Basis. «Eine ‹Farbenrevolution›», so fürchte man in Moskau, «würde die Tür für eine US-Militärbasis öffnen oder, schlimmer noch für Moskau, könnte Duschanbe ermöglichen, die Russen hinauszuwerfen und die russische Militärbasis den USA zu geben.» In diesem Albtraum «würden die USA dann eine Kette von Basen von Afghanistan über Tadschikistan bis nach Kirgistan haben, um Russland zu schwächen und Zentralasien zu dominieren, das Russland nach wie vor seine ‹Einflusssphäre› nennt». Solche Überlegungen, so der Bericht weiter, könnten natürlich nur der russischen «Paranoia» entspringen, denn in Moskau orientiere man sich nicht, wie in den USA, an «faktenbasierter Logik».[63]

### Die NATO-Perspektive für Georgien und die Ukraine

Entspringt Moskaus Angst vor neuen US- und NATO-Basen an seinen Grenzen wirklich nur einer typisch russischen «Paranoia»? Im April 2008 fand in Bukarest ein NATO-Gipfel statt, im ehemaligen Ostblockland Rumänien, das seit 2004 NATO-Mitglied ist. Dort wurde über mögliche NATO-Mitgliedschaften Georgiens und der Ukraine verhandelt, die beide seit ihren erfolgreichen Revolutionen mit neuer Energie in das Bündnis strebten. Wenn heute in Deutschland von diesem Gipfel die Rede ist, dann mit dem Tenor, es sei insbesondere Kanzlerin Angela Merkel zu verdanken, dass damals, anders als von den USA gewünscht, eine Aufnahme Georgiens und der Ukraine unterblieb. Das ist auch zutreffend. Nicht zutreffend wäre es jedoch, daraus abzuleiten, eine NATO-Mitgliedschaft beider Länder hätte sich damit erledigt gehabt.

Die USA hatten in Bukarest konkrete Membership Action Plans für die Ukraine und Georgien durchsetzen wollen, was aller Wahrscheinlichkeit nach eine zeitnahe Aufnahme beider Länder zur Folge gehabt hätte. Dies verhinderte Deutschland zwar mit französischer Unterstützung, doch fällte der Gipfel gleichzeitig die Grundsatzentscheidung, dass beide Länder in Zukunft NATO-Mitglieder werden, und das wird in den entsprechenden Artikeln und Büchern heute gerne weggelassen.[64] Schaut man unter der Rubrik «Beziehungen mit der Ukraine» auf die offizielle NATO-Webseite, dann steht dort Folgendes: «April 2008: Auf dem Bukarester Gipfel stimmten die alliierten politischen Führer zu, dass die Ukraine in Zukunft ein Mitglied der NATO werden wird.»[65] Diese Passage findet sich wortgleich auch unter «Beziehungen zu Georgien».[66] In dem Bericht, mit dem die NATO über die Ergebnisse des Gipfels informierte, heißt es: «Während die Alliierten eine Entscheidung darüber vertagten, die Ukraine und Georgien in den Prozess der Membership Action Plans (MAP) aufzunehmen, kamen die Alliierten, was wichtiger ist, überein, dass die Ukraine und Georgien NATO-Mitglieder werden. Die Frage ist jetzt, ‹wann› und nicht mehr, ‹ob›, und MAPs könnten bereits bei dem NATO-Außenministertreffen im Dezember beschlossen werden.»[67]

In der Folge setzten die USA alles daran, den deutschen Widerstand bis zum Dezembertreffen zu brechen. «Merkel hat gezeigt, dass sie bereit ist, erheblichem Druck standzuhalten», heißt es in einem Bericht der Berliner US-Botschaft vom 5. Juni 2008. Dabei ignorierten Merkel und hochrangige Beamte im Kanzleramt und im Außenministerium einfach, dass ihre Skepsis im Widerspruch stünde zu der offensiven Wortwahl der Bukarester Erklärung. Doch der Bericht sah auch Hoffnung: Zwar habe die deutsche Haltung Züge des «Katzbuckelns» (kowtowing) vor Russland, doch scheine Merkel vor allem Zweifel an der Beitrittsreife Georgiens und der Ukraine zu haben, und genau hier könnten die USA ansetzen und sollten die Regierungen Georgiens und der Ukraine ermutigen, das ebenfalls zu tun. Es gebe ein tiefes Misstrauen gegenüber dem georgischen Präsidenten Saakaschwili und seinem Bekenntnis zur Demokratie und zur friedlichen Lösung der separatistischen Konflikte in Georgien. Die Deutschen hätten die starke Sorge, Saakaschwili könnte die Allianz in einen Konflikt mit Russland hineinziehen, an dem «Tiflis nicht ganz unschuldig wäre». Im Falle der Ukraine wiederum dominierten die Zweifel, ob in nächster Zeit überhaupt eine belastbare Mehrheit für das Projekt einer NATO-Mitgliedschaft im Land gefunden werden könne. Gebe es die nicht, würde die Gewährung eines MAP destabilisierend wirken, und «das Land könnte zwischen dem prorussischen Osten und dem, relativ gesehen, eher Richtung NATO tendierenden Westen zerrissen werden». Außerdem betone die deutsche Seite, wie wichtig es sei, eine Kompensationsstrategie für Russland zu haben, falls beide Länder aufgenommen werden sollten. Die USA müssten sich in den nächsten Monaten immer wieder auf höchster Ebene engagieren, wenn Berlin bis zum Dezember «an Bord» geholt werden solle.[68]

Wie leichtfertig Washington über russische Sicherheitsinteressen hinwegging, zeigt auch ein Briefing für US-Verteidigungsminister Robert Gates vom 8. Februar 2008. Dort heißt es, Saakaschwilis Vorgehen gegen Demonstranten im November 2007 habe dem NATO-Beitritt Georgiens geschadet, da es «europäischen Ländern» Munition geliefert habe, die diesen verhindern wollten, und zwar aus «damit nicht verbundenen Gründen (ihre Beziehungen zu Russland)».[69] Übersetzt heißt das: Was geht es Moskau an, wenn Georgien in die NATO will?

Innerhalb der NATO begann nach dem Bukarester Gipfel ein heftiges Tauziehen, wobei Deutschland von Frankreich, den Niederlanden, Spanien, Norwegen und gelegentlich auch Portugal unterstützt wurde. Zu den entschiedenen Befürwortern zählten demgegenüber die USA, Kanada, die baltischen Staaten, Polen, Tschechien, Rumänien und Bulgarien.[70] Der US-Senat wiederum hatte bereits am 28. April einstimmig eine Resolution beschlossen, die die Beitrittsperspektive Georgiens und der Ukraine begrüßte und die Verabschiedung von MAPs im Dezember forderte.[71] Doch dazu kam es nicht. Deutschland verhinderte im Dezember 2008 erneut die Gewährung von MAPs und hat dies zusammen mit Frankreich und seinen anderen Verbündeten bis auf den heutigen Tag getan.

Allerdings bekräftigten Mitglieder der Bundesregierung öffentlich die in Bukarest beschlossene generelle Beitrittsperspektive. Am 17. August 2008 etwa, also unmittelbar nach dem Georgienkrieg, sagte Angela Merkel anlässlich ihres Besuchs bei Saakaschwili in Tiflis: «Georgien wird, wenn es das will, Mitglied der NATO werden.»[72] Wie Filmmaterial in einem «Panorama»-Beitrag von Ende August 2008 dokumentiert, hat sich die Kanzlerin in diesem Monat wiederholt so geäußert und dabei nicht nur die NATO-Beitrittsperspektive für Georgien, sondern auch für die Ukraine bekräftigt, darunter bei einem Treffen mit dem russischen Präsidenten Medwedew in Sotschi.[73] Nach einer Meinungsumfrage für die ARD lehnte damals eine deutliche Mehrheit der deutschen Bürger einen NATO-Beitritt Georgiens ab: 58 Prozent waren dagegen, nur 26 Prozent eher dafür.[74]

Um Russlands Ängste vor einer weiteren Ostexpansion der NATO als unbegründet hinzustellen, wird gerne darauf verwiesen, dass die Beitrittsperspektive der Ukraine und Georgiens «irreal» sei.[75] Doch das ist eine Verharmlosung. Vielmehr wird innerhalb der NATO seit 2008 intensiv um diese Frage gerungen. Der Streit um die Erweiterung «durchseuche» das Bündnis und ziehe Risse durch die Allianz, «welche die Arbeit an den eigentlich drängenden Aufgaben ... behindern», stellte Patrick Keller, der Koordinator für Außen- und Sicherheitspolitik der Konrad-Adenauer-Stiftung, 2013 fest.[76] Auf jedem NATO-Gipfel seit Bukarest wurde die Beitrittsperspektive für Georgien und die Ukraine bekräftigt, sei es 2009 in Straßburg, 2010 in Lissabon, 2012 in Chicago, 2014 in Wales oder 2016 in Warschau.[77] Selbst als die Ukraine 2010 nach einem Machtwechsel den Blockfreienstatus in ihrer Verfassung verankert hatte, betonte das Schlusskommuniqué des Lissaboner Gipfels, die Politik der «offenen Tür» werde fortgesetzt, hielt also an der Beitrittsperspektive fest, obwohl die Ukraine selbst gar nicht mehr in die NATO strebte.[78]

Nun mag mancher einwenden, wenn es in den neun Jahren seit dem Bukarester Gipfel nicht zu einem Beitritt gekommen sei, dann könne es mit der Beitrittsperspektive nicht so weit her sein. Doch ging diese Zeit keineswegs untätig vorbei. Georgien erhielt großzügige Hilfen und wurde aus Washington dabei unterstützt, sich den NATO-Standards anzunähern. Seit 2014 gilt dies auch wieder für die Ukraine. Man muss die Jahre seit dem Bukarester Gipfel eher unter dem Gesichtspunkt «steter Tropfen höhlt den Stein» sehen, wobei der Stein hier die deutsche Bundeskanzlerin symbolisiert. Als die NATO 2012 in Chicago zusammenkam, stellte die US-Außenministerin Hillary Clinton vor Vertretern von Bosnien-Herzegowina, Georgien, Mazedonien und Montenegro, die alle auf eine NATO-Mitgliedschaft hinarbeiteten, fest: «Ich denke, dies sollte der letzte Gipfel sein, der kein Erweiterungsgipfel ist.»[79] Für Moskau jedenfalls musste der Eindruck entstehen, dass eine Aufnahme Georgiens und der Ukraine in die NATO seit dem Bukarester Gipfel als reale Option im Raum stand.

### Der Kampf um Südossetien und Abchasien

«Vier Monate später [nach dem NATO-Gipfel in Bukarest, GKS] fiel Russland in Georgien ein [‹invaded Georgia›, GKS] und testete die Bereitschaft des Westens zu intervenieren – das tat er nicht –, und das wiederum bedeutete einen Präzedenzfall, der dann Herrn Putin 2014 ermutigte, die Krim zu erobern.»[80] Das konnte man am 12. März 2017 in der «New York Times» lesen. In unseren Debatten wird derzeit gerne behauptet, Russland versuche seit geraumer Zeit, seinen Einflussbereich aggressiv auszudehnen. Dabei wird eine direkte Linie zwischen dem Georgienkrieg 2008 und dem Ukrainekonflikt 2014 gezogen. Im «Deutschlandfunk» war am 22. März 2015 zu hören: «Die Nachbarländer der Ukraine sind besorgt – besonders Georgien, das im August 2008 selbst zum Objekt für die russische Aggression wurde.»[81] Der Vorwurf zieht sich ebenfalls durch die putinkritische Literatur. In dem Buch von Michel Eltchaninoff «In Putins Kopf» heißt es: «Ein Jahr später fällt sein [Putins, GKS] Nachfolger Dmitri Medwedew in Georgien ein und stellt zwei Territorien, Südossetien und Abchasien, unter den Schutz Russlands.»[82] Im «Positionspapier Russland» der CDU/CSU-Bundestagsfraktion vom 29. November 2016 steht zu lesen: «Mit der völkerrechtswidrigen Annexion der Krim und der militärischen

Intervention im Donbass hat Russland zum zweiten Mal nach Georgien 2008 nach dem Ende des Ost-West-Konflikts das Territorium eines souveränen Staates angegriffen und besetzt.»[83] Und Ralf Fücks, bis Juni 2017 langjähriger Vorstand der den Grünen nahestehenden Heinrich-Böll-Stiftung, schreibt in seinem aktuellen Buch: «Während Putin nicht zögert, militärische Machtmittel einzusetzen, um strategische Geländegewinne zu erzielen, scheidet diese Option auf westlicher Seite aus, sobald ein Konflikt mit Moskau droht. Dieses Muster zeigte sich schon 2008 in Georgien ...»[84]

Tatsächlich sieht die Sache jedoch anders aus. Wer sich auf die wirklichen Geschehnisse einlässt, wird ein Bild des russischen Vorgehens gewinnen, das sich von dieser Darstellung erheblich unterscheidet. Südossetien und Abchasien, zu Sowjetzeiten eine autonome Region bzw. Republik innerhalb der Unionsrepublik Georgien, streben nach Unabhängigkeit, was von georgischer Seite bekämpft wird. De facto übt Tiflis jedoch schon seit geraumer Zeit dort keine Autorität mehr aus. Um die Hintergründe zu verstehen, ist leider ein kleiner Blick in die Geschichte nötig. Manchmal sind die Dinge eben kompliziert.

Zunächst muss man sich die Situation in der Sowjetrepublik Georgien mit ihren zahlreichen nationalen Minderheiten Ende der 1980er, Anfang der 1990er Jahre vergegenwärtigen. Georgien strebte in der untergehenden Sowjetunion nach nationaler Unabhängigkeit. Dabei gewannen schnell nationalistische Strömungen die Oberhand.[85] Swiad Gamsachurdia, der 1991 mit 86 Prozent der Stimmen gewählte Präsident Georgiens, ist zu Recht als «fanatischer Nationalist» charakterisiert worden.[86] Sowohl die Abchasen als auch die Südosseten fürchteten, in einem zentralisierten georgischen Nationalstaat ihre Autonomierechte zu verlieren. Das war ihnen auch kaum zu verdenken: Gamsachurdia hatte vor den georgischen Parlamentswahlen im Oktober 1990 ein Wahlgesetz durchgedrückt, das Parteien, die nicht in ganz Georgien antraten – also die Parteien der Minderheiten –, von den Wahlen ausschloss.[87] Im Fall der Südosseten kam noch et-

was anderes hinzu: Ihre nationalen Brüder jenseits des Kauka-
suskamms, die Nordosseten, bildeten eine autonome Republik
innerhalb der russischen Sowjetrepublik. Bei einer Unabhängigkeit Georgiens würden Süd- und Nordosseten, anders als fast
durchgängig in den zurückliegenden knapp zweihundert Jahren, nicht mehr in einem gemeinsamen Staatsverband leben.[88]

Daher hatten die Abchasen und Südosseten zunächst ein Interesse daran, die Sowjetunion in reformierter Form zu erhalten
bzw. sich nach deren Zerfall Ende 1991 Russland anzuschließen
oder unabhängig zu werden. Die Georgier wiederum sahen in
den Abchasen und Südosseten nichts als Werkzeuge des russischen Imperialismus, die Moskau dazu dienten, ihren nationalen Traum zu zerstören. Anders ausgedrückt: Die Georgier wollten nicht erkennen, dass die Abchasen und Südosseten ihnen
gegenüber etwas Ähnliches forderten, was sie selbst von Moskau
verlangten.[89] Sicher, ab einem bestimmten Zeitpunkt hat Moskau die Minderheitenkonflikte auch genutzt, um Druck auf
Georgien auszuüben. Dennoch ist unbestreitbar, dass sie tiefliegende historische Wurzeln haben, die völlig unabhängig von
russischer Einflussnahme existieren. Es waren die Georgier selbst,
die durch ihren verblendeten Nationalismus die Konflikte mit
den Abchasen und den Südosseten schufen – und zwar nicht erst
in der Auflösungsphase der Sowjetunion.

Abchasien war im Mittelalter zeitweilig ein eigenes Königreich gewesen, geriet aber später unter osmanischen Einfluss. Im
19. Jahrhundert wurde das Fürstentum Abchasien gegen den
Widerstand der Bevölkerung in das Russische Reich eingegliedert, konnte aber noch bis 1864 autonome Rechte bewahren.[90]
Die zahlreichen abchasischen Aufstände hatten zur Folge, dass
große Teile der Abchasen, besonders die Muslime unter ihnen,
ins Osmanische Reich flüchteten oder vom Zarenreich dorthin
deportiert wurden. Dadurch wurden die Abchasen in Abchasien,
also ihrem ureigenen Gebiet, an der Wende vom 19. zum 20. Jahrhundert zu einer Bevölkerungsminderheit.[91] In den Wirren der
Oktoberrevolution scheiterten ihre Versuche, die Unabhängig-

keit zurückzuerlangen. Georgische Truppen besetzten und annektierten das Land mit Unterstützung des deutschen Kaiserreichs.[92]

Nach dem Sieg der Roten Armee wurde Abchasien zunächst eine eigenständige Sowjetrepublik, ging jedoch ebenso wie Georgien in der Transkaukasischen Sowjetrepublik auf. Staatsrechtlich hatte Abchasien in der Gründungsphase der Sowjetunion also zunächst auf derselben Ebene gestanden wie Georgien, weshalb die Frage nicht unberechtigt ist, wieso es sich nicht ebenfalls für unabhängig erklären durfte, als sich dieser Staatsverband auflöste. Erst 1931 hatte Stalin Abchasien seinem Geburtsland Georgien zum Geschenk gemacht. Es war fortan nur noch eine autonome Republik innerhalb Georgiens. Ab 1936 veranlasste Lawrenti Beria, der wie Stalin aus Georgien stammte, bald darauf zum Chef aller Geheimdienste der Sowjetunion aufsteigen sollte und maßgeblich an Stalins brutalen Säuberungswellen beteiligt war, eine Politik der «Georgisierung» Abchasiens. Den Abchasen wurde das georgische Alphabet aufgezwungen, Schulen mit nationaler Unterrichtssprache wurden in Abchasien ebenso wie in Südossetien zwischen 1944 und 1953 geschlossen, und Nichtabchasen, vor allem Georgier, wurden gezielt in Abchasien angesiedelt.[93] Selbst unter den repressiven Bedingungen der poststalinistischen Sowjetunion setzten sich die Abchasen für ihre nationalen Rechte ein und verlangten wiederholt ihren Anschluss an die russische föderative Unionsrepublik, um dem Zugriff der Georgier zu entkommen.[94]

Am 18. März 1989 versammelte sich ein abchasisches «Volksforum» im Dorf Lykhny. Dort sprachen sich etwa 30 000 Menschen für die Trennung Abchasiens von Georgien und die Aufwertung der autonomen Republik zu einer eigenen Unionsrepublik aus, die einer Moskauer Sonderverwaltung unterstellt werden sollte. Dagegen lief die georgische Seite Sturm.[95] Bei Zusammenstößen zwischen Abchasen und Georgiern im Sommer 1989 gab es in Abchasien über ein Dutzend Tote und fast fünfhundert Verletzte.[96] Nach Gerüchten über einen weiteren Zwischenfall im August 1989 behauptete Swiad Gamsachurdia: «Die Abchasen sind Terroristen. Sie sind Agenten Moskaus, instruiert, unschuldige Georgier zu töten.»[97] Hier zeigt sich bereits ein Muster, das sich bis heute durchzieht: Die georgische Seite ist unfähig, die Interessen der Abchasen und auch der Südosseten als berechtigt anzuerkennen – ein klassisches Problem von Nationalisten im Umgang mit Minderheiten. Deren Widerstand können die Georgier sich nur durch finstere Machenschaften Moskaus erklären. Bedenklich ist allerdings, dass dieses Narrativ der georgischen Nationalisten inzwischen von vielen im Westen kritiklos geteilt wird.

Anders als Abchasien gehörte Südossetien ursprünglich zum Königreich Georgien. Anfang des 19. Jahrhunderts wurde es zwar in das Russische Reich eingegliedert, verfügte aber über eine Selbstverwaltung. In den unübersichtlichen Zeiten der Oktoberrevolution besetzten georgische Truppen auch diese Region, denn die Bewohner des heutigen Südossetien hielten es mit den Bolschewiken und widersetzten sich der Beherrschung aus Tiflis. Nachdem der Widerstand im Juni 1920 endgültig gebrochen worden war, kam es zu Massakern an der Zivilbevölkerung. Über 40 ossetische Dörfer wurden niedergebrannt, mindestens 5000 Osseten kamen ums Leben, je nach Quelle zwischen 20 000 und 35 000 mussten fliehen.[98] Schon damals urteilte ein britischer Journalist, in der georgischen Republik sei «der Chauvinismus Amok gelaufen». Nach der Eroberung durch die Rote Armee blieb Südossetien Teil der georgischen Sowjetrepublik, allerdings als autonome Region.[99]

Trotz dieser Vorgeschichte und der Verbindungen der Südosseten zur autonomen Republik Nordossetien im russischen Nordkaukasus spricht viel dafür, dass sich der Konflikt zwischen ihnen und den Georgiern bei der Auflösung der Sowjetunion mit etwas gutem Willen hätte friedlich lösen lassen. Südosseten und Georgier siedelten in Südossetien bunt gemischt, viele Menschen waren dreisprachig, und die Hälfte der Familien in der Region beruhte auf Mischehen.[100] Am 16. November 1989 erklärten die Südosseten, die über ein Gesetz verärgert waren, mit dem das Georgische zur alleinigen Amtssprache erklärt wurde, ihre Region zur autonomen Republik (damit beanspruchten sie den Status, den Abchasien bereits innehatte). Die Behörden in Tiflis wiesen die Deklaration zurück. Zudem machten sich am 23. November mehr als 20 000 teilweise bewaffnete Georgier unter Führung von Swiad Gamsachurdia in einem Konvoi aus Pkws und Bussen in die südossetische Hauptstadt Zchinwali auf. Osseten stellten sich ihnen entgegen. Bei dreitägigen Gewalttätigkeiten gab es sechs Tote und Dutzende Verletzte. Das Eingreifen sowjetischer Truppen verhinderte ein Blutbad.[101]

Gamsachurdia heizte den Konflikt mit Südossetien weiter an, das die Georgier «Zchinwali und Java» oder «Samachablo und Innerkartlien» nennen, um den Gebietsanspruch der Osseten auch im Namen der Region auszulöschen.[102] Er betrachtete die Osseten nur als «Gäste», die in ihre Heimat Nordossetien zurückkehren sollten. Mischehen gefährdeten seiner Ansicht nach das Überleben der georgischen Nation. Gamsachurdias Behauptung über den angeblichen Gaststatus der Osseten in Georgien war nicht nur eine kaum verhohlene Aufforderung zur ethnischen Säuberung und damit politische Brandstiftung, sondern auch historisch verwegen, da die Osseten seit dem 13. Jahrhundert in der Region siedeln. Nach anderer Auffassung gehen sie sogar auf eine Volksgruppe zurück, die dort bereits seit dem ersten christlichen Jahrhundert zu Hause war.[103] Gamsachurdias Ressentiments gegen die Südosseten fanden unter den Georgiern breite Unterstützung. Dabei taten sich besonders die georgischen Intellektuellen hervor und weniger die einfachen georgischen Dorfbewohner in Südossetien selbst.[104] Georgische Historiker publizierten Texte, in denen die «Georgischheit» Südossetiens und Abchasiens «nachgewiesen» wurde.[105] Der Bürgerrechtler Andrej Sacharow hat Georgien wegen dieser zumindest damals vorherrschenden Mentalität als «kleines Imperium» bezeichnet.[106] Das hindert heute, unter dem Eindruck des Konflikts mit Russland, allerdings nicht daran, die georgische Kulturnation zu romantisieren, die 2018 Gastland der Frankfurter Buchmesse sein wird.[107]

Im September 1990 erklärten sich die Südosseten zur Unionsrepublik der UdSSR und damit für unabhängig von Georgien. Nachdem Gamsachurdia bei den georgischen Parlamentswahlen im Oktober 1990 einen großen Wahlsieg eingefahren hatte, hob der Oberste Sowjet Georgiens am 11. Dezember 1990 einseitig den autonomen Status von Südossetien auf. Am nächsten Tag verhängte er dort den Ausnahmezustand und beschloss eine Belagerung der Region, die bis zum Waffenstillstand im Juni 1992 andauern sollte. Damit nahm der Krieg in Südossetien seinen Lauf. Georgische Truppen drangen in Südossetien ein und machten mehr als 100 ossetische Dörfer dem Erdboden gleich.[108] Bei einer dreiwöchigen Besetzung Zchinwalis im Januar 1991 zerstörten sie zudem auch gezielt südossetisches Kulturgut und Friedhöfe. Anschließend rächten sich die Osseten. Ungefähr 10 000 Georgier flohen aus Zchinwali aus Angst um ihr Leben.[109] Ab Mitte des Jahres beschossen die Georgier die Stadt mit Artillerie. Dabei hatten sie es offenkundig darauf abgesehen, die ossetische Bevölkerung zu vertreiben. Zchinwali wurde dadurch weitgehend zerstört. Am 19. Januar 1992 wurde ein Referendum abgehalten, in dem sich über 90 Prozent der Südosseten für die Unabhängigkeit von Georgien und den Anschluss an Nordossetien aussprachen. In der Schlussphase des Krieges im Mai und Juni 1992 griff Russland auf der südossetischen Seite in den Konflikt ein. Dabei stand Moskau selbst unter erheblichem Druck der Nordosseten, die sich mit den Südosseten solidarisiert hatten.

Der Krieg zwischen Südosseten und Georgiern 1991/92 war zu seiner Zeit der schwerste innere Konflikt auf dem Gebiet der Sowjetunion seit den 1920er Jahren. Etwa 1000 Menschen kamen ums Leben, was in einer Region mit knapp unter 100 000 Einwohnern viel ist. Etwa 23 000 Georgier flohen aus Südossetien in das georgische Kernland, je nach Quelle zwischen 40 000 und 100 000 Osseten wiederum flohen aus dem georgischen Kernland und aus Südossetien, die meisten von ihnen nach Nordossetien.[110] In den internationalen Medien wurde dennoch kaum über die Kämpfe berichtet, was angesichts der dramatischen Zeiten damals nicht verwundert, aber vielleicht erklärt, warum heute die georgische Erzählung, die das Land als unschuldiges Opfer Moskaus hinstellt, im Westen so bereitwillig geglaubt wird.[111]

Der neue georgische Präsident Eduard Schewardnadse, der am 10. März 1992 die Nachfolge Gamsachurdias angetreten hatte, und der russische Präsident Jelzin unterzeichneten am 24. Juni in Dagomys, einem Stadtteil von Sotschi, eine Friedensvereinbarung, die aber tatsächlich nicht mehr als ein Waffenstillstand war. Die süd- und nordossetischen Führer waren zwar bei dem Treffen zugegen, sie unterschrieben den Waffenstillstand aber nicht. Denn die Südosseten, die weiterhin den Anschluss an Russland anstrebten, betrachteten das Vorgehen Moskaus als «Verrat». Der Vertrag sah die Stationierung einer 1500 Mann starken Friedenstruppe aus ossetischen, georgischen und russischen Soldaten vor sowie eine «Gemeinsame Kontrollkommission» aller vier Parteien. Ab Ende 1992 beteiligte sich auch die OSZE mit einer sehr kleinen Beobachtertruppe an der Überwachung des Waffenstillstands.[112] Doch wurde der Konflikt damals nicht gelöst und schwelte weiter. Südossetien war de facto unabhängig, wenngleich Teile des Landes von georgischen Truppen kontrolliert wurden.

Abchasien hatte sich bereits am 25. August 1990 zu einer Unionsrepublik der Sowjetunion und damit für unabhängig erklärt, was Georgien nicht anerkannte.[113] Nachdem sich die Sowjetunion aufgelöst hatte, unterbreitete der abchasische Präsident Kompromissvorschläge. Die neue georgische Führung unter Eduard Schewardnadse wies diese jedoch zurück. Daraufhin setzte Abchasien am 23. Juli 1992 seine Verfassung von 1925 wieder in Kraft, die es als unabhängig, aber vereint mit der Sowjetrepublik Georgien auf der Grundlage eines speziellen Unionsvertrages definierte.[114] Georgien selbst hatte bereits am 22. Februar 1992 seine Verfassung von 1978 annulliert und die von 1921 wieder in Kraft gesetzt, als Abchasien noch kein Bestandteil Georgiens war.[115] Damit hatte die abchasische Autonomie im georgischen Verfassungsrecht keine Grundlage mehr.

Ende Juli 1992 wurde Georgien als unabhängiger Staat formal in die Vereinten Nationen aufgenommen. Nur zwei Wochen später fiel die georgische Nationalgarde in Abchasien ein und marschierte auf die Hauptstadt Suchumi zu. Die Chronologie der Ereignisse legt nahe, dass die georgische Führung nach dem Waffenstillstand für Südossetien im Juni die Anerkennung durch die UN abgewartet hatte, um gegen Abchasien militärisch vorzugehen. Sie hatte zudem für den Oktober 1992 Neuwahlen zum georgischen Parlament anberaumt, denn sie war dringend auf eine demokratische Legitimierung angewiesen. Es handelte sich bei ihr nämlich de facto um ein Putschistenregime: Gamsachurdia war im Januar 1992 gewaltsam von der Macht entfernt worden, im März wurde – zur Steigerung der internationalen Akzeptanz – Gorbatschows früherer Außenminister Schewardnadse als Präsident an die Spitze berufen. Was machte sich zur Legitimation vor den Georgiern besser als ein siegreicher Krieg?[116]

Der georgische Militärkommandeur in Abchasien, Oberst Giorgi Karkaraschwili, drohte am 25. August 1992 im lokalen Fernsehsender von Suchumi: «Wir sind bereit, 100 000 Georgier zu opfern, um 97 000 Abchasen auszulöschen. Wir werden die ganze abchasische Nation ohne Nachfahren zurücklassen.» Da die von Karkaraschwili genannte Zahl von 97 000 Abchasen fast exakt der gesamten abchasischen Bevölkerung entsprach, interpretierten die Abchasen das verständlicherweise als eine Drohung mit Völkermord. Obendrein war das kein Einzelfall, auch die politische Führung Georgiens äußerte sich in dem Sinne, dass die Abchasen nur ein kleines Volk seien, dessen genetische Basis leicht zerstört werden könne.[117] Beim Plündern und Brandschatzen in Suchumi brannte die georgische Nationalgarde vorsätzlich das abchasische Nationalarchiv und die Nationalbibliothek nieder und zerstörte so fast 95 Prozent des Archivguts zur abchasischen Geschichte.[118] Ob man daran erinnern wird, wenn im

Herbst 2018 auf der Frankfurter Buchmesse der heroische Widerstand Georgiens gegen die russischen Aggressoren gefeiert werden wird? Oder haben die Abchasen jedes Recht auf eine eigene Kultur verwirkt, weil sie von Russland unterstützt werden?

Jedenfalls stießen die Georgier auf einen unerwartet hartnäckigen militärischen Widerstand der Abchasen. Da parallel ein Bürgerkrieg in Westgeorgien zwischen Anhängern Gamsachurdias und der Regierung in Tiflis tobte, überforderte dies ihre Kapazitäten. Die Abchasen erhielten Unterstützung vom Kongress der Bergvölker des Kaukasus, vor allem von den Tschetschenen und Tscherkessen, von in der Türkei, Syrien und Jordanien lebenden Abchasen und auch von Russland. Zunächst halfen neben den Nordkaukasiern Kosaken, frühere Offiziere der Roten Armee und noch aus Sowjetzeiten in Abchasien stationierte Militärverbände auf eigene Faust. Im Laufe des Jahres 1993 nahm die russische Unterstützung dann weiter zu.[119] Russland benutzte den Konflikt in Abchasien nun auch als Hebel, um Georgien, das im Vorjahr noch die NATO um Hilfe bei der Verteidigung seiner territorialen Integrität gebeten hatte, zu einer Reihe von politischen Zugeständnissen zu zwingen: zum Beitritt zur «Gemeinschaft Unabhängiger Staaten» (GUS), zur Einwilligung in das Fortbestehen von vier russischen Militärstützpunkten in Georgien (Batumi an der Küste, Achalkalaki im Süden, Wasiani bei Tiflis und Gudauta in Abchasien) und zu einer gemeinsamen russisch-georgischen Überwachung der georgischen Grenze zum NATO-Mitglied Türkei.[120]

Die Menschenrechtsorganisation Human Rights Watch stellte 1995 fest, sie habe zahllose Berichte erhalten, dass von beiden Seiten in dem Konflikt Kriegsgefangene misshandelt und getötet worden seien, in erster Linie allerdings durch die Georgier, und dass Kämpfer Vergewaltigungen als Kriegswaffe eingesetzt hätten. Human Rights Watch stufte diese Anschuldigungen als glaubwürdig ein.[121]

Im September 1993 gewannen die Abchasen schließlich den Krieg. Daraufhin musste fast die gesamte georgische Bevölke-

rung, mehr als 200 000 Menschen, aus Abchasien flüchten.[122]
Die georgische Aggression hatte sich als Bumerang erwiesen. Im
Mai 1994 wurde ein Waffenstillstand unterzeichnet. Eine Friedenstruppe der GUS, de facto eine russische Truppe, rückte in
die Waffenstillstandszone ein. Eine UN-Mission wurde eingerichtet, allerdings umfasste sie nur etwas mehr als hundert unbewaffnete Beobachter. Vor allem der Streit um die Frage der Rückkehr der georgischen Flüchtlinge nach Abchasien sorgte dafür,
dass der abchasische Waffenstillstand der brüchigste im Südkaukasus blieb.[123] Wenn man sich vergegenwärtigt, dass die Abchasen, die durch die Entwicklungen in der zweiten Hälfte des
19. und in der ersten Hälfte des 20. Jahrhunderts nur noch weniger als ein Fünftel der Bevölkerung in Abchasien gestellt hatten,
durch die Flucht der Georgier nun wieder fast die Hälfte der abchasischen Bevölkerung ausmachten, kann man sich leicht vorstellen, wie explosiv die Frage der Flüchtlingsrückkehr war.[124]

Allerdings war es zunächst keinesfalls so, dass Russland nur
die Partei Abchasiens ergriff. Nach 1993 übte es zunächst auf
Abchasien ebenso viel Druck aus wie auf Georgien. Moskau verhängte unter anderem Handelssanktionen gegen die Region.
Der russische Premierminister Primakow drängte Georgier und
Abchasen, zu einem Abkommen zu gelangen.[125] Ein Friedensvertrag konnte jedoch nicht erreicht werden.[126] Ebenso wie Südossetien wurde Abchasien zu einem «eingefrorenen Konflikt».

Für Moskau hatte diese Situation eine Reihe von Vorteilen. Es
konnte Druck auf Georgien ausüben, indem es damit drohte, die
Unabhängigkeit Südossetiens und Abchasiens anzuerkennen,
und erhielt sich so einen gewissen Einfluss in der Kaukasusrepublik. Zudem bestand – im Fall der USA fälschlicherweise, wie sich
zeigen sollte – die Hoffnung, die NATO werde Georgien nicht aufnehmen wollen, solange die separatistischen Territorialkonflikte
ungelöst seien.[127] Weil die USA seit der zweiten Amtszeit von Präsident Bill Clinton ab 1997 im Kaukasus und in Zentralasien eine
wesentlich aggressivere Politik als zuvor verfolgten, war dies von
großer strategischer Bedeutung. Nicht zuletzt, da auch eine wir-

kungsvolle Unterstützung des russischen Verbündeten Armenien wegen der geografischen Gegebenheiten von Georgien abhängig war.[128] Die amerikanische Offensive hatte auch etwas damit zu tun, dass die USA damals noch auf Energieimporte angewiesen waren, sie die beiden Öllieferanten Irak und Iran gleichzeitig einzudämmen versuchten und in den 1990er Jahren die Ölvorräte des Kaspischen Beckens dramatisch überschätzt wurden. Dementsprechend intensiv war das neue «Great Game»,[129] das geostrategische Ringen um die Region, dessen wichtigsten Bestandteil die Pipeline Baku–Tiflis–Ceyhan bildete.[130]

Obwohl Tiflis nicht müde wurde, das zu behaupten: Ein Interesse an einer Annexion Südossetiens und Abchasiens hatte Moskau nicht. Denn damit hätte es jeden Einfluss auf Georgien verloren. Umgekehrt jedoch hatte es aus denselben Gründen auch kein Interesse an einer Lösung des Konflikts. Dabei kam noch hinzu, dass die russischen nordkaukasischen Republiken erheblichen Druck aufbauten, die beiden Regionen nicht im Stich zu lassen. Insbesondere Nordossetien, der Stabilitätsanker in der Region, meldete sich zu Wort. Diesen Wunsch zu vernachlässigen hätte die moskaufreundliche Regierung in Nordossetien schwächen können und das Risiko erhöht, dass auch hier, in der Nachbarrepublik Tschetscheniens, Chaos ausbrach. Alles in allem hatte sich Russland daher mit dem Status quo gut arrangiert.

Doch die «Rosenrevolution» zerstörte das zerbrechliche Gleichgewicht. Denn der Machtwechsel hatte, wie häufig übersehen wird, auch eine nationalpolitische Komponente. Am Tag vor seiner Vereidigung als neuer Präsident Georgiens pilgerte Saakaschwili an das Grab eines georgischen Königs des 12. Jahrhunderts und schwor: «Georgien wird vereint sein, stark, es wird seine Integrität wiederherstellen und ein vereinigter, starker Staat werden.»[131] Anstatt den Weg einer Föderalisierung zu gehen, die einzige Hoffnung auf eine Lösung des Konflikts mit Südossetien und Abchasien, steuerte der neue Präsident auf einen starken Einheitsstaat zu, in dem für Sonderrechte von Minderheiten kein Platz war.

Am 21. September 2004 legte Saakaschwili der UN-General-versammlung einen Plan vor, der Abchasien und Südossetien in den georgischen Staatsverband zurückführen sollte, was von den beiden Regionen umgehend abgelehnt wurde.[132] Zuvor war es in Südossetien immer wieder zu Zwischenfällen gekommen, für die beide Seiten Verantwortung trugen, die aber eben auch von georgischer Seite ausgingen. Im Frühjahr 2004 etwa eskalierte die Situation, als Georgien die Grenze zu Südossetien abriegelte und Spezialkräfte, Panzer und Artillerie zusammenzog, worauf Russland seinerseits mit militärischen Verstärkungen antwortete. Es kam zu den schwersten Gefechten seit dem Waffenstillstand von 1992, und der im August 2004 ausgehandelte neue Waffenstillstand blieb brüchig.[133] Unter anderem wurde die südossetische Hauptstadt Zchinwali im September 2005 durch die georgische Armee beschossen.[134]

Zumindest im Rückblick gab es klare Anzeichen, dass für Saakaschwili auch eine gewaltsame Lösung der Konflikte um Abchasien und Südossetien eine Option war. Er erhöhte den georgischen Militäretat von gerade einmal 93 Millionen US-Dollar 2003 in nur vier Jahren auf 1,2 Milliarden US-Dollar 2007.[135] Schon 2004 rehabilitierte er den fanatischen georgischen Nationalisten Swiad Gamsachurdia als den «ersten Präsidenten» des unabhängigen Georgien. Im April 2007 wurden dessen sterbliche Überreste von Grosny nach Tiflis überführt. Nach einer offiziellen Prozession durch die Straßen der Hauptstadt wurden sie im Mtazminda-Pantheon beigesetzt, in dem prominente Georgier ruhen.[136] Und im Dezember 2007, während des georgischen Wahlkampfs, erklärte Saakaschwili, das Regime in Zchinwali sei wie ein loser Zahn, reif zur Entfernung. Im neuen Jahr sei das eine Sache von Wochen, allenfalls Monaten.[137]

Ob die USA nicht sahen oder nicht sehen wollten, wie gefährlich Saakaschwilis Politik war, sei einmal dahingestellt. Sie machten sich jedenfalls Georgiens Position zu eigen, Moskau solle aufhören, die abtrünnigen Provinzen zu unterstützen, und seine Truppen aus Georgien abziehen. Im Grunde verbarg sich dahinter der georgische Mythos, es gäbe keine natürlichen Abspaltungsbestrebungen in den beiden Regionen. Sie seien vielmehr ausschließlich auf Machenschaften Moskaus zurückzuführen und würden verschwinden, sobald Russland sich zurückziehe und die Souveränität Georgiens respektiere. Doch wie realistisch war das? Ganz abgesehen von der fundamentalen Fehleinschätzung des Konflikts, hätte Russland bei einem Rückzug aus Georgien keinerlei Einfluss mehr auf den Südkaukasus besessen, und auch sein Verbündeter Armenien wäre isoliert gewesen. Damit hätten die USA ihr Ziel erreicht, die Rohstoffe des Kaspischen Beckens und Zentralasiens ungestört an Russland vorbeileiten zu können, und das geostrategische Ringen um den Südkaukasus für sich entschieden. Denkbar wäre dies nur gewesen, wenn man parallel einen einvernehmlichen Interessenausgleich gefunden hätte, durch den diese Region Russland in Zukunft nicht verschlossen geblieben wäre. Dass Georgien seit 2008 eine offizielle Beitrittsperspektive der NATO besaß, wird das russische Vertrauen in diese Option nicht gerade befördert haben.

Zudem gerät gerne in Vergessenheit, dass sich Russland durchaus kompromissbereit zeigte, und zwar selbst dann noch, als Saakaschwili Präsident von Georgien war.[138] 1999 hatte Moskau bei Verhandlungen in Istanbul zugestimmt, 2001 seine Basen in Wasiani und Gudauta aufzugeben und sich mit den Georgiern über die verbleibenden Militärbasen zu verständigen, die es - abgesehen von den Friedenstruppen - im Land unterhielt und die durch Vereinbarungen nach dem Abchasienkrieg legitimiert waren.[139] Bereits im Juni 2001 wurde die Basis in Wasiani übergeben. Als im Jahr darauf amerikanische Militärberater nach Georgien kamen, nutzten sie die gerade erst verlassene Basis.[140] Heute finden dort gemeinsame Manöver der NATO und Georgiens statt. Im Juni 2007 folgte die Basis in Achalkalaki, im November 2007 die in Batumi.[141] Im Falle der Basis Gudauta in Abchasien gestaltete sich die Situation schwieriger. Russland wollte den Stützpunkt weiterhin für seine Friedenstruppen in der Region nutzen, Georgien vermutete dahinter ein Täuschungsmanöver.

Jedenfalls ist es nicht so, dass sich Russland in der Frage seiner Truppenpräsenz in Georgien nicht bewegt hätte. Tiflis jedoch ging es auch darum, die russischen Friedenstruppen aus dem Land zu bekommen, nicht bloß die regulären Truppen – eine Unterscheidung, die in den einschlägigen Berichten oftmals fehlt.[142] Dabei wurden die russischen Friedenstruppen in Südossetien und Abchasien in den Istanbuler Vereinbarungen von 1999 mit keinem Wort erwähnt. Also kann auch keine Rede davon sein, dass Russland sich 1999 zu deren Abzug verpflichtet hätte.[143]

Alle, die die Forderung nach einem Abzug der russischen Friedenssoldaten aufgriffen, sollten sich fragen, was in diesem Fall mit den Südosseten und Abchasen geschehen wäre. In Moskau, so berichtete der US-Botschafter am 12. Juli 2006, glaube man, dass es nur diese Friedenstruppen seien, die «Krieg und Genozid» verhinderten.[144] Wenn man sich die Vorgeschichte vergegenwärtigt, dann ist diese Einschätzung nicht ganz abwegig. Auf die Frage, ob er glaube, dass die Südosseten und die Abchasen überhaupt noch etwas mit den Georgiern zu tun haben wollten, erwiderte Saakaschwili 2008: «Es geht nicht darum, ob sie zu uns zurückkommen, sondern darum, dass wir zu ihnen kommen; diese Gebiete gehören alle zu Georgien.»[145] Der Politikwissenschaftler Egbert Jahn gelangt daher zu dem Schluss, dass eine gewaltsame Wiedervereinigung der Separatistengebiete mit Georgien «nur um den Preis des Völkermords und der Vertreibung der Abchasen und Südosseten aus ihren Siedlungsgebieten möglich wäre».[146] Auch das ist ein Grund, warum so viele Abchasen und Südosseten inzwischen russische Pässe besitzen – mehr als die Hälfte sollen es in Abchasien sein und sogar 90 Prozent in Südossetien.[147] Und daher kann es auch nicht überraschen, dass es in Abchasien und Südossetien große Mehrheiten in der Bevölkerung für die russische Militärpräsenz gibt, wie der in den USA lehrende Geograf Gerard Toal 2010 durch Meinungsumfragen ermittelte.[148]

Am 12. November 2006 war in Südossetien ein Referendum durchgeführt worden, an dem ethnische Georgier nicht teilnehmen durften. Darin sprachen sich 99 Prozent für die «Beibehaltung der Unabhängigkeit» aus. Der Westen verurteilte das Referendum, Russland betonte zwar, man werde es nicht anerkennen und Südossetien auch nicht in die Russische Föderation aufnehmen, doch sei das Referendum als Willensäußerung zu berücksichtigen.[149] Gleichzeitig aber machte Moskau deutlich, dass die Position Russlands in dieser Frage von der zukünftigen Haltung des Westens zum Kosovo abhängen werde. Würde die volle Unabhängigkeit des Kosovo akzeptiert, was die USA, Frankreich, Großbritannien und Deutschland im Februar 2008 binnen Tagen nach deren Erklärung getan haben, dann müsse das umgekehrt auch für Südossetien gelten.[150] Das war im Übrigen nicht nur die Haltung Moskaus: Während der Westen bestritt, dass es sich um einen «Präzedenzfall» handele, wenn die Abspaltung des Kosovo auch ohne Zustimmung Serbiens anerkannt werde, betrachteten die Südosseten und Abchasen das genau als einen solchen.[151] Tatsächlich ist schwer zu erkennen, worin sich das Unabhängigkeitsstreben Abchasiens und Südossetiens prinzipiell von dem des Kosovo unterscheiden soll – einmal abgesehen von den vollkommen anders gelagerten geopolitischen Interessen. Die USA beharrten zwar auf der «territorialen Integrität Georgiens», doch die umstrittene Anerkennung der Unabhängigkeit des Kosovo hatte natürlich Auswirkungen auf alle separatistischen Regionen weltweit. Sie wirkte auch in Georgien als Konfliktverstärker, da Saakaschwili nun befürchten musste, Südossetien, Abchasien und Russland könnten sich auf diesen Präzedenzfall berufen, um die Abspaltung der Regionen auch offiziell zu vollziehen.

### *Wer hat 2008 den Georgienkrieg begonnen?*

So weit, so komplex. Aber wie kommt es nun zu dem Vorwurf, Moskau sei 2008 in Georgien eingefallen? Er geht zurück auf die Interpretation des Konflikts, die der georgische Präsident Saakaschwili damals prägte und öffentlich verkündete.[152] Doch was war tatsächlich geschehen? Im Frühjahr 2008 hatten sich die Spannungen zwischen Russland, Südossetien und Georgien verschärft, wofür alle Beteiligten Verantwortung trugen. Georgien zog 12 000 Soldaten und 75 Panzer an der Grenze zu Südossetien zusammen, wo zu diesem Zeitpunkt etwa 500 Mann der russischen Friedenstruppen sowie etwa 500 Mann südossetischer Milizen stationiert waren.[153] In der Nacht vom 7. auf den 8. August begann die georgische Großoffensive gegen Südossetien mit Panzern, Kampfjets und Raketenwerfern auf die schlafende Zivilbevölkerung und die dort stationierten Friedenstruppen. Unter anderem wurden Streubomben eingesetzt.[154] Laut offiziellen russischen Angaben kamen 162 Zivilisten ums Leben. Die Südosseten sprachen von 365 Opfern, wobei jedoch nicht zwischen Kämpfern und Zivilisten unterschieden wurde.[155] Das Ausmaß der Zerstörung gerade ziviler Objekte war enorm. Auch 14 Angehörige der russischen Friedenstruppen kamen ums Leben, da ihr Hauptquartier gezielt von georgischer Artillerie angegriffen wurde.[156] Schon am selben Tag verkündete Georgien, weite Teile Südossetiens erfolgreich besetzt zu haben – bemerkenswerterweise nur etwas mehr als ein halbes Jahr nachdem Moskau die letzte Militärbasis im georgischen Kernland geräumt hatte. Russland griff nun seinerseits Georgien an und vertrieb die georgischen Truppen aus Südossetien, wobei es zu Gewaltakten gegenüber georgischen Zivilisten kam, von Seiten der russischen Truppen, insbesondere aber durch südossetische Milizen. Die russischen Verbände rückten dann weiter auf georgisches Territorium vor und zerstörten dort militärische Ziele. Dabei ließen sie sich die Gelegenheit nicht entgehen, gleich in den ersten Stunden des Vormarschs in Georgien installierte Abhöranlagen des US-Geheimdienstes NSA im Wert von etwa einer Milliarde US-Dollar unschädlich zu machen.[157] Die von Russland eingenommenen Teile des georgischen Kernlandes machten allerdings nur einen sehr geringen Teil der Gesamtfläche des Landes aus, während im Westen der Eindruck entstand, Moskau habe halb Georgien besetzt.[158] Tiflis seinerseits reagierte mit einer wüsten Propagandakampagne gegen die russischen «Aggressoren»: Putin in Naziuniform und mit Hitlerbart sowie Hakenkreuze und SS-Runen in Russlands Namen waren beliebte Motive auf Plakaten in Tiflis.[159] Die Darstellung Saakaschwilis in russischen Medien unterschied sich davon jedoch kaum. Zudem verbreitete die russische Seite stark übertriebene Opferzahlen des Überfalls auf Südossetien.[160] Am 12. August waren die Kampfhandlungen beendet.[161]

Anfang Oktober, nach der Ankunft einer EU-Beobachtermission, die sicherstellen sollte, dass sich ein solcher Überfall nicht wiederholte, zog Russland seine Truppen aus dem georgischen Kernland zurück.[162] Doch stellte es nicht den Zustand wieder her, der vor dem georgischen Angriff geherrscht hatte. Die georgischen Truppen und teilweise auch die georgische Bevölkerung waren aus den bisher von Tiflis kontrollierten Gebieten Südossetiens und Abchasiens vertrieben worden, und dabei blieb es. Nach dem Krieg erkannte Russland die Unabhängigkeit Südossetiens und Abchasiens an – ein Schritt, den es bis dahin immer vermieden hatte – und schloss mit ihnen Beistandspakte, die es ihm erlauben, dort jeweils 3800 Mann und schwere Waffen zu stationieren.[163]

Natürlich lässt sich darüber diskutieren, ob die russische Reaktion verhältnismäßig war, aber kann man diese Geschichte wirklich mit den Worten «Russia invaded Georgia» zusammenfassen? Die georgische Position, man sei von Russland überfallen worden, die der damalige Präsident Saakaschwili – auch in fließendem Englisch – vertrat, traf im Westen auf großes Verständnis. Innerhalb kürzester Zeit wurde in der westlichen Wahrnehmung aus dem reagierenden Russland der militärische Aggressor, wohingegen Georgien die Opferrolle zugeschrieben wurde. Einer unabhängigen Überprüfung hielt diese Version jedoch nicht stand. Die von Georgien beantragte einseitige Verurteilung Russlands wies der Internationale Gerichtshof in Den Haag in einem Urteil vom 15. Oktober 2008 zurück.[164] Die EU beauftragte auf Initiative des deutschen Außenministers Frank-Walter Steinmeier ihrerseits eine «Independent International Fact-Finding Mission on the Conflict in Georgia», [165] geleitet von der Schweizer Diplomatin und Kaukasusexpertin Heidi Tagliavini. Auch der Bericht ihrer Kommission kam zu dem Schluss, dass Georgien mit den Kampfhandlungen begonnen hatte. [166] Noch deutlicher wurde Tagliavini bei ihrer Vorstellung des Berichts vor internationalen Diplomaten in Brüssel Ende September 2009: Aus Sicht ihres Teams «war es Georgien, das den Krieg begonnen hat», und «keine der von den georgischen Behörden gelieferten Erklärungen, um den Angriff in irgendeiner Form rechtlich zu legitimieren, verleiht ihm eine wirksame Begründung», sagte sie. [167]

Wer sich ernsthaft mit den vorliegenden Quellen beschäftigt, wird nicht bezweifeln können, dass Georgien die Kampfhandlungen begann. [168] Nicht selten liest man daher verharmlosend, Saakaschwili habe eine «militärische Dummheit» [169] begangen bzw. «fahrlässig» [170] gehandelt und damit Moskau einen Vorwand zum Eingreifen geliefert. «Er begann den Krieg und tappte prompt in eine russische Falle», brachte Stefan Kornelius, der Außenpolitikchef der «Süddeutschen Zeitung», diese Position auf den Punkt. [171] Doch worauf stützt sich die Behauptung, es habe eine russische Falle gegeben? Die meisten Autoren begründen sie nicht weiter, aber wenn, dann werden verschiedene Indizien zusammengetragen. Am prominentesten ist das russische Militärmanöver mit 8000 beteiligten Soldaten einen Monat vor dem Krieg im Nordkaukasus, in dessen Zentrum die 58. Armee stand, die dann auch die Kämpfe in Georgien führte. Daraus wird abgeleitet, dass Russland den Einmarsch im Voraus geplant und geübt und dann nur noch auf einen Vorwand zum Handeln gewartet habe. Diesen habe Russland dann durch gezielte Provokationen herbeiführen wollen. Etwa indem es seine Beziehungen zu Südossetien und Abchasien ausgebaut, zusätzliche Soldaten nach Abchasien geschickt, den georgischen Luftraum verletzt sowie unbewaffnete Pioniere nach

Abchasien verlegt habe, um eine Eisenbahnverbindung instand zu setzen.[172]

Besonders stark sind die Indizien für eine russische «Falle» nicht. Sie gewinnen ihre Überzeugungskraft nur dann, wenn man eine ganze Reihe entgegenstehender Fakten ausblendet und bereits grundsätzlich davon überzeugt ist, dass Russland nur auf die Gelegenheit wartete, in Georgien einzufallen – wenn man also, mit anderen Worten, die Perspektive der georgischen Regierung teilt. Wie passt etwa die Tatsache dazu, dass Russland noch am 15. April 2008 im UN-Sicherheitsrat für eine Resolution stimmte (Resolution 1808), die ein Bekenntnis zur «Souveränität, Unabhängigkeit und territorialen Unversehrtheit Georgiens innerhalb seiner anerkannten Grenzen» enthielt und die dazu aufrief, den georgisch-abchasischen Konflikt «mit ausschließlich friedlichen Mitteln und im Rahmen der Resolutionen des Sicherheitsrates» zu regeln?[173]

Und auch dies passt nicht zu einer russischen Falle: Im Juni 2008 traf Saakaschwili in Sankt Petersburg erstmals mit dem neuen russischen Präsidenten Medwedew zusammen. Dieser bot an, beim Aushandeln von Kompromissen zu helfen, die langfristig eine Reintegration von Abchasien und Südossetien in Georgien ermöglichen sollten. Doch müsse Georgien dafür direkt mit den Führungen der Gebiete verhandeln – sich also von der bequemen Vorstellung verabschieden, die Abchasen und Südosseten seien nichts als Marionetten Moskaus und hätten keine legitimen Interessen – und eine Erklärung über einen Gewaltverzicht abgeben. Obwohl auch die USA und Deutschland alle Konfliktparteien drängten, eine solche Erklärung abzugeben, weigerte sich Saakaschwili.[174]

Vollends unglaubwürdig wird die Behauptung, es habe eine russische Falle gegeben, allerdings, wenn man berücksichtigt, dass hohe russische Amtsträger den Moskauer US-Botschafter noch im Mai 2008 vor einem bevorstehenden georgischen Angriff warnten. Am 6. Mai sagte der russische Generalstabschef Juri Balujewsky in einem Telefongespräch mit dem Botschafter,

Russland sorge sich wegen der Gefahr eines militärischen Konfliktes im Kaukasus. Er bezog sich auf Geheimdiensterkenntnisse und warnte, Georgien könne zu «extremen Maßnahmen» greifen. «Während Russland keinen Kampf mit Georgien suche, würde es aber seine Interessen in der Region verteidigen.» Balujewsky erinnerte daraufhin an den Abchasienkrieg von 1992/93, der viele Leben gekostet habe, und stellte fest: «Wir können nicht erlauben, dass dies noch einmal geschieht.» Die USA sollten verstehen, dass diese Angelegenheit «nur am Verhandlungstisch aufgebracht werden dürfe».[175] General Buschinsky aus dem russischen Verteidigungsministerium warnte am selben Tag, dass die Option eines NATO-Beitritts Georgiens die Spannungen in der Region verstärkt habe. Weil er auf US-Unterstützung baue, könne Saakaschwili «fehlkalkulieren». Die Aufstockung der russischen Friedenstruppen in Abchasien um 1500 Mann sei vertraglich erlaubt und eine Reaktion auf die georgische Truppenkonzentration. Durch sie wolle Russland «Tiflis signalisieren, dass es eine georgische Invasion der Separatistengebiete durchkreuzen werde».[176] Sollte Russland gehofft haben, Saakaschwili zu einer «militärischen Dummheit» zu provozieren, dann wäre es so ziemlich die schlechtestmögliche Idee gewesen, dessen engsten Verbündeten genau davor zu warnen und zugleich deutlich zu machen, dass man dagegenhalten werde. Worin besteht die Falle, wenn man dem Gegner vorher sagt, was man tun wird?

Tatsächlich gibt es eine viel banalere Erklärung für die Truppenverstärkungen, den Ausbau der Eisenbahnlinie und das große Militärmanöver: Russland rechnete seit Längerem mit einem Angriff Saakaschwilis und bereitete sich darauf vor.[177] Seit dessen Amtsantritt befanden sich Moskau und Tiflis in einer Eskalationsspirale mit gegenseitigen Beschuldigungen, Provokationen und Nadelstichen. Putin, so schrieb der Moskauer US-Botschafter im Juli 2006, halte Saakaschwili für einen «respektlosen Punk». Die russische Seite nehme seine Regierung als «kriegslüstern» und «amateurhaft» wahr, Saakaschwili sei «unberechenbar», «irrational», «emotional» und «unfähig vorauszudenken».

Doch werde Moskau trotzdem nicht gegen ihn vorgehen, prognostizierte der Botschafter, denn «Russlands vorrangiges Ziel ist die Erhaltung des Status quo in diesen Konflikten».[178]

Tatsächlich hatte Russland ein großes Interesse daran, dass sich an den Verhältnissen in Georgien nach Möglichkeit nichts änderte. Moskau bereitete sich zwar darauf vor, auf einen Angriff Saakaschwilis zu reagieren, doch wollte es den militärischen Konflikt nach Möglichkeit vermeiden. Und tatsächlich war Russland auch der strategische Verlierer des Georgienkrieges. Wie Egbert Jahn treffend zusammenfasst: «Betrachtet man die strategische Gesamtsituation im Kaukasus, so muss Russland als der eigentliche Verlierer des Augustkrieges angesehen werden. Es hat zwar seine Machtposition in Abchasien und Südossetien ausgebaut, aber damit jedes Druckmittel auf Georgien verloren, dessen Westorientierung endgültig ist. ... Dadurch ist Armenien geopolitisch isoliert und hat längerfristig keine andere Wahl mehr, als die Bindungen an Russland zu lockern und ein Einvernehmen mit dem Westen, der Türkei und in irgendeiner Form auch mit Aserbaidschan anzustreben.»[179]

### «Heute sind wir alle Georgier»

Einige der Verantwortlichen in Moskau gingen übrigens davon aus, dass gerade umgekehrt der Westen Russland eine Falle gestellt habe. Die USA hätten Georgien zum Angriff auf Südossetien ermuntert, um Russland entweder als schwach (falls es nicht reagierte) oder als aggressiv (falls es doch reagierte) hinzustellen.[180] Tatsächlich ist nach wie vor unklar, welche Rolle die zahlreichen in Georgien aktiven US-Berater während des Krieges spielten. Im EU-Bericht steht zu lesen, dass damals «mehr als hundert US-Militärberater in den georgischen Streitkräften» tätig gewesen seien und «eine noch größere Zahl von US-Spezialisten und Beratern in den georgischen Machtstrukturen und der Verwaltung». Was genau diese Berater zu Beginn und

während des Georgienkrieges taten, dazu findet sich in dem veröffentlichten Bericht erstaunlicherweise keinerlei Hinweis, obgleich im Vorfeld seiner Publikation in mehreren Zeitungs-
artikeln zu lesen war, Diplomaten in Brüssel würden gerade diesen Teil für «ausgesprochen politisch brisant» halten.[181] Es ist jedenfalls schwer vorstellbar, dass die US-Militärberater von den
georgischen Vorbereitungen zum Angriff auf Südossetien nichts
mitbekommen haben sollen. Obendrein fühlte sich die US-Mili-
tärführung Georgien zu Dank verpflichtet, weil sich das kleine
Land unter Saakaschwili in sehr erheblichem Umfang am US-
geführten Besatzungsregime im Irak und am NATO-Einsatz in
Afghanistan beteiligte. Man darf vermuten, dass bei Saakaschwili
dahinter strategisches Kalkül steckte.[182]

In einem Artikel der «taz» hieß es am 13. August 2008, hinter
verschlossenen Türen räumten NATO-Diplomaten inzwischen
ein, dass die auf dem Bukarester Gipfel beschlossene Beitrittsperspektive für Georgien beim Kriegsausbruch insofern eine
Rolle spielte, als sie Saakaschwili dazu ermutigt habe zu versuchen, Südossetien mit militärischen Mitteln zurückzugewinnen.
Für dieses Vorgehen habe er in den Monaten vor Konfliktbeginn
«zahlreiche Signale der Unterstützung aus Washington erhalten», so NATO-Diplomaten verschiedener west- wie osteuropäi-
scher Mitgliedsländer.[183] Auch die «New York Times» konsta-
tierte am 12. August 2008 noch mit kritischem Unterton,
Washington habe jahrelang «gemischte Signale» an Georgien
gesandt. Zwar habe US-Außenministerin Rice laut Angaben ihrer
Mitarbeiter bei einem Besuch in Georgien am 9. Juli Saakaschwili
eindringlich davor gewarnt, sich auf einen militärischen Konflikt mit Russland einzulassen, den Georgien nicht gewinnen
könne, aber in der Öffentlichkeit habe Rice anders gesprochen
und Georgien kompromisslos den Rücken gestärkt. Zusammen
mit der massiven militärischen und politischen Unterstützung
Georgiens durch die USA – unter anderem fand noch im Monat
vor dem Angriff auf Südossetien ein gemeinsames Manöver
statt, an dem mehr als 1000 US-Soldaten beteiligt waren, also

praktisch zeitgleich zum russischen Manöver, das als Beleg für die These von der Falle dient – habe das dazu geführt, dass alle Warnungen, wie sie etwa auch der US-Botschafter in Tiflis äußerte, bei Saakaschwili auf taube Ohren gestoßen seien.[184]

Möglicherweise hat Washington im Vorfeld des Georgienkrieges mit gespaltener Zunge gesprochen. Denn der Kandidat der Republikaner im amerikanischen Präsidentschaftswahlkampf 2008, John McCain, war auch nach Ansicht des ehemaligen deutschen Außenministers Klaus Kinkel ein Profiteur des Georgienkriegs. McCain berichtete bei einem Wahlkampfauftritt am 12. August pathetisch von einem Telefonat mit seinem Freund Präsident Saakaschwili, den er und Hillary Clinton 2005 zusammen mit dessen ukrainischem Kollegen Viktor Juschtschenko für den Friedensnobelpreis vorgeschlagen hatten:[185] «Ich weiß, sagte ich ihm, dass ich für jeden Amerikaner spreche, wenn ich ihm erkläre: Heute sind wir alle Georgier.»[186] Das war im Übrigen nicht das einzige Gespräch zwischen den beiden in diesen Tagen. Während des Krieges telefonierten sie täglich miteinander, teilweise mehrfach. Dabei war McCain kein Mitglied der US-Regierung, sondern lediglich Parlamentarier und republikanischer Präsidentschaftsbewerber.[187] Auf «Fox News» verglich er das russische Vorgehen mit der Niederschlagung des Aufstands in Budapest 1956 und des Prager Frühlings 1968 durch die Sowjetunion. «Dies ist ein Akt der Aggression, mit dem wir im 21. Jahrhundert nicht gerechnet hatten» – aus dem Munde eines Mannes, der Vorstandsmitglied des «Komitees für die Befreiung des Irak» (Committee for the Liberation of Iraq) gewesen war und im US-Senat den völkerrechtswidrigen amerikanischen Angriffskrieg gegen den Irak 2003 unterstützt hatte, ein geradezu dreistes Unschuldsgehabe.[188]

Aber nicht nur das, McCain nahm während des Krieges eine härtere Haltung ein als die Bush-Regierung und verlangte schon am 8. August, dass der Nordatlantikrat, das oberste Entscheidungsgremium der NATO, sofort zusammentrete, die Sicherheitslage Georgiens bewerten und Maßnahmen erwägen solle, mit denen die NATO zur «Stabilisierung dieser sehr gefährlichen Situation» beitragen könne.[189] Mit anderen Worten: Wäre es nach dem Präsidentschaftskandidaten McCain gegangen, dann hätte sich die NATO, obwohl Georgien kein NATO-Mitglied ist, in den Konflikt zwischen dem Südkaukasusstaat und Russland eingemischt. Darüber hinaus forderte er, Russlands Mitgliedschaft in der G8 solle suspendiert, das Land nicht in die Welthandelsorganisation aufgenommen werden, und – in Reaktion darauf, dass Russland nach Kriegsende die Unabhängigkeit Abchasiens und Südossetiens anerkannte – sogar, die USA sollten jetzt die Unabhängigkeit Tschetscheniens anerkennen.[190] Der alte kalte Krieger McCain glaubte ganz offensichtlich, mit dem Georgienkrieg und der «russischen Bedrohung» ein Thema gefunden zu haben, mit dem er den Präsidentschaftswahlkampf gegen seinen außenpolitisch unerfahrenen Konkurrenten, den demokratischen Juniorsenator Barack Obama, erfolgreich bestreiten könne.[191]

Waren es dabei einfach nur dumme Zufälle, dass McCains Chefaußenpolitikberater, der Neokonservative Randy Scheunemann, der 2002/03 das «Komitee für die Befreiung des Irak» mitgeleitet hatte, inzwischen auf der Gehaltsliste der georgischen Regierung stand und noch im Mai 2008 persönlich als Lobbyist für Georgien in Sachen NATO-Beitritt in Washington tätig gewesen war?[192] Und dass Joseph R. Wood, ein wichtiger Berater von Vizepräsident Dick Cheney, kurz vor Kriegsbeginn in Georgien zu Besuch war? Der Falke Cheney setzte sich, wenn auch vergeblich, während des Krieges in der Bush-Administration dafür ein, Georgien aufzurüsten.[193] Wladimir Putin mochte nicht an Zufälle glauben. Er sprach Ende August in einem Interview mit CNN von Verdachtsmomenten, die Anlass zur Vermutung gäben, dass jemand in den USA den Konflikt herbeigeführt habe, um Spannungen anzuheizen und so einem der beiden amerikanischen Präsidentschaftskandidaten einen Vorteil zu verschaffen.[194] Angesichts all dessen verwundert es auch nicht mehr, dass die USA Saakaschwili und seine Regierung nach ihrem Reinfall mit dem südossetischen Abenteuer retteten und ihnen vier weitere Jahre an der Macht ermöglichten. Das Weiße Haus und der Kongress brachten im September 2008 ein von Georgien dringend benötigtes Hilfspaket in Höhe von einer Milliarde Dollar auf den Weg, das im Parlament mit überparteilicher Mehrheit beschlossen wurde.[195]

Wie klingt diese Geschichte in Ihren Ohren? Ein Beispiel dafür, wie rücksichtslos Russland mit seinen Nachbarn umgeht, um seine Einflusszone aggressiv auszudehnen? Hätte der Westen damals «agieren» müssen, um Moskau rechtzeitig in die Schranken zu weisen? Wer hat agiert, wer reagiert? Und welche Rolle spielten westliche Interessen? War Russland expansiv oder defensiv? Dass Russland in den letzten Jahren so viel in Auslandsmedien investiert hat, liegt übrigens nicht zuletzt daran, dass man dort den Eindruck hat, zwar den Krieg 2008 gegen Georgien gewonnen, die damit verbundene Propagandaschlacht gegen die USA und den Westen aber haushoch verloren zu haben.[196]

### Das Erbe des Imperiums

Der Fall Georgien zeigt exemplarisch, dass es sich bei Russlands Peripherie um einen postimperialen Raum handelt mit allen Problemen, die das mit sich bringt. In den westlichen Medien werden die Konflikte oftmals nach einem sehr einfachen Schema interpretiert, bei dem bemerkenswerterweise immer unerwähnt bleibt, dass Moskau die Auflösung der Sowjetunion auf friedlichem Wege zuließ. Gibt es einen vergleichbaren Fall in der Weltgeschichte? Dass es auch anders hätte kommen können, verdeutlicht der Putschversuch gegen Gorbatschow im August 1991. Russland habe seinen Einflussverlust nicht verwunden und versuche nun seine alte Hegemonie über die Region wiederherzustellen, lautet die westliche Deutung der heutigen Konflikte. Dazu instrumentalisiere es die russischen Minderheiten, übe wirtschaftlichen Druck aus und wolle Regime, die gegenüber dem Kreml nicht willfährig seien, destabilisieren. In der «New

York Review of Books» hieß es beispielsweise im März 2014 in einem Artikel, der Obamas Politik gegenüber Putin als zu lasch
kritisierte: «Während die USA durch die Kriege im Irak und in
Afghanistan abgelenkt waren, hat Moskau seine aggressiven Bemühungen verstärkt, eine ‹Eurasische Union› zu bilden, mit
postsowjetischen Staaten wie Weißrussland, Kasachstan, Moldawien und in letzter Zeit der Ukraine, mit dem Ziel, eine Reihe
von kremlfreundlichen Regierungen zu schaffen und seine Hegemonie in der Region wiederherzustellen. Die Invasion in Georgien war eindeutig Teil dieser langfristigen Strategie, so wie auch
die russischen Aktivitäten in der Ukraine eine Fortsetzung weit
zurückreichender Bemühungen sind, ein weiteres Heranrücken
des Landes an den Westen zu verhindern – Bemühungen, die
nach der Orangenen Revolution von 2004 verstärkt worden
sind.»[197]

Doch mit einer solchen Deutung wird die Komplexität der
Probleme, die in einem nachimperialen Raum zwangsläufig auftreten, verfehlt. Es wird so getan, als hätten die nach 1991 neu
entstandenen Nationalstaaten schon zuvor existiert und seien
nur von Moskau unterdrückt worden. Damit wird eine staatliche Kontinuität nahegelegt, die so gar nicht bestanden hat.
Tatsächlich mussten sich die Nachfolgestaaten der Sowjetunion
nach ihrer Unabhängigkeit erst als Nationalstaaten neu erfin-
den. Nicht wenige Bürger fühlten sich in erster Linie als Sowjet-
bürger, nicht als Georgier, Ukrainer oder Weißrussen, was nicht
verwunderlich war, da es innerhalb des Imperiums Sowjetunion
zu zahlreichen Mischehen gekommen war sowie zu Migrations-
bewegungen und sonstigen Verflechtungen. Es war nicht ent-
scheidend, wo man wohnte. Der Nationalstaat und die ihn
tragenden und propagierenden Nationalisten mussten die Bevölkerung gewissermaßen «umerziehen», wozu Intellektuelle
und Historiker neue nationale Geschichten und Mythen erfan-
den. Die neuen Nationalstaaten mussten auch damit zurecht-
kommen, dass nationale Minderheiten sie eventuell ablehnten,
da sie sich im Imperium besser aufgehoben fühlten und nun die

Unterdrückung durch die neue Mehrheit fürchteten. Nationali-
tätenkonflikte, die durch das Imperium still gestellt waren, bra-
chen erneut aus, und weitere Abspaltungen von den neuen Staaten drohten. Die Kämpfe in Georgien zwischen 1991 und 1993
können daher als eine Art «Staatenbildungskrieg» verstanden
werden, zumal auch im georgischen Kernland zu dieser Zeit die
staatlichen Strukturen unzureichend waren. Der Begriff «Sepa-
ratismus» greift in dieser Interpretation zu kurz, weil er von einem etablierten georgischen Nationalstaat ausgeht, der zu diesem Zeitpunkt gar nicht bestanden hat. Vielmehr verteidigten
Südossetien und Abchasien ihre Autonomie gegen ein georgisches nationales Projekt.[198]

Neben Georgien ist Moldawien für einen solchen Zusammenhang das prominenteste Beispiel, das ebenfalls immer wieder her-
angezogen wird, um zu belegen, wie Russland seine Nachbarn
drangsaliert. Tatsächlich aber ist der Konflikt um die Region
Transnistrien im Osten Moldawiens, das heißt um die moldawischen Gebiete östlich des Flusses Dnjestr, ebenso wie die Konflikte um Südossetien und Abchasien nicht einfach eine Erfin-
dung Russlands, um die Westorientierung der Republik Moldau
zu unterlaufen. Auch dieser Konflikt hat tiefliegende historische
Wurzeln und ist nicht zuletzt mit der Unfähigkeit der Moldauer
verbunden, die Interessen nationaler Minderheiten zu respektieren.

1812 trat das Fürstentum Moldau – ein Vorläufer des heuti-
gen Rumänien – Bessarabien an Russland ab, also das Gebiet,
das den größten Teil des heutigen Moldawien bildet. Nach der
Oktoberrevolution erklärte sich Bessarabien für unabhängig
und schloss sich Rumänien an. Um den Anspruch auf dieses
Gebiet aufrechtzuerhalten, bildete die Sowjetunion aus nicht zu
Bessarabien gehörenden Territorien die autonome moldauische
Sowjetrepublik, die im Wesentlichen das heutige Transnistrien
umfasste. Die Sowjetunion annektierte im Zuge des Hitler-
Stalin-Paktes 1940 Bessarabien erneut. Bessarabien und Trans-
nistrien wurden in der Sowjetrepublik Moldawien vereinigt. Un-

terschiedliche Einstellungen zu Russland heute sind also auch dadurch bedingt, dass Transnistrien länger zur Sowjetunion gehörte als die übrigen Gebiete Moldawiens und dass der Westen des Landes 1940 durch eine Annexion zum sowjetischen Imperium kam, der Osten jedoch nicht.

Beim Untergang der Sowjetunion Ende der 1980er Jahre dominierte eine nationalistische Strömung die moldawische Politik, die langfristig eine Vereinigung Moldawiens mit Rumänien anstrebte. Im August 1991 erklärte sich Moldawien schließlich für unabhängig und trat aus der Sowjetunion aus. Menschen im Land, die nicht Rumänisch sprachen, wurden nun diskriminiert, während es zuvor umgekehrt gewesen war. Transnistrien beanspruchte seit 1990 Autonomie. Als die nationalistische Führung der Republik Moldau 1992 Russisch als zweite Amtssprache abschaffte, kam es zu einem fünfmonatigen Krieg mit Transnistrien, in dem mehr als 1 000 Menschen starben. Russisches Militär beendete den Krieg und blieb anschließend als Friedenstruppe. Transnistrien ist seitdem de facto unabhängig, wird aber international – auch von Russland – nicht anerkannt. Dass es der ureigene Wunsch der dortigen Bevölkerung ist, nicht zu Moldawien zu gehören, dürfte schwer zu bestreiten sein.

Die starke Orientierung der Menschen in Transnistrien auf Russland erklärt sich im Übrigen nicht einfach nur durch Sowjetnostalgie oder durch das Festhalten an der russischen Sprache, sondern auch durch handfeste ökonomische Motive. Transnistrien war das Industrierevier Moldawiens, hatte also ein Interesse daran, sich den sowjetischen Absatzmarkt oder zumindest so viel wie möglich davon zu erhalten. Zudem gab es in Moldawien eine russische Bevölkerung, die aus allen Ecken der Sowjetunion kam. In den zurückliegenden Jahren verfolgte die Republik Moldau einen klaren Westkurs und schloss wie die Ukraine und Georgien ein Assoziierungsabkommen mit der EU ab, das Mitte 2016 vollständig in Kraft trat. Einzelne moldawische Parteien verlangen auch einen NATO-Beitritt.

Jedoch wurde Ende 2016 der Sozialist Igor Dodon zum neuen

moldawischen Präsidenten gewählt, der im Wahlkampf einen prorussischen Kurs eingeschlagen und für eine strategische Partnerschaft mit Russland plädiert hat.[199] Dodon kritisiert die EU scharf, weil mindestens die Hälfte der fast 800 Millionen Euro, die zwischen 2007 und 2015 von Brüssel nach Moldawien flossen, in dunklen Kanälen verschwunden seien. Korrupte Mitglieder der angeblich proeuropäischen Regierungen seines Landes hätten das Geld gestohlen, und die EU habe sich mitschuldig gemacht, weil sie die Verwendung der Mittel nicht ausreichend kontrolliert habe. Auch westliche Medien stellen fest, dass die «Allianz für europäische Integration» in Moldawien ein korruptes Regime errichtet hatte.[200] In Transnistrien stimmten 2006 über 97 Prozent der Bevölkerung in einem Referendum für die Unabhängigkeit und den späteren Anschluss der Region an Russland, den 2014 auch das transnistrische Parlament verlangte.[201] Es lohnt sich, diese Dinge im Hinterkopf zu behalten, wenn wieder einmal behauptet wird, Russland destabilisiere Moldawien und solle seine Unterstützung Transnistriens einstellen.

Im Westen dominiert eine Strömung, die die Konflikte im postsowjetischen Raum durch die Brille der neu entstandenen Nationalstaaten sieht und deren Perspektive kritiklos übernimmt. Das alte Imperium wird von den neuen Staaten ausschließlich als Unterdrückungszusammenhang wahrgenommen und dargestellt, obgleich die Realität viel komplexer war und ist. Hinter den Handlungen der alten Zentrale erblicken die neuen Staaten nur Machtstreben, gegen das es sich zu behaupten gilt, obwohl es auch fortdauernde Problemlagen gibt, die «Einmischungen» Moskaus erfordern. Denn die Strukturen eines Imperiums verschwinden nicht mit dem Federstrich unter seine Auflösungsurkunde: wirtschaftliche Verflechtungen, Arbeitsbeziehungen, Pendler, Familienbande etc. bleiben zunächst «imperial». Grenzregime existieren nicht, zum Teil bis heute nicht. Für die neuen Nationalstaaten ist dies eine existenzielle Bedrohung, hinter der gerne finstere Machenschaften der ehemaligen

Zentrale vermutet werden. Was für absurde Blüten dies treiben kann, zeigt folgendes Beispiel: Der polnische Generalstabschef schimpfte während des Georgienkrieges über die Dummheit Saakaschwilis, die Moskau direkt in die Karten spiele, und teilte seinem Gesprächspartner aus der Warschauer US-Botschaft anschließend mit, «Polen glaube, dass Saakaschwili von russischen Agenten manipuliert worden sei».[202] Sicherlich nimmt Russland in der Region auch eigene Interessen wahr. Aber wenn alle Handlungen Moskaus auf Herrschsucht zurückgeführt werden, ohne noch einen Blick für die Komplexität der Probleme zu bewahren, dann wird die Realität verfehlt.

Dies zeigt sich auch bei Moskaus Bemühungen um eine «Eurasische Union», einen gemeinsamen Wirtschaftsraum mit seinen Nachbarn, die ebenfalls nur als hegemoniales Projekt wahrgenommen wird. Doch was ist so illegitim daran, einen regionalen Wirtschaftsraum zu schaffen, insbesondere wenn sich eine enge Kooperation geradezu aufdrängt angesichts der Arbeitsteilung zwischen den Industrien der Sowjetrepubliken? Schon gar, da die russischen Vorschläge für einen gemeinsamen Wirtschaftsraum mit dem Westen nicht auf Gegenliebe stießen? Streben denn nicht alle Staaten danach, durch Freihandelsverträge, Zollabkommen und dergleichen den Wirtschaftsraum zu vergrößern, der den eigenen Waren offensteht? Es wird zudem gerne vergessen, dass die Idee einer EU-ähnlichen Kooperation der postsowjetischen Staaten auf den kasachischen Präsidenten Nursultan Nasarbajew zurückgeht, der diese 1994 ins Spiel brachte.[203] Allein das spricht schon dagegen, dass es sich lediglich um ein russisches hegemoniales Projekt handelt. Außerdem treffen im «Eurasischen Wirtschafsrat» (das ist die höchste Instanz der seit Anfang 2015 existierenden Eurasischen Wirtschaftsunion) die Mitglieder Russland, Weißrussland, Kasachstan, Kirgistan und Armenien alle Entscheidungen nach dem Einstimmigkeitsprinzip.[204] Wenn allerdings schon die bloße wirtschaftliche Integration Hegemoniestreben ist, was sind dann die – erfolgreichen – Versuche des Westens, die Ukraine in den europäischen Wirtschaftsraum einzuschließen? Und ist die westliche Politik dem hehren Maßstab der Nichteinmischung zum Beispiel im Nahen und Mittleren Osten in den letzten Jahren immer gerecht geworden?

## Die schöne neue Weltordnung

Als 1989 die Weltordnung des Kalten Krieges zusammenbrach, fühlte sich der Westen als Sieger und sah seine Werte, Demokratie, Menschenrechte, Rechtsstaatlichkeit und Kapitalismus, durch die Geschichte glänzend bestätigt. In Zukunft, so meinte man, gehe es nur noch um die globale Durchsetzung des westlichen Systems. Historische Alternativen würden nicht mehr entstehen. Wenn alle Staaten demokratisch geworden seien, so der Glaube, würde es keine Kriege mehr geben, und die Welt wäre ein besserer Ort. Doch die Vision der neuen liberalen Weltordnung, wie sie etwa der amerikanische Präsident George Bush Anfang der 1990er Jahre entwarf, hatte zwei zentrale Schwächen. Erstens konnte der Westen, insbesondere die USA, der Versuchung nicht widerstehen, den eigenen Werten zuwiderzuhandeln, wenn sie geostrategischen Interessen im Wege standen. Und zweitens gewann eine Richtung an Gewicht, die dem Rad der Geschichte in die Speichen greifen und die Ausbreitung der Demokratie aktiv befördern wollte, wenn nötig, mit Hilfe militärischer Gewalt, zumindest aber durch die Unterstützung von prowestlichen Gruppen innerhalb der Länder, die nicht oder nur halb demokratisch strukturiert waren. Der Gedanke dahinter war derselbe: aktive Beschleunigung, auch durch Regimechange, statt evolutionärer Entwicklung zur Demokratie. Die «westliche Wertegemeinschaft» schickte sich an, die Welt zu retten, notfalls auch mit Gewalt und gegen den Willen derjenigen, die gerettet werden sollten.

Beide Schwächen der neuen Weltordnung zusammen führten dazu, dass sie außerhalb des Westens zunehmend als eine Art

«liberaler Imperialismus» wahrgenommen wurde, als Versuch
des Westens, dem Rest der Welt sein System und seine Interessen
aufzudrücken. Heute, so wird man nach bald 30 Jahren festhalten müssen, hat dieser liberale Imperialismus mehr Schaden angerichtet als Nutzen gebracht. Er ist gescheitert, nur haben das
seine Protagonisten noch nicht bemerkt. In jedem Fall war die
westliche Politik seit 1989, geostrategisch betrachtet, selber expansiv: Sie sollte den eigenen Einflussbereich, den Geltungsbe-
reich der eigenen Werte, ausdehnen – auf Kosten derjenigen, die
sich ihnen entgegenstellten. Von unserer Warte aus gesehen,
mag diese Politik dennoch wünschenswert erscheinen, zumindest solange man zugesteht, dass es ihr tatsächlich um Menschenrechte und Demokratie geht. Aber wie sieht das wohl in
den Augen derjenigen aus, gegen die sie sich richtet? Wer also
agiert, wer reagiert? Haben diejenigen, die unsere Werte nicht
oder zumindest nicht in Gänze teilen, keinerlei Existenzberech-
tigung? Geben wir ihnen eine andere Perspektive, als zum Wohle
der Menschheit zu verschwinden? Manchmal ist es heilsam, die
Welt von ihren wohlklingenden Sinngebungen zu entkleiden
und einfach auf die Dinge selbst zu schauen.

Russlands Rückkehr auf die weltpolitische Bühne nach Jahren
des Niedergangs und Phasen der Schwäche hätte eine Erfolgsge-
schichte werden können – nicht nur für Europa –, wenn es gelungen wäre, Moskau in eine neue globale Sicherheitsarchitektur
einzubinden. So aber hat sich ein Koloss zurückgemeldet, der
wie kaum ein anderes Land der Welt in der Lage ist, autark zu
überleben, und der seine Hoffnungen nicht mehr auf den Westen setzt. Konfrontation und Aufrüstung sind die Folge – zum
Schaden beider Seiten. Russland ist wieder da, aber nicht in der
Rolle eines starken freundschaftlich verbundenen Nachbarn,
mit dem man die weitere Gestaltung dieser Welt mit all ihren
Problemen kontrovers, aber ernsthaft und konstruktiv in Angriff
nimmt, sondern als verletzte, misstrauische, wieder auferstan-
dene Großmacht, die den Westen als Gegner sieht. Welch eine er-
nüchternde Erkenntnis.

*«Den Interessen unseres Volkes wird nicht gerecht,*
*wer schon ‹Amen› sagt, wenn in Washington noch gebetet wird.»*
*(Willy Brandt)*

# Der Showdown

Haben Sie schon einmal vom «Joint Hometown News Service»
gehört? Nach Informationen der Nachrichtenagentur «Associated Press» (AP) handelt es sich um eine Dienststelle des US-ame-
rikanischen Verteidigungsministeriums, die 2009 ihren Sitz auf
einem früheren Luftwaffenstützpunkt in San Antonio, Texas,
hatte. Dort werden Wort- und Bildberichte produziert, die man
ohne Quellenangabe den Medien zuspielt, wie Tom Curley, der
AP-Chef, im Februar 2009 in einem Vortrag an der University
of Kansas darlegte. Er beklagte den immensen Einfluss des Verteidigungsministeriums auf Journalisten, insbesondere wenn sie
aus Kriegsgebieten wie Afghanistan oder Irak berichteten. Unter
der Präsidentschaft von George W. Bush sei das US-Militär in
eine globale Propagandamaschine verwandelt worden. Hohe
Generäle, so Curley, hätten ihm gesagt, dass man AP und ihn
persönlich ruinieren werde, wenn er nicht kooperiere. Etwa
27 000 Mitarbeiter sind nach einer investigativen AP-Studie bei
den Streitkräften für Öffentlichkeitsarbeit zuständig. Dafür werden jährlich 4,7 Milliarden US-Dollar ausgegeben. Damit ist das
Medienimperium des Pentagon größer als die allermeisten
Pressekonzerne der USA.[1] Inzwischen ist der «Joint Hometown
News Service» übrigens nach Fort Meade, Maryland, umgezo-
gen. Das ist der Militärkomplex, auf dem sich auch der Sitz der
NSA[2] befindet – eine illustre Nachbarschaft.

Um die Deutungshoheit über Kriege und internationale Konflikte wird heutzutage beinahe genauso intensiv gekämpft wie

auf den Schlachtfeldern selber. Für die USA waren die Erfahrungen mit dem Vietnamkrieg in dieser Hinsicht prägend. Kritische Berichte in der Heimat trugen erheblich dazu bei, dass die Unterstützung der Bevölkerung für diesen schmutzigen Krieg schwand. Zur Erinnerung: Es kam ein ganzes Horrorarsenal an Waffen zum Einsatz, von Agent Orange, einem hochgiftigen Entlaubungsmittel, bis hin zu Phosphorbrandbomben, die durch ihre Mischung aus Phosphor und Kautschuk dafür sorgen, dass brennende Körperstellen nur sehr schwer zu löschen sind.[3]

Heute betreibt das Pentagon einen erheblichen Aufwand, um bei Kampfeinsätzen seine Sicht der Dinge in den internationalen Medien wiederzufinden, sei es durch «eingebettete» Journalisten, durch Pressekonferenzen oder durch die Produktion von Material, zum Beispiel Videoaufnahmen von startenden Tomahawk-Raketen oder Bildern aus dem Cockpit angreifender Jets, die eine chirurgische Präzision der Militärschläge suggerieren sollen.[4]

Auch in Russland hat man, wie erwähnt, aus dem PR-Desaster nach dem Georgienkrieg gelernt und in Auslandsmedien investiert, wie etwa Sputnik oder RT (Russia Today). Diese verbreiten die russische Sicht der Dinge, sind dabei aber deutlich weniger erfolgreich als ihre westlichen Konkurrenten. Sie gelten hierzulande als Produzenten russischer «Fake News», deren einzige Aufgabe darin bestehe, Zwietracht im Westen zu säen und zu verhindern, dass sich die Bevölkerung in den westlichen Staaten zu einer harten Haltung gegenüber Russland aufrafft. Eine kritische Einstellung gegenüber den russischen Auslandssendern ist in der Tat angebracht. Sie haben die internationale Öffentlichkeit immer mal wieder bewusst in die Irre geführt. Doch lässt sich daraus ableiten, dass alles, was aus Russland kommt, «Fake News» sind, während den westlichen Quellen und ihren Verbündeten vorbehaltlos geglaubt werden kann?

Die Wahrheit kommt leider oft erst hinterher ans Licht. Und beim nächsten Mal sind alle wieder genauso klug wie zuvor. Erinnern Sie sich noch an den ersten Irakkrieg unter George Bush sen.? Im Jahre 1990 überfiel Saddam Hussein Kuwait, und eine zögerliche Weltöffentlichkeit musste davon überzeugt werden, dass militärisches Eingreifen zur Befreiung des Wüstenstaats notwendig sei. In den Reden des US-Präsidenten und auch in den Veröffentlichungen von Menschenrechtsorganisationen, etwa Amnesty International, spielte damals eine Geschichte eine große Rolle, in der behauptet wurde, irakische Soldaten hätten in einem Krankenhaus in Kuwait Frühgeborene aus ihren Brutkästen gerissen und sie, auf dem Boden liegend, elendiglich zugrunde gehen lassen. Erzählt wurde das vor dem US-Kongress von einer jungen Kuwaiterin, die sich als «Nayirah» vorstellte und behauptete, als Hilfskrankenschwester Augenzeugin der Vorfälle gewesen zu sein. Ein Regime, das einen solchen Akt der Barbarei begeht, darf man doch nicht ungestraft davonkommen lassen, oder? Bei einem solchen Verbrechen gegen die Menschlichkeit darf der Westen doch nicht untätig zuschauen? Kommt Ihnen die Argumentation bekannt vor?

Die demokratischen Gesellschaften des Westens sind heutzutage – Gott sei Dank – nur sehr schwer für Kriegseinsätze zu mobilisieren. Nationale geopolitische Interessen allein reichen dazu in der Regel nicht aus. Also stehen bei der Legitimation potentieller Einsätze humanitäre Motive im Vordergrund, während von Interessen meist nicht die Rede ist.

«Nayirah» stellte sich im Nachhinein übrigens als Tochter des kuwaitischen Botschafters in Washington heraus, die nie in einem kuwaitischen Krankenhaus gearbeitet hatte. Ihr Bericht war frei erfunden. Die kuwaitische Regierung hatte eine führende PR-Agentur, Hill&Knowlton, mit einer Kampagne beauftragt, um in der amerikanischen Öffentlichkeit für ein militärisches Vorgehen gegen Saddam Hussein zu werben.[5] Welchen Grund haben wir anzunehmen, dass derartige Methoden heute nur noch von Russland und seinen Verbündeten angewendet werden? Weil der zweite Irakkrieg, der mit der Existenz frei erfundener Massenvernichtungswaffen begründet wurde, jetzt schon 14 Jahre her ist und sich seitdem sicher alles geändert hat? Bis zum nächsten Fall, der im Nachhinein aufgedeckt wird?

Wegen neuer Technologien und der Social-Media-Netzwerke sind die Möglichkeiten der Beeinflussung heute sogar noch größer, und der Zugang zur Weltöffentlichkeit ist auch für Gruppen möglich, denen er früher verschlossen war. Inzwischen tobt weltweit eine Propagandaschlacht um die Deutungshoheit, bei der zahlreiche Akteure mitmischen und die sehr schwer zu durchschauen ist. Das macht die Aufgabe von Journalisten nicht einfacher. Umso wichtiger ist es, nach allen Richtungen hin kritisch zu bleiben, nicht vorschnell zu urteilen, keine vorgefasste Deutung auf die Ereignisse zu stülpen und auch für Korrekturen offen zu bleiben, sollten sich neue Fakten ergeben. Wer sich über die heißesten Konflikte der Gegenwart, in der Ukraine und in Syrien, informieren will, der muss jedenfalls – ganz gleich woher die Nachrichten stammen – auf der Hut sein.

### *Jenseits von Schwarz und Weiß*

Leider herrscht in beiden Fällen – Ukraine und Syrien – in der westlichen Öffentlichkeit eine Rahmenerzählung vor, in der die Rollen der «Guten» und der «Bösen» klar verteilt sind und die eindeutige Verhältnisse suggeriert, die es so nicht gibt. Denn dabei wird weggelassen, was nicht in das vorherrschende Bild hineinpasst. Das ist deshalb gefährlich, weil dieses einseitige Bild eine Sicht auf die Konflikte befördert, die zwangsläufig auf eine Politik der Konfrontation und der Abschreckung gegenüber Russland hinausläuft. Aber was wäre, wenn dadurch nur immer weiter an der Eskalationsspirale gedreht wird und zur Konfliktlösung eine ganz andere Politik verfolgt werden müsste?

Es kann nicht darum gehen, diese einseitige Schwarz-Weiß-Malerei einfach umzudrehen und so zu tun, als wäre nun umgekehrt Russland ein reines Opfer westlicher Expansion und hätte sich selber nichts zuschulden kommen lassen. Der Westen hat in der Ukraine und in Syrien viel falsch gemacht. Aber Russlands Politik ist ebenso kritikwürdig. Auch Wladimir Putin verfolgt in beiden Ländern eine kühle Machtpolitik, die auf das Leid von Menschen wenig Rücksicht nimmt.

In Syrien hält Russland ein Regime an der Macht, das einen brutalen Krieg gegen einen Teil des eigenen Volkes führt. In syrischen Gefängnissen sind Tausende Menschen gequält und ermordet worden.[6] Ob Russland überhaupt in der Lage wäre, Assad zu einer anderen Politik zu zwingen, sei einmal dahingestellt, ebenso die Frage, was passieren würde, wenn Assad stürzte. Auch von seinen Gegnern sind schwerste Menschenrechtsverletzungen begangen worden. Fakt bleibt aber, dass Russland aufgrund seiner Hilfe eine Mitverantwortung für das Leid trägt, das die Bomben des Regimes etwa in Aleppo verursacht haben. Ebenso tragen die USA eine Mitverantwortung für das Leid von Zivilisten bei der Rückeroberung der vom IS besetzten Städte Raqqa in Syrien und Mossul im Irak. Über 40 000 Zivilisten sollen nach Informationen der britischen Zeitung «The Independent» beim Kampf um Mossul ums Leben gekommen sein.[7]

2014 hat Moskau zudem seinen Teil dazu beigetragen, dass sich die Proteste in der Ostukraine radikalisierten und dass aus Demonstrationen bewaffnete Aufstände wurden, nachdem das Kiewer Parlament am 22. Februar den Sturz des gewählten ukrainischen Präsidenten Viktor Janukowitsch beschlossen hatte, was von der Verfassung so nicht gedeckt war. Russland hat den «Volksrepubliken» in Donezk und Lugansk schwere Waffen geliefert, und es spricht viel dafür, dass der Zustrom russischer Freiwilliger dorthin nicht nur geduldet, sondern auch aktiv befördert worden ist. Und Russland hat – völkerrechtswidrig – mit eigenen Truppen auf ukrainischem Gebiet eingegriffen, als eine militärische Niederlage der Rebellen drohte.[8] Es ist sicher nicht so, wie die neue ukrainische Regierung behauptet, dass es im östlichen Teil des Landes ohne die Einmischung Moskaus keinerlei Unruhen gegeben hätte. Wahrscheinlich hätten sich die Menschen dort auch von alleine radikalisiert. Doch es bleibt die Tatsache, dass auch russische Politik viel menschliches Leid verursacht hat.

Eventuell zählt dazu ebenso der Tod von 298 Passagieren des Malaysia-Airlines-Flugs MH-17. Wenn sich die Zwischenergebnisse des niederländischen «Joint Investigation Teams» vom September 2016 bewahrheiten sollten, dann wurde die Maschine mit einem russischen BUK-Flugabwehrsystem abgeschossen, und zwar aus einem Gebiet, das damals nicht unter Kontrolle der ukrainischen Regierung stand. Bisher haben die Ermittler keine Angaben zu den Personen gemacht, denen der Abschuss zur Last gelegt wird, und Russland hat neue Radardaten vorgelegt, die noch nicht endgültig ausgewertet sind. Der abschließende Bericht bleibt also abzuwarten.[9]

Und auch die Abspaltung der Krim war aufgrund der Präsenz russischer Soldaten außerhalb ihrer Stützpunkte in Sewastopol während des Beschlusses über das Referendum und während des Referendums selbst völkerrechtswidrig, obwohl – wie Umfragen und entsprechende frühere Beschlüsse des Regionalparlaments nahelegen – eine große Mehrheit der dortigen Bevölkerung dies tatsächlich wollte und die Präsenz der russischen Soldaten, zumindest aus der Sicht Moskaus, nur dem Schutz vor ukrainischen Nationalisten und einem Eingreifen ukrainischer Streitkräfte diente.[10] Zudem hat weder die ukrainische Regierung noch die internationale Gemeinschaft die Abspaltung der Krim akzeptiert. Wäre die internationale Gemeinschaft mit der Abspaltung einverstanden gewesen, sähe die Sache rechtlich anders aus. Aber so steht die Aufnahme in die Russische Föderation im Gegensatz zum internationalen Recht, auch wenn das mit dem Begriff «Annexion» heraufbeschworene Bild eines gewaltsamen Landraubs gegen den Willen der Bevölkerung hier nicht zutrifft.[11]

Wenn man es allerdings dabei belässt, einseitig das russische Fehlverhalten zu benennen, und Hintergründe sowie die Chronologie der Ereignisse ausblendet, dann entsteht schnell ein falsches Bild, in dem Russland als unberechenbarer Gegner erscheint, dem geschlossen entgegengetreten werden muss, um weitere Aggressionen zu verhindern. Doch setzt Moskau in der Ukraine und in Syrien tatsächlich eine aggressive Expansionsstrategie um, der bald noch andere Staaten zum Opfer fallen werden? Ist Putin wirklich unberechenbar? Verfolgt nur Russland eine zynische Machtpolitik, die noch in Einflusszonen und geostrategischen Interessen denkt? In der Tat ist die Sache auch hier komplizierter, als es auf den ersten Blick scheint. Auch die fehlenden Teile der Geschichte müssen erzählt werden. Nur so entsteht ein vollständiges Bild, das eine realistische Einschätzung der Zusammenhänge ermöglicht und auf dieser Grundlage zu einer konstruktiven politischen Lösung überhaupt befähigt.

### *Der freie Wille eines Volkes*

Seit dem 18. Jahrhundert gehörten weite Teile der heutigen Ukraine zur russischen Einflusssphäre. Bei der ethnischen Unterscheidung zwischen Russen und Ukrainern tun sich auch Spezialisten schwer, ganz abgesehen von den tatsächlich weitverzweigten und tief in die Vergangenheit reichenden familiären Verbindungen zwischen beiden Völkern. Schon allein aufgrund dieser Nähe hatte es für Moskau eine qualitativ andere und viel größere Bedeutung, die Ukraine 1991 in die Selbständigkeit zu entlassen als etwa die baltischen Republiken.

Die Ukraine wandte sich auch zunächst nicht von Russland ab. Unter Präsident Kutschma verfolgte sie bis zur Mitte der 2000er Jahre eine Art Schaukelpolitik zwischen Ost und West. Und Russland nahm hin, dass Kiew Verbindungen in den Westen unterhielt, solange diese nicht zur Aufgabe der Bindungen an Russland führten.[12] Doch dieser Kompromiss galt seit der «Orangenen Revolution» vom November 2004, die sich an dem Ausgang einer Präsidentschaftswahl entzündete, nicht mehr. Damals war Viktor Janukowitsch, der von Kutschma favorisierte Kandidat, als Sieger verkündet worden, wogegen das Lager von Viktor Juschtschenko, der in Umfragen vorne gelegen hatte, wegen Wahlfälschung protestierte. Die Massendemonstrationen waren erfolgreich, die Wahl wurde wiederholt, und jetzt gewann Juschtschenko.

Später stellte sich heraus, dass der neue Präsident in seinem Wahlkampf erhebliche Unterstützung aus Washington erfahren hatte. Zudem hat Juschtschenko ebenso wie der georgische Präsident Saakaschwili eine persönliche Bindung an die USA. Er ist mit einer Ukrainoamerikanerin verheiratet, die für das US-Außenministerium und unter Reagan im Weißen Haus gearbeitet hat.[13] 65 Millionen US-Dollar sind allein vom US-Außenministerium für die Wahl in die Ukraine geflossen. «Wir wissen nicht genau, wie viele Millionen oder Dutzende Millionen Dollar die Regierung der USA für die Präsidentenwahl in der Ukraine ausgegeben hat», sagte der republikanische Abgeordnete Ron Paul. «Aber wir wissen, dass der Großteil des Geldes zur Unterstützung eines bestimmten Kandidaten gedacht war.» «Kofferweise wird in den Wochen vor der Wahl Bargeld aus den USA am Flughafen Kiew ausgeladen», schrieb der «Spiegel» 2005. Eine Spende über 150 000 US-Dollar habe man am Ende beiseitelegen müssen, weil niemand mehr wusste, wohin damit, berichtete die Buchhalterin einer oppositionellen Gruppe.[14]

Eine ganz uneigennützige Hilfe ohne jeden strategischen Hintergedanken? Oder hatte es doch etwas mit der Befürchtung zu tun, dass Russland die Ukraine näher an seinen Wirtschaftsraum binden wollte? Im April 2004 hatte das Parlament in Kiew das Rahmenabkommen für die Schaffung eines Einheitlichen Wirtschaftsraums (EWR) zwischen Russland, Weißrussland, der Ukraine und Kasachstan ratifiziert, das im September 2003 von den Staatschefs dieser vier Länder in Jalta auf der Krim unterzeichnet worden war.[15] Damit wäre Russlands Gewicht in der Region gestärkt worden. Und umgekehrt wären die Hindernisse gewachsen, die man aus dem Weg hätte räumen müssen, wenn die Ukraine in den westlichen Wirtschaftsraum integriert werden sollte, ohne Russland einzubeziehen. Der damalige Oppositionsführer Juschtschenko beeilte sich daher noch im April 2004 vor der westlichen Presse festzustellen, er werde dieses Abkommen im Falle eines Wahlsieges umgehend begraben.[16]

Spielte vielleicht auch die NATO-Beitrittsperspektive der

Ukraine eine Rolle? Bereits 1997 war die NATO-Ukraine-Charta verabschiedet worden, durch die unter anderem die NATO-Ukraine-Kommission geschaffen wurde. Im Mai 2002 hatte der Nationale Sicherheits- und Verteidigungsrat der Ukraine (RNBOU) unter Kutschma beschlossen, das Ziel der Ukraine sei es, der NATO (und der EU) beizutreten. Zwar stand die NATO Kutschma reserviert gegenüber, da sie ihm nicht traute, doch beschloss die NATO-Ukraine-Kommission im November 2002 dennoch einen «NATO-Ukraine Action Plan», der die Beziehungen zwischen der NATO und der Ukraine vertiefen und erweitern sowie die Ukraine bei ihren Reformanstrengungen auf dem Weg der euroatlantischen Integration unterstützen sollte. 2004 jedoch vollzog Kutschma eine Kehrtwende. Kurz vor einem Treffen mit Putin auf der Krim im Juli 2004 wurde eine revidierte Militärdoktrin der Ukraine veröffentlicht: Darin war nur noch von einer «substantiellen Vertiefung» der Beziehungen des Landes zur NATO und der EU die Rede, nicht mehr jedoch von einem angestrebten Beitritt zu beiden Organisationen.[17] Zufall, das mit den Geldkoffern?

Innenpolitisch jedenfalls änderte sich in der Ukraine unter Juschtschenko, der sich dem Westen als entschlossener demokratischer Reformer präsentierte, nicht viel. Die Hoffnungen auf ein Ende der Korruption und eine Verbesserung der wirtschaftlichen Lage wurden schnell enttäuscht. Im Gegenteil, am Ende seiner Amtszeit stand die Ukraine vor dem Staatsbankrott und der Unregierbarkeit. Dafür strebte das Land unter Juschtschenkos Führung aktiv in Richtung Westen und bemühte sich in bisher nicht gekannter Intensität um eine Mitgliedschaft in EU und NATO – und das, obwohl es dafür in der ukrainischen Bevölkerung keine Mehrheit gab. Gerade einmal 16 Prozent der Ukrainer wollten einer Umfrage zufolge Ende 2005 der NATO beitreten und nur ein Drittel der EU.[18] Schon seit längerer Zeit floss allerdings aus westlichen Staaten viel Geld in die Ukraine, um an diesem Stimmungsbild etwas zu ändern. Zwei Milliarden US-Dollar hatte etwa USAID nach eigenen Angaben bis Anfang

2005 für Ukraineprogramme ausgegeben. Zumindest ein Teil davon diente dem Ziel, «in der Ukraine die gesellschaftliche Basis der EU-Befürworter zu erweitern».[19]

Auch andere westliche Organisationen und Stiftungen haben sich diesem Ziel gewidmet. Victoria Nuland, unter Obama die für Europa und Eurasien zuständige Staatssekretärin im US-Außenministerium, schätzte im Dezember 2013 in einer Rede vor der «U. S.-Ukraine Foundation» in Kiew, die USA hätten seit 1991 insgesamt fünf Milliarden US-Dollar investiert, um die Ukraine dabei zu unterstützen, demokratische Verhaltensweisen und Institutionen zu entwickeln – «all dies Vorbedingungen für die Ukraine, um ihre europäischen Hoffnungen zu erfüllen». Wohlgemerkt: Diese US-Gelder dienten nicht dazu, den Maidan zu finanzieren oder die Bevölkerung zum Aufstand gegen ihre Regierung zu bewegen, wie einige behaupten.[20] Zumindest ein Teil der Summe war aber schon dazu bestimmt, der in dieser Frage gespaltenen Bevölkerung die Orientierung in Richtung Westen zu erleichtern oder, wie Victoria Nuland es ausdrückte: der Ukraine die europäische Zukunft zu ermöglichen, die sie «wollte» und die sie «verdiente».[21] Wie scheinheilig ist es dann, wenn bei uns argumentiert wird, man könne einem Volk doch nicht den Wunsch nach einer Anbindung an den Westen abschlagen und Russland müsse das Votum der ukrainischen Bevölkerung doch respektieren?

Seit 1997 gibt es in der Ukraine ein «NATO Information and Documentation Centre (NIDC)», dessen Aufgabe auf der NATO-Webseite so umschrieben wird: «Das NIDC in Kiew spielt eine aktive Rolle dabei, in der Ukraine ein besseres Verständnis zu fördern für die Prioritäten und Kernaufgaben der NATO sowie für die Vorteile einer Zusammenarbeit zwischen der NATO und der Ukraine und die ukrainischen Behörden im Bereich der öffentlichen Information und strategischen Kommunikation zu unterstützen.»[22] Das klingt so, als habe die NATO in der Ukraine Werbung für sich gemacht und aktiv versucht, die Stimmung im Land gegenüber der NATO zu beeinflussen. Alles ohne jegliches strategische Interesse an dem Land? Einflusszonen – das ist nur ein Begriff russischer Politik? Der Westen hingegen reagiert lediglich auf die Wünsche der Völker?

In einem als geheim eingestuften Bericht vom 15. Februar 2006 mit dem Titel «Die Ukraine auf dem Weg in die NATO: ein Statusreport» beklagte der US-Botschafter in Kiew die «ungewöhnliche Spaltung zwischen der Sichtweise der politischen Elite und der Meinungsmacher, die eine NATO-Mitgliedschaft enthusiastisch unterstützen, und der Bevölkerung, die das nicht tut». Nur 25 bis 30 Prozent der Ukrainer seien für einen NATO-Beitritt ihres Landes. Auf den Gedanken, dass es sich hierbei um ein ernst zu nehmendes Votum handeln könnte, also um den freien Willen eines Volkes, kam der Botschafter jedoch nicht. Erklären konnte er es sich nur mit dem Erbe «sowjetischer Stereotype» und der «zynischen Manipulation der Kutschma-Ära», mit ihren «Medienberichten über angebliche ‹NATO›-Aggressionen in Serbien und im Irak». Der «niedrige Grad an öffentlicher Unterstützung für die NATO-Mitgliedschaft» könne sich als die «Achillesferse für die Hoffnung der Ukraine» erweisen, «eher früher (2008) als später der NATO beizutreten». Während eine «aggressive Kampagne zur Erziehung der Öffentlichkeit im Hinblick auf die ‹neue NATO› und die ukrainischen Sicherheitsinteressen» [aggressive public education campaign] nötig sei, würden die NATO-freundlichen ukrainischen Politiker genau davor leider gegenwärtig noch zurückscheuen, da sie die politischen Folgen an der Wahlurne fürchteten.

Auch andere NATO-Beitrittskandidaten, wie die Slowakei, Ungarn und Slowenien, hätten solch niedrige Zustimmungsraten erfolgreich überwunden, und die baltischen Staaten hätten ebenfalls mit dem Sowjeterbe und starkem russischen Widerstand kämpfen müssen. Doch kein anderer Beitrittskandidat habe solche «jahrhundertelangen engen kulturellen, religiösen Verbindungen mit Russland und eine der russischen so ähnliche Identität» wie die Ukraine. Das erschwere leider den «Prozess der öffentlichen Erziehung» [public education process].

Dass NATO-Repräsentanten im Oktober 2005 die Ukraine besucht und auch die Öffentlichkeit in der Provinz zu erreichen versucht hätten, habe immerhin dabei geholfen, die öffentliche Debatte über die NATO und den Beitrittswunsch der Ukraine in Gang zu bringen. Dies müsse verstärkt werden durch «offizielle Besuche, nichtoffizielle Experten aus NGOs und der Wissenschaft, Aktivitäten der ukrainischen Regierung und Unterstützung durch ukrainische Interessengruppen, sei es aus der Zivilgesellschaft oder der Wirtschaft».[23]

Natürlich hat es umgekehrt auch russische Einflussnahmen auf die öffentliche Meinung in der Ukraine gegeben – wie auch anders angesichts der jahrhundertelangen engen Verbindungen. Aber russische Offizielle stellen sich immerhin anschließend nicht mit ratlosem Achselzucken vor die Kameras und sagen Dinge wie: «Was sollen wir machen? Wir sind eben so attraktiv, dass alle Mitglied in unserem Club werden wollen. Wir können diesen hoffnungsvollen Menschen doch nicht die Tür vor der Nase zuschlagen und sie um ihren Traum bringen! Auch Russland sollte lernen, die freie Entscheidung souveräner Völker zu akzeptieren!»

Zum großen Missbehagen der ukrainischen NATO-Befürworter und der US-Botschaft hatte man seit Ende 2005 in der Ukraine zudem damit begonnen, Unterschriften für ein Referendum über den NATO-Beitritt zu sammeln, das Volk also an der Entscheidung zu beteiligen. Die ukrainische Verfassung sah dafür die hohe Hürde von drei Millionen Unterschriften vor. Im Frühjahr 2006 hatte man viereinhalb Millionen zusammen. Ein Bericht der US-Botschaft in Kiew vom 29. Dezember 2006 informiert über die zahlreichen Manipulationen, mit denen man das Verfahren zu verzögern versuchte oder dieses weiter versuchen könnte – Unterschriften für gefälscht erklären, behaupten, diese seien gekauft oder erpresst worden, Anzweiflung der Rechtmäßigkeit der Verfassungsvorschriften über das Volksbegehren etc. Am Ende lief es aber darauf hinaus, dass Präsident Juschtschenko von seinem Recht Gebrauch machte, den Volksentscheid schlicht nicht durchzuführen. Arsenij Jazenjuk, damals stellvertretender Leiter der Präsidialkanzlei, versicherte dem amerikanischen Botschafter, «der Präsident werde in nächster Zeit kein Referendum zulassen». Grundsätzlich, so der Bericht, herrsche Einigkeit, ein Referendum über den NATO-Beitritt durchzuführen, aber erst nach sorgfältiger Vorbereitung und einer «effektiven öffentlichen Erziehungskampagne, um die Unterstützung in der Bevölkerung zu erhöhen» [effective public education campaign to lift popular support]. Würde das Referendum jetzt abgehalten, würde eine überwältigende Mehrheit sich gegen einen NATO-Beitritt aussprechen, und das gelte es zu verhindern.[24] Im Februar 2007 schätzte die US-Botschaft in Kiew die Befürworter eines NATO-Beitritts nur noch auf 25 Prozent der Bevölkerung.[25] Auch das war aber natürlich kein Grund, den eingeschlagenen Kurs zu überdenken.

Ebenso wenig wie diese Geschichte: Im Juli/August 2006 sollte ein gemeinsames Manöver von ukrainischen und NATO-Truppen mit dem Namen «See Breeze 2006» auf der Krim stattfinden. Geübt werden sollte Folgendes: Die Halbinsel «Runo», vormals Teil des Landes «Sapphire» mit einem NATO-feindlichen Regime, gehört jetzt zum «demokratischen Staat Emerald». Dies kann «Sapphire» nicht akzeptieren und gründet daher eine separatistische Bewegung, die Sabotageakte verübt und ausländische Staatsbürger ermordet. Schließlich nehmen die Separatisten Geiseln, und zwar eine große Studentengruppe aus NATO-Ländern, und gleichzeitig kommt es zu Demonstrationen, mit denen die Rückkehr «Runos» zu «Sapphire» gefordert wird. «Emerald» ruft daher die Vereinten Nationen an, die der NATO die Erlaubnis geben, eine Stabilisierungsmission auf «Runo» durchzuführen und die Geiseln zu befreien.[26]

Allerdings hatte Präsident Juschtschenko diesem eindeutig gegen Russland gerichteten Manöver zugestimmt, ohne zuvor die Erlaubnis des Parlaments einzuholen, das wegen der Anwesenheit ausländischer Truppen auf ukrainischem Gebiet an der Entscheidung hätte beteiligt werden müssen. Das Parlament weigerte sich, sein Einverständnis nachträglich zu gewähren, denn mittlerweile – nach den Wahlen vom Frühjahr 2006 – hatte der Juschtschenko-Block seine Mehrheit verloren. Als die ersten amerikanischen Soldaten Ende Mai auf der Krim ankamen – es handelte sich um einen unbewaffneten Voraustrupp von Reservisten der Marines, der die Unterkünfte für das Manöver instand setzen sollte –, waren sie daher illegal dort. Die ersten 113 Mann konnten am 24. Mai unbemerkt in der Hafenstadt Feodosia an Land gehen. Bei der zweiten Gruppe von weiteren 120 Mann war dies am 27. Mai jedoch anders, denn mit ihnen wurden Container ausgeladen, die unter anderem Waffen und Munition für die Übung enthielten. Die Container wurden von den Hafenbehörden blockiert, Demonstranten sammelten sich und verhinderten am 1. Juni, dass die Marines in ihr Quartier gefahren werden konnten. Die Protestierer warfen Steine, die Scheiben der Busse gingen zu Bruch, und die Soldaten mussten in ein Sanatorium flüchten, aus dem sie anschließend erst einmal nicht mehr herauskamen. Denn nun sammelten sich jeden Tag Demonstranten vor dem Gebäude, täglich zwischen etwa 300 und bis zu 1500 Menschen. Am 6. Juni erklärte das Parlament der Krim die Region zu einer «NATO-freien Zone», um die Demonstranten zu unterstützen. Bereits am 2. Juni hatte das Regionalparlament in Lugansk dasselbe getan. Am 11. Juni schließlich begann der Abzug der Soldaten, Mitte Juli wurde das Manöver abgesagt.[27]

«Sea Breeze 2006» fiel in eine Zeit heftiger innenpolitischer Kämpfe in der Ukraine, und die Demonstrationen wurden offenbar maßgeblich von Janukowitschs «Partei der Regionen» gefördert. Die Proteste machten dennoch deutlich, wie umstritten die Frage einer NATO-Mitgliedschaft im Land war. Dass es daher vielleicht besser sein könnte, der Ukraine diese Zerreißprobe zu ersparen, auf diese Schlussfolgerung kam man in Washington – anders als in Berlin und Paris – nicht. Vermutlich glaubte man eher dem, was Julia Timoschenko der Kiewer US-Botschaft am 12. Juni 2006 erzählte, dass nämlich die Anti-NATO-Proteste auf der Krim lediglich das Werk des russischen Geheimdienstes gewesen seien.[28]

## Moskaus rote Linie

2008 erhielt die Ukraine, wie bereits erwähnt, auf dem NATO-Gipfel in Bukarest eine offizielle Beitrittsperspektive, die auch in der Folge nie zurückgenommen, sondern auf jedem NATO-Gipfel erneut bekräftigt wurde, auch als die Ukraine selber nach der Abwahl Juschtschenkos einen Beitritt gar nicht mehr anstrebte. Zwar hatten Deutschland, Frankreich und andere westeuropäische Staaten konkrete Membership Action Plans immer wieder verhindern können, womit sie sich in Washington nicht gerade beliebt machten. Doch hätte es nur eines politischen Kurswechsels in Berlin und Paris bedurft, um das zu ändern – gesetzt den Fall, die Position Kiews würde sich ebenfalls wieder drehen. Eine NATO-Mitgliedschaft der Ukraine stand jedenfalls seit 2008 offiziell im Raum, was der russischen Führung natürlich bewusst war, als es in Kiew 2014 zum Umsturz kam.

Dies in Erinnerung zu rufen ist wichtig, weil in der Berichterstattung über die Ukrainekrise meist so getan wurde, als ginge es ausschließlich um westliche Werte und um die Alternative: EU-Assoziierungsabkommen oder Eurasische Wirtschaftsunion. Der amerikanische Historiker Timothy Snyder schaffte es zum Beispiel, zahlreiche Artikel über die «Maidan»-Bewegung zu schreiben, ohne das Wort «NATO» auch nur ein einziges Mal zu verwenden. Dann fällt es natürlich bedeutend leichter, die «geopolitische Bedeutung der Ukraine» als eine «leere Fantasie» abzutun, wie es bei Snyder geschieht.[29] Oder auch zu behaupten, Putins Eingreifen in der Ukraine habe nichts mit Geopolitik zu tun, sondern diene nur dem Zweck, eine Demokratiebewegung zu unterdrücken, die im Erfolgsfalle nach Russland überschwappen könnte.[30]

Auf dem Bukarester Gipfel, bei dem Präsident Putin als Gast

dabei war, hatte er gesagt, eine Aufnahme der Ukraine und Georgiens in die NATO würde Russlands Interessen unmittelbar berühren. Moskau wäre gezwungen, darauf mit geeigneten Maßnahmen zu reagieren, um seine Sicherheit zu gewährleisten.[31] Bereits im Vorfeld des Gipfels hatten russische Diplomaten darauf hingewiesen, dass Putin in konstruktiver Absicht nach Bukarest komme, um ein «positives Signal» für die zukünftige Kooperation zwischen Russland und der NATO zu geben, um «globale Risiken gemeinsam anzugehen». Aber alles hänge an der Frage der Beitrittsperspektive für die Ukraine und Georgien.[32]

Am 18. Januar 2008 hatte die politische Führung in Kiew um die Vereinbarung eines Membership Action Plans für die Ukraine auf dem Bukarester Gipfel nachgesucht. Unterzeichnet war das entsprechende Schreiben von Präsident Viktor Juschtschenko, Ministerpräsidentin Julia Timoschenko und dem damaligen Parlamentspräsidenten Arsenij Jazenjuk.[33] Als Reaktion darauf hatte der russische Außenminister Lawrow festgestellt, Russland müsse die anhaltende Osterweiterung der NATO als eine «potentielle militärische Bedrohung» betrachten. Er sei durchaus bereit, den Versicherungen des Westens zu glauben, dass die NATO sich nicht gegen Russland richte. Angesichts der jüngsten militärischen Aktivitäten in NATO-Ländern[34] müsse Moskau die Erweiterungsabsichten aber nach ihrem tatsächlichen Bedrohungspotential bewerten und könne sich nicht mit behaupteten Absichten zufriedengeben. Natürlich hätten die USA und Europa legitime Interessen in der Region, so Lawrow weiter, und Staaten müssten frei sein, selber zu entscheiden, welchem Bündnis sie angehören wollten. Aber dabei müsse auch berücksichtigt werden, welche Folgen dies für die Nachbarn habe. In ihrem Freundschaftsvertrag von 1997 seien Russland und die Ukraine übereingekommen, «von der Teilnahme an oder der Unterstützung von allen Handlungen abzusehen, die die Sicherheit der anderen Seite beeinträchtigen könnten».[35]

In einem Bericht vom 1. Februar 2008 fasste der US-Botschafter die Bedenken zusammen, die in Moskau gegenüber der Aufnahme der Ukraine und Georgiens in die NATO herrschten. Die Erweiterungsabsichten träfen einen «freiliegenden Nerv», so der amerikanische Botschafter. Russland fürchte um die Stabilität der Region, nehme die Aktivitäten der NATO als «Einkreisung» wahr und als Versuche, russischen Einfluss zu unterminieren. Experten würden der Botschaft mitteilen, Russland sei «insbesondere besorgt, die starke Spaltung in der Ukraine über die Frage der NATO-Mitgliedschaft, gegen die ein großer Teil der dort lebenden ethnischen Russen opponiere, könne zu einer Zerreißprobe führen, mit Ausbrüchen von Gewalt oder schlimmstenfalls einem Bürgerkrieg. In diesem Fall müsste Russland sich entscheiden, ob es intervenieren solle; eine Entscheidung, vor die Russland nicht gestellt werden möchte.»

Ein weiterer Grund für den russischen Widerstand sei die enge Zusammenarbeit der Rüstungsindustrien beider Länder, so heißt es in dem Bericht der Moskauer US-Botschaft weiter. Im Falle einer NATO-Mitgliedschaft der Ukraine müsste Russland seine Rüstungsindustrie umbauen, was sehr teuer würde. Außerdem wären die ökonomischen Beziehungen der beiden Länder betroffen, und die Bewegungsfreiheit der vielen Arbeiter würde beschränkt, die jeweils im anderen Land beschäftigt seien. Im Gegensatz zum russischen Widerstand bei der ersten Runde der NATO-Osterweiterung, so schloss der Bericht, würde sich Russland nun «in der Lage fühlen, schärfer auf das zu reagieren, was es als Handlungen wahrnimmt, die gegen seine nationalen Interessen gerichtet sind».[36]

Es war also bekannt, dass Russland eine Aufnahme der Ukraine in die NATO als Überschreitung einer «roten Linie» betrachten würde.[37] In einem weiteren Bericht der Moskauer US-Botschaft hieß es sogar, die NATO-Osterweiterung sei eines der wenigen Themen, bei denen in Russland nahezu ein vollständiger Konsens herrsche, in den politischen Eliten ebenso wie in der informierten Bevölkerung. Ein russischer Experte habe gesagt, die Ukraine werde als eine Art «letzte Verteidigungslinie» gesehen. Träte sie der NATO bei, sei «die russische Einkreisung komplett». Russland sei in einer viel stärkeren Position als Mitte der 1990er Jahre und werde das nicht hinnehmen.[38] Wenn man dies alles weiß, wie konnte einen dann die russische Reaktion 2014 überraschen?

Es muss vielleicht zusätzlich noch einmal daran erinnert werden, dass die russische Schwarzmeerflotte in Sewastopol auf der Krim stationiert ist – ein Erbe aus Sowjetzeiten. 1997 pachtete Moskau den Militärstützpunkt in Sewastopol für 20 Jahre von der Ukraine. Der Pachtvertrag wäre also 2017 regulär ausgelaufen, wenn ihn Juschtschenkos Nachfolger Janukowitsch nicht 2010 im Gegenzug für niedrige Gaspreise verlängert hätte, und zwar bis 2042. Das war eine seiner ersten Amtshandlungen, was zeigt, wie besorgt Russland angesichts des auslaufenden Pachtvertrags war. Präsident Juschtschenko hatte nämlich deutlich gemacht, dass er eine Verlängerung ablehnte, nicht zuletzt, um der Ukraine den angestrebten NATO-Beitritt zu erleichtern. In der Folge war es immer wieder zu kleinlichen Rechtsstreitigkeiten rund um die russische Schwarzmeerflotte gekommen. Als beispielsweise die russischen Behörden entnervt andeuteten, sie würden zwei Radarstationen, die Teil des russischen Frühwarnsystems waren und die gemeinsam mit der Ukraine betrieben wurden, durch Neubauten in Russland ersetzen, ließ Juschtschenko im Februar 2006 umgehend in Washington anfragen, ob die NATO oder die US-Streitkräfte Interesse an den frei werdenden Stationen hätten.[39] Schon 2007 hatte Russland mit dem Ausbau einer alternativen Marinebasis am Schwarzen Meer im russischen Noworossijsk begonnen, um sich auf alle Eventualitäten vorzubereiten. Bei einem Verlust Sewastopols hätte diese aber schon aufgrund der geografischen Lage keinen gleichwertigen Ersatz geboten.[40]

Die Verlängerung des Pachtvertrages stieß auf vehementen Widerstand der prowestlichen Kräfte um Juschtschenko. Arsenij Jazenjuk, der spätere Ministerpräsident der Ukraine, äußerte damals: «Dies ist ein Kampf um die Ukraine. Heute müssen wir entscheiden, ob die Ukraine ein wahrhaft unabhängiger Staat ist oder nur ein Territorium mit einem Wappen, einer Flagge und Grenzen, aber ohne eine internationale Stimme.»[41] Bei der Abstimmung im Parlament kam es damals zu einer Schlägerei, es wurden Rauchbomben gezündet, und der Parlamentspräsident wurde mit Eiern beworfen.[42] Es war sehr wahrscheinlich, dass diese Kräfte alles daransetzen würden, die Verlängerung des Pachtvertrages aufzuheben, wenn sie die Gelegenheit dazu bekämen.

Was hätte es für Russlands strategische Interessen wohl praktisch bedeutet, wenn Sewastopol von NATO-Gebiet umgeben gewesen oder der Pachtvertrag einseitig gekündigt worden wäre? Die Einflussmöglichkeiten der russischen Marine im Schwarzen Meer wären stark reduziert worden, die Fähigkeit, sich durch Anti-Access-/Area-Denial-Maßnahmen (das sind Maßnahmen, mit denen der Zugang zu einem bestimmten Gebiet militärisch blockiert werden kann) gegen einen NATO-Angriff zu verteidigen, wäre beeinträchtigt worden. Alles hinnehmen, weil die NATO ja niemanden bedroht? Erwartet man allen Ernstes, dass die Planungsstäbe in Moskau das auch so sehen? Würden die USA umgekehrt den Verlust eines strategisch derart bedeutsamen Stützpunktes einfach so akzeptieren?

Wenn man komplett ausblendet, dass es seit 2008 eine konkrete NATO-Beitrittsperspektive für die Ukraine gab und der Beitritt ausgerechnet von denjenigen Kräften mit aller Macht angestrebt worden war, die 2014 in Kiew wieder an die Regierung kamen (Petro Poroschenko, der heutige Präsident, war der letzte Außenminister Juschtschenkos), kann man die russischen Handlungen vielleicht als unberechenbare Aggression deuten. Mit der Realität hat das dann aber nicht mehr viel zu tun.

### Das Ringen um die Ukraine

Im Februar 2010 war Präsident Juschtschenko, für den nur noch etwas mehr als fünf Prozent der Bevölkerung gestimmt hatten, in freien Wahlen durch den aus dem Osten der Ukraine stammenden Viktor Janukowitsch abgelöst worden, der schon 2004 der Gegenkandidat gewesen war. Janukowitsch hatte im Wahlkampf damit geworben, die Beziehungen zu Moskau verbessern zu wollen. Seine Gegenkandidatin in der Stichwahl war Julia Timoschenko, die nur knapp unterlag. Der Osten und Süden hatte für Janukowitsch gestimmt, der Westen für Timoschenko. Dies zeigt erneut, wie gespalten die Ukraine war und wie berechtigt die Sorgen waren, was mit dem Land passieren würde, wenn man es vor die Wahl zwischen West und Ost stellte. Keineswegs stand da eine klare Mehrheit eindeutig hinter dem einseitigen Westkurs Juschtschenkos. «Einen möglichen Beitritt zur NATO, das Ziel des scheidenden Präsidenten Juschtschenko, hat Janukowitsch ... mit breiter Zustimmung der Bevölkerung vom Tisch gefegt», so kommentierte «ZEIT Online» damals die Wahl.[43] Janukowitsch nahm schon im März 2010 die NATO-Beitrittsperspektive der Ukraine offiziell zurück.[44] Wenig später verankerte das Land den Blockfreienstatus in seiner Verfassung. Janukowitsch betrieb allerdings keine einseitige Anbindung an Russland, sondern kehrte zur Schaukelpolitik Kutschmas zurück. Auf der verzweifelten Suche nach Geld – die Ukraine, einer der korruptesten Staaten der Welt, war faktisch pleite – verhandelte er mit beiden Seiten, mit Russland und dem Westen. Damit fing die Vorgeschichte der Ukrainekrise an.

Die Verhandlungen über ein EU-Assoziierungsabkommen hatten noch unter Präsident Juschtschenko, 2007, begonnen. 2009 war die Ukraine der östlichen Partnerschaft beigetreten. Präsident Janukowitsch setzte die Verhandlungen Richtung Westen fort. Auf dem EU-Ukraine-Gipfel in Kiew im Dezember 2011 hätte das EU-Assoziierungsabkommen unterzeichnet werden können. Dazu kam es jedoch nicht, weil die EU darauf bestand, die ehemalige Ministerpräsidentin Julia Timoschenko aus der Haft zu entlassen, zu der sie wegen Amtsmissbrauchs verurteilt worden war. Angeblich hatte sie zu hohe Gaspreise in den Verträgen mit Russland vereinbart und so die ukrainische Wirtschaft ruiniert. Die Unterzeichnung des Abkommens scheiterte 2011 also weder an der Haltung des ukrainischen Präsidenten Janukowitsch noch an politischem Druck aus Russland. Es ist wichtig, dies in Erinnerung zu rufen, weil es deutlich macht, dass die heftige russische Reaktion 2014 nicht allein an der EU-Perspektive der Ukraine lag.

Im Stile langjährig erprobter Schaukelpolitik zwischen Ost und West hielt Janukowitsch für sein Land parallel die Perspektive offen, der Eurasischen Zollunion beizutreten, die Russland, Weißrussland und Kasachstan von Juli 2011 an bildeten. Seit Oktober 2011 betrieb die Ukraine im Rahmen eines multilateralen Freihandelsabkommens zollfreien Handel mit Russland (die anderen Partner waren Weißrussland, Kasachstan, Armenien, Kirgistan, Moldawien und Tadschikistan). Im Mai 2013 erhielt die Ukraine einen Beobachterstatus in der Zollunion.[45] Laut einer Erhebung des Kiewer Rasumkow-Zentrums waren in der ukrainischen Bevölkerung die Sympathien zu diesem Zeitpunkt immer noch gespalten. 42 Prozent sprachen sich für das EU-Assoziierungsabkommen aus, 33 Prozent zog es in die Eurasische Zollunion. 25 Prozent votierten für «weder noch» oder mochten sich nicht festlegen. Hätten sich in dieser Situation Gespräche zwischen der EU, der Ukraine und Russland nicht geradezu aufgedrängt, um herauszufinden, wie diese unterschiedlichen Perspektiven unter einen Hut zu bekommen wären? Noch dazu vor dem Hintergrund, dass russische Vorschläge für einen gemeinsamen Wirtschaftsraum von Wladiwostok bis Lissabon auf dem Tisch lagen, die Wladimir Putin 2010 im Vorfeld eines Staatsbesuchs in Deutschland in einem Gastbeitrag in der «Süddeutschen Zeitung» noch einmal erneuert hatte.[46]

2013 begann Moskau, das EU-Assoziierungsabkommen zu kritisieren, was vermutlich damit zu tun hatte, dass die Pläne, die Ukraine in die Eurasische Zollunion einzubinden, konkreter wurden, während gleichzeitig auch die Vorbereitungen für das EU-Assoziierungsabkommen an Fahrt gewannen. Für November 2013 war dessen Unterzeichnung geplant.

Um zu verstehen, was das für Russland bedeutete, muss man wissen, dass ein Land Mitglied in mehreren, auch unverbundenen Freihandelszonen sein kann (wenn auch nicht ohne Schwierigkeiten), nicht aber zugleich Mitglied in einer Zollunion und einer weiteren Freihandelszone, wenn die nicht ihrerseits einen Freihandelsvertrag mit dieser Zollunion hat. Das klingt erst einmal kompliziert, lässt sich aber an einem hypothetischen Beispiel veranschaulichen. Angenommen, der Einfuhrzoll der Eurasischen Zollunion für Autoimporte aus der EU betrüge fünf Prozent, dann sieht man daran, dass die Ukraine nicht Mitglied in der Zollunion sein und zugleich einen Freihandelsvertrag mit der EU unterhalten kann, weil die Idee eines Freihandelsvertrags ja gerade darin besteht, untereinander zollfrei zu handeln.

Der EU war dieser Zusammenhang schon länger bewusst, denn der damalige Kommissionspräsident Barroso hatte bereits im April 2011 festgestellt, eine Mitgliedschaft der Ukraine in der Eurasischen Zollunion sei mit dem EU-Assoziierungsabkommen unvereinbar. Dessen Unterzeichnung hätte also das Aus für die russischen Pläne bedeutet, die Ukraine – immerhin der zweitgrößte Markt unter den Nachfolgestaaten der Sowjetunion – in die Eurasische Zollunion einzuschließen. Es kann nicht ernsthaft verwundern, dass Russland dagegenhielt und versuchte, Janukowitsch von der Unterzeichnung des Abkommens abzubringen.

Doch das war nicht das Einzige, was russische Interessen berührte. Da Russland und die Ukraine bereits ein Freihandelsabkommen miteinander hatten, hätte sich die Unterzeichnung des EU-Assoziierungsabkommens zwangsläufig auf die Wirtschaftsbeziehungen zwischen Russland und der Ukraine ausgewirkt. Die daraus resultierenden praktischen Probleme hätten sich nur in Verhandlungen zwischen allen Beteiligten lösen lassen. Konkret: Wenn ukrainische Zölle auf europäische Waren schnell gesenkt werden, dann haben russische Hersteller kaum Zeit, sich an das veränderte Marktumfeld anzupassen, und für sie gehen Marktanteile in der Ukraine verloren. Und: Wenn sich der ukrainische Markt an EU-Standards und Grenzwerten orientiert, dann werden russische Produkte zwangsläufig verdrängt. Oder: Wenn höherwertige EU-Güter in die Ukraine gelangen, spricht viel dafür, dass ukrainische Unternehmer ihre heimischen Produkte verstärkt auf den russischen Markt werfen. Und schließlich: Nicht zuletzt hätte die Gefahr bestanden, dass durch eine einfache ukrainische Umetikettierung importierter europäischer Waren die Zollschranken der Eurasischen Zollunion gegenüber der EU umgangen worden wären, mit allen negativen Folgen für den russischen Binnenmarkt.

Es wäre also sinnvoll gewesen, wenn sich Kiew, Brüssel und Moskau eng abgestimmt hätten. Stattdessen führte die EU die Verhandlungen weiter, ohne Russland in die Gespräche einzubeziehen. Günter Verheugen, bis 2010 EU-Kommissar, hat sich 2014 in einem offenen Brief an Altkanzler Helmut Schmidt folgendermaßen dazu geäußert: «Mit Russland wurde schlicht nicht darüber geredet, was die Assoziierung der Ukraine (und anderer) politisch und wirtschaftlich bedeutet. Russische Bedenken, dass sich dadurch der Handel mit der Ukraine verschlechtern könnte, wurden vom Tisch gewischt.»[47] Und der Politikwissenschaftler Herfried Münkler stellte in einem Interview mit dem «Stern» damals zutreffend fest: «Das Assoziierungsabkommen mit der Ukraine ohne Einbezug Russlands, zumindest ohne Rücksicht auf Russland, zu verhandeln war eine Dummheit.»[48] So wurde die Chance verpasst, der Ukraine die Entscheidung zwischen Ost und West zu ersparen und eine absehbare Konfrontation zu vermeiden.

War den Verhandlungsführern der EU der potentielle Konflikt mit Russland wirklich nicht klar? Waren ihnen die wirtschaftlichen Folgewirkungen für Russland nicht bewusst? Übersahen sie, dass es auch um die zukünftige Ausrichtung des Landes ging und im Hintergrund die Perspektive eines NATO-Beitritts schwebte? Oder glaubten sie, auf russische Interessen keine Rücksicht nehmen zu müssen, und hielten es zudem für schlicht undenkbar, dass sich die Ukraine für Moskau statt für Brüssel entscheiden könnte?

Auch wenn man selber angeblich nicht mehr in den Kategorien von Einflusszonen denkt, wie im Westen immer wieder behauptet wird, so müsste doch zumindest bewusst bleiben, dass andere dies eventuell noch tun? Eine kluge Politik muss Derartiges doch in ihre Überlegungen mit einbeziehen, oder etwa nicht? Wie dem auch sei, Janukowitsch brauchte dringend Geld, um den Bankrott der Ukraine zu verhindern. Er wandte sich an Brüssel. Dort redete man über westliche Werte und Julia Timoschenko. Moskau dagegen bot ein Paket von umgerechnet 15 Milliarden US-Dollar. Der ukrainische Präsident sagte daraufhin am 28. November 2013 die Unterzeichnung des EU-Assoziierungsabkommens ab – Putin, so schien es, hatte das Ringen um die Ukraine für sich entschieden.[49]

### *Putsch in Kiew*

Doch nun überschlugen sich die Ereignisse. Als die Westperspektive in sich zusammenfiel, hatte die Opposition gegen die – nicht erst seit Janukowitsch – durch und durch korrupte ukrainische Führung einen neuen Kristallisationspunkt. Der Maidan, ein Platz in der Hauptstadt Kiew, entwickelte sich zum Machtzentrum, auf dem sich selbsternannte Führer zum Sprachrohr der Demonstranten machten, die zunächst nichts anderes wollten als eine verlässliche Regierung und längst überfällige Reformen, damit sich ihr Lebensstandard endlich verbesserte. Es kam zu blutigen Auseinandersetzungen. Über einhundert Menschen wurden erschossen, wobei man bis heute nicht genau weiß, wer dafür verantwortlich war.

Die in dem Zusammenhang getöteten Polizisten tauchen im Übrigen in den offiziellen ukrainischen Listen gar nicht auf. Es gibt nur Opfer auf der eigenen Seite. Und so werden auch die Ermittlungen nur in eine Richtung geführt. Mit der Untersuchung der Vorfälle haben sich diverse Gremien befasst, darunter eine Kommission des ukrainischen Parlaments sowie eine der ukrainischen Staatsanwaltschaft, wobei man wissen muss, dass der neue Generalstaatsanwalt Luzenko selbst zu den Maidan-Aktivisten gehörte.[50] Ein internationales Beratergremium, das der Europarat eingesetzt hatte, um die Arbeit der ukrainischen Stellen zu kontrollieren, hat dazu am 31. März 2015 einen Bericht veröffentlicht. In diesem stellt das Gremium fest, dass die Untersuchungen «nicht den Erfordernissen der Europäischen Menschenrechtskonvention entsprechen».[51] Kiew hat eine unabhängige Untersuchungskommission versprochen, die es nie gab. Bis heute mahnt niemand hörbar Ergebnisse an.

Angesichts der immer bedrohlicher werdenden Proteste floh Janukowitsch am 22. Februar 2014 nach Russland. Das Parlament in Kiew erklärte ihn noch am selben Tag für abgesetzt, hielt dabei aber das vorgeschriebene Verfahren nicht ein und verfehlte auch knapp die dafür nötige Dreiviertelmehrheit. Formal handelte es sich also um einen Putsch, um einen Staatsstreich.[52]

Janukowitsch wurde vom Westen sofort fallen gelassen, obwohl dieser 2010 regulär zum Präsidenten gewählt worden war – was ausländische Wahlbeobachter damals bestätigt hatten. Stattdessen gaben sich westliche Regierungsmitglieder und Parlamentarier sowie Funktionsträger von Geheimdiensten in Kiew die Klinke in die Hand, um den Maidansprechern ihre Aufwartung zu machen. Es wurde eine Regierung installiert, deren Legitimität fraglich und die für die sehr unterschiedlichen Landesteile der Ukraine nicht – wie ursprünglich versprochen – repräsentativ war.

In der mehrheitlich russischsprachigen Ost- und Südukraine nahmen viele Menschen angstvoll wahr, wie nationalistische Bewegungen, die keinen Hehl aus ihrer Russenfeindlichkeit machten, in Kiew Oberwasser bekamen. Die durchaus berechtigten Sorgen der Menschen im Osten und Süden des Landes wurden in der westlichen Welt jedoch in keiner Weise ernst genommen.

Stattdessen wurde nur auf die russische Propaganda verwiesen, die übertriebene Ängste vor den «Faschisten» in Kiew schüre.

Es ist zwar richtig, dass die Sorgen der Menschen durch russische Propaganda verstärkt wurden, aber wie berechtigt diese Ängste im Grunde waren, zeigen Gräueltaten, die im Westen kaum Beachtung fanden, weil die Täter nicht ins Bild passten. So etwa die Vorkommnisse in der ukrainischen Hafenstadt Odessa. Hier kamen mindestens 48 Menschen zu Tode, und zahlreiche wurden zum Teil lebensgefährlich verletzt. Ukrainische Nationalisten hatten sogenannte prorussische Demonstranten gejagt, ein Gebäude in Brand gesteckt, in das diese sich geflüchtet hatten, und sie dann daran gehindert, es zu verlassen.[53] Der Europarat erhob im November 2015 in einem Bericht schwere Vorwürfe gegen die ukrainische Polizei, die weitgehend passiv geblieben sei und daher eine Mitschuld trage. Auch kritisierte der Bericht, dass die Ermittlungen zu diesem Vorfall vom ukrainischen Innenministerium, also der Aufsichtsbehörde der Polizei, geführt und dort verschleppt würden. Im ukrainischen Parlament sei unterdessen ein Amnestiegesetz für die Täter von Odessa eingebracht worden.[54] Auch die Besetzung von Rathäusern in der Ostukraine im Februar/März 2014 wurde im Westen nicht als demokratischer Aufbruch gewertet wie auf dem Maidan in Kiew, sondern entweder verschwiegen oder als illegale Aktivität separatistischer, russenfreundlicher Kreise dargestellt.

### *Eine Regierung aus NATO-Befürwortern*

Wie wird die deutliche Parteinahme des Westens für die Aufständischen des Maidan und gegen den gewählten Präsidenten Janukowitsch auf die russische Seite gewirkt haben? Zumal sich eben jener Präsident unmittelbar zuvor gegen das EU-Assoziierungsabkommen entschieden hatte und niemand im Westen es offenbar für nötig hielt, das eigene Vorgehen in der Ukraine mit Russland abzustimmen? Liegt die Verantwortung für die nun folgende Konfrontation wirklich einseitig bei Moskau? Ist sie ein Zeichen für aggressiven russischen Expansionismus oder einen «Neoimperialismus», wie es gelegentlich heißt?

Um die russische Reaktion besser einordnen zu können, ist es hilfreich, sich die Zusammensetzung der neuen ukrainischen Regierung zu vergegenwärtigen, die am 26. Februar 2014 in Kiew ihre Arbeit aufnahm. Ministerpräsident wurde ebenjener Arsenij Jazenjuk, den Victoria Nuland in ihrem abgehörten «Fuck the EU»-Telefonat, das am 4. Februar auf YouTube hochgeladen worden war, als «unseren Mann» bezeichnet hatte – nebenbei ein bemerkenswerter Vorgang, dass eine US-Staatssekretärin und ein US-Botschafter darüber diskutieren, wer die neue Regierung eines fremden Landes bilden soll. Es lohnt, sich dieses Telefonat einmal anzuhören.[55] Jazenjuk war ein Mann Juschtschenkos. Er hatte nicht nur das Schreiben mitunterzeichnet, mit dem die Ukraine die NATO 2008 um einen Membership Action Plan gebeten hatte, er war selber auch 2007 Außenminister gewesen und hatte zur Zeit Juschtschenkos zahlreiche andere Ämter bekleidet. In den Berichten der Kiewer US-Botschaft taucht er wiederholt als Informant auf, unterhielt also seit langem gute Beziehungen nach Washington.[56]

Sein Stellvertreter wurde Boris Tarasjuk, von 2005 bis 2007 erster Außenminister Juschtschenkos und einer der scharfen Befürworter eines möglichst raschen NATO-Beitritts der Ukraine. Im Bericht des US-Botschafters in Kiew nach dem Rücktritt Tarasjuks 2007 heißt es: «Tarasjuk drängte sehr an der NATO-Front und forderte, so schnell wie möglich einen Schritt in Richtung Membership Action Plan zu unternehmen, um die Grundlage zu legen für eine mögliche Einladung zur Aufnahme von Beitrittsverhandlungen auf dem NATO-Gipfel von 2008.»[57]

Auch andere Minister der neuen Regierung hatten unter Juschtschenko wichtige Ämter bekleidet. Außenminister wurde Andrij Deschtschyzja, von 2006 bis 2008 Sprecher des Außenministeriums. Das Ministerium für Energie übernahm Jurij Prodan, der dieses Amt schon von 2007 bis 2010 innegehabt hatte.

Übergangspräsident war bereits am 22. Februar 2014 Olexander Turtschynow geworden, ein langjähriger Weggefährte Julia Timoschenkos, der 2004 dem Wahlkampfstab von Juschtschenko angehört hatte und von diesem anschließend zum Leiter des Inlandsgeheimdienstes ernannt worden war. Als Julia Timoschenko Ende 2007 erneut Ministerpräsidentin wurde und als eine der ersten Amtshandlungen um den Membership Action Plan der NATO nachsuchte, war Turtschynow ihr Stellvertreter gewesen.

In der neuen Kiewer Regierung saßen also Personen, die aus dem Umfeld Juschtschenkos und Timoschenkos stammten und die mit dem Vorhaben eines NATO-Beitritts eng verbunden waren, das damals mit aller Macht und gegen den Wunsch der Bevölkerung verfolgt worden war. Ist es völlig abwegig zu vermuten, dass das in Moskau genau registriert wurde? Am 26. Februar 2014 wurde die neue ukrainische Regierung vom Parlament bestätigt, am 27. Februar beschloss das Regionalparlament der Krim das Unabhängigkeitsreferendum.

Es hat damals Stimmen gegeben, die sich über die heftige russische Reaktion erstaunt zeigten. Dass Russland sich wegen eines EU-Assoziierungsabkommens so sehr bedroht fühlen würde, habe man ja nicht ahnen können. Was dabei übersehen wird, ist, dass die russischen Maßnahmen auf der Krim und in der Ostukraine gar keine Reaktion auf die EU-Perspektive der Ukraine waren. Hätte Präsident Janukowitsch sich am Ende dazu entschlossen, das EU-Assoziierungsabkommen zu unterzeichnen, hätte Russland vermutlich protestiert und vielleicht einige ökonomische Vergeltungsmaßnahmen gegenüber der Ukraine beschlossen. Aber es wäre sicherlich nicht zur Aufnahme der Krim in die Russische Föderation gekommen. Dies war eine Reaktion auf den Sturz des gewählten Präsidenten und die unter undurchsichtigen Umständen erfolgte Einsetzung einer Regierung in der Ukraine, deren wichtigste Protagonisten aus dem Lager der NATO-Befürworter der Juschtschenko-Zeit stammten.

In Moskau herrschte zudem der Verdacht, dass der Westen,

insbesondere die USA, hinter der Absetzung Janukowitschs steckte, dass es sich also um einen von außen orchestrierten Staatsstreich nach dem Muster der «Farbenrevolutionen» handelte. Dafür gibt es bislang keine sicheren Belege, auch wenn das abgehörte Nuland-Telefonat misstrauisch stimmen muss. Es ist zumindest nicht verwunderlich, dass Moskau diesen Eindruck bekam und sich entsprechend verhielt. Unberechenbar, unverständlich und überraschend war es jedenfalls nicht. Was hätte Russland denn unternehmen können, um seinen Interessen in dieser Situation Gehör zu verschaffen? Erwartete man im Westen angesichts der Vorgeschichte ernsthaft, Russland würde auch im Falle der Ukraine nicht viel mehr tun, als sich zu beschweren? Könnte es sein, dass man von Russland etwas verlangt, wozu keiner der westlichen Staaten selber bereit wäre? Nämlich seine nationalen Interessen einfach selbstlos außer Acht zu lassen?

Diese Fragen zu stellen bedeutet durchaus nicht, sämtliches Vorgehen Russlands auf der Krim und in der Ostukraine gutzuheißen und auf Kritik zu verzichten. Aber es macht bewusst, dass die Reaktion Moskaus nicht aus heiterem Himmel kam und dass der Westen Russland keinerlei andere Wege gelassen hat, auf denen es seine Interessen hätte wirksam zur Geltung bringen können. Dies wiederum ist substantiell wichtig für die politische Einschätzung: Handelt Moskau expansiv oder defensiv? Ist Putins Politik unberechenbar? Ist heute eine konfrontative oder eine ausgleichende Politik gegenüber Russland nötig?

Der Philosoph Julian Nida-Rümelin hat Ende Juli 2014 im «Stern» treffend gesagt: «Der zentrale und in Variationen immer sich wiederholende Vorwurf lautet, Russland betreibe eine ‹neoimperialistische› Politik. Eine imperialistische Politik ist darauf gerichtet, ein Imperium zu errichten, also die Kontrolle von Territorien und Nationalitäten auszuweiten. ... Wer das Einflussgebiet der früheren Sowjetunion mit dem des heutigen Russland vergleicht, sieht einen gewaltigen Schrumpfungsprozess. Russland ist von seiner territorialen Ausdehnung her gesehen immer noch riesig, aber die Russische Föderation ist von der Bevölkerungszahl, der Wirtschafts- und Militärkraft her gesehen nicht mehr vergleichbar mit dem Sowjet-Imperium. ... Die Europäische Union, ein staatliches Gebilde sui generis mit eigener Gesetzgebung und eigener Regierung, wenn auch in einer schwachen Form der europäischen Kommission, eigenem Parlament und europäischen Parlamentswahlen, hat sich dagegen seit dem Ende der Sowjetunion gewaltig ausgedehnt. Die Zahl der Mitgliedsstaaten hat sich fast verdoppelt, die Wirtschaftskraft ist die größte der Welt, noch vor den USA und erst recht vor China, und die Einflusssphäre der EU reicht weit über die Mitgliedsstaaten hinaus. Vor diesem Hintergrund gehört schon eine gehörige Chuzpe hinzu, von Neo-Imperialismus gerade im Hinblick auf Russland zu sprechen. Die USA hat Jahrzehnte hinter sich, in denen sie sich als einzig verbliebene Weltmacht in der Tat imperialistisch gebärdete, nämlich mit dem Anspruch, entscheiden zu können, welche Regimes legitim und welche illegitim sind und welches gestürzt werden sollte, wie im Irak oder in Libyen, welche dagegen zu unterstützen sind, wie in Saudi-Arabien oder in Afghanistan.»[58]

### *Werte und Interessen*

Dass die russischen Befürchtungen nicht unbegründet waren, zeigt die anschließende Entwicklung. Unter Präsident Poroschenko strebt die Ukraine wieder ganz offiziell sowohl in die EU als auch in die NATO. Am 28. August 2014 stimmte der Nationale Sicherheits- und Verteidigungsrat dafür, den neutralen Status des Landes abzuschaffen, obwohl zu diesem Zeitpunkt laut Meinungsumfragen immer noch eine Mehrheit der Ukrainer eine NATO-Mitgliedschaft ihres Landes ablehnte. Tags darauf, am 29. August 2014, erklärte NATO-Generalsekretär Anders Fogh Rasmussen, die Ukraine könne, wenn sie die Voraussetzungen erfülle, eines Tages NATO-Mitglied werden.[59] Vier Monate später, am 23. Dezember 2014, hob das ukrainische Parlament mit großer Mehrheit den Blockfreienstatus des Landes auf, und erneut meldete sich ein NATO-Sprecher zu Wort: Die Ukraine werde NATO-Mitglied, wenn sie die Mitgliedschaft beantrage, die Standards erfülle und die notwendigen Prinzipien befolge.[60] Im Herbst 2016 ließ Poroschenko verlauten, er wolle sein Land bis 2020 NATO-beitrittsreif machen,[61] und im Februar 2017 kündigte er eine Volksabstimmung darüber an, nicht ohne auf Umfragen zu verweisen, nach denen inzwischen 54 Prozent der Ukrainer einen Beitritt befürworteten.[62] Angesichts der scharfen Konfrontation mit Russland in den letzten Jahren im Übrigen immer noch eine bemerkenswert niedrige Zahl.

Am 26. August 2014, also nachdem das Kind in den Brunnen gefallen war – nach Ausbruch der Kämpfe in der Ostukraine und nach der Abspaltung der Krim –, hatten endlich Gespräche zwischen der EU, der Ukraine und der Eurasischen Zollunion über die wirtschaftlichen Folgen des EU-Assoziierungsabkommens begonnen. Ungeachtet dessen wurde es am 16. September 2014 vom ukrainischen sowie vom EU-Parlament ratifiziert. Und es trat am 1. Januar 2016 vollständig in Kraft, nachdem die EU im Vormonat die Verhandlungen mit Russland für gescheitert erklärt hatte. Daraufhin kündigte Russland, ebenfalls zum 1. Januar 2016, sein Freihandelsabkommen mit der Ukraine. Fortan wurden in Russland auf ukrainische Waren sieben Prozent Zoll erhoben.[63] Außerdem verhängte Russland ein Importembargo gegen ukrainische Lebensmittel. Schon 2015 waren die ukrainischen Exporte nach Russland drastisch eingebrochen. Aber diesen Preis für die Westorientierung war man in Kiew bereit zu zahlen.[64] Die Ukraine verhängte ihrerseits Importsanktionen gegen russische Lebensmittel.

Im Jahr 2016 machte der Handel mit der EU 40 Prozent des gesamten ukrainischen Handelsvolumens aus, der mit Russland 12 Prozent. 37,1 Prozent der ukrainischen Exporte gingen in die EU, 9,9 Prozent nach Russland. Damit sind die ukrainischen Exporte nach Russland gegenüber dem Vorjahr erneut um 25,6 Prozent zurückgegangen.[65] Auch Erdgas bezieht die Ukraine kaum noch direkt aus Russland, sondern aus der EU. Dabei handelt es sich aber um «reverse flows», d. h. um Erdgas, das ursprünglich aus Russland stammt und über EU-Gebiet in die Ukraine zurückgeleitet wird.[66] Man muss also feststellen, dass die Hinwendung der Ukraine zur EU und die Abkehr von Russland auch ökonomisch in vollem Gange sind.[67] All dies wird übersehen, wenn nur von europäischen Werten und nicht von Interessen, seien es geostrategische oder wirtschaftliche, die Rede ist.

In den Hintergrund gerät auch die Frage, ob den Menschen in der Ukraine diese wirtschaftliche Hinwendung zum Westen überhaupt nutzt. Gewinnt am Ende vielleicht nur der Westen einen Markt hinzu? Es ist zu früh, um über die wirtschaftlichen Auswirkungen des EU-Assoziierungsabkommens sichere Angaben machen zu können, und gegenwärtig sind die ukrainischen Zahlen durch den Konflikt in der Ostukraine stark belastet. Fakt ist jedenfalls, dass sich die Wirtschaftsleistung pro Kopf nach heutigen Preisen in den letzten Jahren stark reduziert hat und 2016 nach einer Schätzung des IWF vom April 2017 nur noch bei 2194 US-Dollar pro Kopf und Jahr lag. Zum Vergleich: Beim Nachbarn Weißrussland liegt dieser Wert mehr als doppelt so hoch bei 5143 US-Dollar. Russland kommt mit 8929 US-Dollar gar auf das Vierfache. Besonders bitter für die Ukraine ist, dass dieser Wert 2013 noch bei 3969 US-Dollar lag – hier zeigt sich insbesondere die starke Inflation seitdem.[68] Damit liegt das Land 2016 auf Platz 135 von 190 Ländern, knapp hinter Nigeria und knapp vor Vietnam.[69] Was wird in der Ukraine passieren, falls die Westperspektive den Menschen keine Wohlstandsgewinne bringt?

### *Der Aufstand in Syrien*

Statt zu deeskalieren und nach gemeinsamen Wegen aus dem Konflikt zu suchen, verhängte der Westen Sanktionen gegen Russland und drehte damit weiter an der Konfliktspirale. Russland stand am Pranger, und die Beziehungen zwischen den westlichen Staaten und Moskau waren auf dem Gefrierpunkt angekommen. Doch nun zeigte sich mehr als deutlich, welche Schwierigkeiten die Konfrontationspolitik mit sich brachte. Denn letztlich überschätzte der Westen seine Kräfte. Russland hat weltpolitisch immer noch großen Einfluss und ist eben keine «Regionalmacht». Um die drängenden Konflikte der Gegenwart bewältigen zu können, ist eine Kooperation mit Russland unabdingbar. Wie problematisch es ist, diesen Sachverhalt zu leugnen oder zu ignorieren, sollte sich schon bald in Syrien zeigen.

Anfang 2011 hatte der «arabische Frühling» auch Syrien erfasst. Teile der Bevölkerung protestierten gegen Präsident Baschar al-Assad. Zu Beginn wurden nur demokratische Reformen und politische Freiheiten gefordert, doch das Regime ging brutal gegen die Demonstranten vor, was die Proteste radikalisierte und letztlich in den Bürgerkrieg führte.

Die syrische Bevölkerung ist in einer schwierigen Lage. In ihrem Land herrscht ein Regime, das wirkliche demokratische Reformen eigentlich nicht gewähren kann, ohne sich selbst und die tragenden Kräfte des Staates zu gefährden. Der Assad-Clan gehört zu den Alawiten, die nur etwa 12 Prozent der Bevölkerung stellen. Die Alawiten, eine religiös definierte Volksgruppe, die den Schiiten nahesteht, bilden die Basis der politischen Führung und dominieren den Militär- und Sicherheitsapparat. Die Bevölkerungsmehrheit sind jedoch Sunniten. Sie machen ungefähr 75 Prozent der Bevölkerung aus, etwa 10 Prozent davon sind Kurden. Mit anderen Worten: 65 Prozent der Syrer sind nicht-kurdische Sunniten. Bleiben insgesamt noch 13 Prozent und die entfallen auf Christen, Drusen und andere Minderheiten.[70]

Würde Assad Syrien ernsthaft demokratisieren, wie von den Demonstranten gefordert, würde mit ziemlicher Sicherheit eine Partei der nicht-kurdischen Sunniten an die Macht kommen. Vergleichbar mit dem Irak, nur umgekehrt: Nach dem Sturz Saddam Husseins ist die Regierungsgewalt durch demokratische Wahlen von den Sunniten auf die Schiiten übergegangen, die im

Irak die Bevölkerungsmehrheit stellen. Vor dieser völligen Umkehrung – plötzlich sitzt eine Mehrheit, die bislang von einer Minderheit regiert wurde, an den Schalthebeln der Macht – fürchten sich viele, und das sind nicht nur diejenigen, die sich an den Futtertrögen des Regimes laben, sondern auch Alawiten, Christen und die übrigen Minderheiten des Landes. Allen Hoffnungen auf eine friedliche Demokratisierung Syriens, die früher auch im Westen mit Baschar al-Assad verbunden wurden, waren angesichts des Charakters des Regimes und der Bevölkerungsstruktur Syriens von vornherein enge Grenzen gesetzt.

Darüber hinaus liegt Syrien im Brennpunkt verschiedener geopolitischer Interessen, so dass ein Bürgerkrieg immer auch auswärtige Mächte in den Konflikt hineinziehen muss. Syrien ist Teil des sogenannten schiitischen Halbmondes, der von Bahrain über den Iran und den Irak bis in den Libanon reicht. Über Syrien laufen zudem die Waffenlieferungen des Iran an die libanesische Schiitenmiliz Hisbollah, einen der wichtigsten Feinde Israels. Der Kampf zwischen den Sunniten mit ihrer Führungsmacht Saudi-Arabien und den Schiiten mit ihrer Führungsmacht Iran um die Vorherrschaft in der Region prägt die Konflikte des Nahen und Mittleren Ostens schon eine ganze Weile. Im Gegensatz zu den anderen Ländern des schiitischen Halbmondes besitzt Syrien aber eben eine sunnitische und keine schiitische Bevölkerungsmehrheit. Das macht das Land so attraktiv für alle Pläne, die es darauf anlegen, einen wichtigen Baustein aus dem schiitischen Halbmond herauszulösen.

Ebenso wie der Iran, der Irak und die Türkei hat Syrien zudem – wie schon erwähnt – eine starke kurdische Minderheit. Als die Kolonialmächte England und Frankreich nach dem Ersten Weltkrieg die Grenzen in diesem Teil der Erde neu gezogen haben, wollte man den Kurden keinen eigenen Staat geben und hat den dringenden Wunsch dieser Bevölkerungsgruppe nach Eigenstaatlichkeit komplett ignoriert – ein Fehler, der die Region bis heute destabilisiert. Seit dem Zerfall des irakischen Staates, ausgelöst durch die amerikanische Invasion von 2003, gibt es de facto einen kurdischen Staat auf irakischem Territorium. Für die Türkei, die zurzeit wieder brutal gegen ihre kurdische Minderheit vorgeht, wäre ein Zusammenschluss dieses irakischen «Kurdenstaates» mit syrischen Kurdengebieten ein Horrorszenario. Genauso schlimm wäre aus ihrer Sicht aber die Entstehung eines de facto unabhängigen «Kurdenstaates» in Syrien, da die kurdische PKK[71] diese Gegend bereits jetzt als Rückzugsgebiet nutzt, wenn sie der Verfolgung in der Türkei entgehen will. Hinzu kommt, dass Präsident Erdogan aus Gründen, die wohl nur ihm selbst einleuchten, glaubt, die Türkei müsse sich wieder als regionale Vormacht etablieren, wie in Zeiten des Osmanischen Reiches.

Und schließlich sind all diese Konflikte zurückgekoppelt an die Konfrontation zwischen den USA und Russland. Denn Russlands Verbündete in der Region sind Syrien und Iran, während die USA eng mit Saudi-Arabien zusammenarbeiten und natürlich auch mit Israel und dem NATO-Partner Türkei verbunden sind. Dass das syrische Volk frei und demokratisch und ohne Einflussnahme von außen über sein Schicksal entscheidet, ist angesichts dieser Gemengelage nahezu unmöglich – eine bittere Erkenntnis.

Es musste allen Beteiligten klar sein, welche Risiken ein Bürgerkrieg in Syrien für das Land selbst und die gesamte Region bedeutete. Es hätte alles getan werden müssen, um genau das zu verhindern. Sicher trägt Assad einen gewichtigen Teil der Verantwortung für die katastrophale Entwicklung. Das Regime in Damaskus war schon in der Vergangenheit, unter Baschars Vater Hafiz, nicht zimperlich, wenn es seine Machtbasis herausgefordert sah. In dieser Tradition handelte schließlich auch der Sohn: mit brutalen Mitteln die Bevölkerung davon abhalten, die Macht des Regimes infrage zu stellen. Doch auch hier ist das nicht die ganze Geschichte.

Der amerikanische Nahostexperte Robert Baer, ein ehemaliger CIA-Agent, behauptete schon Mitte August 2011 in einem Interview mit «ZEIT Online», dass Saudi-Arabien und die Türkei sich zunehmend in die inneren Angelegenheiten Syriens einmischten: «Die Türkei und Saudi-Arabien sind sunnitische Staaten, während der syrische Präsident ein enger Verbündeter des Irans und der Hisbollah im Libanon ist. Die Türkei versucht diese schiitische Allianz zu schwächen, um das eigene Einflussgebiet zu erweitern. Diese Interessen decken sich mit Saudi-Arabien, dem sunnitisch-wahhabitischen Gottesstaat und Feind des schiitischen Irans.» Baer wies bereits zu diesem frühen Zeitpunkt darauf hin, dass die Aufständischen von Sunniten aus der Region, unter anderem aus der Türkei, mit Waffen versorgt würden.[72] Welches Ausmaß diese frühen Hilfen tatsächlich hatten, ist schwer abzuschätzen. Es gibt auch Berichte, die nahelegen, dass die Waffenlieferungen zunächst überschaubar blieben. So oder so, es ist nicht einfach, sich in einem Land von über 180 000 Quadratkilometern (halb so groß wie Deutschland) mit über 20 Millionen Einwohnern in einer so unübersichtlichen Situation einen allgemeingültigen Überblick zu verschaffen.[73] Man wird wohl nie wissen, ob Assad die Proteste im Laufe des Jahres 2011 niedergeschlagen hätte, wenn die Unterstützung aus dem Ausland ausgeblieben wäre.[74] In Kenntnis dessen, was die syrische Bevölkerung seitdem erleiden musste, wäre das vielleicht – und das ist nicht zynisch gemeint – das kleinere Übel gewesen.

Stattdessen bildete sich im Juli 2011 die «Freie Syrische Armee» (FSA), und die Kämpfe eskalierten. Die FSA darf man sich im Übrigen nicht wie eine straff organisierte Truppe vorstellen. Eher war sie eine Art Franchiseunternehmen, zu dem sich unterschiedliche lokale Gruppen bekannten, ohne dass damit die Anerkennung einer zentralen Führung verbunden gewesen wäre. Die Kämpfer rekrutierten sich zunächst überwiegend aus der lokalen Bevölkerung, anfangs vor allem in ländlichen Regionen, und es waren fast ausschließlich nicht-kurdische Sunniten. Vereinzelt kamen desertierte Soldaten aus Assads Streitkräften hinzu.[75] Zu keinem Zeitpunkt jedoch, und das ist wichtig im Kopf zu behalten, erfasste der Aufstand sämtliche nicht-kurdischen Sunniten des Landes, geschweige denn «das» syrische Volk als Ganzes.

### Syrien und der Westen

Und was tat der Westen? Bereits am 18. August 2011 forderten Barack Obama, Angela Merkel, Nicolas Sarkozy und David Cameron erstmals, Baschar al-Assad müsse zurücktreten.[76] Auf diese Weise war die Vorbedingung für alle weiteren Gespräche um die Zukunft Syriens zementiert. Damit stellten sich die westlichen Regierungen klar auf eine Seite und vergaben ohne Not die Chance, als Mittler zwischen den unterschiedlichen an Syrien zerrenden Interessen auftreten zu können. Wie sinnvoll war das, und warum legte sich der Westen so früh fest? Und vor allem: Warum erhob der Westen diese Forderung, ohne sich vorher mit Russland abzustimmen und sicherzustellen, dass Moskau eine Ablösung Assads mittrug?

Syrien, daran muss vielleicht erinnert werden, war schon zu Zeiten des Kalten Krieges ein Verbündeter der Sowjetunion. Durch mehrere von der CIA organisierte Putschversuche, die darauf abzielten, ein den USA genehmes Regime in Damaskus zu installieren, hatte Washington Syrien geradezu in die Arme Moskaus getrieben.[77] Auch unter Baschar al-Assad bestanden besondere, nicht immer spannungsfreie Beziehungen zu Russland. Moskaus einzige Marinebasis im Mittelmeer befindet sich in Tartus in Syrien. Da Moskau beim Regimechange in Libyen stillgehalten hatte, rechnete man in Washington offenbar damit, auch in Syrien keine Rücksicht auf russische Interessen nehmen zu müssen. Doch Moskau hatte seine eigenen Schlüsse aus dem Sturz Ghaddafis in Libyen gezogen, nämlich dass der Westen humanitär motivierte Resolutionen des UN-Sicherheitsrates als Deckmantel für Regimechange nutzt. Außerdem stellte sich später heraus – nach dem Sturz des libyschen Regimes und der bestialischen Ermordung Ghaddafis im Oktober 2011 –, dass Russland in keiner Weise an der Neugestaltung des Landes beteiligt wurde, die in einem völligen Fiasko endete.

Daher zeigte und zeigt sich Moskau – zusammen mit China –

sehr reserviert gegenüber allen Versuchen, im UN-Sicherheitsrat gegen Assad vorzugehen. Denn man befürchtete in Moskau, dass damit ein Prozess eingeleitet würde, der am Ende auf ein ähnliches Szenario wie in Libyen hinauslaufen könnte. Eine solche Deutung hatten die wichtigsten politischen Führer des Westens allerdings selber dadurch nahegelegt, dass sie gemeinsam den Sturz Assads zum Ziel erklärten.

Als Russland am 4. Oktober 2011 zusammen mit China eine Sicherheitsratsresolution[78] blockierte, die Assad mit Sanktionen drohte, erklärte der russische UN-Botschafter, dies liege an unterschiedlichen politischen Herangehensweisen. Der «konfrontative Ansatz» der Resolution verhindere eine «friedliche Lösung der Krise». Die Resolution könne eine Tür öffnen für eine Intervention wie in Libyen.[79] Die Botschafterin der USA bei der UN sprach dagegen von einem «billigen Trick von denen, die lieber Waffen an das syrische Regime verkaufen, als an der Seite des syrischen Volkes zu stehen».[80] Auf diesem Altar opfere Russland jegliche humanitären Überlegungen. Tatsächlich hat Russland damals und in der Folge Waffen an Assad geliefert und damit dazu beigetragen, ihn an der Macht zu halten. Und sicherlich hatte das, neben anderen Gründen, auch mit ganz nüchternen geostrategischen Interessen zu tun. Doch unterscheidet das Russland wirklich vom Westen?

Offiziell geht es der westlichen Politik nur um das Wohl «des» syrischen Volkes und um die Einhaltung von Menschenrechten. Doch ist das wirklich alles? Wenn die Niederschlagung eines Aufstands, so wie Assad es versucht hat, nicht zu tolerieren ist, was war dann mit Bahrain? Auch dort hatte der «arabische Frühling» Proteste inspiriert. Doch im März 2011 hat Saudi-Arabien zusammen mit den Vereinigten Arabischen Emiraten den Aufständen im Nachbarland durch eine Militärintervention ein Ende bereitet. Es gab mehrere Tote, Hunderte Verletzte und viele Verhaftungen. Hierzu muss man wissen, dass in Bahrain die Bevölkerungsmehrheit schiitisch, das Königshaus aber sunnitisch ist. Eine Demokratisierung des Landes lag daher nicht im saudischen Interesse. Konsequenzen wie in Syrien hatte es nicht. Das saudische Vorgehen hinderte die deutsche Bundesregierung 2011 nicht einmal daran, eine Voranfrage der Saudis zu Waffenlieferungen positiv zu bescheiden. Dabei ging es um den Kampfpanzer Leopard 2 in der modernsten, für den Städtekampf besonders geeigneten Version. Nach dem Regierungswechsel 2013 und der Bildung der großen Koalition kam es dann allerdings doch nicht zu der Waffenlieferung.[81]

Und was ist mit dem Krieg, den Saudi-Arabien gegen die Zivilbevölkerung im Jemen führt? Wo bleiben die vergleichbare Kritik und das westliche Engagement im Sinne der Menschenrechte, weil «man nicht untätig zusehen darf»? Inzwischen sind im Jemen fast 20 Millionen Menschen auf internationale Hilfen angewiesen, das sind zwei Drittel der Bevölkerung. Etwa sieben Millionen Jemeniten hungern, vielen von ihnen droht der Hungertod.[82]

Im Jemen ist die Bevölkerungsmehrheit sunnitisch, aber eine starke Minderheit von mehr als einem Drittel schiitisch. Seit 2012 hatte sich die staatliche Autorität der Zentralregierung mehr und mehr aufgelöst. Zahlreiche Milizen kämpften miteinander, darunter Al-Qaida und die schiitische Huthi-Miliz, die gegenwärtig die beiden stärksten Gruppierungen bilden. Als die Huthi-Miliz die Hauptstadt Sanaa eroberte und im Februar 2015 eine Übergangsverfassung verkündete, begann im März 2015 der saudisch geführte Angriff – der Jemen sollte nicht in die Hand von Schiiten fallen.

Kann man wirklich glauben, dass die geopolitischen Dimensionen des Konflikts in Syrien westlichen Akteuren nicht bewusst waren? Oder sind vielleicht gerade die geopolitischen Dimensionen der Grund für die harte Haltung gegenüber Baschar al-Assad und nicht die Menschenrechte? George W. Bush hatte das Land 2002 auf seiner «Achse des Bösen» angesiedelt. Ein Regimechange in Syrien stand schon seit längerer Zeit auf Washingtoner Wunschlisten weit oben. Dabei ging es zum einen um die Sicherheit Israels, zum anderen darum, den Iran zu schwächen, den die USA selber – quasi als Kollateralschaden – ungewollt gestärkt hatten, weil im Anschluss an die amerikanische Invasion im Irak 2003 die dortige schiitische Mehrheit an die Macht kam, also die Glaubensbrüder der Bevölkerungsmehrheit im Iran.[83] Zumindest ein Teil der Obama-Administration, allen voran die Außenministerin Hillary Clinton, scheint geglaubt zu haben, die Gunst der Stunde nutzen zu können. Die Falken hatten jedoch ein Problem: Präsident Obama zögerte, die USA in Syrien aktiv in einen weiteren Krieg zu verwickeln, zumal davon auszugehen war, dass Russland und China eine entsprechende Resolution des Sicherheitsrats verhindern würden. Und damit wären militärische Maßnahmen nicht legitimiert gewesen, so dass ein Einsatz der US-Streitkräfte gegen das Völkerrecht verstoßen hätte.

Anders als seine Außenministerin hatte Obama aber auch seine Schlüsse gezogen aus dem Desaster, das in Libyen auf den Sturz des Diktators gefolgt war. Die Erfahrung in Libyen, sagte er 2014 der «New York Times», sei eine Lehre, die er nun jedes Mal anwende, wenn er die Frage stelle, ob die USA militärisch intervenieren sollten. «Haben wir eine Antwort für den Tag danach?»[84] Libyen, so wird ein Mitarbeiter zitiert, habe Obama darin bestärkt, in Syrien nicht robuster zu intervenieren, weil er keine Antwort darauf gefunden habe, was passiere, nachdem man den syrischen Staat eliminiert habe.[85] Jedenfalls verweigerte sich Obama nicht nur den Forderungen nach einem direkten militärischen Eingreifen in den syrischen Bürgerkrieg, wie sie etwa der Republikaner John McCain erhob, sondern auch der Einrichtung einer Flugverbotszone, die vielfach angemahnt wurde und für die auch Hillary Clinton seit dem Sommer 2012 eintrat.[86]

Konsequent zu Ende gedacht, hätten diese Bedenken dazu führen müssen, den Rücktritt Assads als politisches Ziel aufzugeben und die Türkei, Saudi-Arabien und Katar daran zu hindern, die Rebellion zu unterstützen. Wenn Obama zu Recht eine Entwicklung wie in Libyen fürchtete, dann hätte er das Assad-

Regime stabilisieren müssen, um die Kämpfe schnellstmöglich zu beenden. Dadurch hätte sich die Möglichkeit eröffnet, mit Russland gemeinsam Druck auf das Regime auszuüben, damit grundlegende Menschenrechte eingehalten werden. Aber um zu dieser realpolitischen Einsicht vorzustoßen, war das Gedankengut der amerikanischen Demokratisierungspolitik offenbar zu tief verankert, und zumindest am Anfang dürften auch die Illusionen eine Rolle gespielt haben, mit denen man im Westen dem «arabischen Frühling» grundsätzlich begegnete.

Nur einmal in all den Jahren des syrischen Bürgerkriegs sah es kurz danach aus, als könnten sich die Falken durchsetzen, und das war nach dem Giftgaseinsatz von Ghouta, ein Vorort von Damaskus, im August 2013. Es gab Hunderte Tote, manche Quellen sprechen von fast 2000 Toten. Die Urheberschaft schien klar: das Assad-Regime, wer sonst? Obama hatte Giftgaseinsätze zur roten Linie erklärt, und der politisch-moralische Druck, endlich militärisch direkt gegen Assad vorzugehen, stieg, unter bemerkenswerter Mithilfe der Medien. Es wurde viel von Beweisen geredet – sowohl in der Politik als auch in den Medien –, aber keine vorgelegt. Bis heute ist der Vorfall nicht letztgültig geklärt.[87] Jedenfalls war in den USA alles für einen vernichtenden Schlag vorbereitet. Doch Obama blies das geplante Unternehmen gewissermaßen fünf vor zwölf wieder ab. Über die Gründe kann nur spekuliert werden. Offenbar war er von James Clapper, dem Geheimdienstkoordinator im Weißen Haus, gewarnt worden, dass die Schuld Assads nicht so eindeutig erwiesen sei, wie die Falken es darstellten.[88] Ob das den Ausschlag gab, muss aber offenbleiben. Vielleicht schreckte er auch vor den möglichen Weiterungen eines solchen Schrittes zurück. So oder so: Bis zum Luftschlag durch Präsident Trump im April 2017 blieb es dabei, dass die USA Assad nicht selber angriffen – abgesehen von der «versehentlichen» Bombardierung von Regimetruppen in Deir as-Sor am 17. September 2016, bei der über 90 Soldaten getötet und über 100 weitere verwundet wurden. Seit September 2014 flog die US-Luftwaffe zwar Einsätze auf Stellungen des Islamischen Staates in Syrien, aber eben nicht auf Einheiten der syrischen Armee.

Ist das Problem der amerikanischen Syrienpolitik also tatsächlich, wie Obama vielfach vorgeworfen wird, dass sie zu zurückhaltend war? Es ist zwar richtig, dass der Präsident dem Drängen der Falken nach einer direkten militärischen Intervention widerstand, doch das heißt nicht, dass sich die USA aus dem Konflikt komplett herausgehalten hätten. Sie unterstützten die Rebellen auf vielfältige Weise, und Obama ließ sich von den Falken in seiner Administration mehr und mehr in den Konflikt hineinziehen.

### Öl ins Feuer

Wenig bekannt ist, dass Washington schon in den Jahren vor dem Ausbruch der Unruhen die syrische Opposition insgeheim finanziell unterstützte. Unter anderem finanzierten die USA einen oppositionellen Fernsehsender, Barada TV, der im April 2009 auf Sendung ging.[89] Doch auch zahlreiche zivilgesellschaftliche und politische Gruppen in, aber insbesondere auch außerhalb Syriens wurden heimlich unterstützt, indem die Geldströme über NGOs, Nichtregierungsorganisationen, umgeleitet wurden. Wie viel genau floss, ist unbekannt. Allein zwölf Millionen US-Dollar wurden zwischen 2005, als George W. Bush den Botschafter aus Damaskus zurückrief, und 2010 aus der Middle East Partnership Initiative (MEPI) verteilt und über Institutionen geleitet wie das Aspen Institute in Berlin, das Democracy Council of California oder das International Republican Institute.[90] Weitere fünf Millionen US-Dollar flossen 2006 zur Unterstützung unabhängiger Kandidaten bei den Parlamentswahlen in Syrien von 2007.[91] Wie auf Wikileaks eingestellte Berichte der US-Vertretung in Damaskus enthüllen, lebten die Diplomaten, die im Verborgenen enge Kontakte zu zentralen Figuren der syrischen Opposition unterhielten, in ständiger Angst, die syrischen

Geheimdienste könnten die verschleierten Geldströme aufdecken.[92] Tatsächlich wurde zum Beispiel Ende 2009 der Direktor von Barada TV verhört, der aber dichthielt.[93]

Dass die USA weltweit zivilgesellschaftliche Gruppen und demokratische Kräfte unterstützen, weiß man, obwohl sonst politische Oppositionsgruppen angeblich nicht direkt gefördert werden, wie es aber in Syrien passierte. Umstritten ist, welchem Ziel diese Aktivitäten dienen. Die Erfahrungen mit den Revolutionen in Serbien, Georgien, der Ukraine und Kirgistan haben in Moskau dazu geführt, dass die amerikanische Demokratisierungspolitik für die zivile Variante des Regimechange gehalten wird. Damaskus sah das ähnlich. Deshalb wurde die US-Botschaft genau überwacht. Washington hingegen behauptet, es gehe nur um das Wohl der Menschen.

Ein Bericht der US-Vertretung in Damaskus vom 28. April 2009 macht deutlich, dass die Demokratisierungspolitik für beide Zwecke eingesetzt werden kann und eingesetzt worden ist. Da der frisch gewählte Präsident Obama eine Neuorientierung der Syrienpolitik erwog, schickten die Diplomaten entsprechende Vorschläge. «Die US-Politik könnte weniger auf ‹Regimechange› abzielen und mehr darauf, ‹Verhaltensänderung› zu befördern», hieß es dort, womit gemeint war, das Regime nicht zu stürzen, sondern es zu ermuntern, sich weniger repressiv zu verhalten. Wenn dies die neue Marschrichtung sein solle, so die Nachricht weiter, dann biete sich eine «Neubewertung der gegenwärtigen US-finanzierten Programme an, mit denen die Antiregierungsgruppen innerhalb und außerhalb Syriens unterstützt» würden. Denn: «Einige Programme könnten, wenn sie öffentlich würden, als Versuche, die syrische Regierung zu unterminieren, wahrgenommen werden und nicht als Versuche, deren Verhalten zu ändern.»[94]

Diese Aussagen sind sehr bemerkenswert, denn sie belegen, dass zumindest unter George W. Bush das Ziel der Demokratisierungspolitik in Syrien der Regimechange war, was Washington immer abgestritten hat. Dazu passt ein Bericht vom Dezember

2006, in dem der damalige Geschäftsträger der US-Botschaft verschiedene Strategien durchspielte, mit denen sich das Regime destabilisieren ließe, etwa die Ängste der Sunniten vor iranischem Einfluss zu verstärken oder internationale Medienberichte zu lancieren, in denen das Regime angeprangert würde – alles, um neue «Möglichkeiten» für die US-Politik zu schaffen.[95] Möglichkeiten wozu? Assad loszuwerden? Hinter den Kulissen drängten zudem Saudi-Arabien und Saad Hariri ihrerseits auf einen Regimechange in Syrien.[96] Saad Hariri ist der Sohn des ehemaligen libanesischen Ministerpräsidenten Rafiq Hariri, der im Februar 2005 ermordet wurde. Dieser Mord löste die «Zedernrevolution» aus. Die damalige prosyrische Regierung des Libanon wurde auf diese Weise beseitigt, und Syrien musste nach fast 30 Jahren seine Truppen aus dem Libanon abziehen.[97] Seitdem ist Saad Hariri der starke Mann der libanesischen Politik.

Ob diese Programme zur Destabilisierung des Assad-Regimes unter Obama fortgesetzt wurden, ist unklar, da die bei Wikileaks eingestellten Dokumente nur bis Anfang 2010 reichen. Ein Bericht vom Februar 2010 legt aber nahe, dass die geheime Finanzierung andauerte.[98] Doch auch wenn Obama einen ehrlichen Neustart mit Syrien suchen wollte, wofür die erneute Ernennung eines US-Botschafters 2010 spricht, so erklärt diese Vorgeschichte doch, warum sich die USA beim Ausbruch der Unruhen so schnell auf die Seite der Demonstranten schlugen und warum sie insbesondere der Exilopposition so großes Gewicht einräumten: Es waren über die Jahre enge Verbindungen gewachsen, und man hatte schließlich lange gemeinsam genau an dem Ziel gearbeitet, das nun zum Greifen nah schien.

Doch ab wann unterstützten die USA die Aufständischen auch mit Waffen? Im Juni 2013 verkündete die Obama-Administration, in Zukunft auch ganz offiziell Waffen an die Opposition liefern zu wollen. Das hing mit den Giftgaseinsätzen zusammen, die dem Assad-Regime zugeschrieben wurden. Hieraus entwickelte sich ein CIA-Programm, in das jährlich eine Milli-

arde Dollar flossen und das zusammen mit anderen Unterstüt-
zerstaaten – Saudi-Arabien, Katar und der Türkei – eine Art
Bestellservice für Rebellengruppen einrichtete. Der hatte alles
außer schweren Waffen und tragbaren Boden-Luft-Raketen im
Angebot.[99] Über Letztere war diskutiert worden, und es gibt
auch Berichte, die vereinzelte Lieferungen nahelegen.[100] Doch
kann eine Versorgung der Rebellen im großen Stil nicht erfolgt
sein, denn sonst hätten sie mehr Hubschrauber und Flugzeuge
des Regimes abschießen müssen. Der Grund für die Zurückhaltung bei der Belieferung mit solchen Waffen ist einfach: In
die falschen Hände gelangt, hätten diese sogenannten Manpads
auch dazu verwendet werden können, Terroranschläge zu begehen, etwa gegen israelische Zivilflugzeuge. Erst Ende 2016,
nach der Wahl Donald Trumps, beschloss der US-Kongress, dass
künftig auch Manpads geliefert werden dürfen. Zumindest
denkbar ist, dass damit der Spielraum des neuen amerikanischen Präsidenten mit Blick auf Russland eingeengt werden
sollte. Denn auch russische Flugzeuge in Syrien können natürlich Opfer der Manpads werden. Und so nahm denn Moskau
diesen Beschluss auch als «unfreundlichen Akt» wahr.[101] Im
September 2014 hatte Washington zusätzlich ein Trainingspro-
gramm aufgelegt, das jährlich etwa 5000 «moderate» Rebellen
militärisch ausbilden sollte und das mit 500 Millionen US-
Dollar ausgestattet war.[102]

Doch gibt es auch Hinweise, dass die USA schon sehr früh,
eventuell schon seit Herbst 2011, in Waffenlieferungen an die
Rebellen verwickelt waren. Bekannt ist, dass sich CIA-Mitarbeiter
im Juni 2012 «seit einigen Wochen» im Süden der Türkei auf-
hielten und dabei halfen, von Saudi-Arabien, Katar und der Türkei finanzierte Waffen an die Rebellen zu verteilen.[103] Bekannt ist
auch, dass Obama zuvor eine Geheimorder unterzeichnet hatte,
die es der CIA erlaubte, die Rebellen zu unterstützen – allerdings
zumindest offiziell nicht durch Waffenlieferungen.[104] Unklar ist
aber, wie weit die CIA tatsächlich gegangen ist.

Am 11. September 2012 kam es in Benghasi in Libyen zu einem Terroranschlag auf die dortige diplomatische Vertretung der USA. 150 Bewaffnete stürmten die Anlage. Am Ende waren vier Amerikaner tot, darunter der gerade in Benghasi weilende US-Botschafter in Libyen. Was folgte, war eine offizielle Vertuschungsaktion, die auch durch einen Untersuchungsausschuss des Kongresses nicht aufgeklärt werden konnte. Es kam jedenfalls ans Licht, dass es in Benghasi neben den «normalen» Gebäuden auch einen zusätzlichen Komplex gegeben hatte, in dem eine unbekannte Zahl an CIA-Agenten arbeitete. Woran genau, konnte nicht geklärt werden, da die Regierung großen Druck auf alle Beteiligten ausübte. Indizien weisen aber darauf hin, dass sie etwas mit dem Einsammeln und Verschicken von Waffen zu tun hatten, die nach dem Sturz des Ghaddafi-Regimes von Libyen nach Syrien verschifft wurden.[105]

Der Organisation Judicial Watch, eine konservative amerikanische Stiftung, die gegen Machtmissbrauch durch Regierungsstellen vorgeht, gelang es, über den Freedom of Information Act an geheime Dokumente zu kommen. Eines davon ist ein Bericht der DIA, des Militärgeheimdienstes der USA, vom Oktober 2012. Darin heißt es, nach dem Sturz Ghaddafis seien von «Oktober 2011 bis Anfang September 2012 in Benghasi gelagerte Waffen aus den früheren Beständen der libyschen Armee von Benghasi in die Häfen Banias und Bortsch Islam in Syrien geliefert» worden. Allein Ende August 2012 seien «500 Scharfschützengewehre, 100 Panzerfäuste mit 300 Schuss und etwa 400 Haubitzengeschosse» verschifft worden.[106] Der stark geschwärzte Bericht spezifiziert nicht, von wem diese Waffen geliefert wurden. Da sich der US-Botschafter in Libyen kurz vor seinem Tod mit einem libyschen Reeder und dem türkischen Generalkonsul traf, liegt es nahe, dass die USA direkt involviert waren.[107] Es ist aber möglich, dass sie auch hier nur im Hintergrund blieben und Lieferungen begleiteten, die von anderer Seite, etwa der Türkei oder Katar, durchgeführt wurden.[108] Diese frühe Route von Waffenlieferungen aus Libyen an die syrische Opposition wurde jedenfalls nur bekannt, weil die US-Vertretung in Benghasi aus ganz anderen Gründen von Al-Qaida-Terroristen angegriffen worden war.[109]

Im Endeffekt betrieb Obama eine problematische, halbherzige Syrienpolitik. Zwar scheute er zu Recht davor zurück, Assad durch eine völkerrechtlich nicht legitimierte militärische Intervention zu stürzen – und das ist allein schon wegen der damit verbundenen unabsehbaren Weiterungen eine große Leistung. Gleichzeitig aber machte er keinen Hehl daraus, sich den Aufständischen gegenüber verpflichtet zu fühlen, und forderte sehr früh den Rücktritt Assads, wodurch der diplomatische Spielraum unnötig begrenzt wurde. Zudem ließ er sich von den Falken in seiner Administration immer mehr in den Konflikt hineinziehen und genehmigte schließlich umfangreiche Waffenlieferungs- und Ausbildungsprogramme, ohne jedoch schwere Waffen zur Verfügung zu stellen oder die Rebellen mit Boden-Luft-Raketen zu versorgen. Das bedeutete in der Konsequenz: Die Unterstützung der Rebellen war zu stark, als dass diese hätten besiegt werden, aber auch zu schwach, als dass sie sich hätten durchsetzen können. Das Ergebnis: Der blutige Bürgerkrieg ging immer weiter, die Gewalt setzte sich fest, und die Kämpfer radikalisierten sich.

Diese Strategie hätte nur dann Erfolg haben können, wenn sich Assad gewissermaßen im Vorbeigehen hätte stürzen lassen, wie es einige Beobachter vielleicht gehofft hatten. Tatsächlich sah es zeitweise so aus, als sei sein Fall nur noch eine Frage der Zeit. Doch das erwies sich als fatale Fehlkalkulation. Zum einen besaß Assad deutlich mehr Rückhalt in der Bevölkerung als erwartet. Und zum anderen zog er sich taktisch klug auf sein Kerngebiet zurück und machte nicht den Fehler, seine Kräfte in dem Versuch zu zersplittern, das ganze Land zu halten. Das ließ ihn schwächer erscheinen, als er tatsächlich war. Zudem hatte man im Westen offenbar nicht einkalkuliert, dass Russland, aber auch der Iran sich nicht bloß beschweren, sondern ihren Verbündeten Assad gegen den Willen des Westens unterstützen würden. Eine verantwortungsvolle Politik hätte sich das vor Augen füh-

ren müssen, bevor sie sich einseitig auf den Sturz Assads festlegte.

Machen wir aber noch einmal die Gegenprobe: Was wäre denn
passiert, wenn Russland und der Iran Assad fallen gelassen und
sich die Rebellen dank der ausländischen Hilfe durchgesetzt hätten? Dann hätte Obama vor genau der mit Libyen vergleichbaren
Situation gestanden, die er eigentlich vermeiden wollte: viele
unterschiedliche bewaffnete Gruppen, überhaupt viel zu viele
Waffen im Land, verschiedenste Clane und Loyalitäten, eine zer-
strittene Opposition, Exilpolitiker ohne Bindung in die Heimat,
die von außen eingesetzt werden, eine Bevölkerung ohne Erfahrung mit einer freien Demokratie und praktisch ohne funktionierende Zivilgesellschaft, die sich ja unter dem repressiven
Assad-Regime nicht hatte entfalten können. Allein diese noch
nicht einmal vollständige Aufzählung bietet schon alle nötigen
Zutaten für Chaos und Staatszerfall. Dass aus dieser Gemengelage eine Demokratie entstehen würde, muss auch Obama als
unwahrscheinlich erschienen sein. Nur zog er aus dieser bitteren
Einsicht keine Konsequenzen. Letztlich goss er mit seiner Politik
Öl ins Feuer, anstatt es zu löschen.

Wladimir Putin hat die Schwächen der westlichen Syrienpolitik offenbar sehr kühl analysiert und sie gnadenlos ausgenutzt.
Als er infolge der Ukrainekrise international isoliert war, brachte
er sich über Syrien zurück ins Spiel. Im September 2015 griffen
russische Streitkräfte, insbesondere der Luftwaffe, auf Bitten der
syrischen Regierung und damit völkerrechtskonform in den
syrischen Bürgerkrieg ein. Offiziell hieß es, Russland beteilige
sich am Kampf der internationalen Koalition unter der Führung
der USA gegen den «Islamischen Staat», der das Chaos in Syrien
genutzt hatte, um den Osten des Landes weitgehend unter seine
Kontrolle zu bekommen.

Tatsächlich darf man dieses Anliegen nicht so leichtfertig vom
Tisch wischen, wie es damals rasch geschah. Russland hat selber
seit geraumer Zeit ein Problem mit islamistischen Terroristen.
Nicht wenige Kämpfer des IS kamen aus Tschetschenien, und es

war zu befürchten, dass sie anschließend noch weiter radikalisiert in ihre Heimat zurückkehren würden. In seiner Rede in New York zum 70. Jahrestag der Vereinten Nationen am 28. September 2015 schlug Putin daher eine breite Koalition gegen den IS vor: «Wie die Anti-Hitler-Koalition könnte sie in ihren Reihen unterschiedlichste Kräfte vereinen, die bereit sind, denjenigen entschieden entgegenzutreten, die wie die Nazis das Böse und die Menschenverachtung säen.»[110]

Natürlich ging es Russland auch darum, das Assad-Regime zu stabilisieren und es in die Offensive zu bringen. Doch beide Ziele – Stabilisierung des Regimes und Kampf gegen den Islamischen Staat – schlossen sich nicht aus, auch wenn damals von Seiten der syrischen Opposition behauptet wurde, Russland bombardiere nur die «gemäßigten» Rebellen, und Assad habe gar kein Interesse, gegen den IS vorzugehen. Die russische Strategie bestand darin, erst die Gebiete zu sichern und zu konsolidieren, die unter Kontrolle der syrischen Regierungstruppen waren, und anschließend gegen den IS zu kämpfen. Und diese Strategie erwies sich als erfolgreich. Das Regime gewann mit russischer Hilfe stark an Territorium und konnte im Dezember 2016 nach einem blutigen und grausamen Häuserkampf Aleppo zurückerobern. Im Frühjahr und Sommer 2017 folgte dann eine Großoffensive gegen den IS.

### Was will «das» syrische Volk?

In unseren Medien sind «Gut» und «Böse» im Falle Syriens recht eindeutig verteilt: Der Westen handelt moralisch richtig, weil er «das» syrische Volk im Kampf gegen den Diktator Baschar al-Assad unterstützt. Wenn man dem Westen etwas vorwerfen kann, so heißt es, dann, sich nicht stärker für die Rebellen engagiert zu haben. In dieser Sichtweise kämpft «das» syrische Volk für Freiheit und Demokratie. Nur Assad steht einer demokratischen Zukunft Syriens im Wege. Tritt er ab, so wird das syrische

Volk selbst über seine Zukunft entscheiden. Was danach passiert, darüber wird relativ selten geschrieben, aber offenbar nimmt man an, dass sich anschließend alles zum Guten wendet und Syrien eine stabile Demokratie wird. Russland handelt demgegenüber moralisch verwerflich, weil es Assad aus rein geostrategischem Kalkül und zur Verteidigung von Einflusszonen an der Macht hält, dessen Verbrechen deckt und damit die friedliche und demokratische Zukunft des syrischen Volkes verhindert. Ich gebe zu, dass dieses Bild etwas überspitzt gezeichnet ist und dass die Wahrnehmung des Konflikts inzwischen nicht mehr ganz so schlicht ist wie am Anfang. Aber im Kern geht es immer noch in diese Richtung.

Natürlich spielen geostrategische Überlegungen bei Russlands Syrienpolitik eine wichtige Rolle, doch lag ihr von Anfang an auch eine gänzlich andere Wahrnehmung des Konflikts zugrunde. In Moskau war man sehr viel skeptischer, was die syrische Opposition und ihren Widerstand anging. Anders als im Westen, wo die weltweite Verbreitung der westlichen Werte, von Demokratie und Menschenrechten, eine hohe Priorität genießt, kreist das russische Denken angesichts der eigenen historischen Erfahrungen eher um den Erhalt von Ordnung und um das, was passieren kann, wenn staatliche Ordnung zusammenbricht. Gewalt setzt sich fest, es herrscht Chaos, das Recht des Stärkeren. Wenn die staatlichen Strukturen erst einmal zusammengebrochen sind, ist es sehr schwer, die Ordnung wiederherzustellen. Es droht ein «Failed State», ein «gescheiterter Staat», eine Gesellschaft, die vielleicht über viele Jahrzehnte nicht mehr zur Ruhe kommt. Und tatsächlich hat das «Nation Building», der Wiederaufbau nach westlichem Regimechange, bisher nicht funktioniert. Afghanistan, Irak und Libyen stellen hier besonders abschreckende Beispiele dar.

Zudem betrachtete Moskau den Konflikt nicht nur aus der Sichtweise der westlich orientierten syrischen Opposition, deren Stärke im Westen überschätzt wurde, sondern bezog auch die Psychologie des Regimes in seine Überlegungen mit ein und nahm wahr, dass es ein substantieller Teil der Syrer mit Assad hielt – und wenn auch nur aus Angst, was nach seinem Sturz folgen mochte. Und Russland warnte von Anfang an vor einem Erstarken der Dschihadisten unter den Rebellen. Deren Einfluss war in Syrien schon lange vor der Revolte gestiegen – eine Folge des Staatszerfalls im Irak, der sich zu einem Hotspot des Dschihad entwickelte und auf Syrien ausstrahlte. Von einem Sturz Assads erwartete Moskau nicht den Sieg der Demokratie, sondern den Sieg des Chaos und das Vordringen der Dschihadisten – wie in Libyen. Ist das eine so ganz unverständliche Prognose? Welche Erwartung kam der Realität näher? Die Hoffnung auf die demokratische Zukunft oder die Sorge vor dem Verlust jeglicher Ordnung, vielleicht auf Jahrzehnte?

Tatsächlich gewannen die Dschihadisten schon im Laufe des Jahres 2012 immer mehr Einfluss in Syrien, und dies lag nicht nur daran, dass Assad einige von ihnen aus dem Gefängnis entließ.[111] Eher hatte es etwas zu tun mit der Unterstützung dieser Gruppen aus Ländern wie Saudi-Arabien und Katar, mit dem Zustrom ausländischer islamistischer Kämpfer, nicht zuletzt aus dem Irak, und mit einem zwangsläufigen Radikalisierungsprozess durch die Brutalität der Kämpfe.[112] Jedenfalls wurde es zunehmend schwieriger, eindeutig zwischen «gemäßigten» Rebellen und dschihadistischen Gruppen zu unterscheiden – eine Fiktion, die aber die Grundlage der amerikanischen Unterstützungs- und Ausbildungsprogramme bildete. Vom Westen gelieferte Waffen sind daher auch in die Hände von Dschihadisten gelangt.

In einem ebenfalls von Judicial Watch freigeklagten Geheimbericht der DIA, des US-Militärgeheimdiensts, vom August 2012 heißt es: «Die treibenden Kräfte der Revolte in Syrien sind die Salafisten, die Muslimbruderschaft und Al-Qaida im Irak.» Unter Al-Qaida im Irak werden in diesem Dokument sowohl die Nusra-Front als auch die Gruppen verstanden, die später den Islamischen Staat bildeten; sie trennten sich erst 2013 voneinander. «Al-Qaida im Irak hat die syrische Opposition von Beginn an unterstützt, sowohl ideologisch als auch durch die Medien. Al-Qaida hat gegen Assads Regierung Partei ergriffen, weil sie sie als ein konfessionelles Regime sieht, das die Sunniten ins Visier nimmt.» Einer ihrer Sprecher im Irak habe das syrische Regime zur «Speerspitze der schiitischen Front» erklärt, weil es gegen die Sunniten Krieg führe, und «die Sunniten im Irak, insbesondere die Stämme in der Grenzregion (zwischen Irak und Syrien) aufgefordert, gegen das syrische Regime in den Krieg zu ziehen».[113]

Der vielfach ausgezeichnete amerikanische Journalist Seymour Hersh beruft sich in einem Artikel noch auf einen anderen Geheimbericht der DIA und der Vereinigten Stabschefs der USA vom Sommer 2013, in dem man sogar zu dem Schluss gekommen sei, es gebe keine «gemäßigte» Opposition mehr, sie habe sich «in Luft aufgelöst», und somit bewaffneten die USA Extremisten. Stürze Assad, so das Papier laut Hersh, werde es Chaos geben, und islamistische Extremisten könnten an die Macht kommen.[114]

Dass die «gemäßigte» Opposition nicht so zahlreich war, wie man erwartet und erhofft hatte, erfuhr Washington bald auch ganz konkret. Im Oktober 2015 wurde das ambitiöse, 500 Millionen US-Dollar schwere Ausbildungsprogramm gestoppt, nachdem sich herausgestellt hatte, dass statt der geplanten 5000 nur etwa 60 Kämpfer ausgebildet worden waren. Teil des Problems waren die Auswahlkriterien: Es gab schlicht nicht genug Bewerber, die wirklich als gemäßigt gelten konnten. Die wenigen ausgebildeten Kämpfer gerieten zudem ins Visier der Nusra-Front, wurden von ihr getötet, verwundet oder entführt. Einige der Übriggebliebenen übergaben daraufhin der Nusra-Front ihre Waffen im Gegenzug für freies Geleit.[115] Im September 2015 musste General Lloyd Austin, der unter anderem für den Nahen Osten zuständig war, vor dem Kongress einräumen, dass im Moment nur «vier oder fünf» Kämpfer aus dem 500 Millionen US-Dollar teuren Programm einsatzfähig seien.[116] Schon im August 2014, also noch bevor das Programm überhaupt beschlos-

sen worden war, hatte Präsident Obama in einem Interview zu-
gegeben, dass es schwierig sei, genügend «säkulare», also nicht
religiös angetriebene Rebellen zu finden, die man ausbilden
könne. «Es gibt da nicht so viel Potential, wie man es sich wünschen würde.»[117]

De facto unterstützten die USA mit ihren Hilfsprogrammen
also Dschihadisten, darunter die Nusra-Front, den Ableger von
Al-Qaida im Irak, also genau jenes Terrornetzwerk, das die USA
überall sonst auf der Welt vehement bekämpfen. Es gibt Hinweise darauf, dass Washington diesen Effekt ganz bewusst in
Kauf genommen haben könnte, um ein höheres Ziel, nämlich
die Schwächung Assads, zu erreichen. In dem von Judicial Watch
freigeklagten DIA-Bericht vom August 2012 wird ein Zukunfts-
szenario entworfen, wie es in Syrien weitergehen könnte. Das
Regime werde nicht stürzen, heißt es da, sondern weiterhin Teile
Syriens beherrschen. Der Konflikt werde sich zu einem Stellver-
treterkrieg entwickeln. Russland, China und Iran würden Assad
stützen, der Westen, die Golfstaaten und die Türkei die Opposition. Der Rückzug des Regimes aus den östlichen Grenzregionen
könne zum Entstehen eines «salafistischen Herrschaftsgebietes»
führen, und das sei auch genau das, «was die die Opposition unterstützenden Mächte wollen, um das syrische Regime zu isolieren, das als strategische Tiefe des schiitischen Einflussgebiets
(Irak und Iran) gesehen wird».[118] Mit anderen Worten: Um Assad
zu isolieren, also einen Baustein aus dem schiitischen Halbmond
herauszulösen, wird das Entstehen eines islamistischen Gottes-
staates in Kauf genommen. Es ist allerdings durchaus möglich,
dass dieser Bericht nur die Meinung bestimmter Kreise innerhalb der US-Administration widerspiegelte.

Heute ist jedenfalls kaum noch umstritten, dass der Widerstand gegen das Assad-Regime militärisch in erster Linie von
dschihadistischen Gruppen getragen wird. Stürzte Assad, kämen sie an die Macht. Syrien würde keine Demokratie, sondern
ein Gottesstaat. Auf das «Framing», die Rahmenerzählung, mit
der dieser Konflikt bei uns gedeutet wird, hat das aber bis jetzt so

gut wie keinen Einfluss. Nach wie vor wird so getan, als kämpfe
«das» syrische Volk gegen Assad. Kaum einmal wird gefragt, wie
viele Menschen eigentlich in den von Assad beherrschten Gebieten leben, wie es ihnen geht, warum sie sich dort aufhalten und
wie sie zu dem Konflikt stehen. Wer unsere Nachrichten verfolgt,
muss den Eindruck bekommen, niemand halte es freiwillig mit
Assad. In seinen Gebieten müsste Friedhofsruhe herrschen.
Auch aus Aleppo ist kaum mehr berichtet worden, seit es von Regimetruppen zurückerobert wurde.

Ein Artikel, den kürzlich ein unabhängiges Internetportal in
den USA veröffentlichte, hat Stimmen aus dem Assad-Land ge-
sammelt und schätzt, dass die große Mehrheit der noch im Land
befindlichen Syrer unter der Herrschaft Assads lebt.[119] Nahezu
alle Binnenflüchtlinge seien in die von der syrischen Regierung
kontrollierten Regionen geflohen – die einzigen Gebiete, die einigermaßen sicher seien. Dazu passen auch Angaben des Flücht-
lingshilfswerks UNHCR. Demnach sind im ersten Halbjahr 2017
440 000 Binnenflüchtlinge und 31 000 ins Ausland geflohene
Syrer zurückgekehrt, und zwar in die von den Assad-Truppen im
Rahmen ihrer Offensive gesicherten Gebiete, darunter auch
Aleppo.[120] Unter der Kontrolle der Opposition und in den vom
IS kontrollierten Landesteilen lebten laut dem in den USA veröffentlichten Artikel nur noch vergleichsweise wenige Menschen.

Die Autorin, die sich mehrere Monate im Regierungsgebiet
aufgehalten hatte, berichtet, dass die Menschen dort keineswegs
den Sturz Assads wünschten, da sie Angst hätten vor dem, was
danach käme. «Wir sind gefangen zwischen einem Polizeistaat
und Al-Qaida», erzählte ihr ein Syrer. «Natürlich wähle ich den
Polizeistaat.» Eine Studentin, die 2011 in Aleppo lebte und vor
der Belagerung der Westhälfte der Stadt durch die Rebellen 2013
nach Damaskus floh, sagte: «Ich war bei den Demonstrationen
dabei. Am Anfang des Krieges ging es um die Freiheit. Aber wenn
ich die Zeit vier Jahre zurückdrehen könnte, würde ich nicht
mehr zu den Demonstrationen gehen, weil ich nicht wollen
würde, dass die Situation so wird wie heute. Wir bedauern es.»

Und weiter: «Es gibt keine Gewinner. Alle Länder – Russland, Iran, Amerika, Saudi-Arabien – spielen mit uns. Wir sind wie Spielzeug.»[121] Nun ist ein einzelner Artikel kein Beleg für eine generelle Stimmung. Und man muss heutzutage immer aufpassen, wer was mit welchem Interesse lanciert. Doch genau deswegen wäre es sehr wünschenswert, mehr solcher Artikel zu haben. Warum erscheinen sie bei uns nicht? Liegt es tatsächlich nur an den Schwierigkeiten, wirklich unabhängige Berichte zu bekommen, und an der extrem schlechten Sicherheitslage im Land, der bereits mehr als 130 Medienschaffende zum Opfer gefallen sind, die meisten davon sogenannte Bürgerjournalisten?[122] Oder liegt es vielleicht auch an dem, was dann in diesen Berichten drinstünde?

Wenn man Bilanz zieht: Ist es wirklich so klar, dass die russische Deutung des Syrienkonfliktes völlig abwegig war? Und war die westliche Regimechange-Politik für die Menschen in Syrien wirklich so viel besser als der russische Ansatz, auf eine schnelle Stabilisierung der Ordnung zu setzen? Wie dem auch sei: Zum Beleg dafür, dass Russland eine aggressive und unberechenbare Politik verfolgt, taugt das Beispiel Syrien jedenfalls genauso wenig wie die Ukraine. Beide Male ging es darum, eine bestehende Einflusszone zu erhalten, nicht den eigenen Einflussbereich auszudehnen. Beide Male wollte Moskau verhindern, dass ein Staat in den Einflussbereich des Westens und seiner Verbündeten herüberwanderte. Im Falle Syriens reagierte Russland auf den westlichen Vorstoß, den Sturz Assads zu fordern. Das wahre Problem bestand sowohl bei der Ukraine als auch bei Syrien darin, dass der Westen sich daran gewöhnt hatte, Russland in weltpolitischen Fragen nicht wirklich für voll nehmen zu müssen. Als Moskau dann ernsthaften Widerstand leistete, um einem weiteren Einflussverlust zu entgehen, erschien als Unberechenbarkeit, was in Wahrheit eine kühl kalkulierte und vorhersehbare Wahrnehmung eigener Interessen war. Wer also hat agiert und wer reagiert?

*«Alle denken nur, wie man die Menschheit ändern könnte,*
*doch niemand denkt daran, sich selbst zu ändern.»*
*(Leo Tolstoi)*

# Gut und Böse

Gut und Böse, Schwarz und Weiß, richtig und falsch. Das sieht nach eindeutigen Kategorien aus. Jedenfalls auf den ersten Blick. Auf den zweiten stellt sich heraus, dass es sehr verschiedene Nuancen von Schwarz und Weiß gibt. Das hat jeder schon einmal erfahren, der Schwarzes mit Schwarzem oder Weißes mit Weißem in seiner Garderobe kombinieren wollte. Richtig und falsch ist auch nicht ganz so eindeutig, wie man erwarten könnte. Ist es zum Beispiel richtig, eine in terroristische Hände geratene Verkehrsmaschine abzuschießen, die im Begriff ist, ein vollbesetztes Stadion anzusteuern? Oder ist es vielleicht doch falsch? Könnte es sein, dass die Passagiere im Flugzeug dazu eine andere Auffassung vertreten als diejenigen, die im Stadion sitzen? Und was ist mit Gut und Böse?

Selbstverständlich lässt sich bei bestimmten Taten schnell Einigkeit erzielen. Verhalten, das sich durch Nächstenliebe, Barmherzigkeit und Mitgefühl auszeichnet, ist gut. Mord und Totschlag sind böse. Wenn in Literatur und Film Motive für Gewalttaten thematisiert werden – Notwehr, Verzweiflung nach jahrelangem Martyrium –, dann ändert das nichts an der moralischen Kategorie, Mord und Totschlag sind und bleiben böse, und schon gar nichts an der Ahndung nach Recht und Gesetz, aber es tauchen Empfindungen auf, die um die Begriffe «gerecht» und «ungerecht» kreisen. Kompliziert. Mit Gut oder Böse kommt man da nicht weiter.

Ähnlich verhält es sich bei der politischen Analyse. Die Auftei-

lung in Gut (wir) und Böse (unser Gegner) schafft eine trüge-
rische Eindeutigkeit, wenn man sie über außenpolitische Konflikte stülpt. Das aber geschieht schon fast automatisch, sobald
irgendwo ein Konflikt auftaucht. US-Präsident Ronald Reagan
sprach vom «Reich des Bösen», unter Bill Clinton wurde der
Begriff «Schurkenstaaten» geprägt, und George W. Bush erfand
die «Achse des Bösen». Das gängige Verfahren ist eine personelle
Zuspitzung, die den Bösewicht auf der Gegenseite im wahrsten
Sinne des Wortes greifbar macht. Dessen Qualität als «Böser»
erklärt dann zumeist auch schon den Konflikt an sich. Das ist
bequem. Bei der Komplexität außenpolitischer Probleme, wie sie
sich zum Beispiel im Nahen Osten zeigen, lässt sich mit diesem
Verfahren viel leichter Position beziehen. Und es ist nicht zuletzt
auch deshalb bequem, weil sich die Akteure auf der «guten» Seite
keine Mühe geben müssen, ihr Verhalten zu erklären oder zu
rechtfertigen. Böses muss bekämpft werden. Was gibt es da zu
diskutieren!

Die personelle Zuspitzung – in Syrien ist es Assad, in Jugoslawien war es Milosevic, im Irak Saddam Hussein, in Libyen Ghaddafi, in Russland ist es Putin – führt zu einer fatalen Fehlwahrnehmung: Man muss nur das Böse an der Spitze, dieses moralisch
defekte Individuum, beseitigen, und schon ist der Konflikt gelöst. Die Menschen sind von ihren Fesseln befreit und werden
von ihren Diktatoren nicht länger daran gehindert, sich dem
Westen, den Guten, zuzuwenden. Mit der Realität hat das oftmals nicht viel zu tun, weswegen solche «Lösungsversuche» regelmäßig in der Katastrophe enden.

Das Denken in den Kategorien von «Gut» und «Böse» hat in
Washington eine lange Tradition – gerade auch in der Außenpo-
litik. Die Vorstellung, das Land sei von Gott dazu auserwählt, als
Leuchtturm der Freiheit zu dienen und das Licht Gottes in der
Welt zu verbreiten, lässt sich bis auf die Gründerväter und die
Amerikanische Revolution zurückführen. Daraus entstand im
19. Jahrhundert die Idee der «Manifest Destiny», die besagte,
dass die USA von Gott den Auftrag hätten, den amerikanischen

Kontinent bis zum Pazifik zu besiedeln und mit den Segnungen des Fortschritts zu beglücken – auch gegen den Willen der dort bereits lebenden Menschen, der Indianer, die für die gute Sache über die Klinge springen mussten.[1] Dass Gottes Wille zudem zahlreiche Möglichkeiten der Bereicherung bot, war ein willkommener Nebeneffekt. Als die Siedler am Pazifik angekommen waren, bot die Idee Anknüpfungspunkte für die Außenpolitik. Bei Woodrow Wilson, dem amerikanischen Präsidenten während des Ersten Weltkriegs, verschmolz sie mit der Vorstellung des «Leuchtturms der Freiheit» in der Absicht, die Welt «reif für die Demokratie» zu machen.[2] Die amerikanische Mission einer Demokratisierung der Welt wurde seitdem immer wieder betont, zuletzt unter George W. Bush, bei dem sie sich mit einem besonders aggressiven (und naiven) Interventionismus verband.

Damit keine Missverständnisse aufkommen: Sich für die Verbreitung von Freiheit und Demokratie einzusetzen und sich selbst an diesen Werten zu orientieren, ist nicht die schlechteste Basis für politisches Handeln. Aber in den religiösen Wurzeln der amerikanischen Demokratisierungspolitik liegt eine große Gefahr, die sich inzwischen auch in unseren deutschen Debatten beobachten lässt: nämlich die des missionarischen Fanatismus. Es gibt nicht nur die Alternative zwischen einer aggressiven Verbreitung der Demokratie und einem zynischen Tolerieren von Unfreiheit und Unterdrückung. Auch hier sind es die Grautöne, die die Realität bestimmen, und nicht jeder, der nach den konkreten Auswirkungen von Demokratisierungspolitik fragt, ist ein Gegner der Freiheit. Wenn man die gegenwärtigen außenpolitischen Debatten verfolgt, dann erkennt man – etwa bei einigen Außenpolitikern der «Grünen» – eine Strömung, die, ähnlich wie die frühen Christen, von einer Naherwartung des Paradieses, der Wiederkunft Christi bzw. heute der einen, demokratischen Welt geprägt scheint. Das Eintreten für die Verbreitung von Freiheit, Demokratie und Menschenrechten wird hier zu einer Glaubensfrage. Ob die damit verbundene Politik die Lebensbedingungen der Menschen ganz konkret verbessert, gerät in den

Hintergrund, es geht ums Prinzip. In den Augen derart Denkender muss man sich entscheiden, ob man Teil der Lösung oder Teil des Problems sein will, ob man zu den «Guten» gehört oder zu den «Bösen».

Auf Russland bezogen, bedeutet dieser Zusammenhang, dass in den westlichen Medien praktisch nur noch Raum für negative Nachrichten über das Land bleibt. Dass Russland «böse» Absichten verfolgt und in alle möglichen finsteren Machenschaften verwickelt ist, versteht sich von selbst. Dass es eventuell auch andere Gründe für das Handeln der russischen Führung geben könnte, die auf eine abweichende Interpretation von Konflikten zurückgehen oder auf Problemlagen beruhen, die wir verlernt haben wahrzunehmen, wird kaum einmal thematisiert. Hinter der moralischen Empörung tritt die nüchterne Analyse zurück. Dass jemand eine Position vertritt, die auch der Kreml einnimmt, ist allein schon ein Gegenargument. Denn was aus Moskau kommt, kann nur falsch sein. Viele Journalisten haben sich offenbar abgewöhnt, genauer hinzuschauen, wenn es um Russland geht, da die Sache ja ohnehin klar scheint: Putin ist der Gegner der freien Welt, der sich der Verbreitung des «Guten» in den Weg stellt. Er muss weg, koste es, was es wolle!

### *«Njet»*

Selbst diejenigen, denen die russische Sprache vollkommen fremd ist, kennen das Wort für nein: njet. Das Synonym für die Blockadepolitik im UN-Sicherheitsrat, früher durch die Sowjetunion, heute durch Russland. Die Liste der russischen bzw. sowjetischen «njets» ist lang. Das ist eine unbestreitbare Tatsache und alles andere als gelogen. Aber wer hat je die «Nos» der USA dokumentiert, wenn es zum Beispiel darum ging, die eindeutig völkerrechtswidrige Siedlungspolitik Israels per Resolution zu verurteilen oder unabhängige Untersuchungen mit Blick auf Vorfälle in den Palästinensergebieten zu fordern? Das kann man

nicht vergleichen, meinen Sie? Dann lassen Sie uns darüber streiten und uns gegenseitig zuhören. Denn ohne offene Debatten
werden demokratische Systeme, die diesen Namen verdienen,
nicht überleben. Jedenfalls liest man gegenwärtig überall, dass
Russland den UN-Sicherheitsrat durch sein Veto blockiere und
der internationalen Gemeinschaft daher oftmals die Hände gebunden seien. Aber ist es wirklich immer so eindeutig?

Am Morgen des 4. April 2017 starben in der von Rebellen gehaltenen syrischen Stadt Chan Scheichun nach einem Luftangriff mehr als 70 Menschen, darunter zahlreiche Kinder, vermutlich durch das Giftgas Sarin oder eine sarinähnliche Substanz.
Genau weiß man das nicht, da, anders als im August 2013 in
Ghouta, einem Vorort von Damaskus, bisher keine unabhängige
Untersuchung vor Ort durchgeführt werden konnte. Während
ein UN-Inspektorenteam im Falle Ghoutas hervorragende, penibel dokumentierte Arbeit geleistet hat,[3] musste sich der Anfang
Juli 2017 vorgelegte Bericht der OPCW, der Organisation zum
Verbot von Chemiewaffen, zu Chan Scheichun auf Material
stützen, das nicht mit letzter Gewissheit als authentisch gewertet werden kann, auch wenn sich die Organisation große Mühe
gegeben hat, die Kette der Überlieferung so genau wie möglich
zu dokumentieren.[4] Daher können auch andere Erklärungen
nicht vollständig ausgeschlossen werden, wie sie etwa der amerikanische Enthüllungsjournalist Seymour Hersh vorgelegt hat,
der, allerdings im Wesentlichen nur auf eine Quelle gestützt,
davon ausgeht, dass durch einen Luftangriff ein Vorratslager der
Rebellen getroffen wurde, dessen Inhalt eine Chlorgaswolke freigesetzt habe.[5]

Was war der Grund dafür, dass eine zeitnahe Untersuchung
vor Ort nicht stattfand? Richard Herzinger stellte es in der
«Welt» so dar: «Beim Hinweis auf verbleibende Unklarheiten
über Umstände und Ablauf des Angriffs auf die nordwestsyrische Stadt unterschlagen die Kritiker einer ‹Dämonisierung›
und ‹Vorverurteilung› Assads und Putins gern, dass es Russland
war, das durch sein Veto eine umfassende Untersuchung der

Vorgänge durch die UN verhindert hat. Die Blockade der Faktenfindung schuf den Raum, in dem ‹alternative Wahrheiten› als scheinbar gleichrangig nebeneinander kursieren können.»[6] Aber war es wirklich so einfach? Was genau ist auf den Sitzungen des UN-Sicherheitsrats nach dem 4. April 2017 geschehen? Tatsächlich hat Russland am 12. April eine von westlichen Staaten eingebrachte Resolution durch sein Veto verhindert. Doch das ist nicht die ganze Geschichte. Die USA, Großbritannien und Frankreich hatten bereits am 4. April einen ersten Entwurf eingereicht, der von Russland als «unakzeptabel» zurückgewiesen wurde. Er sei «eindeutig in Eile und sehr nachlässig verfasst worden», sagte der Pressesprecher des ständigen russischen UN-Botschafters damals. Der Entwurf würde bereits einseitig die Schuldigen benennen, bevor die Fakten feststünden. Ganz abwegig war diese Einschätzung nicht, denn in besagtem Schriftstück war unter anderem «vergessen» worden, eine Untersuchung vor Ort in Chan Scheichun zu erwähnen. Stattdessen war nur von einer Inspizierung von syrischen Luftstützpunkten die Rede, und es wurden weitere erstaunlich detaillierte Forderungen an die syrische Regierung formuliert.[7] In einem überarbeiteten Entwurf vom 6. April hatten die westlichen Staaten ihren anfänglichen Fehler korrigiert und unter Punkt 2 einen Satz eingefügt, der *alle* Parteien aufforderte, «einen verzögerungsfreien und sicheren Zugang zu allen Orten zu gewähren, die von der Fact Finding Mission der OPCW im Zusammenhang mit dem Vorfall von Chan Scheichun für relevant gehalten» würden. Damit wäre nun auch eine Untersuchung in Chan Scheichun selbst abgedeckt gewesen. Doch der ursprüngliche umfangreiche Forderungskatalog an das Assad-Regime war unverändert geblieben. Syrien sollte herausgeben

a) «Flugpläne und Fluglogbücher und alle anderen Informationen über Luftoperationen, einschließlich aller Flugpläne und Fluglogbücher vom 4. April 2017;

b) die Namen aller Personen, die irgendeine Helikopterstaffel kommandieren», und zudem

c) «innerhalb von fünf Tagen nach Eintreffen der Anfrage Treffen arrangieren, auch mit Generälen und anderen Offizieren;

d) unverzüglich Zugang gewähren zu relevanten Luftstützpunkten, von denen die Fact Finding Mission der OPCW oder der Joint Investigation Mechanism glaubt, dass von dort möglicherweise Attacken mit chemischen Waffen gestartet wurden.»[8]

Da die USA schon sehr früh Radarbilder vorlegten, nach denen ein syrischer Kampfjet die Giftgasattacke geflogen habe, ist zumindest die Forderung nach einer Herausgabe der Namen aller Kommandeure von Helikopterstaffeln erklärungsbedürftig. Die Übergabe aller Flugdaten, nicht nur regional begrenzt, hätte Einblicke in die generellen Fähigkeiten und die Vorgehensweise der syrischen Streitkräfte geboten. Die Formulierung unter d) legt zudem nahe, dass nicht nur Chan Scheichun, sondern alle Vorfälle, in denen in den Wochen zuvor Giftgas eingesetzt worden sein soll, zu untersuchen seien. Bei einem so weit gefassten Mandat und der Aufforderung, Zugang zu allen Stätten, darunter ausdrücklich erwähnt alle Luftwaffenbasen, zu gewähren, war es durchaus möglich, unter dem Deckmantel der Untersuchung Militärspionage zu betreiben. Die syrische Führung lief Gefahr, die Kontrolle darüber zu verlieren, ähnlich wie im Irak und im Iran bereits geschehen. Zumindest handelte es sich um eine sehr weitgehende Vorlage, über deren genauen Inhalt die deutschen Medien ihr Publikum aber im Dunkeln ließen.

Zudem wurde nur selten erwähnt, dass auch Russland am 4. April einen Resolutionsentwurf vorgelegt hatte, und wenn, dann erfuhr man über dessen Inhalt meist ebenfalls nichts. Der russische Entwurf sah nur eine Untersuchung «in Chan Scheichun und angrenzenden Gebieten» vor, und er forderte, dass die personelle Zusammensetzung des Untersuchungsteams vom Sicherheitsrat genehmigt würde, um eine «ausgewogene geografische Repräsentation» zu gewährleisten.[9] Darüber hinaus enthielt er nicht, wie der westliche Entwurf, die Erinnerung an

Resolution 2118, mit der nach dem Vorfall von Ghouta die Vernichtung oder Übergabe sämtlicher Giftgaswaffen durch das
syrische Regime geregelt worden war und die abschließend fest-
gelegt hatte, dass der Sicherheitsrat bei Zuwiderhandlung «Maßnahmen nach Kapitel 7» verhängen werde, womit Sanktionen
oder militärische Maßnahmen gemeint sind.[10]

Der russische Entwurf war in der Tat unbefriedigend, da er
kein Mandat enthielt, um Orte zu inspizieren, die unter der Kontrolle des Assad-Regimes standen. Zumindest aber wüsste man,
wenn er angenommen worden wäre, jetzt sicher Bescheid, ob es
sich um einen Sarinangriff gehandelt hat. Und falls dies bejaht
worden wäre und die Ermittler gleichzeitig Beweise für einen
Angriff aus der Luft gefunden hätten, wäre klar gewesen, dass
die Regierungsseite der Urheber sein musste. Denn die Rebellen
verfügen über keine Luftwaffe. Nur die konkreten schuldigen
Personen hätte man auf diese Weise dann nicht mehr ermitteln
können, denn dazu wäre der Zugang zu Orten, Personen und
Unterlagen nötig gewesen, die vom Assad-Regime kontrolliert
werden. Komplett wertlos war der russische Entwurf also nicht.
Und es hätte ja auch die Möglichkeit bestanden, auf der Grundlage der Ergebnisse von Chan Scheichun ein weiteres Mandat für
die OPCW zu beschließen. Warum also kam es so gar nicht infrage, ihn zu verabschieden?

Am 6. April fand eine erneute, nichtöffentliche Sitzung des
Sicherheitsrates statt, für die der revidierte westliche und der
russische Entwurf auf dem Tisch lagen. Doch nun geschah etwas
Unerwartetes: Die zehn nichtständigen Sicherheitsratsmitglieder, Bolivien, Ägypten, Italien, Kasachstan, Senegal, Schweden,
Ukraine, Uruguay, Äthiopien und Japan, legten einen Kompromissentwurf vor. In dieser Variante fehlte der konkrete Forderungskatalog des westlichen Entwurfs, erhalten blieb aber der
Satz, alle Parteien müssten Zugang zu allen Orten gewähren, die
von der OPCW im Zusammenhang mit Chan Scheichun für relevant gehalten würden. Ein weiterer Punkt betonte noch einmal,
dass dies die Verpflichtung für das Assad-Regime bedeute, Zu-

gang zu allen Basen und Individuen zu gewähren, die die OPCW inspizieren wolle, ergänzte aber die Formulierung «innerhalb ihres Mandates», wodurch die Untersuchung auf Orte beschränkt worden wäre, die mit Chan Scheichun in Zusammenhang standen.[11] Was denken Sie, was geschah? Russland legte ein Veto gegen die Kompromissresolution ein, stimmt's? Doch tatsächlich lief die Sache ganz anders ab.

Zur großen Überraschung aller Anwesenden verkündete die amerikanische UN-Botschafterin Nikki Haley kurz nach Beginn der Sitzung, deren Stimmung als «außergewöhnlich vergiftet» beschrieben wurde, es werde keine Abstimmung über eine der Resolutionen geben. Ein britischer Diplomat hat dies damals aus dem Sitzungsraum getwittert. Was war der Grund für diese Kehrtwende? CNN spekulierte unter Berufung auf Diplomaten, das ursprüngliche Ziel Haleys sei gewesen, über die westliche Resolution abstimmen zu lassen, um ein sicheres russisches Veto einzufahren, das dann zur Legitimation des amerikanischen Raketenangriffs auf den syrischen Luftwaffenstützpunkt Al-Scheirat hätte dienen können, der völkerrechtswidrig war. Der unerwartete Kompromissvorschlag der nichtständigen Sicherheitsratsmitglieder durchkreuzte jedoch dieses Vorhaben. Offenbar fürchtete Haley, Russland könnte die Kompromissresolution annehmen, was den bereits angeordneten Militärschlag in ein verheerendes Licht getaucht hätte. Dieser erfolgte nämlich unmittelbar nach dem Ende der Sicherheitsratssitzung in der Nacht zum 7. April. Daher ließ Haley eine Abstimmung nicht zu.[12] In der deutschen Presse sucht man diese Informationen jedoch vergeblich.

Am 12. April wurde dann eine erneut leicht überarbeitete Variante des westlichen Entwurfs eingebracht – unter anderem war präzisiert worden, dass auch in Chan Scheichun selbst eine Untersuchung durchgeführt werden sollte –, doch war der detaillierte Forderungskatalog weiterhin enthalten, der aus Sicht Moskaus eine Vorverurteilung Assads darstellte.[13] Vom Kompromissentwurf der nichtständigen Mitglieder war inzwischen keine Rede mehr, offenbar war die Zeit genutzt worden, um weitere Querschüsse zu vermeiden. Erwartungsgemäß legte Russland nun sein Veto ein, was zu den üblichen Verurteilungen führte. Die Frage, ob nicht doch ein Kompromiss zwischen der westlichen und der russischen Resolution möglich und sinnvoll gewesen wäre, stellte niemand. Wer den Sicherheitsrat in diesem Fall blockiert hat, ist daher eine Frage der Perspektive. Beide Parteien gingen mit ihren Vorstellungen in die Sitzung und wichen kein Jota von ihnen ab. Man könnte also ebenso gut davon sprechen, dass die Kompromissunfähigkeit der USA, Großbritanniens und Frankreichs eine Untersuchung in Chan Scheichun verhindert hat. Doch für derlei Präzisierungen war in der medialen Darstellung kein Platz. Stattdessen ergoss sich eine Mischung aus Verachtung und moralischer Anklage auf Russland, das selbst angesichts des Leids kleiner Kinder nicht auf den rechten Pfad zurückfand.

Auch mir leuchtet ein, dass sich so komplizierte Details in den zeitlich eng begrenzten TV-Nachrichtensendungen nicht in aller Breite darstellen lassen, aber manchmal würde schon ein Hinweis darauf helfen, dass die Dinge komplizierter sind, als sie scheinen, und dass es schwierig ist, die «Guten» und die «Bösen» zu benennen. Ich weiß, dass sich die Wirklichkeit besser ertragen lässt, wenn die Rollenverteilung klar ist und wenn man selbst sicher sein kann, auf der «richtigen» Seite zu stehen. Aber was ist, wenn es nur noch lauter «falsche» Seiten gibt? Es muss möglich sein, und zwar ohne Ächtung zu erfahren, nicht bei der moralischen Bewertung von Außenpolitik stehen zu bleiben. Bilder menschlichen Leids, schon gar, wenn es Kinder betrifft, taugen nicht als Rechtfertigung für überhastete Militärschläge, die weiteres Leid produzieren, von dem es dann möglicherweise keine Bilder mehr gibt. Das auszusprechen ist nicht zynisch, sondern nur der Versuch, auf Schieflagen hinzuweisen, die zwangsläufig entstehen, wenn Moral Analyse verdrängt.

Außerdem – was für eine apokalyptische Vorstellung, dass die «richtigen» Bilder zur «richtigen» Zeit ausreichen, um politische

Kehrtwendungen in dieser Dramatik einzuleiten: von einer Politik der Zurückhaltung in Syrien, wie sie der amerikanische Präsident Donald Trump ursprünglich formuliert hatte, zum Angriffsbefehl. Zumal in Zeiten, in denen die Beweiskraft von Bildern und Videos aufgrund der technischen Entwicklung fragwürdig geworden ist und in denen wenige Nachrichtenagenturen das Sagen beim Timing haben.

Kurz nach Chan Scheichun, am 15. April 2017, hat es westlich von Aleppo übrigens einen verheerenden Selbstmordanschlag gegeben, bei dem 126 Menschen ums Leben kamen, darunter 68 Kinder. Die Attentäter hatten sich besonders perfide als Helfer getarnt und mit ihren angeblichen Hilfslieferungen gezielt Kinder angelockt. Die Opfer zählten zu etwa 5000 Schiiten, die mit Bussen aus ihren lange Zeit von sunnitischen Rebellen belagerten Dörfern im Norden Syriens hatten evakuiert werden können und die auf der Durchreise durch Rebellengebiet waren. Nach langen Verhandlungen hatte die syrische Regierung eine Übereinkunft erzielen können, diese Menschen gegen 2200 bei Damaskus eingeschlossene Anhänger der Rebellen auszutauschen.[14] Auch hier starben unzählige Kinder. Auch hier gingen die Täter extrem grausam und hinterhältig vor. Doch niemand forderte eine unabhängige Untersuchung oder brachte den Vorfall vor den UN-Sicherheitsrat. Vielleicht weil es die falschen Opfer waren?

### Wer blockiert Minsk II?

Auch beim stockenden Friedensprozess in der Ukraine scheinen die Rollen des «Guten» und des «Bösen» klar verteilt zu sein. Am 20. Februar 2017 erschien in der «Bild»-Zeitung unter der Überschrift «Putin schafft ein ukrainisches Aleppo» ein bemerkenswertes Interview mit dem ukrainischen Präsidenten Petro Poroschenko. «Der Grund, dass das Friedensabkommen von Minsk nicht funktioniert, hat einen Namen: Putin!», hieß es dort. «Wir

haben in der Ukraine alles für den Frieden getan, Gesetze geändert, uns an die Vereinbarungen gehalten, aber Russland tötet
weiter. ... Es ist doch ganz einfach: Wenn sich Putin an Minsk
hält, wenn endlich die Truppen abgezogen werden aus unserem
Land, dann gibt es Frieden.» Gleichzeitig forderte der Präsident
Waffenlieferungen des Westens an die Ukraine, denn: «Wir verteidigen in der Ukraine Europa gegen die russische Aggression!
Und wir alle wissen, dass es nach der Ukraine auch andere Länder treffen kann.»[15]

Mit «Minsk» meinte Poroschenko die am 12. Februar 2015 ge-
troffene Vereinbarung, die unter dem Namen «Minsk II» Ein-
gang in die Nachrichtensprache gefunden hat (Minsk II deshalb,
weil das im September 2014 verabschiedete erste Minsker Abkommen wirkungslos geblieben war). Ihr Ziel war sowohl eine
Waffenruhe als auch ein politischer Prozess, der einen Verbleib
der Rebellengebiete in der Ukraine ermöglichen sollte. Glaubt
man dem ukrainischen Präsidenten, dann hat sich die Ukraine
im Gegensatz zu Russland an alle Auflagen gehalten. Doch auch
in diesem Fall ist das höchstens die halbe Wahrheit. Das Minsker
Abkommen legt in Punkt zehn von dreizehn Punkten den «Abzug aller ausländischen bewaffneten Formationen» vom Territorium der Ukraine fest. Es wird jedoch nicht präzisiert, wann das
zu erfolgen hat. Da die zuvor behandelten Punkte zum Teil mit
sehr genauen Zeitangaben ausgestattet sind, lässt sich kaum argumentieren, wie es der ukrainische Präsident Poroschenko offenbar tut, dass Punkt zehn die Vorbedingung für alle anderen
Auflagen des Abkommens darstellt – wenn doch, dann müssten
allerdings auch die mehreren hundert westlichen Militärberater
abziehen, die auf Seiten der ukrainischen Regierung aktiv sind.[16]
Jedenfalls ist das Minsker Abkommen recht deutlich in dem
Punkt, in dem es um die Kontrolle der Ukraine über ihre Staats-
grenze zu Russland in der Konfliktregion geht. Diese Kontrolle
soll erst im Laufe eines Prozesses wiederhergestellt werden, an
dessen Beginn Kommunalwahlen im Donbass stehen und dessen Ende die vollständige politische Regulierung des Konflikts

markiert. Dazu gehört eine Verfassungsreform, die eine Dezentralisierung vorsieht inklusive einer eigenen Gesetzgebung, die dem besonderen Status von Donezk und Lugansk Rechnung trägt. Was den Inhalt von Letzterer angeht, ist Minsk II sogar recht detailliert. Ausdrücklich erwähnt sind das Recht auf sprachliche Selbstbestimmung, eine Amnestie, das Ermöglichen einer Zusammenarbeit mit Russland und die Aufstellung einer eigenen Volksmiliz.[17] Ein «Dialog» über die Modalitäten der Kommunalwahlen im Donbass sollte laut Minsk II nicht später als 14 Tage nach dem Waffenstillstand erfolgen, der für den 15. Februar 2015 festgesetzt wurde, und nach der Bildung einer Pufferzone zwischen den Kontrahenten durch einen Rückzug der schweren Waffen. Nun kann die Ukraine zwar argumentieren, dass der Waffenstillstand immer wieder – von beiden Seiten – gebrochen wurde und auch der Rückzug der schweren Waffen wohl nicht vollständig erfolgt ist. Aber die Frage ist doch, ob Minsk II angesichts des dort formulierten klaren Fahrplans tatsächlich so gedacht war, dass ein politischer Prozess so lange auf Eis liegt, bis Waffenruhe und Pufferzone vollständig umgesetzt sind. Kiew hat zwar offiziell eine Verfassungsreform in Gang gesetzt. Der Teil, der die Dezentralisierung betrifft, wurde im August 2015 in erster Lesung verabschiedet. Aber die zweite Lesung steht nach wie vor aus, obwohl Ende 2015 als Termin dafür in Minsk II festgeschrieben wurde.[18] Gespräche über die praktische Durchführung der Kommunalwahlen im Donbass sind genauso wenig abzusehen wie die Wahlen selbst oder das Gesetz über den besonderen Status von Donezk und Lugansk. Wenn die ukrainische Seite daher immer wieder fordert, erst müsse die Kontrolle über die Außengrenzen des Landes hergestellt werden, dann könne man weitersehen, widerspricht das eindeutig dem Text des Minsker Abkommens.[19] Die Ukraine trägt eine erhebliche Mitschuld daran, dass der Friedensprozess stockt, weil Kiew sich weigert, den politischen Teil von Minsk II zu erfüllen. Aber wer steht am Pranger? Nur Russland.

Man kann noch einen Schritt weiter gehen. Die Ukraine hat

gar kein Interesse daran, dass Minsk II funktioniert. Als dieses Abkommen geschlossen wurde, befand sich die ukrainische Armee in einer akuten Schwächephase und stand angesichts der russischen Hilfe zugunsten der «Volksrepubliken» vor dem Kollaps. Kiew hat damals zwangsläufig mehr zugestanden als es eigentlich wollte. Inzwischen ist die Armee modernisiert und verstärkt worden, so dass die Ukraine weniger verwundbar ist. Darüber hinaus ist der schmerzlichste Teil der gegen Russland verhängten Sanktionen nicht an die Krim, sondern an den Donbass gebunden. Bei einem Erfolg von Minsk II würden die Sanktionen aufgehoben. Scheitert Minsk II, dann birgt das nur für Russland Nachteile, während die westlichen Kredite an Kiew fleißig weiterfließen.

Und auch beim Leid der Zivilisten im Donbass wird Kiews Rolle meist gnädig übergangen. Dabei ist es keineswegs so, wie Poroschenko mit seiner Äußerung über das «ukrainische Aleppo» nahelegte, dass einzig die Milizen der «Volksrepubliken» Gräueltaten begehen. Als die Kämpfe in der Ostukraine im Frühjahr 2014 ausbrachen, haben die ukrainischen Regierungstruppen und die sie unterstützenden Milizen Infanteriekämpfe, so gut es ging, vermieden und stattdessen auf Luftschläge und Artillerieangriffe aus der Distanz gesetzt, auch auf dicht besiedelte Gebiete. Der Vormarsch der Regierungtruppen im Sommer 2014 wurde daher von einem wahllosen Bombardement von Wohngebieten begleitet, dem viele unbeteiligte Zivilisten zum Opfer fielen.[20] Human Rights Watch hat dieses Vorgehen als eine «Verletzung internationalen humanitären Völkerrechts oder des Kriegsrechts» bezeichnet, die ein «Kriegsverbrechen» darstellen könne.[21]

Schon 2014 hat Kiew zudem im Donbass den Bankbetrieb verboten und die Zahlung von Sozialleistungen, inklusive Renten, dorthin eingestellt.[22] Anfang 2015 wurden auch die Gaslieferungen gekappt, die dann von Russland übernommen wurden.[23] Im April 2017 wurde, vordergründig wegen unbezahlter Rechnungen, die Stromlieferung nach Lugansk unterbrochen.[24] Auch hier sprang Russland ein. Die entsprechenden, sonst so beliebten «Human-Touch-Storys» sucht man allerdings vergeblich. Seit März 2017 besteht außerdem eine Wirtschaftsblockade Kiews gegen die «Volksrepubliken», die auf eine Initiative von ukrainischen Rechtsradikalen zurückgeht.[25] Dies wird den lukrativen Schmuggel weiter verstärken, in den unter anderem Kiews Soldaten verwickelt sind. Ein Fahnder des ukrainischen Geheimdienstes, der den Auftrag hatte, die Verbrechen der ukrainischen Armee zu dokumentieren – Entführungen, Folter und Schmuggel –, wurde im Herbst 2015 ermordet. Journalisten, die negativ über die Armee berichten, werden verfolgt. Auf der weltweiten Liste zur Pressefreiheit von «Reporter ohne Grenzen» steht die Ukraine inzwischen auf Platz 102 von 180, zwischen Guinea und Brasilien. Dies liegt nicht zuletzt daran, dass die wichtigsten Sender des Landes in der Hand von nur vier Oligarchen sind – einer von ihnen ist der Präsident, Petro Poroschenko.[26] Dessen Popularität befindet sich übrigens im Sinkflug. Seine Zustimmungswerte liegen im Juni 2017 nur noch bei 12 Prozent und er gilt mittlerweile als «hochgradig korrupt».[27]

### Wenn nur Russland dopt, warum gewinnen dann die anderen?

«Die geballte Anklagekraft westlicher Rechercheteams, Medien, Untersuchungskommissionen, Geheimdienste und sonstiger Ermittler wird in letzter Zeit auf Russland geworfen», schreibt die Schriftstellerin Daniela Dahn in einem Essay. «Ohne sich um die Frage zu scheren, wie sich das Bild wohl wandeln würde, wenn man mit dem gleichen Verfolgungseifer in alle Himmelsrichtungen schauen würde.»[28] Als Beispiele nennt sie unter anderem Syrien, Ukraine, die Panama-Papers und – Doping.

Seit Anfang 2016 gibt es in Deutschland ein Antidopinggesetz. Die Diskussion darüber hat mehr als ein Vierteljahrhundert gedauert. Der Torhüter des 1. FC Köln, Toni Schumacher, hat sich mit seinem 1987 erschienenen Buch «Anpfiff» nicht viele Freunde gemacht, als er offen über Doping schrieb. Drei Monate später führte der Deutsche Fußballbund (DFB) regelmäßige Dopingkontrollen ein. Nach einer Studie der Deutschen Sporthilfe von 2013 greifen zwar «nur» sechs Prozent der deutschen Kaderathleten zu Dopingmitteln, aber 40 Prozent haben die Aussage dazu verweigert.[29]

«Es gab in Ost und West flächendeckendes Doping», so Peter Danckert am 5. August 2013.[30] Danckert war für die SPD 15 Jahre lang Bundestagsmitglied, bis 2009 hatte er den Vorsitz im Sportausschuss und saß im Kuratorium der deutschen Nationalen Anti-Doping-Agentur (Nada). In der DDR war Doping quasi Staatsräson, in der BRD nicht nur staatlich geduldet, sondern gewollt. Warum sonst gab es mit Steuermitteln geförderte entsprechende Forschungsprogramme? Diesseits und jenseits der Mauer fanden sich Ärzte, die keine Skrupel hatten, auch Minderjährige zu dopen, und die jeweiligen Sportfunktionäre sorgten dafür, dass diese Praktiken unter der Decke blieben.[31] Die zweifelhafte Rolle der Universität Freiburg ist bis heute nicht abschließend aufgearbeitet. Thomas Oppermann, damals erster Parlamentarischer Geschäftsführer der SPD-Bundestagsfraktion, hat sich am 6. August 2013 darüber beschwert, dass der damalige CDU-Innenminister Hans-Peter Friedrich die Aufklärung über staatliches Doping verhindere, denn von einem ursprünglich 804 Seiten starken Bericht seien nur 124 Seiten beim Parlament angekommen.[32]

Systematisches Doping gab und gibt es nicht nur in Russland. Das weiß auch jeder, der sich mit diesem Thema beschäftigt. Der Sportjournalist und Dopingexperte Hajo Seppelt, den die meisten mit Enthüllungsdokumentationen zu Doping in Russland in Verbindung bringen, hat sich in seiner Arbeit auch anderen Ländern intensiv gewidmet, etwa China, Kenia, Nordkorea, Spanien und – Deutschland. «Es schäumt vor allem Deutschland vor Selbstgerechtigkeit und Straflust, als hätte es die Dopingfälle seit 1990, die Doping-Sünder Dieter Baumann und Katrin Krabbe (Leichtathletik), Alexander Leipold (Ringen), Roland Wohlfarth (Fußball), Johann Mühlegg (Skilanglauf), Ludger Beerbaum (Springreiten), Jan Ullrich (Radsport) oder Evi Sachenbacher-Stehle (Biathlon) nicht gegeben», stellte der «Freitag» im Juli 2016 fest, als Russland wegen der Dopingvergehen von den Olympischen Spielen in Brasilien teilweise ausgeschlossen worden war.[33]

Im März 2017 berichtete der «Spiegel» über den Dopingverdacht gegen das «Nike Oregon Project», in dem Läufer in den USA vom gleichnamigen Sportschuhhersteller betreut und trainiert werden. «Vor gut zwei Jahren kam heraus, dass Russland ein ausgeklügeltes Dopingsystem aufgezogen hatte. Der Fall in Oregon zeigt, dass offenbar auch in anderen Teilen der Welt gespritzt, geschluckt und manipuliert wird. Und dass dabei nicht nur Sportler, Trainer und Ärzte mitmachen, sondern wohl auch Sponsoren.»[34] Und während im Umfeld des Confed Cups 2017 spekuliert wurde, alle russischen Fußballer des WM-Kaders von 2014 seien gedopt gewesen,[35] mahnte niemand Untersuchungen im spanischen Fußball an. Dabei war im Zuge des Fuentes-Skandals herausgekommen, dass auch Spieler der ersten spanischen Liga zu den Kunden des Madrider Dopingarztes gehörten, von dem sich unter anderem der deutsche Radprofi Jan Ullrich behandeln ließ. Fuentes sagte damals, zu diesen Vorwürfen befragt: «Das kann ich nicht beantworten. Man hat mir mit dem Tod gedroht. Man hat mir gesagt, dass ich oder meine Familie große Probleme hätten, wenn ich bestimmte Dinge ausspreche...»[36]

Gedopt wird überall auf der Welt, aber im Falle Russlands gibt es einen Kronzeugen, wohlgemerkt: nur einen. Es verwundert schon, mit welchem moralischen Eifer sich viele Journalisten gegenwärtig beim Thema Doping auf Russland stürzen, ohne zu erwähnen, dass es sich um ein nahezu flächendeckendes weltweites Problem handelt. Liegt Russland wirklich so falsch in seiner Einschätzung, wenn es unabhängig von den berechtigten Kritikpunkten eine politisch motivierte Absicht vermutet?

Doping ist ein Verbrechen an jungen Sportlern, die möglicherweise die Tragweite und Gefährlichkeit dieser Mittel nicht übersehen; die unter Leistungsdruck stehen – gab es nicht bisher immer «Zielvereinbarungen», wie viele Medaillen erreicht werden müssen, damit die staatliche Sportförderung in der gleichen Höhe weiterfließen kann? – und die einem Gruppendruck ausgesetzt sind, dem sie kaum standhalten können. Wenn es all den selbstgefälligen Kritikern dieses schändlichen Missbrauchs in erster Linie um den Kampf gegen Doping ginge, dann müssten sie die Zusammenarbeit mit Russland suchen, statt durch Strafaktionen, die Täter und Unschuldige gleichermaßen treffen, das Land lediglich ein weiteres Mal wirkungsvoll zu tadeln. Der Vorsitzende des Nationalen Olympischen Komitees der USA warnte 2016 im Antidopingkampf vor einem «Kalten Krieg» mit Russland: «Doping ist nicht nur das Problem eines Landes. Man löst es nicht, wenn man nur ein Team ins Visier nimmt.»[37]

### Antirussismus

Warum ist Russland derart einseitig ins Visier geraten? Es gibt sicherlich viel zu kritisieren an russischer Innen- und Außenpolitik, gerade in den letzten Jahren. Aber die Intensität und Hysterie, mit der Moskau immer wieder an den Pranger gestellt wird, ist dennoch ungewöhnlich. Es liegt nahe, dahinter politische Motive zu vermuten. Seit Russlands Rückkehr auf die weltpolitische Bühne haben die negativen Schlagzeilen und Berichte nicht von ungefähr stark zugenommen. Doch das Land hatte auch vorher schon mit negativer Mediendarstellung zu kämpfen.

Es ist in unseren Debatten unbestritten, dass es einen «Antiamerikanismus» gibt. Gerne wird dieses Schlagwort auch benutzt, um Kritik an Amerika zu diskreditieren. Gibt man jedoch den Begriff «Antirussismus» in einer Suchmaschine ein, wird man gefragt, ob nicht vielleicht «Antirassismus» gemeint war. Erst danach wird «Russophobie» genannt mit weiterführenden

Hinweisen. Dieser Begriff spielt allerdings im politischen Diskurs überhaupt keine Rolle. «Russophilie» – Liebe zu Russland – hingegen schon, die gerade bei Deutschen weit verbreitet und einer gewissen Naivität geschuldet sei. Kritik an Russland wird im Gegensatz zu Kritik an Ländern wie den USA oder gar Israel nicht pathologisiert. Dabei gibt es – neben der unbestritten auch vorhandenen «Russophilie», die sich vor allem in einer Faszination von russischer Kultur äußert – eine lange Tradition antirussischer Haltungen, die, erstaunlich genug, heutzutage oft bestritten wird.

Im 19. Jahrhundert galt Russland als Hort der Reaktion. Auch damals schon fürchtete man eine Expansion Moskaus. Als «Beweis» dafür galt ein «Testament» Peters des Großen, in dem der 1725 verstorbene Zar verfügt habe, ganz Europa zu unterwerfen, und in welcher Reihenfolge. Dieses Schriftstück aber hatte ein polnischer General im französischen Exil, Michal Sokolnicki, verfasst. Es sollte bei allen Konflikten mit Russland im 19. Jahrhundert immer wieder hervorgeholt werden, obwohl bereits in der Mitte des Jahrhunderts nachgewiesen worden war, dass es sich um eine Fälschung handelte.[38] Fake News gab es zu allen Zeiten …

Auch die junge Sozialdemokratie, die in der zweiten Jahrhunderthälfte entstanden war, zeichnete sich durch ein ausgesprochen negatives Russlandbild aus. Das hatte mit der Politik Russlands während der Revolution 1848/49 zu tun, als der Zar die regierenden Häuser unterstützte und mithalf, den Aufstand in Ungarn niederzuschlagen. August Bebel, langjähriger charismatischer Vorsitzender der Sozialdemokraten, die eigentlich antimilitaristisch eingestellt waren, erklärte auf dem Essener Parteitag der SPD im September 1907: Wenn es zum Krieg gegen Russland käme, das er «als Feind aller Kultur und aller Unterdrückten nicht nur im eigenen Lande» und «als den gefährlichsten Feind von Europa» ansehe, dann sei er «als alter Knabe noch bereit, die Flinte auf den Buckel zu nehmen und in den Krieg gegen Rußland zu ziehen».[39]

Aber Russlandfeindlichkeit zeigte sich um die Jahrhundert-
wende auch am anderen Ende des politischen Spektrums, und
zwar nicht nur beim harten Kern der Nationalisten, sondern bis
hinauf in die Spitze des Kaiserreichs. «Der Kampf zwischen Sla-
wen und Germanen ist nicht mehr zu umgehen, er kommt sicher. Wann? Das findet sich», schrieb Wilhelm II. auf einen Bericht aus Sankt Petersburg vom 6. Mai 1913.[40] Zur Vorgeschichte
des Ersten Weltkriegs gehört, dass zumindest Teile der militärischen und politischen Eliten des Kaiserreichs die «russische
Dampfwalze» fürchteten und daher einen Krieg zum frühest-
möglichen Zeitpunkt anstrebten. «In 2–3 Jahren würde Rußland
seine Rüstungen beendet haben», teilte der Generalstabschef
Helmuth von Moltke Ende Mai 1914 der politischen Reichslei-
tung mit. «Die militärische Übermacht unserer Feinde wäre
dann so groß, daß er nicht wüßte, wie wir ihrer Herr werden
könnten ... Es bliebe seiner Ansicht nach nichts übrig, als einen
Präventivkrieg zu führen, um den Gegner zu schlagen.»[41]

In der Julikrise 1914 verfolgte Reichskanzler Theobald von
Bethmann Hollweg die Strategie, «Rußland ... rücksichtslos unter allen Umständen ins Unrecht» zu setzen, wie er in einem
Telegramm Wilhelm II. anvertraute.[42] Der Krieg sollte als Vertei-
digungskrieg erscheinen, und diese Strategie hat funktioniert.
Unmittelbar nach Kriegsbeginn notierte Otto Braun, Mitglied
im SPD-Parteivorstand und in der Weimarer Republik preu-
ßischer Ministerpräsident, in sein Tagebuch: «Sollen die halb-
asiatischen, schnapsgefüllten russischen Kosakenhorden die
deutschen Fluren zerstampfen, deutsche Frauen und Kinder
martern, die deutsche Kultur zertreten? Das ist jetzt die Frage.»[43]
Die sozialdemokratischen Abgeordneten im Reichstag bewillig-
ten, wie alle anderen Fraktionen auch, die nötigen Kriegskredite.

Als die Bolschewiki in der Oktoberrevolution 1917 an die
Macht kamen, verschmolzen auf der extremen Rechten Russophobie, Antibolschewismus und Antisemitismus zum Feindbild
des «jüdischen Bolschewismus». Im bürgerlichen Lager und in
der Sozialdemokratie verbanden sich alte Russenfeindlichkeit

und Antikommunismus zu einer neuen antirussischen Strömung. Gleichzeitig zeigten sich viele aber auch fasziniert von dem politischen Experiment im Osten und der Aussicht auf eine gerechte Gesellschaft. Und im Kampf gegen die militärischen Beschränkungen des Versailler Vertrages kooperierten Reichswehr und Rote Armee. Diese Parallelität von Ablehnung und Faszination macht den deutschen «Russland-Komplex» in der ersten Hälfte des 20. Jahrhunderts aus.[44]

In Hitlers Eroberungs- und Vernichtungskrieg gegen die Sowjetunion kam dann auf grauenvolle Weise alles zusammen: die Forderung nach «Lebensraum im Osten», Verachtung für die slawisch-russischen «Untermenschen» und Judenhass. Hermann Göring formulierte im Hinblick auf russische Zwangsarbeiter: «Die deutschen Facharbeiter gehören in die Rüstung; Schippen und Steineklopfen ist nicht ihre Aufgabe, dafür ist der Russe da ... Deutscher Arbeiter ist grundsätzlich Vorgesetzter der Russen.»[45] Den Hochmut gegenüber den slawischen «Untermenschen» sollte das nationalsozialistische Deutschland teuer bezahlen.

Nach der totalen Niederlage des «Dritten Reiches» 1945 war der Antikommunismus eine der wenigen Ideologien, an die man in den westlichen Besatzungszonen Deutschlands und in der entstehenden Bundesrepublik nahtlos anknüpfen konnte, im Zeichen der Westintegration. Dabei wurden «Russland» und «Sowjetunion» als Synonyme gebraucht. Man vermutete «den Russen» im Keller, nicht «den Ukrainer» oder «den Georgier». Das Feindbild des «Dritten Reiches» ließ sich problemlos in die Nachkriegszeit übertragen. In der Ära von Michail Gorbatschow, in der zweiten Hälfte der 1980er Jahre, wurde zwar mit dem Abbau von Feindbildern des Kalten Krieges begonnen, und sie traten tatsächlich vorübergehend in den Hintergrund, aber sie haben sich, wie sich jetzt zeigt, als jederzeit reaktivierbar erwiesen.

Ist es völlig abwegig zu vermuten, dass sich hinter der heute teilweise hysterischen Ablehnung Russlands in tieferen Schichten russophobe Einstellungen verbergen, die in der deutschen Geschichte fest verwurzelt sind? Russland als «Hort der Reaktion»? Russland als der «Feind» aus dem Osten, der nach fremdem Territorium giert und dem entgegengetreten werden muss? Sind das nicht bekannte Stereotype?

### *Die historische Verantwortung Deutschlands*

Früher saß ich beim Eurovision Song Contest (ESC) mit Spannung vor dem Fernseher, als es noch üblich war, in der jeweiligen Landessprache zu singen, und ländertypische Eigenheiten noch nicht wegkommerzialisiert wurden; als die Musik noch im Mittelpunkt stand und nicht so sehr die perfekte Show oder das verrückteste Outfit. Aber das ist Geschmackssache, und es zwingt mich ja niemand zuzusehen. Ich möchte Sie an den ESC 2016 in Stockholm erinnern. Für alle, die den nicht verfolgt haben, ein paar Basisinformationen: Russland war bei den 19 Malen, die es sich bisher beteiligt hat, bemerkenswert erfolgreich. Auch 2016 sah es vielversprechend aus. Und wenn es nach der Publikumswertung gegangen wäre, dann hätte der russische Beitrag von Sergej Lazarew den Wettbewerb gewonnen. Aber die Jury entschied sich anders. Beide – Publikum und Jury – sind zu 50 Prozent am Ergebnis beteiligt. Durch die Addition der Punkte landete Russland hinter der Ukraine und Australien auf Platz 3. So weit, so gut. Es ist nicht der einzige Ort, an dem Publikum und Jurys nicht einer Meinung sind. Bei Literatur- und Filmfestivals kommt das auch nicht selten vor. Interessant wird es erst, wenn man sich den ukrainischen Wettbewerbsbeitrag genauer anschaut. Die Ukraine hatte Jamala, eine Krimtatarin, geschickt. Ihr Lied, das sie abwechselnd auf Englisch und Krimtatarisch sang, trug den Titel «1944» und handelte von der Vertreibung der Krimtataren durch den sowjetischen Diktator Stalin, selber ein Georgier wohlgemerkt, kein Russe, auch wenn man das heute gerne unter den Tisch fallen lässt. Nach den Regeln des ESC sind

Lieder mit politischen Texten verboten. Das «Normale» wäre gewesen, diesen Beitrag höflich, aber bestimmt zurückzuweisen. Das ist nicht passiert. Und so wurde eine Krimtatarin auf einer Unterhaltungsveranstaltung, die das europäische Gemeinschaftsgefühl stärken soll, wie es heißt, zur Symbolfigur im Kampf gegen Russland. Gesungen wurde von Stalin und der Vertreibung der Krimtataren, gedacht hat jeder an Putin und daran, dass der sich die Krim unter den Nagel gerissen hat. «Krim» ist seit 2014 keine Bezeichnung mehr für eine wunderschöne Halbinsel im Schwarzen Meer, sondern ein Synonym für russischen Expansionismus. Politischer geht es nicht. Im Netz habe ich einen Kommentar einer Natascha gefunden, der die Verletzung und die Wut zeigt: «Nächstes Jahr erwarte ich Kroatien mit ‹Srebreniza› [gemeint ist Bosnien, sie hat das in der Aufregung offenbar verwechselt, GKS], Polen mit ‹Katyn›, Israel mit ‹Auschwitz› und Russland mit ‹Wir haben 27 Millionen Menschen im Krieg verloren›.»

Um an diesen Verlust anzuknüpfen: Bis heute legt Deutschland – zu Recht – großen Wert auf das Gedenken an die nationalsozialistischen Verbrechen und die Vernichtung von sechs Millionen Juden und leitet daraus eine besondere Verpflichtung gegenüber Israel ab. Diese bleibt Handlungsmaxime deutscher Politik, nahezu ungeachtet dessen, wie die jeweilige israelische Regierung handelt. Was aber ist mit der Verantwortung für die 27 Millionen Toten in der Sowjetunion, die genauso auf das deutsche Schuldkonto gehen und zu denen nicht nur Ukrainer und Weißrussen zählen? Wo bleibt da die besondere Verpflichtung?

Über drei Millionen sowjetische Soldaten sind in deutscher Kriegsgefangenschaft ums Leben gekommen, die meisten hat man absichtlich verhungern lassen – was nach dem Urteil des Freiburger Historikers Ulrich Herbert «neben dem Judenmord als das größte und schrecklichste Kriegsverbrechen der Deutschen während des Zweiten Weltkriegs anzusehen ist».[46] Rund eine Million Menschen gingen bei der Belagerung Leningrads elendiglich zugrunde, weil die Wehrmacht die Stadt an der Newa bewusst nicht einnahm, um die Bevölkerung dem Hungertod auszusetzen. Anschließend sollte Leningrad dem Erdboden gleichgemacht werden. «Hier bahnt sich vielleicht das größte Stadtdrama an, das die Geschichte jemals sah», notierte Propagandaminister Joseph Goebbels nach einer Unterredung mit Hitler Anfang September 1941 in sein Tagebuch.[47] Millionen wurden zudem als Zwangsarbeiter deportiert. An sie erinnert kein Mahnmal.

Die Deutschen haben in Russland auf schlimmste Weise gehaust und sich gegenüber den «slawischen Untermenschen» als das «Herrenvolk» geriert. «Ob beim Bau eines Panzergrabens zehntausend russische Weiber an Entkräftung umfallen oder nicht, interessiert mich nur insoweit, als der Panzergraben für Deutschland fertig wird», sagte Heinrich Himmler in seiner berüchtigten «Posener Rede» von 1943. Doch im deutschen Gedenken spielt das alles eine untergeordnete Rolle. «Noch immer, scheint es, wirkt der Kalte Krieg in den Köpfen nach», schrieb der Osteuropahistoriker Peter Jahn im Juni 2017 in der «ZEIT». «Allzu lange galten in der Erinnerung an den Krieg im Osten die Deutschen als Opfer und ‹die Russen› als Täter. Die eigene Leidensgeschichte schob sich vor das Leid der anderen.»[48]

Der Umgang mit dem Jahrestag des 22. Juni 1941, als Deutschland unter Hitler die Sowjetunion überfiel, war im Jahr seiner 75. Wiederkehr 2016 nicht nur geschichtsvergessen, sondern würdelos und beschämend. Ein Interview, das der ehemalige Kanzler Gerhard Schröder der «Süddeutschen Zeitung» gab, war eine seltene Ausnahme. Deutschland habe mit dem Vernichtungskrieg gegen die Sowjetunion «ein epochales Verbrechen begangen», erklärte er. «Und es ist ein Wunder, dass die Völker der Sowjetunion zur Versöhnung bereit waren. Das bewegt mich noch immer.»[49] Tatsächlich ist diese Versöhnung alles andere als selbstverständlich, und daraus erwächst eine besondere Verpflichtung. Doch zunächst war nicht einmal eine Gedenkstunde im Bundestag vorgesehen. Diese kam erst auf Druck einiger weniger zustande, unter ihnen Matthias Platzeck, dem man in der Sendung von Maybrit Illner, also im öffentlich-rechtlichen Fernsehen, Anfang 2017 ungestraft vorwerfen konnte, aus Moskau bezahlt zu werden.[50] Zur Feier am Ehrenmal für die gefallenen sowjetischen Soldaten waren Bundespräsident, Kanzlerin und Außenminister terminlich verhindert. Stattdessen kam der sächsische Ministerpräsident Stanislaw Tillich in seiner Eigenschaft als Bundesratsvorsitzender. Der Kranz der Bundesregierung war der kleinste. Ob man Israel auch so verletzend behandelt hätte? Auf Russland aber muss man offenbar keine Rücksicht nehmen. Und bei allem Respekt vor dem Amt des Bundespräsidenten – warum hat Joachim Gauck in seiner fünfjährigen Amtszeit kein einziges Mal Moskau besucht? Auch nicht zum 70. Jahrestag des Kriegsendes?

Doch selbst wenn man eine historisch begründete, besondere deutsche Verantwortung für Russland ablehnt, sollten gegenüber Moskau wenigstens dieselben Standards gelten wie gegenüber dem Rest der Welt. Aber das ist nicht der Fall. Kein Mensch käme auf die Idee – nehme ich an –, mir vorzuwerfen, dass ich German Marshall Fund Fellow war und «auf Kosten der Amerikaner» ein paar Wochen durch die USA reisen und zahlreiche Gespräche in Politik, Wirtschaft und Medien führen konnte. Diese Erfahrung, die ich allen jungen Leuten wünsche, möchte ich nicht missen. Ich habe ein faszinierendes Land ansatzweise kennenlernen dürfen und viele beeindruckende sympathische Menschen getroffen. Aber was wäre denn, wenn ich ein vergleichbares Angebot aus Russland genutzt hätte?

Auch wenn es gilt, Schuldige zu suchen, dann ist nichts so einfach, wie in Russland fündig zu werden. Denn «denen» kann man offenbar alles unterstellen, auch ohne Beweise liefern zu müssen. Achten Sie einmal darauf, wie oft auf Vermutungen, Hörensagen und Unterstellungen zurückgegriffen wird, wenn es um die Verantwortung Russlands für bestimmte Untaten geht. «FBI vermutet russische Hacker hinter Katar-Krise», hieß es etwa am 7. Juni 2017 bei «Spiegel Online».[51]

### Verdachtsberichterstattung

Wenn die Begriffe «Fake News» und «Verschwörungstheorien» fallen – wer kommt Ihnen zuerst als möglicher Urheber in den Sinn? Assad vermutlich, Donald Trump, die AfD und ganz sicher auch: Russland. Die «Bild»-Zeitung etwa warnte in einem Artikel mit der Überschrift «Der große Manipulator», womit natürlich Putin gemeint war, im April 2017 vor den «Desinformationsarmeen des Kreml», die in Deutschland über großen Einfluss verfügten.[52] Immer wieder wird beklagt, Russland versuche durch Falschmeldungen Zwietracht zu säen und die westlichen Demokratien von innen heraus zu zersetzen. Weniger bekannt ist dagegen, wie viele «Fake News» und «Verschwörungstheorien» gegenwärtig nicht aus, sondern über Russland verbreitet werden.

Am 30. Dezember 2016, also mitten im an der amerikanischen Ostküste durchaus kalten Winter, erschreckte die «Washington Post» ihre Leser mit einer alarmierenden Enthüllung: Russische Hacker seien über eine Einrichtung in Vermont in das amerikanische Stromnetz eingedrungen. Man habe dort im System Schadsoftware gefunden, die auch bei «Grizzly Steppe» verwendet worden sei. Unter dem Namen «Grizzly Steppe» werden in den USA die Hackingoperationen rund um die letzte Präsidentenwahl zusammengefasst. Der Name ist eine Anspielung auf die damit in Verbindung gebrachten Hackergruppen: «Fancy Bear» und «Cozy Bear». Die wütenden Reaktionen ließen nicht lange auf sich warten. Der demokratische Gouverneur von Vermont wurde in dem Artikel mit den Worten zitiert: «Die Menschen in Vermont und in ganz Amerika sollten sowohl alarmiert als auch wütend darüber sein, dass einer der weltweit führenden Verbrecher, Wladimir Putin, versucht hat, unser Stromnetz zu hacken, auf das wir angewiesen sind, um unsere Lebensqualität, unsere Wirtschaft, unsere Gesundheit und unsere Sicherheit zu erhalten. Diese Episode sollte unterstreichen, wie dringend nötig es ist, dass unsere Regierung diese Art der russischen Einmischung energisch verfolgt und beendet.»[53] Und einer der beiden Senatoren des Bundesstaates Vermont gab eine Erklärung heraus, in der er warnte, das staatlich unterstützte russische Hacking sei eine ernsthafte Bedrohung, Ziel sei vermutlich gewesen, die Stromversorgung mitten im Winter zu unterbrechen.[54]

Die Geschichte der «Washington Post» verbreitete sich rasant und wurde weltweit aufgegriffen sowohl in der Presse als auch in den sozialen Netzwerken.[55] In Deutschland erschienen ebenfalls besorgte Artikel. «Russische Hacker sollen US-Stromversorger angegriffen haben», titelte etwa «Spiegel Online» am 31. Dezember.[56] Die Redaktion der «Welt» war weniger vorsichtig: «Russische Hacker in Stromversorger-Netzwerk eingedrungen», hieß es dort.[57] Berichtet wurde unter anderem auch in der «FAZ», der «taz» und unter tagesschau.de.[58]

Doch wenig später stellte sich heraus, dass an der Geschichte nichts dran war. Die «Washington Post» hatte es offenbar noch nicht einmal für nötig befunden, das betroffene Unternehmen in Vermont zu kontaktieren. Denn dieses stellte umgehend richtig, dass Schadsoftware nur auf einem einzigen Laptop gefunden worden sei, der keinen Zugang zum Netzwerk gehabt habe. Die Behauptung, es habe einen Angriff auf eben dieses Netz gegeben, war also falsch. Hinzu kam, dass sich auf dem Laptop zwar russische Schadsoftware befand, es aber keinerlei Anhaltspunkte dafür gab, wer sie installiert hatte. Bald stellte sich heraus, dass es sich um Software handelte, die sich jeder, der mit der nötigen kriminellen Energie ausgestattet ist, besorgen kann.[59] Wie der Experte für Cybersicherheit Jeffrey Carr verdeutlichte, ist die Schlussfolgerung russische Schadsoftware gleich russischer Täter genauso absurd, wie nach dem Fund einer Kalaschnikow an einem Tatort anzunehmen, der Killer müsse ein Russe gewesen sein.[60] Der «Spiegel Online»-Artikel zu dem Fall hat übrigens inzwischen eine Vorbemerkung, in der steht, es mehrten sich die Hinweise, dass keine Verbindung zur russischen Regierung bestünde. «Auslöser des Alarms war offenbar ein eher banaler Vorgang, bei dem ein Mitarbeiter seinen E-Mail-Account bei Yahoo geöffnet haben soll.»[61] Aber wer schaut Tage später noch einmal auf einen bereits gelesenen Artikel? Der Eindruck russischer Manipulation bleibt haften, solange kein zweiter, ähnlich prominent aufgemachter Beitrag erscheint, in dem die Geschichte als «Fake News» entlarvt wird.

Glenn Greenwald, ein Träger des Geschwister-Scholl-Preises, der, damals noch als «Guardian»-Journalist, Edward Snowdens Dokumente aufarbeitete, hat auf der Internetseite «The Intercept» eine ganze Reihe solcher «Fake News» zusammengetragen, mit denen in den USA die Hysterie vor der russischen Bedrohung geschürt wird und die nicht selten auch nach Deutschland überschwappen.[62] Im November 2016 etwa berichtete die «Washington Post» über den Report einer anonymen Organisation mit dem Namen PropOrNot, der zu dem Schluss kam, über 200 Webseiten seien in den USA Verbreiter russischer Propaganda. Auf Facebook seien die russischen Fehlinformationen während des amerikanischen Wahlkampfs sogar mehr als 213 Millionen Mal angesehen worden. Das Problem war nur: Der Report besaß keine klaren Kriterien dafür, was als «russische Propaganda» zu gelten hatte. Es reichte schon, ähnlich zu argumentieren wie der Kreml, also zum Beispiel den ukrainischen Kampf gegen Russland oder den Kampf «des» syrischen Volkes gegen Assad nicht zu unterstützen, häufiger russische Offizielle zu zitieren oder RT bzw. Sputniknews als Quelle anzugeben, um sich verdächtig zu machen.[63] Nach zahlreichen Protesten distanzierte sich die «Washington Post» von dem Report.[64] Im Juni 2017 mussten zudem drei prominente Journalisten des Senders CNN ihren Posten räumen, da sie auf der Grundlage einer einzigen anonymen Quelle eine Verbindung zwischen einem russischen Investmentfonds, der vom Kongress untersucht wird, und dem Umfeld von Donald Trump hergestellt hatten. Die Story brach relativ rasch in sich zusammen und musste von den CNN-Seiten entfernt werden.[65] Unmittelbar danach verschärfte CNN seine Regeln für alle Berichte über Russland, um sicherzustellen, dass die Standards eingehalten werden.[66]

Es gebe in Amerika ein «fundamentales Problem bei der Berichterstattung über Russland», folgert Greenwald. Ein beträchtlicher Teil der Artikel beruhe auf «unbewiesenen Behauptungen anonymer Regierungsmitarbeiter, von denen viele, wenn nicht die meisten, eine eigene, verborgene Agenda verfolgen». Wenn es darum gehe, die Bedrohung durch den jeweils aktuellen Feind der USA zu übertreiben, würden journalistische Standards schnell vernachlässigt. «Es kann sehr vorteilhaft sein, alarmistische Behauptungen über die russische Bedrohung und Trumps Verbindung dazu zu veröffentlichen. ... Darum bekommen offensichtlich substanzlose Anti-Trump-Verschwörer und Russlandverschwörungen im Moment so eine große Aufmerksamkeit: weil es eine große Nachfrage im Anti-Trump-Internet und unter den Zuschauern der TV-Nachrichten nach solchen Geschichten gibt, die sie für wahr halten wollen, ganz egal, wie falsch sie sind, und umgekehrt führt jede Skepsis gegenüber diesen Geschichten häufig zu der Anklage, man sei ein Kremlsympathisant oder gar ein Agent Moskaus.»[67]

Doch auch deutsche Medien sind vor den Mechanismen nicht gefeit, die von Greenwald beklagt werden, wie der Medienblog «ÜberMedien» aufdeckte. Im Februar 2017 genügte eine einzige E-Mail in Litauen, um einen Fake-News-Großalarm auszulösen. «Russland attackiert Bundeswehr mit Fake-News-Kampagne», titelte «Spiegel Online». Anschließend wurde die Geschichte in fast allen wichtigen Medien verbreitet, auch die «Tagesschau» widmete ihr einen Beitrag in ihrer 20-Uhr-Ausgabe. Was war geschehen? Im Rahmen der auf dem Warschauer NATO-Gipfel 2016 beschlossenen Truppenstationierungen in den baltischen Staaten wurden Bundeswehrsoldaten nach Litauen verlegt. Diese seien nun laut «Spiegel Online» «Ziel einer perfiden Kampagne» geworden. Es seien «offenbar aus Russland Gerüchte über eine angebliche Vergewaltigung durch deutsche Soldaten gestreut» worden, um die Präsenz der NATO-Soldaten zu diskreditieren. Tatsächlich jedoch konnte von einer konzertierten Desinformationskampagne keine Rede sein. Es war lediglich eine anonyme E-Mail im Büro des litauischen Parlamentspräsidenten eingegangen, in der behauptet wurde, eine Gruppe betrunkener deutscher Soldaten habe ein 15-jähriges Mädchen vergewaltigt. Die litauische Polizei konnte schnell ermitteln, dass an den Vorwürfen nichts dran war. Von wem die E-Mail gesendet wurde, ist unbekannt. Hinweise, dass sie aus Russland kam, gibt es nicht. Allerdings spekulierten lokale Medien sofort, der russische Geheimdienst stecke hinter der Geschichte. Der litauische Journalist Vytautas Bruveris von einer der führenden Zeitungen des Landes kritisierte, dass der Vorfall als Vorwand diene, um die «hysterische und apokalyptische Debatte über den russischen Informationskrieg» voranzutreiben. «Beim Thema Russland wird auch in etablierten Medien gerne auf die Empirie verzichtet und eine regelrechte Verdachtsberichterstattung betrieben», resümiert der Leipziger Medienwissenschaftler Uwe Krüger.[68]

Der Moskauer Medienexperte Alexej Kowaljow, der in seinem Blog Falschmeldungen der russischen Medien aufdeckt, schätzt, dass der Einfluss russischer Propaganda stark übertrieben wird. Seit 2014 seien die Budgets der russischen Auslandsmedien und ihr Ausstoß eher gesunken als gestiegen, genau umgekehrt proportional zur Wahrnehmung im Westen. Ihr tatsächlicher Effekt sei gering, nur ein sehr unbedeutender Teil der Bevölkerung in westlichen Ländern nehme sie überhaupt zur Kenntnis, und so ergebe sich eine absurde Situation: «Es lesen mehr Menschen Berichte über die Gefahren der russischen Propaganda als diese Propaganda selbst.»[69] Und gerade dadurch wiederum erreiche Moskau, dass sein tatsächlicher Einfluss maßlos überschätzt werde. «Denn jetzt gilt jede Meinung, die einer üblichen Ansicht widerspricht, als russische Propaganda.»[70]

Wenn dieser Eindruck entsteht, dann ist das nicht nur fatal für das demokratische Diskussionsklima, da es den Raum einschränkt, in dem angstfrei diskutiert werden kann. Die hysterische Übertreibung der russischen Bedrohung kann zusätzlich auch eine fatale Nebenwirkung haben. Denn wenn sich in der öffentlichen Meinung durchsetzt, dass rechtspopulistische Parteien in Europa – ganz gleich ob in Frankreich, den Niederlanden oder Deutschland – nur deshalb so stark seien, weil sie von Russland offen oder verdeckt unterstützt werden, und wenn geglaubt wird, dass Donald Trump nur wegen dieser Unterstützung amerikanischer Präsident werden konnte, dann verstellt das den Blick auf jene innenpolitischen Gegebenheiten der jeweiligen Länder, die diesen Bewegungen Auftrieb gegeben haben. Das heißt, die Abwehrkräfte einer Gesellschaft verschwenden sich im Kampf gegen einen in Verdacht stehenden äußeren Feind, statt sich den tatsächlich vorhandenen Problemen im Inneren zu stellen. Und das Risiko, dass man noch mehr Menschen in die Arme dieser erstarkenden Parteien und Bewegungen treibt, steigt, wenn ausgerechnet dort auch noch die meisten Stimmen zu finden sind, die nichts von Sanktionen gegen Russland halten und die von der Konfrontationspolitik Abschied nehmen wollen. Das entspricht dem Wunsch großer Teile der deutschen Bevölkerung. Als der damalige Außenminister Frank-Walter Steinmeier im Juni 2016 «Säbelrasseln» in der Politik beklagte und ein Umsteuern anmahnte, wurde er sowohl von den etablierten Parteien als auch von den Leitmedien kräftig geprügelt. Aber in Umfragen unterstützten 64 Prozent der befragten Bürger seinen Vorstoß.[71] In einer Demokratie sollten sich Mehrheiten eigentlich Gehör verschaffen können.

### «Grizzly Steppe»

Am 14. Juni 2016 machte die «Washington Post» mit einem Knüller auf: Russische Hacker hätten die Parteizentrale der Demokraten infiltriert und sich seit über einem Jahr auf ihren Servern eingenistet. Um das Leck zu stopfen, hätten die Demokraten die Cybersecurity-Firma «Crowdstrike» beauftragt, die den Angriff analysiert und die Schadsoftware beseitigt habe.[72]

Crowdstrike behauptete, es habe zwei Hackergruppen identifizieren können, die den Angriff verübt hätten: Cozy Bear und Fancy Bear. Beide Gruppen seien dem Unternehmen bekannt als «mit die besten Gegner unter all den Staaten, Kriminellen, Hacktivisten und Terrorgruppen, mit denen wir täglich zu tun haben». Ihre Fertigkeiten seien «superb», ihre Sicherheitsmaßnahmen «ohnegleichen», und sie besäßen einzigartige Fähigkeiten, Sicherheitsnetze unentdeckt zu umgehen. Ihre Methoden seien so fortgeschritten, dass sie auf staatliche Akteure hindeuteten. Cozy Bear und Fancy Bear betrieben beide Spionage, die Russland nütze, und man glaube, dass sie enge Verbindungen zu den russischen Geheimdiensten besäßen.[73]

Einen Tag später meldete sich ein gewisser Guccifer 2.0 zu Wort (eine Anspielung auf einen bekannten rumänischen Hacker mit Namen Guccifer), der behauptete, er allein habe den Hack ausgeführt und Crowdstrikes Analyse sei Unsinn. Zum Beweis begann der Hackeraccount, Dokumente aus der Parteizentrale der Demokraten zu veröffentlichen, und teilte mit, dass er etwa 20 000 von ihnen an Wikileaks übergeben habe.[74] Wikileaks stellte am 17. Juni eine verschlüsselte Datei online, die ebendiese enthielt und am 22. Juli freigeschaltet wurde. Seit diesem Zeitpunkt war die interne Kommunikation der demokratischen Parteispitze zugänglich, aus der hervorging, dass diese alles getan hatte, um eine Kandidatur von Bernie Sanders zu verhindern und stattdessen Hillary Clinton als demokratische Präsidentschaftskandidatin zu befördern. Ab dem 7. Oktober folgten weitere E-Mails aus dem Account von Clintons Wahlkampfmanager John Podesta, die insbesondere Reden enthielten, die Clinton gegen Bezahlung für Wall-Street-Banken gehalten hatte und die sie in schlechtem Licht erscheinen ließen.

Einige andere Cybersecurity-Firmen unterstützten die Schlussfolgerungen von Crowdstrike und nahmen an, auch hinter Guccifer 2.0 verberge sich der russische Geheimdienst. Es irritierte offenbar nicht, dass so hochgelobte Spezialeinheiten, die man hinter den vermeintlich russischen Hackerangriffen vermutete, die dummen Fehler begangen haben sollen, mit denen man sie nun zu enttarnen versuchte – etwa identische IP-Adressen zu nutzen oder kyrillische Textreste und Nutzernamen in den Dokumenten zu übersehen.[75] Zudem bleibt zumindest unklar, ob sich in der unübersichtlichen Welt der Cyberattacken überhaupt mit letzter Sicherheit solche Gruppen wie Fancy Bear und Cozy Bear identifizieren lassen. Methoden und Schadsoftware können leicht kopiert werden, so dass die Gefahr besteht, sehr unterschiedliche Akteure unter einem Namen zusammenzufassen. Um in dem leicht vereinfachten Bild von James Carr zu bleiben, hätte man dann am Ende alle mit einer Kalaschnikow begangenen Gewalttaten aufgrund der identischen Tatwaffe einer Gruppe zugeordnet.[76] Zudem hat das letzte große Dossier, das Wikileaks veröffentlicht hat (Vault 7) und das der CIA gewidmet ist, nicht nur das Ausmaß der CIA-Hackings weltweit gezeigt, sondern auch ein spezielles CIA-Programm enthüllt (mit dem Namen «Umbrage»), das es ermöglicht, nicht nur den eigenen digitalen Fingerabdruck zu verschleiern, sondern den einer anderen Hackergruppe zu hinterlassen, und zwar mit Hilfe von gestohlener Schadsoftware. Anders ausgedrückt: Der tatsächliche Absender lässt sich nicht ermitteln.[77] Damit soll nicht gesagt sein, die CIA habe die Parteizentrale der Demokraten gehackt und es dann Russland in die Schuhe geschoben. Vielmehr geht es darum zu zeigen, wie unsicher die Zurechnung von Cyberattacken allein aufgrund technischer Merkmale ist.[78]

Nicht gerade vertrauenerweckend ist auch, dass Crowdstrike Ende 2016 einen Bericht korrigieren musste, der zunächst als «starker Beweis» für die Verwicklung des russischen Geheimdienstes in den Angriff auf die Demokraten gesehen worden war.[79] Crowdstrike hatte behauptet, eine Variante der Schadsoftware, die auf den Rechnern der Demokraten gefunden worden sei, habe auch dazu gedient, eine App zu hacken, mit der die ukrainischen Streitkräfte ihre Haubitzen auf Ziele ausrichteten. Der Hack habe dazu geführt, dass die ukrainische Armee 80 Prozent ihrer Haubitzen verloren habe. Doch wenig später stellte

sich heraus, dass die Story nicht stimmen konnte. Die ukrainischen Verluste waren viel niedriger, und in der Ukraine wusste
niemand etwas von einem Hack.[80] Da war die Geschichte aber
schon breit geteilt worden. In den etablierten Medien hatte niemand nachgeforscht.

Am 9. Dezember 2016, etwa einen Monat nach der Wahl
Trumps zum Präsidenten der USA, bestellte der noch amtierende
Präsident, Barack Obama, einen Bericht der Geheimdienste über
die mögliche russische Einmischung in die US-Wahl. Dieser
wurde am 6. Januar 2017 vorgelegt und schlussfolgerte mit «hoher Sicherheit», dass Putin persönlich eine Kampagne zur Beeinflussung der Präsidentschaftswahl angeordnet habe. Diese habe
sich nicht auf die Leaks beschränkt, sondern sei kombiniert gewesen mit Social-media-Aktivitäten und Propaganda, etwa über
den Sender RT. Ziel sei gewesen, Hillary Clinton zu schwächen
und Donald Trump zu stärken. Allerdings beschränkte sich der
Bericht auf Behauptungen. Beweise enthielt er nicht, da, wie es
hieß, diese nicht offengelegt werden könnten, ohne die Quellen
und damit die zukünftige Arbeit der Geheimdienste zu gefährden.[81] Bereits am 29. Dezember 2016 hatte das FBI einen Bericht
zur Aktion «Grizzly Steppe» vorgelegt mit denselben Ergebnis-
sen, aber ebenfalls ohne Beweise anzuführen.[82]

Für die Öffentlichkeit ergibt sich so eine schwierige Situation:
Es ist gut möglich, dass die Geheimdienste über harte Beweise
verfügen, die ihre Behauptungen belegen. Aber solange sie nicht
veröffentlicht werden, müssen Journalisten auf das Wort der
Dienste vertrauen – oder eben nicht. Dass die US-Geheimdienste
die Welt im Vorfeld des Irakkrieges über die Existenz von Massenvernichtungswaffen täuschten, macht es nicht gerade leichter, ihre Einschätzung heute zu übernehmen, ohne sie zu hinter-
fragen.

Am 11. Januar 2017 publizierte die Internetseite Buzzfeed das
sogenannte Steele-Dossier. Es wurde von dem ehemaligen britischen MI6-Agenten Christopher Steele zusammengestellt,
bezahlt zunächst von einem Gegner Trumps innerhalb der repu-

blikanischen Partei, nach der Entscheidung über die republikanische Kandidatur dann von einem anonymen Anhänger der Demokraten. In diesem Dossier findet sich die Behauptung, Russland verfüge über Erpressungsmaterial gegenüber Trump wegen seiner sexuellen Eskapaden in Sankt Petersburg und Moskau. Außerdem wird dort dargelegt, Putin persönlich habe die Beeinflussungskampagne zugunsten von Trump angeordnet, und es gebe seit vielen Jahren enge Beziehungen zwischen Trump und dem Kreml. Zudem hätten das Trump-Team und der Kreml während des Wahlkampfs eng kooperiert. Trump erscheint hier als der Kandidat Moskaus.[83] Klar ist, dass Steeles Ergebnisse Teil der Untersuchungen sind, die die US-Geheimdienste gegen Trump und Russland durchführen. Offenbar konnten einige Details der Berichte verifiziert werden, es ist aber nach wie vor umstritten, wie glaubwürdig die Erkenntnisse sind.[84]

Am 23. Juni 2017 veröffentlichte die «Washington Post» einen langen Artikel über Obamas geheimen Kampf gegen die russischen Beeinflussungsversuche. Darin wird behauptet, bereits Anfang August 2016 habe die CIA einen Umschlag mit hochgeheimem Material ans Weiße Haus gesandt. Er habe Erkenntnisse enthalten, die von Quellen aus dem engsten Umfeld der russischen Regierung stammten und aus denen hervorgegangen sei, dass Putin höchstpersönlich in die Cyberangriffe im Umfeld der Präsidentenwahl involviert war. Putin habe den Befehl erteilt, Hillary Clinton zu schwächen und Donald Trump zu helfen. Seitdem habe die Obama-Administration versucht, den Beeinflussungsaktivitäten entgegenzuarbeiten, und Obama habe Putin mehrfach vor den Konsequenzen gewarnt, die aus diesen Angriffen entstehen könnten.[85] Denkbar ist, dass es sich bei diesem Material ebenfalls um das Steele-Dossier handelte, das seit Juni 2016 dem FBI vorlag. Es ist aber auch möglich, dass die CIA tatsächlich an Material aus den innersten Zirkeln des Kreml gelangt war. Solange dieses aber nicht vorgelegt wird, ist eine seriöse Bewertung seiner Aussagekraft nicht möglich.

Es ist nicht auszuschließen, dass der Kreml tatsächlich Donald Trump unterstützt hat. Und es kann auch sein, dass es zwischen dem Trump-Team und dem Kreml engere Absprachen gab, als bis Redaktionsschluss dieses Buches bekannt. Es wäre nicht verwunderlich, wenn Putin die Aussicht einer Präsidentin Hillary Clinton erschreckt hätte, und zwar nicht bloß, wie sie selber behauptete, weil er ihre Kritik an den russischen Präsidentschaftswahlen von 2011 für eine Demonstrationswelle in Russland verantwortlich machte.[86] In ihrer Zeit als Außenministerin stand Hillary Clinton für eine aggressive Interventionspolitik und geriet darüber mehrmals in Widerspruch zu Obama. In Libyen zählte sie zu den stärksten Verfechtern einer Intervention. In Syrien übte sie seit Sommer 2012 großen Druck aus, damit sich die USA stärker auf Seiten der Rebellen engagierten. Sie ist zudem seit langem eine starke Befürworterin eines NATO-Beitritts der Ukraine und Georgiens und drängte immer wieder auf eine harte Haltung gegenüber Russland. Das alles wird dadurch vervollständigt, dass laut einer Recherche des «Wall Street Journal» die Clinton Foundation aus der Ukraine mehr Auslandsspenden erhalten hat als aus jedem anderen Land.[87]

Nach einem Bericht der «New York Times» vom 20. August 2016 hat etwa der ukrainische Stahlmagnat Viktor Pintschuk über die Jahre zwischen 10 und 25 Millionen US-Dollar an die Clinton Foundation gespendet. Pintschuk ist der zweitreichste Mann der Ukraine und Schwiegersohn des ehemaligen ukrainischen Präsidenten Kutschma, über den er viel zu billig in den Besitz des größten ukrainischen Stahlherstellers kam. Er tritt seit 2004 für eine Westbindung der Ukraine ein und unterstützte die Proteste auf dem Maidan 2013/14 mit großen Summen. Sein Clan steht hinter dem gegenwärtigen Präsidenten Petro Poroschenko. Pintschuk lieh den Clintons zudem seinen Privatjet und nahm 2011 an der Feier zum 65. Geburtstag von Hillary Clinton in Los Angeles teil. Außerdem war er unter den Gästen einer größeren Dinner Party bei den Clintons, und er hat 2012 Hillary Clintons Tochter Chelsea und deren Ehemann in die

Ukraine eingeladen. Zwischen September 2011 und November 2012, also zur Zeit, als Hillary Clinton Außenministerin war, arrangierte einer ihrer früheren politischen Berater ungefähr ein Dutzend Treffen von Mitarbeitern des State Departement mit Vertretern von Pintschuk oder mit Pintschuk selbst.[88]

Hinzu kommt, dass ukrainische Offizielle sich – ob mit oder ohne Segen Poroschenkos, ist nicht bekannt – für die Wahlkampagne von Hillary Clinton engagiert haben. Unter anderem durch die Veröffentlichung eines dubiosen Dokuments, das Zahlungen von Präsident Janukowitsch an Paul Manafort, den Chef der Trump-Kampagne, beweisen sollte und das zu dessen Rücktritt führte. «Donald Trump war nicht der einzige Präsidentschaftskandidat, dessen Kampagne von einem Land des früheren Sowjetblocks unterstützt wurde», folgerte das Internetmagazin «Politico».[89]

Dass Clinton eine Außenpolitik betrieben hätte, mit der die Spannungen gegenüber Russland eher noch verschärft worden wären, darf als sicher gelten. Insofern hatte Putin durchaus ein Motiv, den US-Wahlkampf beeinflussen zu wollen. Doch ob er auch der Täter war und ob es eine Zusammenarbeit mit der Trump-Kampagne gab, muss offenbleiben, solange keine nachvollziehbaren Beweise präsentiert werden. Das allerdings kann im Zuge der Ermittlungen durchaus geschehen, die die Geheimdienstausschüsse von Repräsentantenhaus und Senat seit Januar 2017 sowie der Sonderermittler Robert Mueller, ein ehemaliger FBI-Chef, seit Mai 2017 führen. Nur sicher ist es nicht.

Wie der damalige FBI-Chef James Comey im Januar 2017 vor dem US-Senat aussagte, hat das FBI nie selber Zugang zu den gehackten Servern der Demokraten erhalten, obwohl es darum gebeten hatte. Stattdessen mussten die US-Geheimdienste mit dem Material arbeiten, das ihnen von der Firma Crowdstrike zur Verfügung gestellt wurde. Nur diese konnte die betroffenen Server auswerten.[90] Auch hier ergibt sich für die Öffentlichkeit eine schwierige Lage, da eine unabhängige Überprüfung der Ergebnisse von Crowdstrike so nicht möglich ist. Alles hängt am Vertrauen in die von den Demokraten beauftragte Sicherheitsfirma. Aus diesem Grund können auch alternative Theorien nicht sicher ausgeschlossen werden, wie die, dass es gar keinen Hack gegeben hat, sondern die Daten von einem Insider per USB-Stick direkt in der Zentrale selbst abgezapft wurden.[91]

Es geht nicht darum, die russische Einmischung in den US-Wahlkampf, wenn es sie denn gegeben hat, zu verharmlosen. Zwar dürfte jeder halbwegs informierte Bürger davon ausgehen, dass weltweit alle, die es können, «Aufklärung» in dem Sinne betreiben, dass sie abhören und hacken, was das Zeug hält. Und im Regelfall mit Wissen der jeweiligen Regierung. Das Dossier «Vault 7» von Wikileaks hat gezeigt, wie umfangreich die amerikanische Cyberaufklärung ist.[92] Edward Snowdens Enthüllungen und die NSA-Affäre, die bekannt machte, dass der US-Geheimdienst sogar das Mobiltelefon der Bundeskanzlerin abhörte, haben das ebenfalls verdeutlicht – allerdings auch, wie im Untersuchungsausschuss herauskam, dass die Arbeit des deutschen BND sich eher quantitativ als qualitativ von der Arbeit der US-Dienste unterschied.[93] Aber in der Regel geht es hierbei «nur» um das Sammeln von Informationen, nicht darum, diese anschließend zu veröffentlichen, um die Politik eines anderen Landes zu beeinflussen. Insofern hätte «Grizzly Steppe», wenn es die Operation wirklich gegeben hat und sie tatsächlich auf den russischen Geheimdienst zurückgehen sollte, eine besondere Qualität. Wenn Putin sie angeordnet hat, dann hat er damit leichtfertig an der Eskalationsschraube gedreht und allen Hardlinern in Washington, denen Obama zu «lasch» war, einen Vorwand geliefert, die Konfrontationspolitik gegenüber Russland noch zu verschärfen. Ist das aus russischer Sicht sinnvoll?

Wer die derzeitigen Debatten in den USA verfolgt, dem kann angesichts des Tones, der gegenüber Russland angeschlagen wird, nur Angst und Bange werden. Die «Russland-Affäre» – oder «Russiagate», wie es in Anspielung auf die «Watergate-Affäre» heißt, über die Präsident Nixon stürzte – verbindet sich in den USA mit dem Entsetzen darüber, dass ein Mann wie Donald Trump US-Präsident werden konnte – der Supergau für das Selbstbild der politischen Elite. Insbesondere für die Demokraten und die Clinton-Anhänger bietet sie eine willkommene Möglichkeit, allen selbstkritischen Fragen auszuweichen. Ihre Niederlage ist nur den bösen Machenschaften Moskaus geschuldet. Nicht das amerikanische Volk hat Trump an die Macht gebracht, sondern der Kreml. Das hehre Bild der amerikanischen Demokratie wäre wiederhergestellt. Zudem hoffen viele, Trump über «Russiagate» durch ein Impeachment-Verfahren, eine formale Absetzung, wieder loszuwerden, was die Intensität erklärt, mit der das Thema verfolgt wird. Nicht wenige vergleichen die russische Einmischung inzwischen mit den Angriffen von 9/11, und der unermüdliche John McCain spricht von einem «Act of War»,[94] einem kriegerischen Akt.

Demgegenüber lohnt es, sich den konkreten Effekt der Kampagne vor Augen zu führen. Die geleakten Dokumente haben Hillary Clinton sicherlich geschadet. Aber sie waren doch nur ein kleiner Teil der im Wahlkampf aufgeführten Schlammschlacht. Einen sehr viel größeren Einfluss dürfte die Entscheidung von FBI-Chef James Comey gehabt haben, die Ermittlungen in der E-Mail-Affäre um Hillary Clinton – sie hatte Teile ihrer Dienstkorrespondenz über einen privaten E-Mail-Account geführt – nur elf Tage vor der Wahl wieder aufzunehmen. Und auch RT hat einen verschwindend geringen Einfluss, wenn man es etwa mit dem Sender Fox News vergleicht. Die Wahrheit ist: Die Amerikaner haben Trump aus freien Stücken gewählt, und gegenüber der inneramerikanischen Propaganda trat alles, was aus Moskau kam, zurück. An den Wahlmaschinen gab es, anders als im Vorfeld befürchtet, keine Manipulationen, obwohl Hacks durchgeführt wurden, die ebenfalls mit dem russischen Geheimdienst in Verbindung gebracht werden.[95] Man kann nur hoffen, dass bald wieder die Vernunft einkehrt, bevor die Angst vor russischer Einflussnahme und die Jagd nach russischen Agenten eine Dimension erreichen wie in den 1950er Jahren die Kommunistenhatz unter dem berüchtigten Senator McCarthy.

Die große Aufgabe dieses Jahrhunderts scheint mir zu sein, Feindbilder abzubauen und sich Realitäten zu stellen, statt mit einer westlichen Werteideologie Kreuzzüge anzuzetteln, die nirgendwo auf der Welt im Sinne von Menschenrechten und Menschlichkeit irgendetwas gebracht haben. Es ist höchste Zeit, der immer hysterischer werdenden Dämonisierung Russlands Einhalt zu gebieten. Es erinnert an düstere historische Zeiten, wenn jeder, der sich mit Putin auch nur sehen lässt, ins gesellschaftliche Abseits gerät. Wer an einer Deeskalation interessiert ist, um den Frieden zu erhalten, und das sind sicher nicht alle, der tut gut daran, nicht nur auf die Aktionen des Gegenspielers zu schauen, sondern sich auch ins Bewusstsein zu rufen, worin der eigene Anteil an der Situation besteht. Bundestagspräsident Norbert Lammert hat in seiner Rede anlässlich der Bundespräsidentenwahl am 12. Februar 2017 «Selbstkritik und Selbstkorrektur» angemahnt und daraufhin lang anhaltenden Beifall bekommen. In seiner unnachahmlichen Art setzte er seine Rede mit den Worten fort: «Noch schöner wäre, wenn wir dieser Botschaft selber auch gerecht würden.»[96]

*«Krieg ist nichts als Drückebergerei vor den*
*Aufgaben des Friedens.»*
*(Thomas Mann)*

# Wer bedroht wen?

Anfang März 2014 äußerte sich die damalige amerikanische
Ex-Außenministerin Hillary Clinton erstmals öffentlich zum
Ukrainekonflikt. Sie brachte einen Vergleich, der seitdem in Po-
litik und Medien immer wieder gezogen wird. Bei einem Auftritt
in Kalifornien sagte sie laut dem Bericht einer Lokalzeitung mit
Blick auf die Krim: «Wem das bekannt vorkommt: Es ist das, was
Hitler damals in den dreißiger Jahren tat. ... Hitler sagte stets, die
ethnischen Deutschen, die Deutschen per Abstammung, die in
Gebieten wie der Tschechoslowakei oder Rumänien waren, werden nicht richtig behandelt. Ich muss mein Volk beschützen.»
Wie Hitler sei Putin ein Mann, der glaube, «die russische Größe
wiederherstellen» zu müssen.[1]

Nun werden Hitler-Vergleiche inzwischen so inflationär in der
politischen Rhetorik eingesetzt, dass man dazu neigen könnte,
sie nicht weiter zu beachten. Doch abgesehen von der Instinkt-
losigkeit, jemanden mit Hitler zu vergleichen, dessen Familie in
Leningrad Opfer des nationalsozialistischen Vernichtungskriegs
wurde, hat dieser Fall etwas Entlarvendes. Er zeigt deutlich, wie
diejenigen, die für eine harte Haltung gegenüber Russland eintreten, Putins Politik interpretieren.

Adolf Hitler erhob in der zweiten Hälfte der 1930er Jahre
immer neue Forderungen, um den Versailler Friedensvertrag von
1919, das «Diktat von Versailles», wie es in Deutschland hieß, zu
untergraben. Er führte die Wehrpflicht wieder ein, er verlegte
Truppen in das demilitarisierte Rheinland, er holte Österreich

«heim ins Reich», ebenso das Sudetenland. Die alliierten Mächte, allen voran Frankreich und Großbritannien, waren zu schwach und nicht einig genug, um wirkungsvoll Widerstand zu leisten. Zudem plagte die Briten ein schlechtes Gewissen wegen der harten Regelungen des Versailler Vertrages. Eine gewisse Revision hielt man dort durchaus für angebracht. Darüber hinaus gab es starke Kräfte, die Hitler auch deswegen entgegenkommen wollten, weil sie hofften, seinen Expansionsdrang nach Osten, also in Richtung Sowjetunion, ablenken zu können. Für diese Politik der Nachgiebigkeit wurde der Begriff «Appeasement-Politik» geprägt. Doch sie scheiterte. Hitler wollte immer mehr. Die Zugeständnisse machten ihn nur stärker. Wäre man ihm früher entgegengetreten – vielleicht wäre der Zweite Weltkrieg zu verhindern gewesen?

Es ist genau dieser Zusammenhang, der hergestellt wird, wenn Clinton Putins Politik mit der Hitlers in den 1930er Jahren vergleicht. Auch Putin sei letztlich unersättlich, er wolle sein Einflussgebiet immer weiter ausdehnen. Man müsse ihm entschlossen entgegentreten und ihm Grenzen setzen. Je früher man dies tue, desto weniger werde es kosten. Alle, die gegen diese Politik der Eindämmung durch Abschreckung opponieren, machten denselben Fehler wie die Appeasement-Politiker der Zwischenkriegszeit. Aber die Geschichte ist ein trügerischer Lehrmeister, denn sie pflegt sich nicht so simpel zu wiederholen.

Stephen M. Walt, Harvard-Professor für internationale Beziehungen und ein berühmter Vertreter der sogenannten realistischen Schule der internationalen Beziehungen, hat kürzlich (unter Berufung auf eine klassische Studie von Robert Jervis[2]) darauf hingewiesen, dass es für Staaten zwei sehr unterschiedliche Gründe gibt, sich so zu verhalten, dass sie für andere Staaten bedrohlich erscheinen. Zum einen kann es sein, dass die Staatsspitze gierig oder ruhmsüchtig ist oder aus ideologischen Gründen nach Expansion strebt (das klassische Beispiel wäre Hitler). In anderen Fällen aber agieren Staaten aus Furcht und Unsicherheit und damit nur scheinbar aggressiv. Die besondere Schwierigkeit besteht darin, dass die politische Reaktion unterschiedlich ausfallen muss, je nachdem, worum es sich handelt. Was im ersten Fall angezeigt ist, wäre im zweiten Fall kontraproduktiv und umgekehrt. Im ersten Fall helfen in der Tat – wenn überhaupt – nur Warnungen und glaubhafte Drohungen. Im zweiten Fall verstärken Drohungen und Abschreckung lediglich das Unsicherheitsgefühl der anderen Seite, was diese dann nur noch aggressiver macht. Das führt zwangsläufig in eine Eskalationsspirale wachsender Feindschaft. Walt schreibt: «Wenn das ‹Spiralenmodell› gilt, ist die richtige Antwort ein diplomatischer Prozess des Entgegenkommens und des Appeasements (ja, Appeasement), um die Ängste des unsicheren Staates abzumildern. Solche Bemühungen verlangen nicht, dem Gegner alles zu geben, was er will, oder alle seine Sorgen aus der Welt zu schaffen. Aber es braucht ernsthafte Anstrengungen, um die Unsicherheiten anzugehen, die das störende Verhalten der anderen Seite motivieren.»[3]

Die Frage, ob Putins Politik offensiv-expansiv ist oder einer strategischen Defensive entspringt, ist daher von großer Bedeutung. Es lohnt sich, darüber intensiv zu streiten und die Argumente für und wider sorgfältig abzuwägen. Genau dies fehlt aber in unserer gegenwärtigen politischen Debatte. Politik und Leitmedien gehen überwiegend von einer aggressiv-expansiven Stoßrichtung der russischen Politik aus. Putin sei unberechenbar, man müsse ihm entgegentreten, sonst würden nach Georgien und der Ukraine die baltischen Staaten und Polen die nächsten Opfer seines Expansionsdranges, so suggerieren es Schlagzeilen und politische Statements.

«Der gefährliche Nachbar. Wladimir Putin und die Ohnmacht des Westens», so lautete der Titel des «Spiegel» am 18. August 2008. Hintergrund war der Georgienkrieg. In der oberen Bildhälfte war Wladimir Putin zu sehen, unten rollte eine russische Panzerkolonne auf den Betrachter zu. «Der Brandstifter. Wer stoppt Putin?», hieß es am 10. März 2014. Putin dominierte das Titelbild, neben ihm die Zwerge Cameron, der damalige Premierminister Großbritanniens, Merkel und Obama, Obama mit erhobenem Zeigefinger, Merkel mit weißer Fahne. Am 10. Oktober 2015 zeigte die Titelseite Putin, der in einem Kampfjet auf den Betrachter zufliegt. In der Überschrift hieß es: «Putin greift an. Russlands Weltmachtspiele».[4]

«Greift Moskau nach seinem alten Reich?», fragte die «FAZ» am 19. Dezember 2016. Richard Herzinger war sich am 3. Januar 2017 dagegen sicher: «Putin greift nach Europa – und Europa schaut zu». «Das autoritäre Russland nutzt die Schwäche der westlichen Demokratien aus, um seinen Einfluss auszubauen. Doch die Gefahr wird weiter kleingeredet. Für die liberale Demokratie könnte das tödlich enden», schrieb er in der «Welt». Bereits im September 2014 hatte die «Huffington Post» zu dieser Art Panikmache die passende Begleitmusik geliefert: «Ein russischer nuklearer Erstschlag: das Undenkbare denken».[5] Und am 16. November 2016 war ebendort unter der Überschrift «Eskalation nach Plan: Wenn Putin es will, steht das Ende der NATO bevor» ein Artikel zu lesen, der durchspielte, wie Putin durch die gezielte Instrumentalisierung der russischen Minderheit in Lettland dort einmarschiert und die NATO nur zuschaut.[6]

«Putin drohte mit Einmarsch in Riga und Warschau», verkündete «Spiegel Online» bereits am 18. September 2014. Und auch auf «Focus Online» war zu lesen: «In zwei Tagen in Warschau? Putins Truppen würden Europa überrennen.» Hintergrund war ein Bericht, nach dem Putin gegenüber dem ukrainischen Präsidenten laut dessen Angaben damit geprahlt hatte, auch in diese Länder einmarschieren zu können.[7]

Wenn es darum geht, Ängste vor russischer Aggression zu schüren, ist die «Bild»-Zeitung jedoch unübertroffen. «Geheimdienstbericht. Putin-Bomber probten Raketenangriff über Dänemark», hieß es im November 2014. Man stelle sich vor: das kleine Dänemark! Und 2016 wurde gewarnt: «Putin verlagert Atom-Raketen an EU-Grenze. So heiß wird der neue kalte Krieg». Zur selben Zeit bedrohte Russland laut «Bild» auch Schweden: «Russland-Aggression. Putin schockt Schweden mit zwei Atomschiffen».[8]

Aus der Geschichte des Kalten Krieges wissen wir, wie viel in der Sicherheitspolitik von der gegenseitigen Wahrnehmung abhängt, von Spekulationen und Annahmen über Absichten und Fähigkeiten des Gegners, die oftmals überhaupt nichts mit der Realität zu tun haben. In den 1980er Jahren etwa kam es zu einem der gefährlichsten Momente des Kalten Krieges, als in der Sowjetunion Sicherheitskreise vermuteten, das NATO-Manöver «Able Archer» diene der Vorbereitung eines Atomangriffs auf den Warschauer Pakt. Ist das Vertrauen erst einmal verspielt und rechnen beide Seiten mit dem Schlimmsten, um auf alles vorbereitet zu sein, dann können sich solche Annahmen schnell gegenseitig hochschaukeln. Beide Seiten glauben von sich selbst, defensiv zu handeln, und sehen die Gegenseite als Bedrohung. Und noch etwas sollte man im Kopf behalten: Bei Rüstungswettläufen ist die Sicherheit des einen die Bedrohung des anderen. «Absolute Sicherheit für eine Seite bedeutet absolute Unsicherheit für alle anderen Mächte», schlussfolgerte Klaus Wiegrefe im Juli 2016 im «Spiegel».[9]

Wer sich einem Perspektivwechsel verweigert und die Realität nicht auch einmal vom Standpunkt des Gegenübers aus betrachtet, dem entgeht die eigentliche Dynamik der Prozesse – und der dreht letztlich mit an der Eskalationsspirale. In den aktuellen Analysen zum Konflikt mit Russland ist genau das zu beobachten. In den Berichten werden die Handlungen des Westens nicht selten einfach weggelassen und nur diejenigen Russlands erwähnt. Denn unsere Aktionen dienen ja nur unserer Sicherheit, und das ist doch wohl nicht weiter verwerflich? Von uns geht ja keine Gefahr aus. Wir bedrohen doch niemanden. Aber wie stellt sich das für diejenigen dar, die wir als Gegner identifiziert haben?

Im Dezember 2014 hat Wladimir Putin eine neue russische Militärdoktrin unterschrieben. Darin stuft Russland den Ukrainekonflikt und die NATO-Osterweiterung als Gefahr für die eigene Sicherheit ein. Die NATO habe ihre «Angriffskapazitäten» an den Grenzen zu Russland verstärkt und installiere eine weltumspannende Raketenabwehr. Die Doktrin nennt als militärische Gefahren: «strategische Abwehrsysteme», «Waffen im Weltraum», «nichtatomare strategische Präzisionswaffen» und «‹Prompt Global Strike›-Fähigkeiten». Mit Letzterem ist die Fähigkeit gemeint, innerhalb einer Stunde an jedem Punkt der Erde militärisch zuschlagen zu können. In der Doktrin bekundet Russland aber auch sein Interesse, gemeinsam mit dem Westen Islamismus und Terrorismus zu bekämpfen, die Rüstungskontrolle wiederzubeleben und bei der strategischen Raketenabwehr zusammenzuarbeiten. Etwa zur gleichen Zeit, als die Doktrin veröffentlicht wurde, warf der russische Außenminister Lawrow der Ukraine erneut vor, mit ihrem Streben nach einer NATO-Mitgliedschaft die Sicherheit in Europa zu gefährden.[10] Schon in der Vorgängerdoktrin, die Präsident Medwedew im Februar 2010 unterschrieben hatte, war die NATO mit ihrer Osterweiterung und ihren globalen Funktionen als größte militärische Gefahr von außen genannt worden, ebenso der Aufbau eines «strategischen Raketenabwehrsystems» durch den Westen. Die russische Militärdoktrin aus dem Jahr 2000 hingegen hatte die NATO nicht einmal namentlich erwähnt.[11]

Als der «Stern» im April 2017 die zentralen Konflikte zwischen Russland und den USA beschrieb, nannte er Syrien, die Ukraine, Nordkorea sowie nukleare Rüstung und die angebliche russische Einmischung in den US-Wahlkampf – alles Felder, auf denen der Westen Russland Fehlverhalten vorwirft. Die tiefer liegenden Konflikttreiber aus russischer Sicht – die prinzipiell unbegrenzte NATO-Osterweiterung, wie sich in Georgien und der Ukraine zeigt, und die noch unter George W. Bush geplante, später (2009) unter Obama modifizierte US-Raketenabwehr in Osteuropa – wurden mit keinem Wort erwähnt.[12] Einseitiger geht es nicht.

### *Die weltweiten Militärausgaben im Vergleich*

«Nur jemand, der keinen gesunden Menschenverstand besitzt oder träumt, kann sich vorstellen, dass Russland eines Tages die NATO angreifen könnte», so äußerte sich Wladimir Putin im Juni 2015 in einem Interview mit zwei italienischen Journalisten und verwies auf die weltweiten Militärpotentiale.[13] Tatsächlich lohnt ein Blick auf die Zahlen, um eine realistische Basis für einen Diskurs rund um Russland zu schaffen.

Wenn man Truppenstärken und Verteidigungshaushalte gegenüberstellt, ist es wichtig, vergleichbare Bezugsgrößen zu benutzen, um überhaupt verlässliche Aussagen treffen zu können. Wie viele Menschen leben in dem betreffenden Land? Wie groß ist die Wirtschaftsleistung? Russland hatte 2015 nach Weltbankangaben 144 Millionen Einwohner, die NATO-Mitgliedsstaaten zusammen 924 Millionen, also mehr als sechsmal so viele.[14] Laut IWF betrug die russische Wirtschaftsleistung 2015 1366 Milliarden US-Dollar, die der NATO-Mitgliedsstaaten zusammen 35 775 Milliarden, also mehr als 25-mal so viel.[15]

Wichtig ist natürlich auch, nach der tatsächlichen Kampfkraft der Verbände zu fragen und unterschiedliche Lohn- und Produktionskosten einzubeziehen. Zudem: Hat es in den Jahren zuvor erhebliche Veränderungen gegeben, die aktuelle Wachstumszahlen ihrer Aussagekraft berauben? Für Russland und die USA bedeutet der letztgenannte Punkt zum Beispiel Folgendes: Auf der Grundlage der dramatischen Abrüstung nach dem Ende der Sowjetunion suggerieren hohe Wachstumsraten des russischen Militäretats in den letzten Jahren eine nicht vorhandene Potenz. In den USA gibt es ähnliche Effekte: Dadurch, dass sie die aus Europa abgezogenen Kräfte teilweise wieder zurückverlegen, entstehen Kosten, die man einer klassischen Aufrüstung seriöserweise nicht zurechnen kann. Das alles muss man berücksichtigen, wenn Statistiken Aussagewert haben sollen.

Das unabhängige schwedische Friedensforschungsinstitut

Sipri veröffentlicht jährlich Zahlen zu den weltweiten Rüstungsausgaben. 2016 betrug der US-Militärhaushalt laut Sipri 611 Milliarden US-Dollar, das ist eine Steigerung von 1,7 Prozent gegenüber dem Vorjahr. Damit entfielen auf die USA mehr als ein Drittel (genau 36 Prozent) aller Militärausgaben weltweit.

Russland gab im gleichen Zeitraum umgerechnet 69,2 Milliarden US-Dollar aus, was eine Steigerung von 5,9 Prozent bedeutet im Vergleich zum Vorjahr. Russlands Anteil an den weltweiten Militärausgaben betrug allerdings gerade einmal 4,1 Prozent. In einer ähnlichen Dimension bewegt sich auch Saudi-Arabien mit von Sipri geschätzten 63,7 Milliarden US-Dollar.

Vergleicht man die Ausgaben etwas längerfristig, dann offenbaren sich sehr unterschiedliche Entwicklungen. Die US-Verteidigungsausgaben sind laut Sipri zwischen 2007 und 2016 um 4,8 Prozent gesunken. Diese Aussage verwischt allerdings, dass der Höhepunkt der US-Ausgaben in den Jahren 2009 bis 2012 lag (nicht zuletzt wegen der Kriege im Irak und Afghanistan). Da gaben die USA nämlich jährlich um die 700 Milliarden US-Dollar aus, mal knapp darunter, mal knapp darüber.

Russlands Aufwendungen sind dagegen zwischen 2007 und 2016 um 87 Prozent gestiegen und die Chinas gar um 118 Prozent. Man sieht in der Statistik, dass Russland seine Militärausgaben in den Jahren der hohen Ölpreise stark ausgedehnt hat. Doch solche Steigerungsraten können leicht einen falschen Eindruck erwecken, wenn man das Ausgangsniveau unberücksichtigt lässt. Im Vergleich zu den NATO-Staaten wirken die russischen Ausgaben insgesamt jedenfalls nicht sehr bedrohlich.

Sieht man sich die europäischen NATO-Staaten an, dann entfallen auf die Europäer 2016 etwa 255 Milliarden US-Dollar. Das heißt, allein die europäischen NATO-Mitglieder gaben 2016 für ihr Militär fast viermal so viel aus wie Russland. Nimmt man die Militärausgaben der NATO-Mitgliedsstaaten insgesamt, so kommen die russischen Ausgaben nur auf knapp 8 Prozent dieser Summe. Mit anderen Worten: Die Militärausgaben aller NATO-Staaten zusammengenommen waren mehr als zwölfmal so hoch wie die Russlands. Die NATO-Staaten bringen es gemeinsam auf knapp über die Hälfte der weltweiten Militärausgaben.

Nun muss allerdings noch etwas berücksichtigt werden. Die russischen Aufwendungen 2016 wurden durch einen Einmaleffekt verzerrt. Die russische Regierung hatte sich entschieden, aufgelaufene Schulden bei Waffenproduzenten zu begleichen, die entsprechend in den Haushalt eingestellt wurden und laut Sipri 11,8 Milliarden US-Dollar ausmachten. Rechnet man die heraus, betragen die russischen Militärausgaben nur noch 57,4 Milliarden US-Dollar. Aus der Steigerung um 5,9 Prozent gegenüber dem Vorjahr wird dann eine Kürzung von 12 Prozent, und das Verhältnis zu den NATO-Ausgaben verändert sich natürlich entsprechend, Russlands Anteil wird noch kleiner.[16]

Auch der folgende Punkt verlangt Aufmerksamkeit. Es kursieren leicht abweichende Zahlen, da man unterschiedlicher Auffassung sein kann, welche Ausgaben genau zum Militäretat gerechnet werden müssen und welche nicht. Über die Höhe der Einmalzahlung gibt es ebenfalls unterschiedliche Annahmen. Das konservative amerikanische Magazin «The National Interest» etwa kommt für 2016 auf einen leicht niedrigeren russischen Militäretat von 3,07 Billionen Rubel oder nach heutigem Rubelkurs knapp unter 54 Milliarden US-Dollar ohne die Einmalausgaben.[17] Das britische Forschungsinstitut IISS (International Institute for Strategic Studies) gibt für 2016 3,15 Billionen Rubel an, was nach heutigem Umrechnungskurs etwa 55 Milliarden US-Dollar entspricht. Nach beiden Schätzungen fällt Russland 2016 im Ranking der höchsten Militärausgaben von Rang 3 auf Rang 6 zurück – hinter Frankreich und Indien.

Für 2017 hat Russland ebenfalls Kürzungen im Militäretat angekündigt, der auf 2,84 Billionen Rubel sinken würde, also nach heutigem Dollarkurs etwa 50 Milliarden US-Dollar. Das wären 5 Milliarden weniger, als alleine Frankreich ausgibt. Nimmt man die absolute Zahl von 2016, wäre das ein Rückgang um 25 Prozent. Rechnet man den Einmaleffekt 2016 heraus, dann wäre es, auf die Sipri-Zahlen bezogen, erneut, ähnlich wie schon 2016, ein Rückgang von etwa 13 Prozent.[18] Für 2018 und 2019 sind weitere, allerdings deutlich geringere Kürzungen angekündigt. Erwartet man das von einer Macht, die sich gerade anschickt, die NATO herauszufordern und die nach den baltischen Staaten und Polen greift? Natürlich spiegeln die sinkenden Militärausgaben auch die wirtschaftlichen Probleme Russlands wider angesichts eines niedrigen Ölpreises. Doch wäre es für eine expansiv-aggressive Macht nicht logisch, eher alle anderen Budgets noch stärker zu kürzen? Donald Trump hat übrigens angekündigt, die US-Militärausgaben 2017 um 54 Milliarden US-Dollar zu erhöhen.[19] Allein diese Aufstockung wäre größer als der gesamte russische Militäretat.

Auch ein Langzeitvergleich der Militärausgaben in Relation zur Wirtschaftskraft eines Landes ist sehr erhellend. Er zeigt, welchen Anteil der jährlich erwirtschafteten Güter ein Land für das Militär ausgibt, und verschafft einen akkurateren Eindruck von den Rüstungsanstrengungen als die absoluten Zahlen. In den USA betrug dieser Wert vor dem 11. September 2001 etwa 3 Prozent. Danach stieg er kontinuierlich an bis zum Höhepunkt im Jahr 2010, auf dem er 4,7 Prozent erreichte. Anschließend sank er auf 3,3 Prozent in 2016 ab.

Bei Amtsantritt Putins, im Jahr 2000, lag dieser Wert in Russland bei 3,6 Prozent. Danach bewegte er sich bis 2013 auf und ab zwischen 3,3 und 4,2 Prozent. 2014 stieg er auf 4,5 und 2015 auf 4,9 Prozent. Mit der Einmalzahlung machte er 2016 5,3 Prozent aus, ohne diese etwa 4,4 Prozent. 2017 wird er – so wie es aussieht – wieder sinken und damit eventuell sogar wieder hinter die USA zurückfallen. Zum Vergleich: Saudi-Arabien kommt auf geschätzte 10 Prozent.[20] In Georgien betrug dieser Wert im Vorfeld von Saakaschwilis Überfall auf Südossetien 9,2 Prozent.[21] Hitlerdeutschland brachte es 1938, im Jahr bevor es den Zweiten Weltkrieg vom Zaun brach, auf mehr als 17 Prozent des Volkseinkommens.[22] In Relation zur Wirtschaftskraft des Landes hat Russland demnach in den letzten Jahren ungefähr genauso viel für sein Militär ausgegeben wie die USA. Wenn diese Zahlen also für Russland auf eine aggressive Aufrüstung hindeuten, wie nennt man das dann bei der Vormacht des Westens? Investitionen in Frieden und Sicherheit?

Interessant ist übrigens auch die Berichterstattung über die Kürzung des russischen Militäretats 2017. «Jane's Defence», eine der angesehensten militärischen Fachzeitschriften, hatte gemeldet, die russischen Einsparungen von 2016 auf 2017 betrügen 25 Prozent – eine Nachricht, die sofort die Runde machte und so gar nicht ins Bild der aggressiven Großmacht passte. Deswegen wurde sie rasch – und zu Recht – etwa von Zeitschriften wie «The National Interest», die den Russlandexperten Michael Kofman zitierte, unter Verweis auf die Einmalzahlungen relativiert. Auch die «FAZ» griff diese Korrektur auf, die «Jane's» Nachricht als «falsch» enthüllte. Allerdings «vergaß» der verantwortliche Redakteur anschließend, die Einmalzahlungen auch aus dem absoluten Etat für 2016 herauszurechnen, und verkündete, der russische Militäretat sei weltweit der drittgrößte, hinter China und den USA, was nur unter Einschluss der Einmalzahlungen stimmt. Also: Entweder hatte Russland 2016 den drittgrößten Militäretat, dann betragen die Kürzungen 2017 aber auch 25 Prozent. Oder Russland kürzte 2017 «nur» um die 10 Prozent, dann lag das Land nach den Sipri-Zahlen 2016 aber eben auch auf Rang 4, hinter Saudi-Arabien und nur noch knapp (2 Milliarden US-Dollar) vor Indien und Frankreich. Nimmt man die niedrigeren Zahlen des IISS, auf das sich die «FAZ» berief, dann wäre es, wie erwähnt, sogar Rang 6 gewesen.[23]

### Truppenstärken und Militärstützpunkte

Doch wie übersetzen sich diese Zahlen in Truppenstärken und Bewaffnung? Hier ist ein Vergleich zwischen der Zeit der Sowjetunion und heute hilfreich. Am Ende des Kalten Krieges sah das Kräfteverhältnis so aus: 5 386 000 Soldaten der NATO-Staaten standen 6 308 000 Soldaten der Staaten des Warschauer Paktes gegenüber. Während die NATO-Staaten lediglich über 32 883 aktive Kampfpanzer verfügten, hatten die Sowjetunion und ihre Verbündeten 70 125. Bei den Flugzeugen gab es eine allerdings nur leichte Überlegenheit der NATO-Staaten. Dort waren 9682 Kampfflugzeuge stationiert, in den Staaten des Warschauer Paktes 7 225.[24]

Schaut man sich die entsprechenden Angaben für das Jahr 2017 an, dann stößt man auf dramatische Veränderungen. 3 203 000 Soldaten der NATO-Staaten stehen 831 000 russischen Soldaten gegenüber. Die NATO-Staaten verfügen über 9814 aktive Kampfpanzer, Russland über 2950, die NATO hat 6197 aktive Kampfflugzeuge, Russland 1251. Auch in Europa ist das Kräfteverhältnis insgesamt eindeutig: 1 861 000 NATO-Soldaten sind hier stationiert.[25] Das ist über eine Million mehr, als Russland überhaupt, also nicht nur auf dem europäischen Schauplatz, zur Verfügung hat.

Damit man nicht Äpfel und Birnen miteinander vergleicht, muss man sich zudem den Modernisierungsgrad der jeweiligen Streitkräfte genauer anschauen – so gut das eben möglich ist. Russland hat in den letzten Jahren viel in die Modernisierung investiert und eine Reihe neuer Waffensysteme entwickelt – darunter erstmalig ein Gegenstück zu den amerikanischen Cruise Missiles und stark verbesserte Flugabwehrsysteme, die beide in Syrien zum Einsatz kamen. Wie tief dies jedoch tatsächlich in die Streitkräfte hineinreicht, kann von außen schlecht beurteilt werden. In der Spitze können die russischen Truppen mit den am besten ausgerüsteten westlichen Bataillonen mithalten, in der Breite jedoch, insbesondere im Vergleich mit der US-Armee, vermutlich nicht. Allerdings haben auch die osteuropäischen NATO-Staaten, mit Ausnahme Polens, starke Defizite in der Modernisierung ihrer Streitkräfte. Russland wäre wohl in der Lage, sich kurzfristig in Osteuropa gegenüber der NATO zu behaupten. In einem längeren Konflikt wäre es jedoch ohne jede Chance. Ebenso klar ist aber auch, dass die russische Armee inzwischen sehr viel schlagkräftiger ist als noch zur Zeit des Georgienkrieges von 2008.[26]

Sehr aufschlussreich ist ein Vergleich der weltweiten Militärpräsenz. Es gibt, wenn man die Krim nicht hinzurechnet, insgesamt elf russische Stützpunkte im Ausland.[27] Neun befinden sich, grob gesagt, entlang der Grenzen Russlands und nur zwei im «weiteren» Ausland, nämlich in Vietnam und in Syrien. Cam Ranh in Vietnam war in sowjetischen Zeiten die größte Militärbasis. Nach dem Zerfall der Sowjetunion wurde sie von Russland nicht mehr genutzt und 2002 komplett verlassen (zwei Jahre nach Putins Amtsantritt). 2013 reaktivierte man den ehemaligen Stützpunkt als Reparaturwerft für russische U-Boote. Dazu existiert ein Vertrag mit der vietnamesischen Regierung.

Die neun russlandnahen Basen unterscheiden sich in ihrer Ausstattung und bezüglich ihrer Aufgaben wesentlich. Eine der stärksten Stellungen (etwa 5000 Soldaten) befindet sich wegen der bedrohlichen Nähe zu Afghanistan in Tadschikistan. In Armenien sind etwa 3300 Soldaten und auch einige Kampfjets stationiert. In sowjetischen Zeiten hatte das mit der Türkei zu tun, jetzt eher mit Berg-Karabach, der zwischen Armenien und Aserbaidschan umstrittenen Enklave. Jeweils etwa 3500 Mann befinden sich auf dem Territorium der international nicht anerkannten Republiken Abchasien und Südossetien. Beides sind Gebiete, die nach westlicher Lesart zu Georgien gehören. Lediglich etwa 500 Soldaten sitzen mit ihren zugehörigen Kampfjets in Kirgistan auf einem Luftwaffenstützpunkt. In Weißrussland werden Radaranlagen betrieben. Auch in Kasachstan bleibt noch eine Radaranlage, hier jedoch mit einem Testgelände für Raketentruppen, das gelegentlich genutzt wird, nachdem Baikonur, die Weltraumstation, 2011 vom russischen Militär verlassen und die Verwaltung an die Raumfahrtbehörde Roskosmos übergeben wurde, zuständig für die zivile Nutzung des Weltraums. Einigermaßen kompliziert ist die Lage in Moldawien und der von ihr abgespaltenen, selbsternannten Republik Transnistrien. Da gibt es zwei Militärkontingente, beide auf dem Gebiet Transnis triens. Das kleinere in einer Stärke von etwa 400 Soldaten – früher waren es mehr – ist ein Friedensbataillon, das aufgrund des Waffenstillstandsabkommens von 1992 zwischen Moldawien, Transnistrien und Russland, das den Bürgerkrieg beendete, dort offiziell stationiert ist.[28] Moldawien versucht seit geraumer Zeit, diese Truppen loszuwerden bzw. sie durch zivile UN-Beobachter ersetzen zu lassen. Russland seinerseits beruft sich auf das entsprechende Abkommen, in dem festgeschrieben ist, dass diese Friedensmission bis zu einer politischen Lösung des Konflikts dauern wird. Darüber hinaus befinden sich ca. 1000 weitere russische Soldaten in Transnistrien, die sogenannte Operationelle Gruppe der Streitkräfte der Russischen Föderation, für die es keine Stationierungsverträge mit der moldawischen Regierung gibt. Mit anderen Worten, hier fehlt die rechtliche Basis. Die offizielle russische Erklärung geht so: In einem Dorf nördlich der Stadt Tiraspol liegt ein riesiges Waffenlager der alten Sowjetunion mit Tonnen von Munition, die eigentlich vernichtet werden soll. Jedenfalls darf dieses Material – so die Position Russlands – nicht in die Hände von Separatisten gelangen. Die Vernichtung scheitert daran, dass die Separatisten den Abtransport nicht erlauben.[29]

Bleibt Syrien. Im Januar 2017 unterzeichneten die russische und syrische Regierung ein Abkommen, mit dem Syrien Russland den Mittelmeerstützpunkt Tartus für 49 Jahre überlässt. Die russische Marine darf den Hafen für größere Kriegsschiffe ausbauen. Auf diese Weise wird aus dem bis dahin sogenannten «Stützpunkt für materiell-technische Versorgung von Schiffen der russischen Marine» eine richtige Marinebasis. Zudem darf Russland nach dem Vertrag den Hafen mit eigenen Waffen gegen Angriffe aus der Luft und von See verteidigen.[30] Und russische Luftstreitkräfte befinden sich seit dem 30. September 2015 auf einem Teil des internationalen Flughafens von Latakia (Hmeimim), dort sollen auch Kampfpanzer, Mannschaftstransporter und Artillerie stationiert sein.

Die russischen Militärbasen im Ausland lassen sich auf knapp zwei Buchseiten also erschöpfend abhandeln. Würde man dasselbe für die USA versuchen, entstünde ein ganzes Buch. Fast 800 Stützpunkte unterhalten die Vereinigten Staaten im Ausland, und zwar in mehr als 70 Ländern.[31] Sie verteilen sich über den gesamten Globus. Insgesamt sind auf ihnen ungefähr 150 000 US-Soldaten permanent stationiert, allein in Deutschland sind es rund 38 000, in Japan 49 000 und in Südkorea 28 000.[32] Hinzu kommen strategische Flottenverbände um riesige atomgetriebene Flugzeugträger – elf sind gegenwärtig im Dienst, Trump will diese Zahl auf zwölf erhöhen, Russland hat einen –, die permanent auf den Weltmeeren kreuzen und eine globale Militärpräsenz ermöglichen. Dem entspricht das Programm «Prompt Global Strike», das Präsident George W. Bush 2003 ins Leben rief. Es verfolgt das Ziel, überall auf der Welt innerhalb einer Stunde mit konventionell bestückten Raketen, Drohnen oder Marschflugkörpern zuschlagen zu können.

Wenn man die militärischen Fähigkeiten, die Rüstungsausgaben und die globale Präsenz der NATO bzw. der USA und von Russland miteinander vergleicht, so stellt sich jedenfalls die Frage, wer hier eigentlich wen bedroht. Die Antwort hängt natürlich davon ab, wo man fragt ...

### Aggressiv oder defensiv?

Im Vorfeld des Warschauer NATO-Gipfels vom Juli 2016 verabschiedete die Parlamentarische Versammlung der NATO eine Resolution, in der vor einer «potentiellen Bedrohung» durch eine Aggression Russlands gewarnt wurde. Der Vorsitzende der Parlamentarierversammlung, der US-Amerikaner Michael Turner, ließ verlauten, die Herausforderung durch Russland sei «real und ernst». Und Jens Stoltenberg, der NATO-Generalsekretär, ergänzte, man sende «ein starkes Signal an jeden potentiellen Gegner, dass ein Angriff gegen Polen wie ein Angriff gegen die gesamte Allianz gesehen würde».[33] Schon im Februar 2016 hatte der NATO-Oberbefehlshaber, Philip Breedlove, Russland als eine «existenzielle Bedrohung» für die USA und die NATO als Ganzes bezeichnet. Im Juni 2016 tauchte zudem ein Zitat des dänischen NATO-Offiziers Oberst Jakob Larsen auf, Kommandeur des NATO-Vorpostens in Litauen: Die NATO müsse wieder lernen, «den totalen Krieg zu führen». Und Litauens Verteidigungs-minister, Juozas Olekas, ließ sich mit den Worten zitieren, Russ-land könne ein grenznahes Manöver für eine Invasion nutzen.[34]

Bereits auf dem NATO-Gipfel in Wales im September 2014 hatte die NATO als Antwort auf die Ukrainekrise einen Ak-tionsplan beschlossen, der Folgendes beinhaltete: eine deutliche Verstärkung der schnellen Eingreiftruppen sowie vermehrte Patrouillenflüge, intensivierte Ausbildungsbemühungen in den östlichen NATO-Staaten und gemeinsame Militärmanöver.[35] Im Rahmen ihrer «European Reassurance Initiative» haben insbe-sondere die USA seitdem vor allem in den baltischen Staaten und Polen unter dem Namen «Operation Atlantic Resolve»[36] zahlreiche Manöver durchgeführt und zu diesem Zweck immer wieder größere Truppenverbände in diese Länder verlegt. Außer-dem wurden dort große Lager mit militärischer Ausrüstung an-gelegt, um die Truppenzahl im Konfliktfall schnell aufstocken zu können.[37] Auf dem Warschauer Gipfel im Juli 2016 beschloss die NATO dann unter anderem, ihre militärische Präsenz in den drei baltischen Staaten und in Polen durch je ein Kampfbataillon mit um die 1000 Mann auch regulär zu verstärken. Diese sollten allerdings nicht fest stationiert werden, sondern «rotieren», um die NATO-Russland-Grundakte von 1997 nicht zu verletzen.[38] Zusätzlich entsandten die USA auf einer bilateralen Basis im Rahmen der «Operation Atlantic Resolve» noch ein-mal 4000 Mann nach Osteuropa, so dass insgesamt mehr als 8000 Mann zur «Abschreckung» neu an den russischen Grenzen stationiert wurden.[39]

Worauf stützt sich die Wahrnehmung in der NATO, Russland sei aggressiv und bedrohe ganz konkret die baltischen Staaten und Polen? Ein Papier der Stiftung Wissenschaft und Politik

(SWP) analysierte unmittelbar vor dem Warschauer NATO-Gipfel genau diese Frage und kam zu dem Schluss, dass es keine konkreten Hinweise gebe.[40] Das Bedrohungsgefühl speise sich nicht aus einem beobachtbaren militärischen Aufmarsch Russlands an den Bündnisgrenzen, sondern aus Annahmen über Russlands militärische Fähigkeiten und seine politischen Absichten. Zudem habe Russlands Verhalten im Ukrainekonflikt die europäische Sicherheitsordnung erschüttert und die Wahrnehmung Russlands verändert. Insbesondere müsse befürchtet werden, dass Moskau auch in den baltischen Staaten zum Mittel der hybriden Kriegsführung – also der Kombination konventioneller und irregulärer Kampfweisen[41] – greife und die russischen Minderheiten aufhetze. Russland habe außerdem seine Streitkräfte modernisiert und damit seine Kampfkraft stark erhöht, fasst das Papier die Sichtweise der NATO zusammen. Auch hätten seine militärischen Aktivitäten und die Alarmübungen in den westlichen Landesteilen deutlich zugenommen. In Syrien habe man sehen können, wozu die russischen Luftstreitkräfte und Raketentruppen inzwischen in der Lage seien.

Zudem könne Moskau in den baltischen Staaten «geografische Vorteile» nutzen und einen Überraschungsschlag gegen Estland und Lettland führen. Die dort stehenden Truppen könnten einen solchen Überfall nicht nur nicht aufhalten, Russland habe auch die Anti-Access-/Area-Denial-Fähigkeiten, um ihre Verstärkung durch Luft- und Seetransporte zu verhindern. NATO-Eingreiftruppen müssten sich daher auf dem Landweg durchschlagen. Dieser führt durch einen nur 65 Kilometer breiten Streifen, in dem Polen und Litauen eine gemeinsame Grenze haben und der von der russischen Enklave Kaliningrad, dem ehemaligen Königsberg, auf der einen und Weißrussland auf der anderen Seite eingefasst wird und von dort aus bedroht werden kann. Um diesen strategischen Nachteil auszugleichen, müssten die Truppen in den baltischen Staaten verstärkt werden, so die Argumentation.

Die Bedrohungsszenarien entspringen demnach militärstra-

tegischen Planspielen, deren Aufgabe es ist, etwaige Sicherheits-
lücken aufzuspüren, wenn es denn eine russische Aggression geben sollte. Das SWP-Papier hält einen russischen Angriff auf die
baltischen Staaten allerdings für wenig realistisch. Insbesondere
würden sich solche Überlegungen zu sehr auf taktisch-operative
Szenarien in einer begrenzten Region konzentrieren und die
strategischen Folgen eines russischen Angriffs auf die baltischen
Staaten vernachlässigen. Denn anders als im Falle der Krim
würde ein Angriff hier den Bündnisfall der NATO auslösen und
weltweite Gegenmaßnahmen des erdrückend überlegenen westlichen Militärbündnisses zur Folge haben. Kein kühl kalkulierender Machtpolitiker, und Wladimir Putin ist einer, würde
einen solchen Schritt unternehmen, der an Harakiri grenzt.

Wie aber sieht die russische Seite die NATO-Verstärkungen in
den baltischen Staaten? Laut dem SWP-Papier hat sich infolge
der NATO-Osterweiterung von 2004 in Moskau zunehmend der
Eindruck verfestigt, die USA und ihre Verbündeten verfolgten
gegenüber Russland eine geopolitische Eindämmungsstrategie.
Die Enklave Kaliningrad sei durch den NATO-Beitritt der baltischen Staaten «eingekreist» worden. Zudem habe man sich nicht
an Versprechungen gehalten, die Russland gemacht worden waren, um die NATO-Osterweiterung zu kompensieren.[42] Ein Blick
in die NATO-Russland-Grundakte von 1997 zeigt, dass der KSE-
Vertrag, der die Abrüstung konventioneller Waffen in Europa
zum Gegenstand hatte, eigentlich angepasst werden sollte
(A-KSE), denn den Warschauer Pakt, den Gegenspieler der NATO,
gab es nicht mehr, die Sowjetunion hatte sich aufgelöst und die
NATO sich nach Osten erweitert.[43] Der A-KSE-Vertrag war 1999
in Istanbul unter dem Schirm der OSZE verhandelt worden.[44]
Russland, Weißrussland, Kasachstan und die Ukraine haben ihn
2004 ratifiziert. Die NATO-Mitglieder taten dies nicht, da sie
diesen Schritt von einem Abzug der russischen Truppen aus
Abchasien, Südossetien und Transnistrien abhängig machten.
Diese Bedingung hatte die NATO einseitig im Jahr 2000 auf
ihrem Außenministertreffen in Florenz beschlossen, und zwar

aus Protest gegen den zweiten Tschetschenienkrieg.[45] In Istanbul war 1999 zwar über konkrete Schritte in diese Richtung verhandelt worden (deshalb erfolgt in diesem Zusammenhang immer der Verweis auf die «Istanbul Commitments»), einer Kopplung der beiden Vorhaben in dem Sinne, dass der Abzug Vorbedingung für die Ratifizierung wäre, hatte Russland aber nie zugestimmt. «Damit verknüpfte die NATO zwei subregionale Konflikte mit einem gesamteuropäischen Stabilitätsinstrument», heißt es dazu im «Friedensgutachten 2008», dem Jahrbuch der führenden deutschen Friedensforschungsinstitute.[46]

Überhaupt werden die «Istanbul Commitments» häufig höchst einseitig dargestellt. Meist wird einfach behauptet, Russland habe sich verpflichtet, seine Truppen aus den umstrittenen Regionen abzuziehen. Das stimmt zwar für Moldawien (obgleich auch hier umstritten ist, ob die Friedenstruppen mit eingeschlossen sind), aber nicht für Georgien. Im Falle der Kaukasusrepublik ist in dem entsprechenden Dokument nur von einer «Reduzierung» der russischen Militärpräsenz die Rede, von einer Schließung der Militärbasen in Wasiani und Gudauta bis Mitte 2001 und von Verhandlungen über die Basen in Batumi und Achalkalaki. Ein Abzug der Friedenstruppen in Südossetien und Abchasien kommt in dem Dokument überhaupt nicht vor.[47] Wasiani wurde, wie erwähnt, tatsächlich im Juni 2001 geschlossen, Batumi und Achalkalaki 2007. Bleibt Gudauta in Abchasien als Streitpunkt. Russland und Georgien hatten sich darauf geeinigt, dass Teile der Basis von den Friedenstruppen weiter genutzt werden dürften. Moskau erklärte, sich daran zu halten, Tiflis bezweifelte das. Russland hat sich jedenfalls durchaus bewegt. Auch im Falle Moldawiens hatte Moskau mit dem Abzug von Truppen und Material begonnen, wurde aber, wie erwähnt, von den Separatisten in Transnistrien daran gehindert.[48] Man kann also nicht behaupten, dass Russland einfach nur blockiert hätte. Dass der Westen dennoch die Ratifizierung des A-KSE-Vertrages aussetzte, erklären sich einige damit, dass dies der Bush-Administration erlaubte, «ihre grundsätzlich rüstungskontrollfeindliche Haltung hinter vermeintlichen Sachforderungen zu verstecken».[49]

In jedem Fall wurde hier vom Westen eine Chance für sichere
Rüstungskontrolle und Abrüstung leichtfertig verspielt. Zusätzlich muss man wissen, dass Litauen, Lettland und Estland sowie
Slowenien, Kroatien und Montenegro nicht dem KSE-Vertrag
zur Begrenzung der konventionellen Rüstung in Europa angehören. Da der A-KSE-Vertrag nicht ratifiziert wurde und diese
Länder auch dem KSE-Vertrag nicht beitraten, war aus russischer Sicht in den baltischen Staaten ein potentielles Aufmarschgebiet der NATO entstanden, das durch keinerlei Verträge beschränkt ist.

Zwar hält die NATO-Russland-Grundakte als Prinzip fest,
dass die NATO ihre Verteidigungspflichten gegenüber den
neuen Beitrittsstaaten eher dadurch leistet, dass sie die jeweiligen landeseigenen Streitkräfte unterstützt, «als dass sie zusätzlich substantielle Kampftruppen dauerhaft stationiert».
Aber – wenn nötig – können «Verstärkungen erfolgen für den
Fall der Verteidigung gegen eine Aggressionsdrohung und für
Missionen zur Stützung des Friedens».[50] Diese relativ schwammigen Regelungen hat die Allianz nie konkretisiert. Wie man an
der heutigen Diskussion sieht, fällt eine «anhaltende, rotierende» Stationierung zudem offenbar nicht unter den Begriff
«dauerhaft» – eine Sichtweise, die in russischen Ohren wohl eher
nach Wortklauberei klingt.

Zurück zum SWP-Papier. Da Beobachtungsflüge und Inspektionen unter dem Dach der OSZE keinerlei Hinweise für eine
russische Truppenkonzentration an den Grenzen der NATO-
Staaten ergeben hätten, würde die russische Seite in den entsprechenden Aktivitäten der NATO-Staaten in Osteuropa eine Strategie der Konfrontation sehen und nicht eine Reaktion auf eine
Bedrohung der baltischen Staaten.[51] Daher reagiere Russland
auf die Verstärkung der NATO-Truppen direkt an seiner eigenen
Grenze seinerseits mit der Verstärkung von Truppen in den westlichen Landesteilen, mit der Stationierung von nuklearen Kurz-

streckenraketen in Kaliningrad und mit Manövern, in denen eine Bedrohung aus dem Westen bekämpft wird.

An diesem Beispiel sieht man sehr gut, wie eine Eskalationsspirale in Gang kommt, weil beide Seiten unfähig sind, die Position des Gegenspielers als defensiv zu begreifen. Der Westen nimmt die russischen Sicherheitsinteressen nicht ernst, während umgekehrt die russische Seite das als Bedrohung wahrnimmt, was als Befriedigung baltischer und polnischer Sicherheitsinteressen gedacht ist.

Aufgabe von Politik ist es, aus diesem Teufelskreis herauszufinden, und nicht, dazu beizutragen, dass sich die Eskalationsspirale noch schneller dreht. Aber genau das passiert seit geraumer Zeit. Wie dieser Mechanismus funktioniert, zeigt beispielhaft der Streit um das Raketenabwehrsystem der USA und der NATO, das seit etwa zehn Jahren die Beziehungen des Westens zu Russland beinahe genauso sehr vergiftet wie die NATO-Osterweiterung.

### *Die US-Raketenabwehr und das nukleare Gleichgewicht*

Schon im Kalten Krieg versuchten die USA ein Raketenabwehrsystem zu entwickeln, das Schutz geboten hätte vor den nuklearen Interkontinentalraketen der Sowjetunion. Dazu gehörte etwa Ronald Reagans damals noch wie Science-Fiction anmutendes SDI-Programm. Das Gleichgewicht zwischen den atomaren Supermächten beruhte auf der sicheren Fähigkeit, sich wechselseitig atomar vernichten zu können (Mutual Assured Destruction, MAD). Selbst bei einem nuklearen Erstschlag der einen Seite war die jeweils andere in der Lage, vernichtend zurückzuschlagen, was man als Zweitschlagfähigkeit bezeichnet. SDI wäre auch deshalb so brisant gewesen, weil eine funktionierende amerikanische Raketenabwehr gegen Interkontinentalraketen Russland diese Zweitschlagfähigkeit genommen hätte. Anders ausgedrückt: Ein Erstschlag der USA wäre wieder denkbar und das Gleichgewicht somit Geschichte gewesen. Deswegen plante Reagan auch, die Sowjetunion später, wenn alles fertiggestellt sein würde, an dem System zu beteiligen. Doch sein Weltraumvorhaben wurde mit dem Ende des Kalten Krieges ad acta gelegt.

In den 1990er Jahren wurden die Pläne für eine Raketenabwehr an die neuen Realitäten angepasst, und Anfang 1999 wurde, noch unter Präsident Clinton, der National Missile Defence Act verabschiedet, der eine abgespeckte nationale Raketenabwehr zum Ziel hatte. Theoretisch richtete sich diese vor allem gegen die beiden «Schurkenstaaten» Iran und Nordkorea und deren mögliches Nuklearpotential. Praktisch betrachtet, können entsprechende Abfangraketen aber natürlich auch gegen andere Länder eingesetzt werden, wenn der Stationierungsort und die militärischen Fähigkeiten es erlauben. Es war klar, dass diese Pläne das Potential hatten, einen neuen globalen Rüstungswettlauf einzuläuten. Russland und China waren jedenfalls alarmiert. Im Dezember 1999 verabschiedete die Vollversammlung der Vereinten Nationen dementsprechend eine Resolution, in der die USA dazu aufgefordert wurden, von diesen Plänen Abstand zu nehmen. Mit den USA stimmten damals nur Israel, Albanien und Mikronesien gegen die Resolution.[52]

Nach den Anschlägen des 11. September 2001 beschleunigte George W. Bush das Vorhaben. Er hatte allerdings ein Problem: Der 1972 mit der Sowjetunion geschlossene ABM-Vertrag verbot – aus den eben geschilderten Gründen – die Entwicklung einer solchen Raketenabwehr. Am 13. Dezember 2001 gab George W. Bush daher bekannt – vertragskonform mit einer sechsmonatigen Kündigungsfrist –, dass sich die USA einseitig aus dem ABM-Vertrag zurückziehen würden. Russland protestierte scharf gegen diesen Schritt und trat seinerseits als Reaktion darauf vom START-II-Abkommen zurück. START II verbot landgestützte Interkontinentalraketen mit Mehrfachsprengköpfen, die sich besonders zur Überwindung von Raketenabwehrsystemen eignen.

Statt Rüstungskontrolle und Abrüstung stand das Gegenteil auf der internationalen Agenda. In Moskau wuchs die Sorge, seine Zweitschlagkapazität gegenüber den USA zu verlieren, d. h., auf einen überraschenden atomaren Erstschlag der USA nicht mehr mit einem vernichtenden Gegenschlag reagieren zu können. Dass die russischen Befürchtungen nicht vollkommen aus der Luft gegriffen waren, zeigte ein Artikel mit dem Titel «The Rise of U. S. Nuclear Primacy», erschienen 2006 in dem renommierten amerikanischen Fachblatt «Foreign Affairs».[53] Darin vertraten zwei amerikanische Politikwissenschaftler die These, dass die USA womöglich in der Lage seien, das russische Atomarsenal mit einem atomaren Erstschlag praktisch vollständig auszuschalten. Die wenigen verbleibenden Raketen Russlands würde dann das Abwehrsystem übernehmen. Als Begründung führten sie den Verfall der russischen Atomwaffen seit dem Ende der Sowjetunion an, dem technische Verbesserungen auf Seiten der USA und die Weiterentwicklung amerikanischer Raketenabwehrsysteme gegenüberstünden. Zudem behaupteten sie, diese nukleare Vorherrschaft sei keine zufällige Folge amerikanischer Rüstung, sondern werde von der Bush-Administration bewusst angestrebt. Der Artikel hat damals große Aufmerksamkeit erfahren – auch in Russland. Wie der US-Botschafter aus Moskau berichtete, traf er dort «einen Nerv» und verstärkte die Befürchtungen, die US-Raketenabwehr könnte einen nuklearen Erstschlag möglich machen.[54] Vor diesem Hintergrund erscheinen die russischen Pläne, die eigenen Nuklearstreitkräfte zu modernisieren, dann in einem ganz anderen Licht als ohne diesen Kontext.[55]

Und wie wird man wohl in Moskau die folgende Nachricht aufgenommen haben: Der amerikanische Kongress hat Ende 2016, mit den Stimmen von sowohl republikanischen als auch demokratischen Mitgliedern, eine detaillierte Studie in Auftrag gegeben, wie es um die Überlebensfähigkeit der russischen und der chinesischen Führung sowie handlungsfähiger Regierungsstrukturen im Falle eines (Atom-)Kriegs bestellt wäre.[56] Solange es Atomwaffen gibt, werden große Atommächte wohl immer derartige Szenarien durchspielen. Man muss diese Nachricht daher nicht überdramatisieren. Sie zeigt aber, dass die Vorstellung, es könne einen atomaren Erstschlag gegen Russland geben, keinesfalls nur in der paranoiden Fantasie der russischen Führung existiert. Man stelle sich einen Moment lang vor, die russische Duma wäre Auftraggeber einer solchen Studie gewesen. Diese Schlagzeile hätte sich bei uns wohl niemand entgehen lassen, und die öffentlich-rechtlichen Fernsehsender hätten ganz sicher Sondersendungen platziert.

### «Wir hatten auf eine Partnerschaft gehofft, aber dazu kam es nicht»

Die Pläne von George W. Bush hielten für Moskau noch eine weitere bittere Pille bereit: Teile des Raketenabwehrschirms sollten in Tschechien und Polen stationiert werden, in Tschechien eine Radaranlage und in Polen zehn sogenannte Ground Based Interceptors, die speziell zum Abfangen von Interkontinentalraketen entwickelt wurden. Hinzu kamen noch Pläne für unterstützende mobile Radaranlagen in der Kaukasusregion, wofür vor allem Georgien, Aserbaidschan oder auch die Türkei infrage gekommen wären.[57] Über eine Einbeziehung Großbritanniens war ebenso nachgedacht worden.[58] Es war wohl länger offen, ob überhaupt und, wenn ja, wo genau in Europa Basen für das Raketenabwehrsystem eingerichtet werden sollten. Noch in der zweiten Jahreshälfte 2005 war die Entscheidung nicht endgültig gefallen.[59] Mit Polen wurden jedoch offenbar schon seit 2002 Gespräche geführt, und die polnische Regierung hat sich allem Anschein nach sehr darum bemüht, ihr Land zum Stationierungsort zu machen, da man sich davon eine stärkere Präsenz der Amerikaner und besseren Schutz vor der «russischen Bedrohung» versprach.[60] Im Frühjahr 2006 jedenfalls begannen die konkreten Sondierungen in Polen und Tschechien, wobei zunächst wohl eher davon ausgegangen wurde, nur ein Land zum Stationierungsort zu machen.[61] Erst im Laufe des Jahres kristallisierte sich die Lösung heraus, die Ground Based Interceptors nach Polen und die Radaranlage nach Tschechien zu vergeben, insbesondere auch deshalb, weil in Tschechien eine Stationierung der Raketen innenpolitisch nicht durchsetzbar gewesen wäre.[62] Ende Januar 2007 begannen dann die offiziellen Verhandlungen über die Stationierung. Sowohl in Polen als auch in Tschechien war eine Mehrheit der Bevölkerung dagegen: in Polen 57 Prozent und in Tschechien sogar 67 Prozent. Das hielt die jeweiligen Regierungen aber nicht ab. 2008 wurden die Stationierungsverträge unterschrieben, am 8. Juli von der tschechischen und am 20. August von der polnischen Regierung. Anschließend begann der Ratifizierungsprozess in den Parlamenten, der aber in beiden Ländern nicht mehr abgeschlossen wurde.

Der Konflikt über die Stationierung der Raketenabwehr in Polen und Tschechien zeigt im Kleinen sehr genau, was damals zwischen den USA, der NATO und Russland schiefgelaufen ist. Die Debatten in den Jahren 2007 und 2008 – parallel wurde über die NATO-Mitgliedschaft der Ukraine und Georgiens diskutiert – verschärften die Entfremdung, die zur gegenwärtigen Eiszeit führte.

2007 hatte begonnen mit der als «Paukenschlag» empfundenen Rede Wladimir Putins auf der Münchner Sicherheitskonferenz im Februar, also unmittelbar nach der Aufnahme der offiziellen Verhandlungen über die Raketenabwehr in Polen und Tschechien.[63] Damals hatte der russische Präsident in klaren Worten vor der Tendenz der Bush-Administration gewarnt, sich überall in der Welt das Recht zur alleinigen Entscheidung zu nehmen, ohne Rücksprache mit anderen. Putin sprach auch die Sorge an, dass die Sicherheitsinteressen Russlands nicht angemessen berücksichtigt würden, und erwähnte dabei ausdrücklich das geplante US-Raketenabwehrsystem. Gleichzeitig bekräftigte Putin aber die russische Bereitschaft zur Kooperation und fand freundliche Worte für Präsident George W. Bush. Putins

Münchner Rede war nicht als Auftakt eines «neuen kalten Krieges» gedacht, wie damals teilweise kommentiert wurde, sondern als Signal, dass Russland zwar weiter an der Partnerschaft mit dem Westen interessiert sei, in Zukunft von diesem und vor allem von den USA aber mehr Rücksichtnahme auf seine nationalen Interessen erwarte.[64] Putin und seine Umgebung, so bekamen die Mitarbeiter der US-Botschaft in Moskau immer wieder zu hören, sähen es so, dass «die USA Russland für ihre Zwecke ‹benutzten›, aber anschließend keinerlei Gegenleistung erfolge».[65]

Ob sich das ändern würde, testete Russland beispielsweise, als Putin im April 2007 drohte, im Dezember den bestehenden KSE-Vertrag auszusetzen, wenn bis dahin nicht absehbar sei, dass der Westen den A-KSE-Vertrag endlich ratifizieren würde. Tatsächlich hatte Russland den Kern der sogenannten Istanbul Commitments erfüllt, doch kam es am Ende nicht zu einer Lösung. Das Problem der verbleibenden Truppen in Transnistrien hätte sich etwa durch Einbettung in eine OSZE-Mission lösen lassen, zumal Moldawien damals bereit war, dem Verbleib russischer Truppen zuzustimmen.[66] Und dem Problem Gudauta in Abchasien hätte sich durch eine unabhängige Untersuchung des Stützpunktes beikommen lassen, wogegen sich Tiflis aber sperrte, weil man dort auch die russischen Friedenstruppen aus dem Land bekommen wollte und die A-KSE-Verhandlungen als Hebel dafür sah.[67] Im Ergebnis machten die USA den vielleicht wichtigsten Vertrag zur europäischen Sicherheit zur Geisel der georgischen Regierung.

Doch der entscheidende Testfall für die Bereitschaft des Westens, auf russische Beschwerden einzugehen und auch einmal Abstriche an eigenen Positionen zu machen, war die Frage der US-Raketenabwehr in Osteuropa. Bereits im Vorfeld hatte Russland die Stationierungspläne für Polen und Tschechien scharf kritisiert. Als der russische Verteidigungsminister Anfang November 2006 von amerikanischer Seite über die Pläne genauer in Kenntnis gesetzt wurde, wiederholte er die russische Sorge, sie würden die regionale Stabilität gefährden. Es sei noch viel politische Arbeit nötig, bevor Moskau die Basen akzeptieren könne.[68] Auch wenn die USA also im Vorfeld mit russischen Stellen über die geplante Raketenabwehr kommuniziert hatten, so kam die Entscheidung für die Aufnahme von konkreten Verhandlungen mit Polen und Tschechien doch überraschend. Was sagt es über den Wert einer Partnerschaft aus, wenn die Vorbehalte der einen Seite offenbar keinerlei Auswirkungen haben? Wie klug war es, mit Warschau und Prag den nächsten Schritt zu gehen, bevor die russischen Bedenken ausgeräumt waren? Es musste der Eindruck entstehen, dass Washington seine Pläne durchziehen wollte, vollkommen unabhängig von Russlands Haltung, und dass die Gespräche eher dazu dienten, den in der Frage der Raketenabwehr ebenfalls zögerlichen europäischen Verbündeten der USA zu zeigen, dass Russland gegenüber «transparent und offen» vorgegangen worden sei. Damit wiederholte sich im Grunde ein Muster, das Präsident Putin schon 2001 in seiner Rede vor dem Deutschen Bundestag beklagt hatte. Russland wird vor vollendete Tatsachen gestellt, und man redet nur noch darüber, wie man es Moskau erleichtern kann, das bereits Beschlossene zu akzeptieren.

Moskau jedenfalls reagierte scharf ablehnend auf die amerikanische Beschleunigung der Raketenabwehrpläne, wobei die öffentlichen Äußerungen deutlich heftiger ausfielen als die Verlautbarungen der Diplomaten. Bereits im Februar 2007 drohte Russland Polen, auf eventuelle US-Abwehrraketen strategisch zu reagieren. In der Folge präzisierte Moskau, dass die US-Basis zum Ziel russischer Raketen werden könnte, und kündigte an, atomar bestückbare Kurzstreckenraketen vom Typ Iskander – Raketen mit einer Reichweite von 400 bis 500 Kilometern, die über spezielle Vorrichtungen zum Überwinden von Raketenabwehrsystemen verfügen[69] – in Kaliningrad zu stationieren, sollte die Raketenabwehr in Polen in Betrieb gehen.[70] Und im April 2007 warnte die russische Duma in einer einstimmig verabschiedeten Erklärung davor, die Stationierung der Abfangraketen in Polen könne zu einem «neuen Kalten Krieg» führen. Russland, so sagte damals der Pressesprecher des Kreml, Dmitri Peskow, fühle sich «getäuscht» und «betrogen». Obwohl militärische Gegenmaßnahmen nötig werden könnten, sei Präsident Putin aber an «Dialog» und «Verhandlungen» interessiert.[71] Ende Mai 2007 stellte Putin fest, die US-Raketenabwehr in Polen und Tschechien drohe Europa in ein «Pulverfass» zu verwandeln.[72] Später deutete er außerdem an, Russland könne den INF-Vertrag von 1987/88 aussetzen, der den USA und Russland den Besitz sowie den Test und die Produktion von landgestützten Mittelstreckenraketen untersagt.[73]

Warum reagierte Moskau so allergisch auf die geplante US-Raketenabwehr in Osteuropa? Die russischen Bedenken, die gegenüber Washington ausführlich kommuniziert wurden, richteten sich weniger auf die unmittelbare Bedrohung durch die zehn Abfangraketen in Polen, sondern waren mehr auf den strategischen Rahmen und die Entwicklungsmöglichkeiten des Systems bezogen. Moskau schätzte die Bedrohung durch den Iran ganz anders ein als Washington. Dass das Land Interkontinentalraketen entwickeln könne, um damit die USA oder Europa anzugreifen, sei unwahrscheinlich, und wenn, würde es angesichts der Sanktionen und der begrenzten technischen Fähigkeiten des Landes noch Jahrzehnte dauern, bis es dazu kommen könne. Diese Einschätzung wiederum machte die russische Führung misstrauisch, gegen wen sich das Abwehrsystem eigentlich richtete. Der ganze Aufwand, um einer sehr geringen Bedrohung zu begegnen? In Moskau argwöhnte man daher, dass Russland das eigentliche Ziel der Raketenabwehr sei, und war ausgesprochen skeptisch.

Zudem kamen russische Experten nach den amerikanischen Briefings zu der Schlussfolgerung, dass man Radaranlage und Abfangraketen anders platzieren würde, wenn man einer Bedrohung aus dem Iran begegnen wolle, etwa in der Türkei und in Griechenland. Die Radaranlage in Tschechien, so der Verdacht, diene eigentlich dazu, eine Lücke in der amerikanischen Radarüberwachung Russlands zu schließen, und auch die Radareinheiten im Kaukasus könnten nach Russland hineinsehen. Zwar stimmten die Experten zu, dass die zehn Ground Based Interceptors allein keine Bedrohung der russischen Zweitschlagkapazität darstellten, doch sei das System global ausgelegt, und es könnten später deutlich mehr Raketen stationiert werden, die dann das strategische Gleichgewicht verändern würden. Käme es zu einer Basis in Großbritannien, wären die dortigen Interceptors schon jetzt in der Lage, russische Interkontinentalraketen abzufangen. Die in Polen stationierten Raketen könnten in Zukunft modernisiert und durch schnellere Varianten ersetzt werden, die dann diese Fähigkeit auch hätten. Außerdem ließen sich die Raketen mit «Multiple Kill Vehicles» ausrüsten, so dass eine Vielzahl russischer Interkontinentalraketen mit einer einzigen Rakete auszuschalten wäre. Und nicht zuletzt wussten die russischen Militärs aufgrund eigener Erfahrungen, wie schnell sich defensive Abfangraketen zu Offensivwaffen umrüsten ließen. Sie fürchteten daher, die Basis in Polen könne auch für einen Angriff auf Russland genutzt werden. Moskau sorgte sich also darum, was sich entwickeln könnte, wenn es den Anfängen zustimmte. Militärstrategisch ging es nicht nur um die zwei Basen in Polen und Tschechien, sondern um das Gesamtbild.[74]

Hinzu kam, dass Moskau eine Abwehr gegen Interkontinentalraketen zu den strategischen, d. h. nuklearen Streitkräften der USA zählte. Wie der stellvertretende russische Außenminister Sergej Kislyak seinen amerikanischen Gesprächspartnern am 29. Januar 2007 in Moskau mitteilte, bedeute die Basis in Polen eine Verlegung strategischer Streitkräfte nach Europa, und zwar zum ersten Mal in einen ehemaligen Staat des Warschauer Paktes und damit sehr nahe an die russischen Grenzen. Moskau «nehme das nicht auf die leichte Schulter und müsse eine umfassende Bewertung vornehmen».[75] Zur Erinnerung: Die Stationierung sowjetischer Mittelstreckenraketen auf Kuba löste 1962 die «Kubakrise» aus und brachte die Welt an den Rand des Atomkrieges. Und schließlich reagierte Moskau generell empfindlich auf die Stationierung von NATO-Truppen und -Ausrüstung in den ehemaligen Staaten des Warschauer Paktes, denn es erschien denkbar, dass mit den Basen weniger militärische als vielmehr politische Absichten verbunden wären, nämlich eine stärkere Einbindung der neuen Mitgliedsstaaten in die Allianz, was die NATO-Russland-Grundakte von 1997 zu verletzen drohte und russischen Einfluss auf diese Länder weiter zurückgedrängt hätte.

Da offizielle Verhandlungen mit Polen und Tschechien aufgenommen worden waren, bevor die russischen Bedenken beseitigt waren, hatte Washington sich in eine schwierige Lage gebracht. Es erwies sich als kompliziert genug, die europäischen Verbündeten für die Raketenabwehr zu gewinnen, von denen niemand um diesen Schutz gebeten hatte, und eine Stationierung in Polen und Tschechien angesichts der ablehnenden Haltung der Bevölkerung dieser Länder dort innenpolitisch durchzubekommen. Insbesondere Deutschland und Frankreich, aber auch einige kleinere Staaten legten großen Wert darauf, dass die Russen «an Bord» geholt würden. Gleichzeitig konnten die USA aber an den Stationierungsorten nichts mehr ändern, ohne den Eindruck zu erzeugen, vor Russland einzuknicken und Moskau ein «Veto» über diese Frage einzuräumen. Daher bestand die Taktik Washingtons darin zu versuchen, die russischen Bedenken durch eine Informationsoffensive zu zerstreuen und alle möglichen Versprechungen und Anreize auf den Tisch zu legen, die Moskau eine Zustimmung erleichtern sollten. Nur an den Plänen selber sollte sich nichts ändern. Gelang es, Moskaus Widerstand auf diese Weise zu überwinden, umso besser. Blieb die russische Seite stur, dann konnte Washington gegenüber den Verbündeten immerhin auf seine unermüdlichen Bemühungen verweisen und Russland den schwarzen Peter zuschieben, was dabei helfen würde, die Bedenken innerhalb der NATO zu zerstreuen. «Wir erzielen eine erhebliche Wirkung bei den Alliierten mit unserem andauernden Bemühen um Transparenz innerhalb der NATO und im NATO-Russland-Rat sowie unseren Kooperationsangeboten gegenüber Russland», schrieb Victoria Nuland, damals US-Repräsentantin bei der NATO, in einem Bericht

vom 23. April 2007. «Wenn Moskau sich nicht auf die Kooperation einlässt, werden die Alliierten enttäuscht sein und den
russischen Bedenken sehr viel weniger Sympathie entgegen-
bringen.»[76] Russland eine Kooperation anzubieten helfe, die
widerstrebenden Alliierten zu «managen», hieß es in einem späteren Bericht.[77]

Washington bemühte sich in der Folge immer wieder zu zeigen, dass der Iran sehr wohl eine konkrete Bedrohung darstelle,
dass die für Polen vorgesehenen Ground Based Interceptors
russische Interkontinentalraketen nicht abfangen könnten und
das Radar in Tschechien technisch nicht in der Lage wäre, Aufklärung in Russland zu betreiben. Die russischen Bedenken in
dieser Richtung seien also unbegründet. Da Moskau trotzdem
so heftig reagiere, müsse dies andere Ursachen haben. Innerhalb
der NATO wurde spekuliert, Putin gehe es in Wahrheit um
innenpolitische Motive. Ein Kampf gegen die amerikanische Bedrohung und eine angebliche NATO-Einkreisung sei in Russland sehr populär. Indem er die Bedrohung durch das Raketenabwehrsystem übertreibe, schaffe er zudem einen Vorwand, um
die russische Aufrüstung zu legitimieren. Schließlich versuche
Russland, die NATO zu spalten und eine engere Integration der
osteuropäischen Staaten zu verhindern. Dem müsse die Allianz
entgegentreten, indem sie demonstrativ Einigkeit zeige.[78]

Russland irritierte die NATO-Staaten durch seine aggressive
Rhetorik und sein tiefgreifendes Misstrauen gegenüber den Absichten des Westens. Doch auch auf Seiten der Alliierten zeigte
sich eine bedenkliche Unfähigkeit, die Perspektive des Gegenspielers zu berücksichtigen und russische Interessen und Vorbehalte ernst zu nehmen. Statt anzuerkennen, dass eigene Handlungen anders wahrgenommen werden können, als sie gemeint
sind, und dass eine gehörige Portion Vertrauen dazugehört, Versicherungen zu glauben, dass die USA und die NATO keine
Bedrohung Russlands darstellen, wurde intensiv spekuliert, was
denn «eigentlich» hinter den russischen Bedenken stecken
könne, die ja ganz offenkundig unbegründet waren.

Auch in Deutschland wurde damals intensiv diskutiert. Besonnene Stimmen, wie der damalige Außenminister Frank-Walter Steinmeier, warnten vor einer «Eskalation des Misstrauens» und drängten auf eine Zusammenarbeit mit Russland, bei der auch die USA zu «Anpassungen» bereit sein müssten.[79] Bei den transatlantischen Hardlinern kam eine solche «weiche» Haltung von «Russlandverstehern» allerdings schon damals nicht gut an. Der spätere Bundesverteidigungsminister Karl-Theodor zu Guttenberg forderte Steinmeier auf, das «Bedienen antiamerikanischer Reflexe zu unterlassen».[80] Auch der «FAZ»-Herausgeber Berthold Kohler kritisierte Steinmeier damals in seiner Zeitung scharf. Putins «Saat des Zweifels und des Misstrauens Amerika gegenüber» falle in Deutschland auf fruchtbaren Boden. Die NATO müsse Geschlossenheit gegenüber Russland zeigen und sich, wie es die osteuropäischen Länder vormachten, «weniger um das Seelenleben der Russen» sorgen. Stattdessen ziehe man es in Berlin aber offenbar vor, sich «verständnisvoll der angeblichen Ängste Moskaus» anzunehmen.[81]

Wer die russischen Sorgen gegenüber einem immer weiteren Heranrücken von NATO-Infrastruktur an Russlands Grenzen als «Seelenleben» abtut und die Befürchtungen im Kontext der Raketenabwehr als «angebliche Ängste» bezeichnet, der macht mehr als deutlich, dass er die Sicherheitsinteressen Russlands nicht ernst nimmt. Welche anderen Optionen hat Russland in einem solchen Weltbild, als zu schlucken, was der Westen in seiner grenzenlosen Vernunft und Einsicht beschließt? Und was genau bedeutet in einer solchen Welt der Begriff «Partnerschaft»? In einem Interview mit dem «Guardian» sagte Jewgenij Myasnikow, ein Wissenschaftler des Moskauer Centre for Arms Control, im April 2007: «Russland wurde tief enttäuscht von dem, was nach 1991 passiert ist. Die NATO hat begonnen sich auszudehnen und die USA haben gedacht, sie hätten den Kalten Krieg gewonnen. Wir hatten auf eine Partnerschaft gehofft. Aber dazu kam es nicht.»[82]

### *Einigungsversuche*

Selbst die neokonservative amerikanische Führung war damals klüger als die deutschen transatlantischen Hardliner. Obwohl sie die russischen Einwände für unbegründet und Moskaus Proteste für vorgeschoben hielt, startete sie eine «Charmeoffensive», wie es damals in der Presse hieß.[83] Angeboten wurde zunächst eine Inspektion der Raketenabwehrbasen in den USA sowie eine Kooperation in Sachen Raketenabwehr. Diese hätte beinhalten können: gemeinsame konzeptionelle Studien sowie Zusammenarbeit bei Forschung, Entwicklung und Tests, Weitergabe von Daten der Frühwarnradarsysteme, gemeinsame Nutzung von Radaranlagen auf bestehenden russischen Basen, die Möglichkeit gemeinsamer Einsätze der Raketenabwehrkräfte im Rahmen von Friedensmissionen sowie gemeinsame Manöver.[84]

Bei einem Treffen am 17. April 2007 in Moskau zeigte sich die russische Seite von diesen Vorschlägen durchaus angetan. Das entsprechende US-Dokument sei «sehr ernsthaft», gehe «weit über bisherige US-Initiativen hinaus» und werde «sorgfältig geprüft». Allerdings dürfe die Kooperation nicht im Gegensatz zu russischen Interessen stehen.[85] Denn für Moskau ergab sich folgendes Problem: Eine Zusammenarbeit bei Forschung, Entwicklung und Radaranlagen kann mehr oder weniger weitgehend sein und lässt sich jederzeit beenden. Die Basen in Tschechien und Polen aber wären dann immer noch da.

Auf dem G8-Gipfel in Heiligendamm Anfang Juni 2007 und auf dem im privaten Rahmen stattfindenden Treffen zwischen Bush und Putin in Kennebunkport Anfang Juli 2007 unterbreitete der russische Präsident daher einen Gegenvorschlag. Wie erwähnt, bewertete Moskau das iranische Raketenprogramm anders als Washington. Da keine unmittelbare Bedrohung existiere, gebe es auch keinen zwingenden Grund, bereits jetzt ein Raketenabwehrsystem aufzubauen. Vielmehr bleibe Zeit, das iranische Raketenprogramm zunächst intensiv gemeinsam zu analysieren. Vom ersten Test einer Interkontinentalrakete bis zu ihrer Einsatzfähigkeit vergingen drei bis vier Jahre. Genug Zeit, um zu reagieren. Putin schlug daher vor, zunächst zusammen mit den USA und anderen interessierten Partnern zwei russische Radaranlagen zu nutzen, um die iranischen Raketentests zu überwachen. Es handelte sich um Gabala in Aserbaidschan, eine sowjetische Radarstation, die nach 1991 als Teil des russischen Frühwarnsystems von Baku gemietet worden war,[86] sowie um die Station von Armavir in Südrussland. Diese Zusammenarbeit könne als Auftakt dienen für die von den USA vorgeschlagene Kooperation bei der Raketenabwehr. Falls eine Sicherung gegenüber dem Iran nötig würde, dachte man in Moskau an Patriot-Raketen in der Türkei und das seebasierte Aegis-System im Mittelmeer.[87] Allerdings gab es eine Vorbedingung: Washington müsse die Gespräche mit Tschechien und Polen zumindest ruhen lassen. Putins Vorschlag war als Alternative zu den Basen in Tschechien und Polen gedacht, nicht als Ergänzung.[88]

Die russischen Gesprächspartner der Moskauer US-Botschaft werteten die Vorschläge als Zeichen, dass Russland nun bereit sei, mit den USA bei der Raketenabwehr zu kooperieren.[89] Der stellvertretende Ministerpräsident Iwanow betonte, dass eine Annahme der Vorschläge eine wirkliche «strategische Partnerschaft» zwischen den USA und Russland begründen würde. Gleichzeitig wiederholte er allerdings die Drohung, Raketen nach Kaliningrad zu verlegen, falls diese ignoriert würden. Andere offizielle Stimmen bezeichneten das Angebot als «historische Chance», die zu einem «Durchbruch bei den amerikanisch-russischen Beziehungen» führen könnte. Es sei ein «Moment der Wahrheit» für die bilateralen Verbindungen.[90] Auch die Kontakte der US-Botschaft in Moskau schätzten das Angebot als «aufrichtig und nicht nur taktisch gemeint» ein. Die USA seien gut beraten, es ernsthaft zu verfolgen. Doch alle Gesprächspartner betonten, dass Russland zwar sehr an einer Zusammenarbeit bei der Raketenabwehr interessiert sei, die Basen in Polen und

Tschechien jedoch ein rotes Tuch darstellten. Es liege nun an den USA zu beweisen, dass man Russland wirklich ernst nehme.[91]

In Washington jedoch wurde der russische Vorschlag nicht als aufrichtiger Vorstoß zur Zusammenarbeit interpretiert, sondern als «durchsichtiger Versuch, einen Keil in die Allianz zu treiben» und die NATO in dieser Frage zu spalten.[92] Wie es in einem Bericht der amerikanischen Vertretung bei der NATO über die Diskussionen im NATO-Russland-Rat am 25. Juli 2007 hieß, sei Deutschland, das «Hauptziel der russischen Kampagne», verdächtig still geblieben. Man müsse aber Russland von seinem «Entweder-oder-Vorschlag» wegbringen, indem die Allianz Einigkeit zeige. «Sobald die russische Regierung realisiert, dass sie die Raketenabwehr in Europa nicht verhindern kann, wird sie vielleicht ihre Kampagne beenden und ihre Aufmerksamkeit ernsthaft den möglichen Feldern der Kooperation zuwenden.»[93] Mit anderen Worten: Wenn die NATO hart bleibe, werde Moskau irgendwann resignieren und die Spielregeln des Westens akzeptieren.

Die Verhandlungen mit Polen und Tschechien tatsächlich auszusetzen, Moskau also zumindest als vertrauensbildende Maßnahme ein wenig entgegenzukommen, daran dachte man nicht eine Sekunde, und natürlich erst recht nicht daran, auf die Basen dort zu verzichten. Dies ist umso erstaunlicher, als sich die Verhandlungen sowohl in Tschechien als auch in Polen zu diesem Zeitpunkt ausgesprochen schwierig gestalteten. In Tschechien, so ein als «geheim» eingestufter Bericht der Prager US-Botschaft vom 30. August 2007, stießen die Versuche, Zustimmung für die Raketenabwehr zu organisieren, auf «zahllose Widerstände». Es gebe im Parlament keine Mehrheit für die Pläne, und die öffentliche Meinung sei weiterhin sehr entschieden gegen die Radaranlage.[94] Warum eigentlich mussten die Pläne ohne Rücksicht auf Verluste durchgedrückt werden?

Glaubte man in Washington ernsthaft, vom Iran gehe eine so intensive Bedrohung aus, dass keine Zeit zu verlieren sei? Auch einige der europäischen Partner, darunter Deutschland, hatten –

ebenso wie Russland – eine andere Einschätzung des Iran. Im September 2007 legte eine NATO-Arbeitsgruppe einen Entwurf für die Bedrohungsanalyse durch ballistische Raketen vor. Diese wäre später zu einem offiziellen Dokument geworden und sollte als Rechtfertigung für das Projekt einer Raketenabwehr dienen. Ärgerlicherweise, so stellte die US-Vertretung bei der NATO fest, wich das Dokument deutlich von den amerikanischen Vorstellungen ab, wonach der Iran bereits im Jahr 2015 über Interkontinentalraketen verfügen würde, und kam der russischen Analyse recht nahe. Dies wäre für die Versuche, die Basen in Polen und Tschechien durchzudrücken, höchst misslich gewesen. Die Beamten baten daher um Weisung, wie vorzugehen sei, um sicherzustellen, dass das Dokument am Ende «exakt die amerikanische Bewertung widerspiegelt».[95] Anscheinend handelte man in Washington nach dem Motto: «Weil nicht sein kann, was nicht sein darf.» Auch im Jahr 2017 verfügt der Iran übrigens immer noch nicht über Interkontinentalraketen.

Wie bei den Verhandlungen in der zweiten Jahreshälfte 2007 deutlich wurde, gingen Russland und die USA mit ganz unterschiedlichen Erwartungen in sie hinein: Für die Amerikaner sollten sie Moskau dazu bringen, bei der Raketenabwehr zu kooperieren oder zumindest den Widerstand dagegen aufzugeben. Die russische Seite wiederum sah sie als einen Versuch, eine Alternative zu den geplanten Basen in Polen und Tschechien zu finden. Wie der stellvertretende russische Außenminister Sergej Kislyak am 4. Oktober 2007 gegenüber dem Moskauer US-Botschafter feststellte, «redeten die amerikanische und die russische Delegation aneinander vorbei».[96]

Die USA machten durchaus weitgehende Vorschläge. Man kann nicht behaupten, dass sie sich nicht bemüht hätten, Russland «an Bord» zu holen – allerdings zu ihren Konditionen, und das hieß: Die Basen in Polen und Tschechien waren nicht verhandelbar. Im Umfeld eines am 12. und 13. Oktober 2007 in Moskau stattfindenden Treffens der Außen- und Verteidigungsminister Russlands und der USA unterbreitete Washington den

Plan einer «gemeinsamen regionalen Raketenabwehr». Geplant war, die Kapazitäten der USA, der NATO und Russlands zu verbinden und gemeinsam die zukünftige Struktur des Systems zu entwickeln – aber nach wie vor unter der Voraussetzung, dass die Basen in Polen und Tschechien gebaut würden. Erstmalig war die amerikanische Seite bereit, auch eine Kooperation bei der Einsatzleitung («command and control») anzubieten. Wie genau die Zusammenarbeit aussehen sollte, blieb aber offen und war weiteren Verhandlungen überlassen. Die US-Vertreter betonten jedoch, dass Russland im Rahmen dieser Kooperation, die eine «echte strategische Partnerschaft» ermöglichen würde, die weitere Entwicklung der Raketenabwehr beeinflussen könne. «Russland beschwert sich oft, dass ihm bereits verabschiedete Pläne vorgelegt werden», sagte der amerikanische Verhandlungsführer John Rood, Referatsleiter für internationale Sicherheitsfragen im Außenministerium. «Dies ist die Gelegenheit für Russland, mit den USA etwas vom Erdgeschoss an aufzubauen.» Inwieweit russische Interessen bei so einer Kooperation aber tatsächlich durchzusetzen gewesen wären, wenn sie Plänen der USA widersprochen hätten, musste nach den bisherigen Erfahrungen im NATO-Russland-Rat und den aktuellen Verhandlungen fraglich bleiben. «Die beste Garantie, dass das System nicht gegen Russland gerichtet sein wird, wäre es, wenn Russland mit am Tisch sitzt», sagte Rood, stellte aber schon im nächsten Satz klar: «Die USA werden die Stationierungen in Polen und Tschechien weiterverfolgen, egal, ob Russland das gut findet oder nicht.»[97]

Beim Treffen der Außen- und Verteidigungsminister am 12. und 13. Oktober 2007 erweiterten die USA ihr Angebot noch. Verteidigungsminister Gates bot an, die USA könnten die Basen in Polen und Tschechien zunächst nicht voll in Betrieb nehmen, sondern dies graduell tun, je nachdem, wie sich die Bedrohung aus dem Iran entwickele. Außerdem stellte er eine dauernde Kontrolle der Anlagen durch russische Experten in Aussicht.[98] Was genau Gates angeboten hatte, darüber herrschte später keine Einigkeit. Die russische Seite notierte, die Basen würden zwar gebaut, aber die Raketen zunächst nicht nach Europa gebracht und das Radar bleibe ausgeschaltet, bis sich die iranische Bedrohung verschärfe. Zudem habe Gates von einer «permanenten Präsenz» russischen Personals auf den Basen gesprochen.[99] Entsprechende Berichte hatte es auch in der Presse gegeben. Im schriftlichen amerikanischen Vorschlag, der am 21. November übergeben wurde, las sich das allerdings etwas anders. Die verzögerte Aktivierung der Basen wurde nicht weiter präzisiert, sondern nur in allgemeinen Worten angeboten. Und es war nur noch von einer wechselseitigen festen Stationierung von Personal auf Raketenabwehrbasen in den USA und Russland die Rede sowie von «möglichen Besuchen» der Basen in Polen und Tschechien, abhängig von der Zustimmung Warschaus und Prags.[100] Moskau beschwerte sich daher wiederholt über die «wachsende Lücke» zu den Angeboten vom Oktober. Die USA würden gemachte Vorschläge wieder zurückziehen bzw. diese «verwässern».[101]

Liest man die geheimen Berichte auf Wikileaks, bekommt man den Eindruck, bei dem Treffen in Moskau im Oktober 2007 wäre beinahe eine Einigung erzielt worden. Jedenfalls betrachtete die russische Seite das, was sie damals als Angebot vernommen zu haben meinte, als vielversprechende Ausgangsbasis. Bei einem Besuch in Berlin bei Angela Merkel am 14. und 15. Oktober zweifelte Putin zwar, ob die amerikanischen Vorschläge ernst zu nehmen seien, und fürchtete, sie könnten «rein taktisch» gemeint sein, um die Europäer an der Seite Washingtons zu halten. Gleichzeitig wies er sie aber auch nicht zurück, und sein Berater äußerte sich positiv über sie.[102] Und der für Nordamerika zuständige Referatsleiter des russischen Außenministeriums teilte den europäischen Botschaften in Moskau am 16. Oktober mit, das Angebot sei als «konstruktiv» bewertet worden.[103] Umso größer war die Enttäuschung, dass es nicht aufrechterhalten wurde.

Im Januar 2008 ließ Außenminister Lawrow einen Abgesandten der amerikanischen Regierung wissen, die Vorschläge des Oktobertreffens seien «nicht ideal, aber doch vielversprechend» gewesen. Putin und er hätten sie so verstanden, dass das tschechische Radar abgeschaltet bliebe und zunächst keine Raketen in die Abschusssilos in Polen kämen, solange die iranische Bedrohung nicht real würde. Außerdem sollte amerikanisches und russisches Personal permanent auf den Basen stationiert sein. Der schriftliche Vorschlag der USA habe jedoch nicht mehr von einer «permanenten Präsenz» gesprochen und zudem die Beurteilung der Bedrohung durch den Iran gänzlich in Washingtons Hand gelassen.[104] Und bei einem Treffen mit dem ehemaligen russischen Premierminister Primakow im Januar 2008 signalisierte auch Putin seine Enttäuschung darüber, was aus den Verhandlungen seit dem Oktober geworden war. Putin habe auf «radikalere Formen der Zusammenarbeit bei der Raketenabwehr gehofft und die Vorschläge von Verteidigungsminister Gates, insbesondere die Idee einer permanenten russischen Präsenz auf den tschechischen und polnischen Basen, als ‹positiven Schritt vorwärts› empfunden». Die USA hätten Russland zurückgestoßen, als es kooperieren wollte, klagte Primakow im Gespräch mit dem Moskauer US-Botschafter. Es fehle an Respekt. Aber eine Einigung auf der Grundlage der Angebote vom Oktober 2007 sei immer noch möglich. Allerdings müssten «beide Seiten zu Kompromissen bereit sein» und nicht nur eine.[105]

Russland hatte die Basen in Polen und Tschechien zu «roten Linien» erklärt, musste aber einsehen, dass die USA nicht bereit waren, über ihre Pläne zu verhandeln. Dennoch blockierte Moskau nicht, sondern stimmte zu, über Maßnahmen zu sprechen, mit denen sich die Bedenken reduzieren ließen. Tatsächlich wäre die permanente Präsenz russischen Personals dafür ein geeignetes Mittel gewesen, da sie eine feste Handhabe geboten hätte, um sicherzustellen, dass sich die Basen tatsächlich nicht gegen Russland richteten. Denn genau darum ging es Moskau: um belastbare Garantien jenseits von Versicherungen und freundlichen Worten.[106] Russland hat sich also durchaus bewegt. Dass es schlicht nicht an einer Kooperation interessiert gewesen sei, wie heute gerne behauptet wird, ist falsch.

Warum aber kam es nicht zu einer Einigung? Tschechien und Polen opponierten heftig gegen eine Stationierung russischen Personals. In den überhitzten Debatten beider Länder wurden aus den Experten bewaffnete Soldaten, und es wurden in völlig überzogener Weise Parallelen zur sowjetischen Besatzung zur Zeit des Kalten Krieges gezogen.[107] Aber die USA versuchten auch gar nicht erst, Warschau und Prag zu überzeugen. Wie Kislyak auf Nachfrage von Rood erfuhr, bestanden auch in den USA Vorbehalte gegen diese Idee. Eine tägliche Präsenz sei nicht nötig, beschied er seinem russischen Gegenüber bei den Verhandlungen in Budapest im Dezember 2007.[108] Als von deutscher Seite bereits im April nach einer möglichen Stationierung russischen Personals auf den Basen gefragt worden war, hatte Rood die amerikanischen Vorbehalte etwas genauer beschrieben. Eine permanente russische Präsenz auf den Basen würde das «überholte Konzept des strategischen Gleichgewichts zwischen der NATO und Russland» verstärken, «das wir gerade zu überwinden trachten».[109] Es ist nicht ganz leicht zu verstehen, was damit genau gemeint war. Sollte es heißen: Russland ist kein Gegenüber auf Augenhöhe? Oder war gemeint, man müsse das Denken des Kalten Krieges überwinden und lernen, einander zu vertrauen? Aber wie soll das gehen, wenn genau dieses Vertrauen eben nicht da ist? Es ist auf jeden Fall schwer nachzuvollziehen, warum die USA die permanente Präsenz russischen Personals nicht nur wegen des Widerstands in Polen und Tschechien, sondern auch aus eigenen Vorbehalten heraus ablehnten. Als der Kiewer US-Botschafter im Juni 2007 mit dem ukrainischen Verteidigungsminister über die Frage einer russischen Präsenz auf den Basen in Polen und Tschechien sprach, bezweifelte dieser jedenfalls die amerikanische Aussage, sie sei in Warschau und Prag schlicht nicht durchzusetzen. «Er behauptete, er könne seine polnischen und tschechischen Gegenüber ‹in fünf Minuten› davon überzeugen.»[110]

Die Verhandlungen gingen anschließend weiter, und es spricht einiges dafür, dass Präsident Putin die Absicht hatte, auf dem

Bukarester Gipfel ein klares Zeichen für Kooperation zu setzen, eventuell auch im Bereich der Raketenabwehr. Auf dem Treffen des NATO-Russland-Rates am 30. Januar 2008 schlug Victoria Nuland vor, den Bukarester Gipfel zu nutzen, um in Richtung eines gemeinsamen Abwehrschirms voranzukommen. Daraufhin betonte der russische Vertreter, Putin sei bereit zu kooperieren. Aber jede Bewegung hin zu einer NATO-Erweiterung um Georgien und die Ukraine auf dem Bukarester Gipfel würde die Beziehungen stark belasten.[111] Entsprechend warnten auch deutsche Stellen, wenn man Russland bei der Raketenabwehr «an Bord» holen wolle, sei es nicht klug, auf dem Bukarester Gipfel Membership Action Plans für die Ukraine und Georgien zu thematisieren. Dies würde «die Agenda zwischen Russland und der NATO mit zu vielen strittigen Themen auf einmal belasten».[112] Doch das schien in Washington niemanden zu interessieren. Zu allem Überfluss wurde in Bukarest auch noch beschlossen, ein zukünftiges NATO-Raketenabwehrsystem mit dem der USA zu verschmelzen. Es wurden also erneut Fakten geschaffen, während die Gespräche mit Russland noch liefen. Nach dem Georgienkrieg im August 2008 war dann an produktive Verhandlungen zunächst ohnehin nicht mehr zu denken. Ein neuer Vorstoß konnte nur vom neuen US-Präsidenten ausgehen, der im November 2008 zu wählen war.

### *Ein Neuanfang unter Obama?*

«Obama umgarnt Russland», lautete eine Schlagzeile von «Spiegel Online» am 17. September 2009.[113] Obama habe seine Amtskollegen in Prag und Warschau telefonisch informiert, dass die geplanten Raketenabwehranlagen in ihren Ländern nicht stationiert würden. «Das Aus für ein US-Raketenabwehrsystem in Polen und Tschechien freut Moskau – und ärgert Warschau und Prag», hieß es in dem Artikel. Tatsächlich wurde Obama damals in den an Deeskalation interessierten Kreisen sehr für diesen

Schritt gelobt, der einen Neustart der Beziehungen zu Russland ermöglichen sollte. Angeblich spielte das sogar eine Rolle bei der Entscheidung, ihm den Friedensnobelpreis zu verleihen.

Die US-Regierung wurde damals in der internationalen Presse mit den Worten zitiert, sie würde die Pläne für die Raketenabwehrbasen in Polen und Tschechien «zurückstellen» (to shelve).[114] Der damalige NATO-Generalsekretär Anders Fogh Rasmussen hoffte gar auf die Chance einer «neuen strategischen Partnerschaft» mit Russland. Auch Wladimir Putin, damals russischer Ministerpräsident, begrüßte den «richtigen und mutigen» Schritt Obamas. Der russische NATO-Gesandte ließ verlauten, jetzt könne Russland auf die Stationierung der Iskander-Raketen in Kaliningrad verzichten.[115] Und der Vorsitzende des außenpolitischen Ausschusses der Duma sagte: «Soweit ich es beurteilen kann, beginnt die Obama-Administration, uns zu verstehen.»[116] Die Zeichen schienen auf Entspannung zu stehen. Doch zur gleichen Zeit, am 18. September 2009, hielt Hillary Clinton, damals Außenministerin, eine Rede vor der Brookings Institution, in der sie auf Kritik einging, die in Amerika an dieser scheinbar zu weichen Haltung Obamas geübt wurde. Die Planänderung, so Clinton, gehe auf Empfehlungen aus dem Pentagon zurück, eine «stärkere und umfassendere» Raketenabwehr in Europa zu schaffen, als sie das Konzept von George W. Bush geboten hätte. «Wir, ich zitiere, ‹stellen› die Raketenabwehr nicht ‹zurück›. Wir stellen sie schneller auf, als es die Bush-Regierung plante. Und wir installieren ein umfassenderes System.»[117] Was also war tatsächlich beschlossen worden?

Wie sich bald herausstellen sollte, plante Obama lediglich die Verwendung eines anderen Abwehrsystems mit anderen Raketentypen: nämlich des Aegis-Systems mit seinen SM-3-Abfangraketen, die auf Kurz- und Mittelstreckenraketen spezialisiert sind. Keineswegs jedoch war daran gedacht worden, auf eine Raketenabwehrbasis in Polen zu verzichten.

Die neue US-Administration unter Präsident Barack Obama hatte noch in der ersten Jahreshälfte 2009 großen Wert darauf gelegt, die Beziehungen zu Russland zu verbessern. Es war die Rede von einem «Reset»-Knopf, den man drücken wolle. Tatsächlich schaffte es Obama, gemeinsam mit Putins Nachfolger, Dmitri Medwedew, die Beziehungen neu zu beleben. Den größten Anteil dabei hatten Entwicklungen im Umfeld der Raketenabwehr. Negative Testergebnisse und Zweifel an dem Kosten-Nutzen-Verhältnis bei der Abwehr von Interkontinentalraketen führten dazu, dass die US-Pläne Anfang 2009 zunächst in eine Warteschleife geleitet wurden. Die Obama-Administration kündigte eine Generalüberprüfung an, um ihre eigene Position zu dem Thema zu entwickeln.

Auch wenn es vermutlich gar nicht so gemeint war, verstand Moskau dies als genau das Signal, auf das man von Seiten der Bush-Administration vergeblich gewartet hatte: eine Aussetzung der eigenen Pläne, solange mit Russland verhandelt wird. Dies schien zumindest die Möglichkeit zu schaffen, dass sich am Ergebnis etwas änderte. Im April 2009 pries Außenminister Lawrow denn auch gegenüber einem amerikanischen Gesprächspartner das Vorgehen Obamas. «Dies sei anders an der neuen Administration: Sie sei bereit zuzuhören und sich die Zeit zu nehmen, die Alternativen zu analysieren, anstatt einfach nur zu sagen: ‹Dies ist, was getan werden muss; alle müssen sagen: Yes, sir!›»[118]

Die Gespräche, die zur Vorbereitung des Treffens der beiden Präsidenten vom 6. bis 8. Juli 2009 in Moskau geführt wurden, verliefen infolgedessen ausgesprochen positiv. Die amerikanische Seite informierte bei einem Besuch in Moskau im Mai über den Stand der Dinge und machte deutlich, dass sich die Obama-Administration stärker auf die Bedrohung durch Kurz- und Mittelstreckenraketen konzentrieren wolle statt auf Interkontinentalraketen. Denn hier liege die tatsächliche Bedrohung. Die Stationierung der Ground Based Interceptors werde auf Alaska und Kalifornien beschränkt, womit die Zukunft der geplanten Basen in Polen und Tschechien offen war. Damit schwenkte Washington auf die Einschätzung Moskaus um, dass der Iran in

absehbarer Zeit kaum in der Lage sein würde, Interkontinentalraketen zu entwickeln, und es sah so aus, als könnte eine Stationierung in Osteuropa unterbleiben. Der amerikanische Verhandlungsführer, Botschafter Stephen Mull, machte zudem deutlich,
dass die USA «Russland nicht fragten, sich einem bereits bestehenden System anzuschließen, sondern zusammen mit den USA
ein neues System zu entwickeln». Dies schien den russischen
Vorstellungen erstmalig tatsächlich entgegenzukommen und
besaß zumindest Berührungspunkte zu den Vorschlägen, die
Putin im Sommer 2007 in Heiligendamm und Kennebunkport
unterbreitet hatte. Moskaus Hoffnung, man könne zunächst
eine gemeinsame Bedrohungsanalyse durchführen und dann
zusammen ein daran angepasstes Abwehrsystem entwickeln,
schien plötzlich zum Greifen nah.

Dementsprechend positiv reagierte die russische Seite auf die
«sehr konstruktiven» Vorschläge und bezeichnete das Kooperat-
tionsangebot als «völlig neu» sowie als «interessant und vielversprechend». Aber, so betonte der russische Verhandlungsführer,
der stellvertretende Außenminister Sergej Rjabkow, Russlands
Bereitschaft zur Kooperation hänge daran, ob die USA an den
Basen in Polen und Tschechien festhielten oder nicht.[119] Auch in
der Folge wurde Moskau nicht müde zu betonen, dass die von
beiden Seiten gewünschte Zusammenarbeit daran gekoppelt sei.

Der Juligipfel in Moskau nährte die Hoffnungen weiter. Der
amerikanischen Seite wurde signalisiert, dass dieser Gipfel die
Haltung der russischen Regierung gegenüber Washington verändert habe. Gleichwohl werde es lange dauern, «den Schaden
zu beheben, den die vorherige Administration den Beziehungen
zwischen Russland und den USA zugefügt habe». Zudem fürchteten immer noch viele in der russischen Regierung, Washington
werde trotz allem Teile seiner Raketenabwehr in Polen und
Tschechien stationieren.[120] Alles hing davon ab, wie Obama hier
weiter vorgehen würde.

Doch sämtliche russischen Hoffnungen erwiesen sich als unbegründet. Denn auch Obama entwickelte seine Pläne vollkom-

men unabhängig von Russland und versuchte anschließend lediglich, Moskau zur Kooperation zu bewegen.

Am 1. Oktober 2009 teilte Washington den Alliierten im Nordatlantikrat mit, das neue System der Raketenabwehr sei lediglich aufgrund von Änderungen bei der Bedrohungsanalyse sowie verbesserten technischen Fähigkeiten entwickelt und keineswegs auf eine mögliche russische Reaktion hin zugeschnitten worden. «Wenn Russland sich dennoch entscheide, mit den USA und der NATO bei der Raketenabwehr zu kooperieren, dann umso besser.»[121]

Am 17. September 2009 hatte das US-Außenministerium ein Schreiben an die Botschafter in allen NATO-Staaten geschickt. Es enthielt die Anweisung, die Entscheidung der Obama-Administration zur Raketenabwehr zu verkünden. Die Bedrohung durch iranische Kurz- und Mittelstreckenraketen habe sich verstärkt, hingegen die durch mögliche Interkontinentalraketen verringert. Überdies habe die Abwehrtechnologie Fortschritte gemacht. Daher werde auf die Stationierung der Ground Based Interceptors in Polen verzichtet. Auch das Radar in Tschechien sei angesichts der technologischen Fortschritte nicht mehr nötig. Stattdessen werde Washington ein kosteneffizienteres, flexibleres System in Europa installieren, das an die jeweilige Entwicklung der Bedrohung angepasst sei (Phased Adaptive Approach, PAA). In einer ersten Phase würden bis 2011 erprobte Abwehrsysteme installiert, die der aktuellen Bedrohung durch den Iran Rechnung trügen. In weiteren Phasen, geplant waren insgesamt vier, würden see- und landgestützte Varianten einer verbesserten SM-3-Abfangrakete hinzukommen. Die letzte Phase schließlich sah Abfangmöglichkeiten für iranische Interkontinentalraketen vor. «Dies wäre dann eine ähnliche Fähigkeit, wie sie das vorherige System hatte.»[122]

Wo genau die neuen Abfangraketen stationiert würden, darüber wurden keine Angaben gemacht. In der vorbereiteten «Frage und Antwort»-Sektion für die Botschafter, bei der eventuelle Fragen vorweggenommen wurden, mit denen sie sich konfrontiert sehen könnten, hieß es bezüglich des Punktes, welche Staaten die neue Infrastruktur beherbergen würden, ein Teil der Raketen sei seebasiert, ein Teil könne eventuell aber auch in Nord- oder Südeuropa stationiert werden. Es gebe viele mögliche Stationierungsorte. Wenn nachgefragt würde, sollte der Botschafter sagen: «Ich würde es vorziehen, zu diesem Zeitpunkt in der Stationierungsfrage nicht zu spezifisch zu werden.»[123]

Die Art und Weise, wie die Entscheidung verkündet wurde, führte dazu, dass bis heute Unklarheit darüber besteht, was genau geschah. Denn öffentlich setzte sich der Eindruck fest, die russischen Bedenken seien nun ausgeräumt, da auf die Basen in Polen und Tschechien verzichtet würde. Die Nachricht, die der Moskauer US-Botschafter überbringen sollte, betonte ebenfalls, dass weder das Radar in Tschechien noch die Ground Based Interceptors in Polen installiert würden. Es wurde zwar deutlich gesagt, dass SM-3-Abfangraketen stationiert würden, aber nicht, wo. Am Ende hieß es: «Nun wollen wir ernsthaft in die Zusammenarbeit mit Russland bei der Raketenabwehr einsteigen.»[124] Wenn Moskau nun immer noch nicht kooperierte, so konnte das doch nur bedeuten, dass die russische Führung eben kein Interesse an einer Zusammenarbeit hatte und alle Einwände nur vorgeschoben waren?

Moskau war allerdings nicht der einzige Ort, an dem der Botschafter einen separaten Text bekam. Das Gleiche galt auch für Prag und Warschau. Wie es in dem für die NATO-Partner bestimmten Teil hieß, habe man bereits mit beiden gesprochen und die «Dankbarkeit» der US-Regierung für die Bereitschaft kommuniziert, das jetzt gestoppte Programm zu beherbergen.[125] Es leuchtet ein, dass es angesichts der schlechten Nachricht einen anderen Text für Polen und Tschechien brauchte als für die nicht so unmittelbar betroffenen Partner. Doch war das wirklich alles? Im Falle Tschechiens wurden in der Tat keine weiteren Versprechungen gemacht.[126] Das hatte offenbar damit zu tun, dass das geplante Radar schlicht überflüssig geworden war

und die innenpolitische Situation in Tschechien die Stationierung von Abfangraketen nahezu unmöglich machte. Doch welche Nachricht überbrachten die USA in Polen?

Der genaue Text ist unter den auf Wikileaks veröffentlichten
Dokumenten nicht enthalten, was darauf hindeutet, dass er als
«top secret» (und nicht nur als «secret») eingestuft wurde. Aus
einem Bericht der Warschauer US-Botschaft vom 23. September
2009 geht jedoch hervor, dass ein konkretes Angebot unterbreitet worden war. Polen sollte SM-3-Abfangraketen beherbergen,
und auch die vierte Ausbaustufe, die Interkontinentalraketen
abfangen können sollte, war in Polen geplant. Stationiert werden sollte dies in dem Dorf Redzikowo – und genau dort wird die
Raketenabwehrbasis heute auch gebaut.[127]

Während Washington also öffentlich so tat, als wären die Sta-
tionierungsorte vollkommen offen, begannen bereits am Tag der
Verkündung die neuen Gespräche mit Polen. Warschau stimmte
schon im Oktober 2009 dem Angebot zu. Im Juli 2010 wurde ein
Dokument unterschrieben, das die Stationierung regelte. Die
Basis in Polen soll bis 2018 einsatzfähig werden und mit einer
Radarstation sowie zunächst 24 Exemplaren einer verbesserten
Abfangrakete, der SM-3-IIA, bestückt werden. Im Mai 2016
wurde termingerecht mit den Arbeiten begonnen.

Mit Rumänien wurde im Februar 2010 – ohne vorherige Kon-
sultationen mit Moskau[128] – ebenfalls ein Vertrag geschlossen.
Dort ging die entsprechende Anlage bereits im Dezember 2015
in Betrieb, hier allerdings zunächst nur mit schwächeren Raketen, den SM-3-IB. Über ein «Upgrade» wird aber nachgedacht.
Hinzu kommen eine Radarstation in der Türkei sowie zahlreiche
Aegis-Schiffe, die im Mittelmeer, im Schwarzen Meer, in der Ostsee und wohl auch in der Arktis eingesetzt werden sollen. Gegenwärtig besitzen die USA 33 Aegis-Kreuzer und -Zerstörer. Bis
Frühjahr 2018 soll diese Zahl auf 37 erhöht werden.[129]

Die für 2020 vorgesehene vierte Ausbaustufe, in der eine weiterentwickelte Version der Abfangrakete (SM-3-IIB) in Polen installiert werden sollte, die auch gegen Interkontinentalraketen

sicheren Schutz bieten würde, nahm Obama allerdings im März 2013 wieder zurück, da sich die Entwicklung der entsprechenden Rakete verzögerte.[130] Es lohnt, einmal durchzuspielen, was gewesen wäre, wenn. Wäre die vierte Ausbaustufe nicht zurückgenommen worden, hätte Obamas Konzept Abfangraketen enthalten, die mit ziemlicher Sicherheit eine Bedrohung für russische Interkontinentalraketen gewesen wären.[131] Da Obamas Raketenabwehrprogramm zudem umfassender war als das von Bush geplante, wäre die Bedrohung für Russland damit größer und nicht kleiner geworden.

Abgesehen davon, dass es keine Garantien gegen einen erneuten Schwenk gibt, mit dem diese Pläne wieder aus der Schublade gezogen würden, ist sehr umstritten, über welche Fähigkeiten diejenigen Abfangraketen tatsächlich verfügen, die 2018 in Polen installiert werden sollen. Washington spricht von einer «limitierten» Fähigkeit, auch Interkontinentalraketen abfangen zu können.[132] Das russische Verteidigungsministerium erklärte dagegen, es habe den Einsatz der Raketen simuliert. Diese besäßen bereits Fähigkeiten, die erst die weiterentwickelte SM-3-IIB haben sollte, und seien eine Bedrohung auch für russische Interkontinentalraketen.[133] Eine Studie der amerikanischen RAND Corporation kam dagegen 2015 zu dem Ergebnis, dass die für Polen vorgesehenen SM-3-IIA-Abfangraketen lediglich unter unrealistisch guten Bedingungen russische Interkontinentalraketen abfangen könnten, und das auch nur bei Raketen von zwei sehr weit östlich gelegenen russischen Abschussbasen.[134] So oder so, man sieht jedenfalls, dass die Bedrohungslage nicht vollkommen eindeutig ist. Und es gehört schon ein gehöriges Maß an Vertrauen dazu, in einem solchen Fall den Versicherungen seiner «Partner» einfach zu glauben. Dieses Vertrauen war aber nicht mehr vorhanden.

Dass das russische Misstrauen nicht unberechtigt ist, zeigt auch ein auf Wikileaks veröffentlichter, als geheim eingestufter Bericht der Warschauer Botschaft vom 20. Oktober 2009. In den Verhandlungen über die SM-3-Abfangbasis in Redzikowo brachte die polnische Seite die Frage auf, wie sich die NATO denn gegen Raketen verteidigen könne, die von «anderswoher» kämen als Iran oder etwa Syrien. Daraufhin antwortete die amerikanische Seite, das System biete Erweiterungsmöglichkeiten gegen eine «Bedrohung aus einer unvorhergesehenen Richtung». Dies sei durch seegestützte Systeme möglich, aber auch die landgestützten Basen könnten «upgegradet» werden mit einer größeren Zahl an Abfangraketen, und die Radaranlagen könnten «neu ausgerichtet» werden.[135] An wen wird man da wohl gedacht haben?

Anders als bis heute immer wieder behauptet, änderte sich für Russland durch Obamas Raketenabwehrpläne also nicht viel. Das Radar in Tschechien fiel zwar weg, aber die Basis in Polen blieb erhalten. Zudem wiederholte sich das Spiel, dass Washington seine Pläne für sich allein entwickelte und Russland anschließend lediglich über diese informierte, dann aber erwartete, dass Moskau sie akzeptierte und kooperierte. In der «Frage und Antwort»-Sektion zu dem Text, mit dem Washington seine NATO-Verbündeten am 17. September 2009 über die neuen Pläne in Kenntnis setzte, hieß es, die Gespräche mit Russland dienten dazu, die Entscheidungen «transparent» zu machen und «mögliche Felder für eine Kooperation zu diskutieren». Das klang genauso wie unter George W. Bush. Eine Beteiligung Russlands an der Entscheidungsfindung war offensichtlich nicht vorgesehen. «Das vorherige System war nicht verhandelbar, und das gilt auch für das neue.»[136] Daher beschwerte sich der russische Außenminister Lawrow am 22. Januar 2010 auf seiner jährlichen Pressekonferenz zur russischen Außenpolitik vollkommen zu Recht über dieses Vorgehen: «Wir haben den USA und der NATO gesagt, es sei nötig, alles von Grund auf neu aufzubauen ... Aber sie haben uns nur gesagt: Dies sind die Systeme, die wir entwickeln werden ... Das ist kein Ansatz, den wir unterstützen können.»[137]

Die auf Wikileaks eingestellten Dokumente enden im Februar 2010, womit sich auch das Fenster schließt, durch das eine genaue Beobachtung der Verhandlungen möglich war. Es spricht aber viel dafür, dass sich in den folgenden Jahren genau das fortsetzte, was auch unter der Bush-Administration zu beobachten war. Noch auf dem NATO-Gipfel und dem Treffen des NATO-Russland-Rates in Lissabon im Jahr 2010 hatten beide Seiten gehofft, man könne die Differenzen ausräumen. Es wurde erneut beschlossen, eine gemeinsame Gefahrenbewertung vorzunehmen und nach Wegen zu suchen, wie man beim Thema Raketenabwehr kooperieren könne.[138] Doch ist dies in der Folge nicht gelungen, weil die Verhandlungspartner weiterhin aneinander vorbeiredeten. Washington und die NATO versuchten Moskau davon zu überzeugen, dass sich die Raketenabwehr nicht gegen die russischen Interkontinentalraketen richte, sondern vor allem gegen den Iran. Zu Änderungen ihrer Pläne waren sie nicht bereit. Russland dagegen verlangte sichere Garantien, dass die Abfangraketen in Europa nicht gegen russische Interkontinentalraketen eingesetzt würden. Zudem blieben die Stationierungsorte in Polen und Rumänien sowie die Aegis-Schiffe in der Ostsee und im Schwarzen Meer ein grundsätzlicher Stein des Anstoßes, da Russland weiterhin alle strategischen Elemente der US-Militärinfrastruktur in der Nähe seiner Grenzen als Bedrohung seiner nationalen Sicherheit betrachtet. Das wiederum stieß im Westen auf Unverständnis. Dort war die Stationierung in Polen inzwischen zu einer Frage des Prinzips geworden. Für Washington ging es darum, ein Zeichen an die neuen NATO-Mitglieder zu senden – auf Kosten Russlands.

Im Vorfeld des Chicagoer NATO-Gipfels im Mai 2012, auf dem die teilweise Einsatzfähigkeit der Raketenabwehr verkündet wurde, stellte der russische Generalstabschef Nikolaj Makarow klare Forderungen. Um zu verhindern, dass Russland seine Zweitschlagfähigkeit verliere, müsse es in die NATO-Raketenabwehr einbezogen werden. Konkret forderte er ein System, bei dem Russland für die Raketenabwehr eines Teils des NATO-Gebiets selbst verantwortlich gewesen wäre. Sollte das System dagegen so installiert werden wie vorgesehen, drohte er mit Präventivschlägen gegen die Stellungen in Polen und Rumänien. Dazu könnten Iskander-Raketen in Kaliningrad stationiert werden. Die NATO lehnte den Vorschlag ab.[139]

Im Dezember 2012 sagte Wladimir Putin auf einer Pressekonferenz, die NATO wolle weder technische Schritte unternehmen noch rechtsverbindliche Papiere unterschreiben, um den Raketenschild für Russland ungefährlich zu machen. Wenn es dabei bleibe, müsse Russland «Gegenmaßnahmen» ergreifen, um das strategische Gleichgewicht zu erhalten, das die Welt seit dem Zweiten Weltkrieg vor Großkonflikten bewahre. «Wenn wir nicht antworten, kann das unser Atom- und Raketenpotential auf null reduzieren und das strategische Gleichgewicht der Welt zerstören.»[140] Geändert hat sich in der Folge nichts.

Seit der Ukrainekrise sind die Fronten nur noch verhärteter. Im August 2014 beschloss Dänemark, sich mit einer Fregatte am Raketenabwehrschirm zu beteiligen. Im März 2015 stellte der russische Botschafter in Dänemark in einem Zeitungsartikel fest, Dänemark mache damit eigene Schiffe zum Ziel russischer Atomraketen.[141] Diese Drohung aus Moskau war eindeutig an die Raketenabwehr gekoppelt, wie auch die nuklearen Drohungen gegenüber Polen. Dass Russland Dänemark mit einem Atomschlag gedroht habe, wurde aber seitdem immer wieder aus dem Zusammenhang gerissen und als Beleg genutzt für Moskaus angebliche Unberechenbarkeit und Aggressivität.

Im März 2014, im Umfeld der Krimkrise, widmete sich Stefan Kornelius, der Außenpolitikchef der «Süddeutschen Zeitung», in einem Kommentar der Frage, ob der Westen Russland «eingekreist» habe und daher eine Mitschuld an der Konfrontation besitze. Die Antwort war erwartungsgemäß negativ. An Sensibilität gegenüber Russland habe es dem Westen nicht gemangelt. «Die im Westen so beliebte Flagellanten-Frage – wer hat Russland auf dem Gewissen? – lässt sich guten Gewissens beantworten: Man war schon mal weiter, mit Gorbatschow, Jelzin, selbst mit dem frühen Putin. Gemeinsame Projekte, Räte, Modernisierungsinitiativen, selbst eine gemeinsame Raketenabwehr – wer zählt

noch die beschriebenen Dokumente. Putin aber hat das Rad zu-
rückgedreht.»[142] Wieder und wieder also hatte der Westen Russland die Hand gereicht, erfolglos. Russland kooperierte eben
nicht. Es bedarf schon einer gehörigen Portion Chuzpe oder
einer tiefgreifenden Ahnungslosigkeit, um die Geschichte so zu
erzählen. Als «Flagellanten» bezeichnet man übrigens mittel-
alterliche Selbstgeißler – eine Wortwahl, die sehr deutlich macht,
was die antirussischen Hardliner davon halten, auch einmal die
Perspektive des Gegenübers einzunehmen. Dass sie damit ein
hochriskantes Spiel mit dem Frieden treiben, scheint sie nicht
weiter zu bekümmern.

### Das Atomabkommen mit dem Iran

Im Sommer 2015 geschah etwas Unerwartetes – etwas, das man
als eine der größten außenpolitischen Leistungen der Ära Obama
bezeichnen kann: Das Atomabkommen mit dem Iran wird abgeschlossen. Der Iran gibt 95 Prozent seines angereicherten Urans
auf, akzeptiert eine strikte Begrenzung der Anzahl der Zentri-
fugen, die man zur Anreicherung des Urans benötigt, und
stimmt zu, den Schwerwasserreaktor in Arak so umzubauen,
dass er kein waffenfähiges Plutonium mehr produzieren kann.[143]
Hierzu muss man wissen, dass über 95 Prozent der existierenden
Atomsprengköpfe weltweit Plutonium als spaltbares Material
enthalten – weil sie so kleiner und leichter sind als solche aus
Uran, sich daher einfacher auf Raketen montieren lassen und
eine größere Reichweite ermöglichen.[144] Der Iran hatte die Internationale Atomenergiebehörde (IAEO) 2003 über den Bau eines
Schwerwasser-Forschungsreaktors in Arak informiert. Dieser
Reaktor näherte sich 2014 der Fertigstellung. Infolge des Atom-
deals entfernte der Iran Anfang 2016, wie der damalige amerikanische Außenminister Kerry bestätigte, den Reaktorkern der im
Bau befindlichen Anlage, um ihn daraufhin mit Beton zu füllen
und zu zerstören.[145] Die IAEO überprüft dauerhaft die Einhal-

tung des Atomabkommens seitens des Iran. Bisher wurden keine Verstöße festgestellt, was die Trump-Administration aber nicht davon abhält, neue Sanktionen zu verhängen, weil das Land sich nicht an den «Geist» des Abkommens halte.[146]

Das Atomabkommen beseitigte die Gefahr, dass der Iran in absehbarer Zeit über nuklear bestückte Raketen verfügen würde, die in der Lage wären, Europa oder gar die Vereinigten Staaten zu erreichen. Damit reduzierte sich die vom iranischen Raketenprogramm ausgehende Gefahr dramatisch. Was hätte nähergelegen, als den Ausbau des Raketenabwehrsystems nun auszusetzen, zumindest so lange, wie keine unmittelbare Gefahr vom Iran ausging? Wäre das Atomabkommen gebrochen worden, hätte man die Arbeiten ja wieder aufnehmen können.

Stattdessen wurde im Dezember 2015 die Basis in Rumänien in Betrieb genommen, und im Mai 2016 begannen die Arbeiten an der Basis in Polen. Wie mussten diese Schritte wohl auf Moskau wirken? Die Bedrohung aus dem Iran fällt praktisch weg, aber der Raketenabwehrschirm ist dennoch nötig. Gegen Russland richtet er sich natürlich nicht, aber gegen wen denn dann eigentlich? Wollte man alle sicherheitspolitischen Befürchtungen Moskaus bestätigen, hätte man dies nicht gründlicher tun können.

Selbst ein so überzeugter Transatlantiker wie Jochen Bittner von der «ZEIT» empfahl im Juni 2016, den Raketenschild vorerst zu stoppen. Die NATO sei womöglich dabei, «einen der größten Fehler ihrer Geschichte zu begehen». Denn Russland könne dies zum «Vorwand» nehmen, den INF-Vertrag von 1987/88 zu kündigen. Demgegenüber sei die Bedrohung aus Iran und Nordkorea «minimal».[147] Tatsächlich muss man sich vor Augen halten, dass von dem Vertragsgeflecht der 1970er und 1980er Jahre zur Rüstungsbeschränkung bzw. Abrüstung nicht mehr viel übrig ist. Der ABM-Vertrag ist gekündigt und der KSE-Vertrag wird nicht mehr angewendet. Und wenn der INF-Vertrag ebenfalls fällt, aus Sicht der Europäer vielleicht der wichtigste Abrüstungsvertrag, steuern die Atommächte USA und Russland auf eine

Phase zu, in der das System der gegenseitigen Rüstungskontrollen nicht mehr verfügbar ist, das lange Zeit dazu beitrug, ein gewisses Maß an Grundvertrauen zu erhalten.[148] Anstatt das Atomabkommen mit dem Iran zu nutzen, um Druck rauszunehmen, wurde die Krise weiter verschärft.

Der im russischen Generalstab tätige Generalleutnant Viktor Poznikhir hat Ende März 2017 bei der UN-Abrüstungskonferenz in Genf zum wiederholten Male erklärt, das globale Raketenabwehrsystem der USA sei eine strategische Bedrohung für die Atomstreitkräfte Russlands und Chinas. Unter dem Vorwand, sich gegen eine Bedrohung durch nordkoreanische und iranische Raketen zu verteidigen, installierten die USA ein strategisches System, das darauf ziele, russische und chinesische ballistische Raketen zu zerstören, und das somit das Gleichgewicht der Abschreckung in Gefahr bringe. Russland sei gezwungen, adäquate Gegenmaßnahmen zu ergreifen, um das strategische Kräftegleichgewicht zu wahren, aber die Welt werde dadurch nicht sicherer werden.[149] Zudem schafften die stationären amerikanischen Raketenabwehrsysteme in Europa und die Präsenz amerikanischer Kriegsschiffe mit Raketenabwehrkapazitäten in Meeren und Ozeanen in der Nähe Russlands ein mächtiges, verdecktes Potential für einen nuklearen Raketenangriff auf Russland. Es sei unklar, ob von den Schiffen und den Basen in Polen und Rumänien nicht auch Marschflugkörper abgefeuert werden könnten. Die Existenz eines globalen Raketenabwehrsystems senke die Schwelle für den Einsatz nuklearer Waffen, weil sie der amerikanischen Illusion Vorschub leiste, unter dem Raketenabwehrschirm strategische Offensivwaffen ungestraft einsetzen zu können. Der amerikanische Repräsentant bei der UN-Abrüstungskonferenz, Robert Wood, erwiderte daraufhin, die russischen Behauptungen über die amerikanische Raketenabwehr seien «Science-Fiction».[150]

Abgesehen davon, dass eine solche Antwort wenig dazu beitragen dürfte, vorhandene Ängste zu zerstreuen, stellt sich die Frage, warum sich, wenn dem denn so ist, auch die Chinesen von dem Raketenabwehrsystem bedroht fühlen, das die USA derzeit in Südkorea installieren, um nordkoreanische Raketen abzufangen. Es handelt sich hier um das Thaad-System, das dem Aegis-System vergleichbar ist. Auch in Südkorea gibt es in der Bevölkerung und im Parlament übrigens starke Vorbehalte. Gegen den ursprünglich geplanten Stationierungsort, einen Artilleriestützpunkt, gab es monatelange Proteste. Jetzt wird das System auf einem abgelegenen Golfplatz stationiert, den die Regierung dafür von dem privaten Lotte-Konzern erworben hat, gegen dessen Supermärkte in China nun Boykottmaßnahmen laufen.[151] Ebenso wie Russland sieht China durch die Radaraufklärung und die Abfangraketen sein nukleares Abschreckungspotential gefährdet.[152] «Chinas strategische Sicherheit wird von Thaad untergraben», warnte Außenminister Wang Yi.[153] Liegt das alles nur an der Paranoia der anderen? Könnte man bei so massivem Widerstand nicht auch mal auf den Gedanken kommen, am eigenen Verhalten etwas zu ändern?

### *Eine klassische Rüstungsspirale*

Russland sieht seine nukleare Zweitschlagkapazität durch den Aufbau des westlichen Raketenschirms gefährdet, fühlt sich durch die Verstärkung der militärischen Infrastruktur an seinen Grenzen und die Verlegung von NATO-Truppen in die baltischen Staaten und nach Polen bedroht. Ein Angriff der NATO erscheint aus militärstrategischer Perspektive plötzlich denkbar, die Generalstäbe reagieren entsprechend, spielen Szenarien durch, veranstalten Übungen, in denen Russland NATO-Truppen durch Atomschläge in Weißrussland aufhält. Russland modernisiert seine Nukleartruppen und entwickelt Pläne für eine eigene Raketenabwehr. Gleichzeitig wird die Aufstellung von Iskander-Raketen in Kaliningrad daran gekoppelt, ob die Pläne für das amerikanische Raketenabwehrsystem fortgeführt werden. Russland hat die Iskander-Raketen bereits mehrfach vorübergehend in Kaliningrad stationiert und die Enklave auch sonst stark aufgerüstet. 2016 sind erneut Iskander-Raketen dorthin verlegt worden, als Reaktion auf die Inbetriebnahme der Raketenabwehrbasis in Rumänien. Bauarbeiten sprechen dafür, dass diesmal eine dauerhafte Stationierung infrage kommt.[154] Kann man deutlicher machen, dass es einem wirklich ernst ist?

Die NATO wiederum nimmt die russischen Maßnahmen nicht als strategische Defensive und Reaktion auf den Ausbau des Raketenabwehrschirms wahr, sondern als Vorbereitungen für eine aggressiv-expansive Politik Russlands. Sie hält die baltischen Staaten und Polen für bedroht und die russischen Ängste vor der Raketenabwehr nur für einen Vorwand, um die eigene Aufrüstung zu legitimieren. Daher sieht sie überhaupt keinen Grund, den Ausbau des Raketenabwehrsystems anzuhalten, und das, obwohl die offizielle Begründung, die Bedrohung durch den Iran, sich stark reduziert hat. Stattdessen werden die russischen Maßnahmen, wie insbesondere die Stationierung von Iskander-Raketen in Kaliningrad, als aggressive Aktion, nicht als Reaktion gewertet. Dementsprechend werden luftgestützte Cruise Missiles mit 1000 Kilometer Reichweite an Polen verkauft, um ein Gegengewicht zu den Iskander-Raketen in Kaliningrad zu schaffen.[155] Eine klassische Rüstungsspirale kommt in Gang.

Der Zusammenhang mit dem Raketenabwehrschirm fällt zudem in vielen Darstellungen einfach unter den Tisch. Stattdessen spekuliert die NATO, die Iskander-Raketen hätten eine sehr viel größere Reichweite als von Russland angegeben, seien daher eine Verletzung des INF-Vertrags, der die Entwicklung und Stationierung von nuklearen Mittelstreckenraketen durch die USA und Russland verbietet, und sie dienten eigentlich dazu, Staaten wie Deutschland zu bedrohen.[156] Dass hier genauso argumentiert wird, wie Russland es bei den vermuteten Fähigkeiten der SM-3-IIA für Polen tut, fällt offenbar nicht weiter auf. Was im Falle Moskaus «Science-Fiction» ist, sind im Falle der NATO natürlich legitime Sorgen.

Man mag sich gar nicht vorstellen, was angesichts dieses

gegenseitigen Unverständnisses und des fehlenden Vertrauens passieren wird, wenn das Raketenabwehrsystem in Polen 2018 tatsächlich in Betrieb gehen sollte. Wie unverantwortlich und leichtfertig ist es, in dieser Situation an inzwischen völlig überholten Plänen festzuhalten? Oder hatte Moskau doch recht, und das Raketenabwehrsystem richtete sich von Anfang an gegen Russland? Dann wäre natürlich verständlich, warum das Atomabkommen mit dem Iran nichts an den Plänen ändert. In jedem Fall steuert die Welt im Jahr 2018 auf einen hochgefährlichen Konflikt zu, der sehr schnell außer Kontrolle geraten kann. Und das alles wegen Langstreckenraketen und Atomsprengköpfen, die der Iran gar nicht besitzt. Ist das wirklich unvermeidbar?

*«Die Qualität der Entspannung misst sich nicht daran,*
*wie nett man zueinander ist, sondern an der Fähigkeit,*
*Probleme anzupacken und Kritik zu vertragen.»*
*(Leonid Samjatin)*

## «Wandel durch Annäherung»

Am 11. August 1984 wollte der amerikanische Präsident Ronald
Reagan auf seiner Ranch in Kalifornien eine kurze Radioanspra-
che aufnehmen. Beim Einsprechen alberte er ein wenig herum –
in der Annahme, die Mikrofone seien noch ausgeschaltet: «Liebe
Landsleute, ich freue mich, Ihnen heute mitteilen zu können,
dass ich ein Gesetz unterzeichnet habe, das Russland für vogel-
frei erklärt. Wir beginnen in fünf Minuten mit der Bombardierung.» Doch die Aufzeichnung lief bereits, und Reagans Worte
gelangten später an die Öffentlichkeit. Was antikommunis-
tischen Hardlinern als ein gelungener Scherz erschien, löste im
Rest der Welt Kopfschütteln aus. In Moskau hielt man den Aus-
rutscher gar für eine Freudsche Fehlleistung: Reagan habe wohl
seine geheimen Wünsche offenbart.[1]

Es ist heute vielleicht nicht mehr bewusst, wie angespannt
die Situation damals war. Reagan hatte nach seinem Amtsantritt den Druck auf die Sowjetunion massiv erhöht, und
die 1980er Jahre erlebten eine neue Hochphase des Kalten Krieges.[2] Es gibt nicht wenige, die der Meinung sind, dass Reagan
die Sowjetunion erfolgreich zu Tode gerüstet habe und dass
durch seine konsequente und unnachgiebige Politik Abrüs-
tungsschritte überhaupt erst möglich geworden seien. Erst
die harte Haltung Reagans habe den Zusammenbruch der Sowjetunion bewirkt und den Kalten Krieg beendet. Doch dabei gerät in Vergessenheit, dass es sich um eine hochriskante

Politik gehandelt hat, die mehrfach beinahe schiefgegangen wäre.

Wie wir heute wissen, kam es im Herbst 1983 zu einer Reihe sehr gefährlicher Ereignisse, deren Ursprung im abgrundtiefen gegenseitigen Misstrauen lag. Zu Beginn der Präsidentschaft von Ronald Reagan – da hieß der sowjetische Generalsekretär Jurij Andropow – hielt es die sowjetische Führung für möglich, dass die USA einen nuklearen Erstschlag gegen ihr Land planten. Zwei Jahre lang galten für sowjetische Nachrichtendienste hohe Alarmstufen, und ihre Agenten wurden weltweit angewiesen, nach Anzeichen für einen bevorstehenden Angriff der USA zu suchen. Als sich am 1. September 1983 ein südkoreanisches Passagierflugzeug in den sowjetischen Luftraum verirrte, wurde es abgeschossen. Nach Lage der Dinge hielten die Sowjets den Jet für ein amerikanisches Spionageflugzeug.[3] Knapp vier Wochen später, am 26. September, meldete eine russische Frühwarnstation irrtümlich den Anflug von fünf amerikanischen Atomraketen. An diesem Abend war der leitende Diensthabende ein Oberst, der in seiner Eigenschaft als Ingenieur das Frühwarnsystem mitentwickelt hatte. Statt den Alarm gleich «nach oben» weiterzuleiten, wartete er ab, ob die Radarsysteme ihn bestätigen würden. Später ist er im Westen für diese besonnene Haltung geehrt worden.[4]

Die gefährlichste Situation aber entstand im November durch das NATO-Großmanöver «Able Archer 83». Mit ihm wurde ein Krieg in Europa simuliert, bei dem Massenvernichtungswaffen zum Einsatz kamen, und die sowjetische Führung vermutete für kurze Zeit, es handele sich um die Vorbereitung eines Erstschlags. Als die britische Premierministerin Margaret Thatcher anschließend von ihren Geheimdiensten über die Reaktion des sowjetischen Militärs auf das NATO-Manöver informiert worden war, wies sie ihre Diplomaten an, in den USA für Maßnahmen zu werben, die sicherstellen sollten, dass sich eine solche Situation nie wiederholen könne. Der amerikanische Historiker John Lewis Gaddis schildert die Entwicklungen im Herbst 1983 in dramatischen Worten und hält die «Able Archer»-Krise für den wahrscheinlich gefährlichsten Moment seit der Kubakrise. Mit dieser Einschätzung steht er nicht alleine. So nahe wie 1983 war die Welt seitdem nie wieder am Rand eines Atomkrieges.[5] Dass Reagan nur ein halbes Jahr später über einen Angriff auf Russland scherzte, ist an Leichtfertigkeit kaum zu überbieten und lässt tief blicken.

### Tanz am Abgrund

Wie Klaus Wiegrefe im «Spiegel» in Erinnerung gerufen hat, ging in den 1980er Jahren allerdings auch in den USA die Angst vor einem nuklearen Angriff der Sowjetunion um. Vor dem US-Kongress hat Jon Wolfsthal, ein ranghoher Rüstungskontroll-experte der Obama-Administration, gesagt: «Wir haben damals geglaubt, die kaltblütigen und kühl kalkulierenden Sowjets würden nur auf eine Gelegenheit lauern, den Westen anzugreifen.» Die Kremlastrologen hätten schlicht übersehen, dass Moskau genauso ängstlich auf das westliche Atomarsenal starrte. Durch Reagans Konfrontationspolitik, mit der die Sowjets abgeschreckt werden sollten, wurde daher nicht mehr Sicherheit geschaffen, sondern nur an der Eskalationsspirale gedreht. Die Gegenseite nahm die Aktionen nicht als defensiv, sondern als Vorbereitung einer Offensive wahr. Die Geschichte, so Wolfsthal, habe dann gezeigt, «wie dumm wir waren und wie viel Glück wir hatten».[6] Denn dass der dadurch ausgelöste Rüstungswettlauf trotz dieser Fehleinschätzung friedlich zu Ende gehen würde, war keineswegs ausgemacht. Das hochriskante Spiel ging gut aus, aber es war ein Tanz am Abgrund. Wollen wir wirklich in diese Zeiten zurück? Es wird nicht mehr oft darüber geredet, aber sowohl die Nuklearwaffen der USA als auch die Russlands reichen immer noch aus, um die Welt gleich mehrfach in die Luft zu sprengen.

Auch heute befinden sich die NATO und Russland wieder in

einer Eskalationsspirale. Gegenseitige fehlerhafte Annahmen über die Absichten des jeweils anderen spielen dabei eine große Rolle. Wohin soll das führen? Ist es wirklich unvermeidbar, dass sich die Spannungen immer weiter hochschaukeln? Mit allen damit verbundenen Risiken, bis hin zur versehentlichen Vernichtung der Welt durch einen Atomkrieg, den zwar keine Seite wirklich will, der aber durch eine Verkettung unglücklicher Umstände eben doch möglich ist. Die gegenwärtige Strategie der NATO beruht darauf, einer russischen Politik, die als expansiv wahrgenommen wird, mit Stärke entgegenzutreten. Signale der Entspannung würden Russland nur weiter ermutigen, heißt es. Die NATO muss Entschlossenheit zeigen, militärische Stärke demonstrieren, insbesondere in den baltischen Staaten und Polen, und sie muss mehr Geld in die Rüstung stecken. Dann, so das Kalkül, werde Putin schon merken, dass die NATO es ernst meint und er das alte sowjetische Imperium nicht zurückerobern kann. Militärische Stärke, Geschlossenheit und kompromisslose Konfrontation sind in diesem Szenario der Schlüssel zum Erhalt des Friedens und zur Entspannung. Wenn die NATO Schwäche zeigt, fühlt Putin sich dagegen ermutigt, die baltischen Staaten anzugreifen. Dann muss die NATO Krieg führen und die Kosten sind viel höher als jetzt für die erhöhte militärische Präsenz. Diese zeigt Putin sehr deutlich, wie aussichtslos seine gegenwärtige Politik ist und lässt ihn an den Verhandlungstisch zurückkehren.

Das mag für manchen logisch klingen. Doch diese Politik beruht auf einer dramatischen Fehleinschätzung. Wie bereits ausführlich dargelegt, verfolgt Russland keine aggressive Expansionspolitik, sondern handelt aus einer strategischen Defensive heraus. Russland will sich gegen eine Politik der NATO verteidigen, die es als aggressiv wahrnimmt. Es sieht den Westen nicht mehr als Partner und misstraut seinen Motiven. Wenn man so will – Moskau versucht aus einer Position der Schwäche heraus seine Verteidigungsfähigkeit wiederherzustellen. Dazu dienen die Modernisierung des Militärs, der Aufbau von Anti-Access-/

Area-Denial-Fähigkeiten, die Aufrüstung der Enklave Kalinin-grad, die Übungen wie Zapad 2017, bei der eine Invasion der NATO in Weißrussland angenommen wird, sowie die Moder-nisierung der Nuklearstreitkräfte und der U-Boot-Flotte, um die Zweitschlagkapazität zu sichern. Genau wie zu Zeiten Reagans belauern sich beide Seiten misstrauisch und schließen nicht aus, dass der Gegner den Finger am Abzug hat. Wie kommt man aus dieser gefährlichen Situation wieder heraus? Jedenfalls nicht durch eine «Politik der Stärke», die alles immer nur noch schlim-mer macht. Dringend nötig hingegen ist eine Politik der Ent-spannung und der Vertrauensbildung.

Wenn die Eskalationsspirale sich immer schneller dreht und kaum noch Vertrauen übrig ist, dann muss sich eine Seite bewe-gen, um den Teufelskreis zu durchbrechen. In der Vergangenheit ist das gar nicht so selten Russland gewesen. John F. Kennedy hätte es in der Kubakrise auf den Atomkrieg ankommen lassen, um keine Schwäche zu zeigen.[7] Hätte der Kreml unter Chruscht-schow nicht nachgegeben, sähe die Welt heute sicherlich anders aus. Und auch Reagan hatte das Glück, seit 1985 mit Michail Gorbatschow einen Gegenspieler zu haben, der bereit war, auf Gewaltanwendung zu verzichten und das sowjetische Imperium friedlich aufzugeben. Das war ein historisch nahezu einmaliger Vorgang.

Wollen wir wirklich darauf vertrauen, dass auch diesmal wie-der irgendwie alles gut geht? Nehmen wir an, Putin würde ent-sprechende erste Schritte auf den Westen zu unternehmen – wä-ren wir überhaupt noch in der Lage, sie als solche zu erkennen? Und gibt nicht normalerweise der Klügere nach? Wir halten uns doch eindeutig für die Klügeren, die moralisch Überlegenen, oder nicht? Dann müssten die Schritte zur Entspannung eigent-lich vom Westen ausgehen. Zumal er in den letzten Jahren agiert hat, während Russland reagierte.

### Die Aktualität des Harmel-Berichts

1967, in einer Phase des Wettrüstens und auf dem Höhepunkt des Kalten Krieges, startete der damalige belgische Außenminister Pierre Harmel eine nach ihm benannte Initiative mit dem Ziel, eine dauerhafte und gerechte Friedensordnung in Europa zu schaffen. Der Harmel-Bericht, den die NATO anschließend verabschiedete und in ihre Strategie einbaute, drängte darauf, die Politik der NATO flexibler und vielschichtiger zu gestalten. Seitdem verfolgte sie eine Doppelstrategie: einerseits ausreichende militärische Stärke zu schaffen, damit die Bündnispartner sicher sind, sich aber andererseits auf einer politischen Ebene um Entspannung, Abrüstung und Zusammenarbeit zu bemühen.[8] Selbst im NATO-Doppelbeschluss vom 12. Dezember 1979, der damals in Deutschland hochumstritten war, wurde diese Strategie insofern angewendet, als man die Sowjetunion vor die Wahl stellte: Entweder wir verständigen uns auf Abrüstung, was in dem Fall den Abzug der sowjetischen Mittelstreckenraketen SS 20 bedeutete, oder wir stationieren die amerikanischen Pershing-II-Raketen in Westeuropa. Die Pershing II wurden stationiert, und die Verhandlungen gestalteten sich langwierig und kompliziert, führten aber letztlich zum Erfolg. Am 8. Dezember 1987 unterzeichneten der amerikanische Präsident Ronald Reagan und der sowjetische Generalsekretär Michail Gorbatschow in Washington den INF-Vertrag, der den Abzug und die Zerstörung dieser Waffenträgersysteme festlegte.[9]

Im «Spiegel» wurde der Harmel-Bericht im Mai 2017 zitiert, um zu belegen, dass militärische Stärke und Entspannung kein Widerspruch seien. Der Bericht habe gezeigt, dass eine Verbesserung der Beziehungen zu Moskau nur funktioniere, «wenn das Bündnis gleichzeitig seine militärische Kraft unter Beweis stelle».[10] Wenn man das so sieht, dann wird Pierre Harmel im Grunde zu einem Gewährsmann der heutigen Politik. Tatsächlich aber war es andersherum. Es ging damals nicht um die militärische Stärke – die hatte die NATO –, sondern um die fehlende politische Komponente der NATO-Strategie. Das Problem heute besteht genau darin, dass sich die NATO gegenwärtig nicht mehr am Harmel-Bericht orientiert.

Um keine Missverständnisse aufkommen zu lassen: Selbstverständlich ist die NATO als Verteidigungsbündnis nur glaubwürdig, wenn sie militärisch stark ist. Aber wo verläuft die Grenze zwischen defensiver Absicherung und offensiver Bedrohung? Es gibt einen neuralgischen Punkt, an dem das Streben nach *militärischer* Stärke *politische* Aktivitäten konterkariert. An diesem Punkt wirkt das Bemühen um absolute Sicherheit einer Entspannung geradezu entgegen. Dieses auszutarieren ist eine schwierige politische Aufgabe. Sie ist aber aller Mühen wert und schafft am Ende mehr Sicherheit und Stabilität, als es die größten Militärarsenale je könnten.

Würde man Brüssel mit dieser Analyse konfrontieren, so lautete die Antwort vermutlich etwa so: Aber wir haben doch mit Russland wieder und wieder Gespräche geführt. Moskau kooperiert ja eben nicht, sondern verletzt die internationalen Regeln. Deswegen müssen wir jetzt zu einer Politik der Stärke greifen. Und zwar geschlossen. Auch das klingt erst einmal logisch, aber nur auf der Basis einer weiteren Fehlwahrnehmung.

In der Entspannungspolitik des Kalten Krieges hatte man sich zu der Einsicht durchgerungen, dass man das politische System und die politischen Wertvorstellungen des jeweiligen Gegners zwar ablehnte, aber dennoch seine Interessen anerkennen konnte, um diese als Basis für Verhandlungen zu nehmen. Auf diese Weise wollte man das gemeinsame Ziel einer größeren internationalen Stabilität und Sicherheit erreichen. Man kann es drehen und wenden, wie man will: Der Schlüssel zu einer wirklichen Entspannungspolitik liegt darin, die von der Gegenseite benannten Interessen erst einmal ernst zu nehmen und von da aus nach einem Kompromiss zu suchen. Dies ist heute jedoch vollkommen anders. Der Westen betrachtet die von Russland vorgebrachten Interessen von vornherein als illegitim, sei es im

Fall der Raketenabwehr, sei es im Fall der NATO-Mitgliedschaft Georgiens und der Ukraine. Die Gespräche dienen daher auch nicht dazu, einen Kompromiss zu finden, bei dem beide Seiten etwas zugestehen, was sie eigentlich nicht zugestehen wollen, sondern dazu, Russland davon zu überzeugen, dass seine Bedenken entweder unbegründet oder unberechtigt sind. Zugeständnisse in der Sache gibt es nicht, allenfalls vertrauensbildende Maßnahmen, wie etwa bei der Raketenabwehr vorgeschlagen. Verhandlungen beruhen aber auf dem Prinzip von Geben und Nehmen.

Wenn es nur darum geht, die andere Seite davon zu überzeugen, dass die eigenen Vorschläge sinnvoll, alternativlos bzw. in beiderseitigem Interesse sind, auch wenn die Gegenseite das noch nicht begriffen hat, kann man nicht ernsthaft von Verhandlungen sprechen. Dringend nötig wäre ein Perspektivenwechsel, bei dem die russische Sichtweise ernst genommen wird. Und genau dazu ist die NATO nicht bereit. Stattdessen werden immer neue Theorien entworfen, worum es Russland «eigentlich» geht: Die Proteste gegen das Raketenabwehrsystem richten sich gar nicht gegen dieses, sondern dienen nur als Vorwand, um die russische Aufrüstung zu rechtfertigen. Der Protest gegen den NATO-Beitritt der Ukraine und Georgiens hat nichts mit russischen Sicherheitsinteressen zu tun, sondern ist lediglich Ausdruck von Moskaus imperialer Politik. Die Verstärkung der Truppen an der russischen Westgrenze ist keine Reaktion auf die NATO-Aktivitäten in den baltischen Staaten und Polen und hat auch nichts mit der NATO-Perspektive der Ukraine zu tun, sondern dient dazu, einen Angriff auf eben jene baltischen Staaten vorzubereiten. Das Festhalten an Assad liegt nicht an einer anderen Interpretation des Syrienkonflikts, sondern daran, dass Russland egoistische Interessen verfolgt wie zum Beispiel Waffenlieferungen oder Marinestützpunkte am Mittelmeer.

Im Grunde zeigt sich hier eine gefährliche Unfähigkeit des Westens, andere Perspektiven als die eigene noch als legitim anzuerkennen. Wenn die eigene Position die einzig moralisch berechtigte ist und jeder Wohlmeinende diese teilen müsste, was bleibt dann für diejenigen, die nicht zum westlichen «Club» gehören? Wie soll man mit jemandem verhandeln, der im Grunde nur erwartet, dass sein Gegenüber den Widerstand gegen das Richtige und Gute endlich aufgibt? Der Westen ist zu echten Kompromissen nicht mehr in der Lage, weil er die eigene Weltsicht für alternativlos hält. Das hat etwas von missionarischem Eifer, der schon immer das beste Rezept war, um große Katastrophen herbeizuführen.

Im Harmel-Bericht von vor 50 Jahren wurde die Doppelstrategie der NATO gegenüber Russland mit *Sicherheit* und *Entspannung* umschrieben. Heute lauten die entsprechenden Begriffe *Abschreckung* und *Dialog*.[11] *Abschreckung* ist ein aggressiver, *Sicherheit* ein defensiver Begriff. *Dialog* verkommt zur Leerformel, wenn man die Interessen des Gegenübers als illegitim betrachtet. *Entspannung* steht dagegen für ein Programm, für einen umfassenden politischen Ansatz. Der Qualitätsunterschied zwischen der Politik damals und heute ist allein in der Begrifflichkeit erkennbar.

### Wer hat Angst vor wem?

Zur Begründung der heutigen NATO-Politik wird immer wieder auf die Ängste der baltischen Staaten und Polens verwiesen, die sich von Russland bedroht fühlen. Und tatsächlich sind diese Ängste, historisch gesehen, durchaus verständlich. 1939 führte ein geheimes Zusatzprotokoll des Hitler-Stalin-Pakts zur Besetzung des Baltikums und Ostpolens durch die Rote Armee – quasi im Windschatten der Wehrmacht. Seitdem waren die baltischen Staaten Teil der Sowjetunion, Polen musste seine östlichen Gebiete nach 1945 abtreten, wurde dafür mit ehemals deutschen Gebieten im Westen entschädigt und lebte bis 1989 als Mitglied des Warschauer Paktes im Einflussbereich Moskaus. Dass diese Staaten und Teile ihrer Bevölkerungen Russland mit Misstrauen gegenüberstehen, liegt auf der Hand.

Bei allem Verständnis für diese historisch begründeten Ge-
fühlslagen bleibt aber dennoch die Frage, wie der Westen und
die NATO mit diesen Ängsten umgehen sollten. Eine kluge
Sicherheitspolitik muss das gesamte Umfeld im Blick haben,
und dazu gehört eben auch, die historisch gewachsenen Ängste
Russlands miteinzubeziehen. 1904 wurde Russland im Osten
von Japan angegriffen. Auslöser war ein Streit um Gebiete in der
Mandschurei. Im Ersten Weltkrieg – an dem die russische Führung sicher eine Mitverantwortung trägt, für den die Haupt-
schuld aber bei Deutschland liegt – haben deutsche Truppen
große Teile Russlands besetzt. Der Friedensvertrag von Brest-
Litowsk 1917 bedeutete für Moskau schmerzliche Verluste und
äußerst schwere Bedingungen. In den anschließenden russischen
Bürgerkrieg griff das westliche Ausland ein, allen voran Großbritannien und Frankreich.

Gerne übersehen wird, dass Polen die Schwäche Russlands
nach dem Ersten Weltkrieg auszunutzen versuchte, um sein Territorium nach Osten zu erweitern, jenseits der «Curzon-Linie»,
die bei den Friedensverhandlungen in den Pariser Vororten eigentlich die Ostgrenze Polens bilden sollte. Daher griff Warschau
seinen östlichen Nachbarn an und drang bis nach Kiew vor. Die
sowjetische Gegenoffensive erwies sich allerdings als sehr erfolgreich und führte bis nach Warschau, wo es zu dem sogenannten
Wunder an der Weichsel kam, das die Polen wieder in die Offensive brachte und bis nach Minsk trug. Im Endergebnis gewann
das «Großpolen» der Zwischenkriegszeit damit genau die sowjetischen Gebiete hinzu, die Stalin ihm 1939 wieder abnahm.[12]

Im Juni 1941 schließlich überfiel Deutschland die Sowjetunion und führte einen brutalen Vernichtungskrieg, der große
Teile des Landes verwüstete. Weiter zurückliegend, aber immer
noch präsent ist der französische Angriff unter Napoleon 1812,
der ebenfalls nur unter großen Verlusten zurückgeschlagen werden konnte. Russische Ängste und Bedrohungsgefühle sind also
ebenfalls historisch begründet, berechtigt und plausibel.

Darüber hinaus spielen geografische Gegebenheiten eine

wichtige Rolle, ob man sich bedroht oder sicher fühlt. Russland befindet sich strategisch in einer ganz anderen Lage als etwa die USA, die durch zwei Ozeane geschützt sind und jeweils nur einen Nachbarn im Norden und im Süden haben. Russland sitzt auf einer riesigen Landmasse mit 22 125 Kilometer Landgrenze, die über weite Strecken schwer zu verteidigen ist, und hat 14 Nachbarn, mit denen die Beziehungen teilweise schwer belastet sind. «Sicherungstechnisch» eine qualitativ ganz andere Aufgabe, die auch zu anderen Befindlichkeiten führt. Allein auf Grund dieser Kombination – historische Erfahrung und geografische Lage – ist für Russland militärische Stärke eine wichtige Vorbedingung, um sich sicher zu fühlen.

Wenn sich Moskau durch die NATO «eingekreist» sieht – ist das wirklich so abwegig? Ein Blick auf die Landkarte mag hier helfen. An Russlands Westgrenze befinden sich die europäischen NATO-Staaten und die USA mit ihren zahlreichen Militärbasen in Europa. Rumänien und Polen sind die Standorte für das Raketenabwehrsystem. Den Ausgang der Ostsee kontrollieren im Konfliktfall die NATO-Mitglieder Deutschland, Dänemark und Norwegen. Im Südwesten Russlands wacht das NATO-Mitglied Türkei über den Ausgang des Schwarzen Meeres. Hier betreiben die USA eine Radaranlage für das Raketenabwehrsystem, und sie nutzen den großen Luftwaffenstützpunkt Incirlik, den die Deutschen im Sommer 2017 wegen des Besuchsverbots für Parlamentarier verlassen haben.[13] Wenn wir in den Norden schauen: Selbst der Zugang Russlands von der Barentsee aus zum Nordatlantik wäre im Konfliktfall hochgradig gefährdet, denn da stehen die NATO-Mitglieder Island, Großbritannien und Norwegen bereit. Seit 2016 gibt es ein Abkommen zwischen Island und den USA, das den Amerikanern gestattet, einen Marinefliegerstützpunkt, den sie 2006 geschlossen hatten, wieder nutzen zu können. Dort sollen Poseidon-Flugzeuge für die Seeaufklärung, insbesondere für die U-Boot-Jagd, versorgt werden können und möglicherweise auch fest stationiert werden.[14] In Großbritannien unterhalten die USA ohnehin mehrere Luftwaffenstützpunkte.

Und was Norwegen betrifft – da sind Anfang 2017 erstmals 330 US-Soldaten stationiert worden, weil das Land sich, wie die anderen skandinavischen Staaten auch, durch Russland bedroht fühlt, dessen Verhalten als aggressiv wahrgenommen wird. Norwegen war schon 1949 der NATO beigetreten, allerdings unter der Bedingung, dass keine NATO-Truppen dauerhaft in dem Land stationiert werden. Norwegen argumentiert jetzt, die amerikanischen Soldaten würden regelmäßig ausgetauscht, und der Stützpunkt, auf dem sie untergebracht sind, bleibe weiterhin unter norwegischem Kommando.[15] Außerdem entsteht auf der arktischen Insel Vardo am nordöstlichsten Zipfel Norwegens derzeit eine neue, sehr leistungsfähige, aus den USA finanzierte Radaranlage, mit der die Bewegungen russischer U-Boote in der Arktis besser verfolgt werden können. Bereits im Kalten Krieg war die Insel Standort von Radaranlagen, seit 1998 gibt es dort ein modernes X-Band-Radar mit Namen Globus II, das Teil der globalen US-Raketenabwehr ist und nun durch Globus III ersetzt werden soll. Russland ist alarmiert, denn die nukleare U-Boot-Flotte in der Arktis ist ein elementarer Bestandteil seiner Zweitschlagfähigkeit und damit seiner nuklearen Abschreckung.[16]

Im Süden Russlands unterhalten die USA und die NATO enge militärische Verbindungen zu Georgien.[17] Dort fand zum Beispiel 2016 ein gemeinsames Manöver georgischer, amerikanischer und britischer Truppen unter amerikanischer Führung statt, und im Sommer 2017 richtete Georgien das Manöver «Noble Partner» aus, an dem unter anderem auch deutsche Truppen beteiligt waren.[18] Ebenfalls im Süden Russlands sind die USA und die NATO wegen des Krieges in Afghanistan massiv militärisch präsent. Weil die USA und ihre Verbündeten inzwischen keine Basen mehr in den zentralasiatischen Staaten unterhalten, ist die Einkreisung hier jedoch nicht mehr so lückenlos wie in den 2000er Jahren. Im Südosten Russlands befinden sich die amerikanischen Verbündeten Südkorea und Japan mit zahlreichen amerikanischen Militärstützpunkten, und im Osten Russlands liegt Alaska. Im Falle eines Konflikts mit den USA und der NATO müsste Russland damit rechnen, von seinen eigenen Häfen aus keinen Zugang mehr zu den Weltmeeren zu haben.

Eine kluge Sicherheitspolitik müsste also die verständlichen Ängste der Balten und der Polen mit den ebenso verständlichen Ängsten der Russen austarieren. Das ist aber nicht einmal im Ansatz auf irgendeiner Agenda zu finden. Stattdessen stellen sich der Westen und die NATO klar auf eine Seite. Hier zeigt sich zum wiederholten Male, wie fatal die NATO-Osterweiterung war. Denn sie hat aufgrund ihrer geostrategischen Folgen nicht nur die Beziehungen zwischen der NATO und Russland belastet. Sie hat durch die Aufnahme der osteuropäischen Länder auch deren Konflikte mit Russland ins Bündnis geholt. Und so wurde das Verhältnis zu Moskau nach und nach vergiftet. Das Misstrauen, das in den baltischen Staaten und Polen gegenüber Moskau herrscht – die Befürchtung hinter jeder Aktion könnte eine finstere Absicht stecken sowie die Unfähigkeit, die Gegenseite selber als defensiv zu erkennen –, hat sich nachhaltig in die NATO hineingefressen und die Kompromissbereitschaft gegenüber Russland stark reduziert.

Deshalb wird es eine neue Initiative in Richtung Entspannungspolitik gegenüber Russland heute ungleich schwerer haben als in den 1960er Jahren. Es ist ein sehr dickes politisches Brett, das es hier zu bohren gilt. Und Deutschland hat dabei sowohl eine besondere historische Verantwortung als auch eine nach wie vor besonders gute Ausgangsposition. Denn zusammen mit Paris hat Berlin in den letzten Jahren viel dazu beigetragen, weitere Eskalationen zu vermeiden und die Gesprächskanäle nach Moskau wenigstens offenzuhalten. Jetzt geht es allerdings nicht mehr bloß darum, Schlimmeres zu verhindern – wie zum Beispiel Waffenlieferungen an Kiew und den NATO-Beitritt von Georgien und der Ukraine –, sondern um handfeste Signale in Richtung Entspannung, die von substantiellen Zugeständnissen begleitet werden. Das wird, falls es politisch überhaupt durchsetzbar ist, ein harter Kampf, wenn man sich vor Augen führt, wie massiv Politiker wie etwa Frank-Walter Steinmeier bereits für die gegenwärtige Politik angegriffen worden sind. Aber es ist längst überfällig, diese Auseinandersetzung im eigenen Land und im Bündnis zu führen, wenn wir aus der Eskalationsspirale aussteigen wollen. Es wird höchste Zeit für eine Initiative der westeuropäischen NATO-Länder, um der amerikanischen und osteuropäischen Konfrontationspolitik etwas Konstruktives entgegenzusetzen: wie damals beim Harmel Bericht. Wir brauchen dringend eine politische Initiative in Richtung Entspannung.

### Für eine neue Entspannungspolitik

Wie könnte eine solche politische Initiative aussehen, und was wären die Elemente einer anderen Russlandpolitik? Zunächst einmal gilt es ein sichtbares Zeichen zu setzen, dass die NATO überhaupt gewillt ist umzudenken. Dazu eignet sich am besten das Raketenabwehrsystem der USA und der NATO, das bisher immer mit der Bedrohung aus dem Iran begründet wurde. Es wäre ohne Gesichtsverlust möglich, auf die Fertigstellung zu verzichten und die Anlage in Polen nicht wie geplant 2018 in Betrieb zu nehmen, denn das Bedrohungsszenario hat sich seit dem Atomabkommen mit dem Iran geändert. Die schärfsten Drohungen aus Moskau haben sich immer auf dieses Raketenabwehrsystem konzentriert. Und als es 2009 kurzfristig so aussah, als würde keine Station in Polen gebaut, hat Russland sofort mit der Ankündigung reagiert, damit erübrige sich auch die Stationierung der Iskander-Raketen in Kaliningrad.

Der Verzicht auf die Raketenabwehrbasis in Polen wäre daher ein guter Test, um die defensive Ausrichtung der russischen Politik auf die Probe zu stellen. Reagiert Moskau mit einem Abzug der Iskander-Raketen bzw. seinerseits mit dem Verzicht auf eine zukünftige Stationierung, wäre der erste Schritt getan, um die aufgebauten Spannungen langsam zurückzuschrauben, und die Tür für weitere Schritte wäre aufgestoßen.

Diese Phase ließe sich für eine große Sicherheitskonferenz nutzen, wie es sie auch in den Zeiten des Kalten Krieges gegeben hat. Dort könnten all die vielschichtigen Probleme im Zusammenhang diskutiert werden, und es ließe sich ein großes Paket schnüren für gemeinsame Sicherheit in Europa und der Welt. Dabei werden beide Seiten substantielle Zugeständnisse machen müssen, so wie das bei ernsthaften Verhandlungen immer geschieht. Ein unverzichtbarer Schritt auf westlicher Seite müsste sein, die NATO-Beitrittsperspektive für die Ukraine und Georgien zurückzunehmen. Nur so lassen sich die Konflikte in diesen Ländern einfangen. Wenn weite Kreise im Westen reflexartig mit dem Hinweis abwinken, diese Länder würden ja nicht gezwungen, es sei der freie Wille der jeweiligen gewählten Regierungen und deren «gutes Recht», einen Aufnahmeantrag zu stellen, dann stimmt das. Aber es ist auch das «gute Recht» der NATO, aus übergeordneten politischen Erwägungen die Aufnahme zu verweigern bzw. sich andere Konstruktionen unter Einbeziehung Russlands einfallen zu lassen. Eine solche Initiative – keine NATO-Mitgliedschaft für die Ukraine und Georgien – würde gut zum außenpolitischen Programm von Frankreichs neuem Präsidenten Emanuel Macron passen. In diesem heißt es nämlich: «Abgesehen vom Balkan und gegebenenfalls Finnlands und Schwedens wird Frankreich keine neue Erweiterung der Allianz unterstützen.»[19] Genau hier könnte Deutschland ansetzen, um offiziell zu verkünden, was angeblich ohnehin klar ist, dass nämlich ein Beitritt der Ukraine und Georgiens zur NATO «irreal» ist. Wenn die NATO-Perspektive definitiv entfällt, kann sich Russland in diesen Ländern wieder kompromissbereiter zeigen und muss dies im Umkehrschluss dann auch tun.

Es wäre zum Beispiel denkbar, sowohl in Transnistrien, Abchasien und Südossetien als auch im Donbass, also im Osten der Ukraine, internationale Friedenstruppen mit UN-Mandat zu installieren, unter maßgeblicher Beteiligung Russlands, aber auch von westlichen Staaten, allerdings nur solchen, die nicht der NATO angehören. Denkbar wären auch Verhandlungen über

den Rückzug der NATO-Truppen aus den baltischen Staaten
und Polen, wenn gleichzeitig russische Truppen aus dem westlichen Militärbezirk und Kaliningrad ins Landesinnere zurück-
verlegt würden. Zusätzlich könnte eine demilitarisierte Pufferzone im Westen Russlands und im Osten der Ukraine geschaffen
werden, um den Ängsten in den baltischen Staaten, der Ukraine
und Polen zu begegnen. Dies könnte den Auftakt für eine Anpassung bestehender Abrüstungsverträge bilden. Der A-KSE-Vertrag
könnte wieder zum Leben erweckt, überarbeitet und anschließend ratifiziert werden, ohne dies mit dem Rückzug russischer
Truppen aus Transnistrien, Abchasien und Südossetien zu ver-
knüpfen. Auf diese Weise würde Rüstungskontrolle erneut etab-
liert, was langfristig dazu dienen kann, wieder Vertrauen und
Stabilität zu schaffen.

Den heikelsten Punkt solcher Verhandlungen würde sicherlich die Krim bilden. Jede russische Regierung, die sie wieder an
die Ukraine zurückgäbe, würde in große innenpolitische Schwierigkeiten geraten. Auch der im Westen neuerdings umschwärmte
russische Oppositionspolitiker Alexej Nawalny redet nicht von
einer Rückgabe. Umgekehrt gilt dies aber ebenso für die Ukraine.
Eine offizielle Abtretung der Krim an Russland ist innenpolitisch kaum vorstellbar, ohne eine Revolte der Nationalisten zu
riskieren.

Vielleicht wäre eine Regelung diskutabel, wie sie nach dem
Ersten Weltkrieg für das Saarland getroffen wurde.[20] Frankreich
wollte es sich einverleiben, aber im Versailler Vertrag wurde es
1919 zum Mandatsgebiet des Völkerbundes erklärt, der Vor-
läuferorganisation der UNO. Der Völkerbund stellte das Saarland 1920 unter französische Verwaltung. Völkerrechtlich blieb
es allerdings Teil des Deutschen Reiches. Nach 15 Jahren, also
1935, fand eine Volksabstimmung statt, in der sich 90 Prozent
gegen eine Angliederung an Frankreich und für die Rückkehr ins
Deutsche Reich entschlossen – obwohl dort inzwischen Adolf
Hitler regierte.

Was wäre denn, wenn die Krim zum Mandatsgebiet der UN erklärt würde, sie völkerrechtlich bei der Ukraine bliebe, Russland aber mit der Verwaltung betraut wäre? Auf diese Weise würde sich am Status quo zunächst nicht viel ändern, er bekäme aber einen rechtlichen Unterbau. Nach einer Frist, über die man sich verständigen müsste, könnte die UN einen Volksentscheid durchführen, in dem sich die Krimbevölkerung für die Ukraine, für Russland oder eine vollkommene Unabhängigkeit aussprechen könnte. Dieser Volksentscheid wäre international anerkannt und würde respektiert werden müssen.

Wenn die NATO-Perspektive der Ukraine kein Thema mehr ist und sich für die Krim eine Lösung finden lässt, müsste Russland umgekehrt eine Westorientierung der Ukraine unterhalb einer militärischen Dimension akzeptieren, wenn die Mehrheit der Bevölkerung sich in freien Wahlen oder einer Volksabstimmung dafür entscheidet. Die EU könnte es Russland erleichtern, indem sie mit der Eurasischen Zollunion einen Freihandelsvertrag schließt. Über diese Option haben deutsche Politiker zuletzt öffentlich nachgedacht, darunter Frank-Walter Steinmeier, Angela Merkel und Sigmar Gabriel.[21] Das würde die Auswirkungen des EU-Assoziierungsabkommens mit der Ukraine für Russland abfedern und den freien Handel zwischen Russland und der Ukraine wieder ermöglichen. Die Vorteile wären aber auch auf ukrainischer Seite, denn die Ukraine könnte ihre Industrieerzeugnisse, die auf dem Westmarkt nicht konkurrenzfähig sind, wie gewohnt nach Russland exportieren.

Und noch etwas könnte helfen, verlorenes Vertrauen wiederherzustellen: wenn der Westen seine Demokratisierungspolitik in Russland und «vor der russischen Haustür» stoppte, die Moskau als die zivile Variante des Regimechange und als Einmischung in die inneren Angelegenheiten dieser Staaten betrachtet.

### Die «Strategie des Friedens»

Am 10. Juni 1963, nicht einmal ein halbes Jahr vor seiner Ermordung, hielt John F. Kennedy eine Rede an der American University in Washington, D. C., die als eine seiner besten in die Geschichte einging. Noch unter dem Eindruck der Kubakrise entwarf er eine «Strategie des Friedens», die die Spannungen zwischen den beiden Supermächten abbauen sollte. Nur wenige Wochen später brachte Egon Bahr, neben Willy Brandt einer der Architekten der «neuen Ostpolitik», Kennedys Ansatz auf die einprägsame Formel «Wandel durch Annäherung».[22] Er tat das in einer programmatischen Rede, die er am 15. Juli 1963 in der Evangelischen Akademie in Tutzing hielt. Statt gegenüber der DDR und dem Ostblock offensive Konzepte wie etwa «Regimechange» zu verfolgen, setzte Bahr auf aktive Verständigung, Respekt und die Anerkennung des Status quo. Denn – so die Logik dahinter – Veränderungen seien gegen den Willen der entsprechenden Machthaber nicht zu erreichen. «Die amerikanische Strategie des Friedens», so Bahr damals, «läßt sich auch durch die Formel definieren, daß die kommunistische Herrschaft nicht beseitigt, sondern verändert werden soll. Die Änderung des Ost/West-Verhältnisses, die die USA versuchen wollen, dient der Überwindung des Status quo, indem der Status quo zunächst nicht verändert werden soll. Das klingt paradox, aber es eröffnet Aussichten, nachdem die bisherige Politik des Drucks und Gegendrucks nur zu einer Erstarrung des Status quo geführt hat. Das Vertrauen darauf, daß unsere Welt die bessere ist, die im friedlichen Sinn stärkere, die sich durchsetzen wird, macht den Versuch denkbar, sich selbst und die andere Seite zu öffnen und die bisherigen Befreiungsvorstellungen zurückzustellen. ... Das ist eine Politik, die man auf die Formel bringen könnte: Wandel durch Annäherung.»[23]

Egon Bahr hatte etwas verstanden, an das zu erinnern heute von großer Bedeutung ist: nämlich dass Gesellschaften und Regime sich unter Druck von außen verhärten und abschließen. Veränderung und Öffnung erreicht man nicht durch Konfrontation, sondern durch Kooperation. Und noch etwas hatte Egon Bahr erkannt: Man muss in der Lage sein, die Angst des Gegners wahrzunehmen, und man darf sich von seiner eigenen Angst nicht überwältigen lassen. Wir sind nicht so schwach, dass wir eine hysterische Politik der Angst verfolgen müssten. Wir sind stark genug für eine Politik der Vernunft. Wir müssen wieder lernen, wie Egon Bahr darauf zu vertrauen, dass die westlichen Werte sich im Laufe der Zeit von alleine durchsetzen werden.

Anstatt ihre Verbreitung durch aufwändige Förderprogramme, auswärtigen Druck und im Extremfall mit Waffengewalt zu beschleunigen, sollten wir wieder mehr auf ihre innere Attraktivität vertrauen und den betreffenden Gesellschaften vor allem die Zeit geben, die sie benötigen, sich für sie zu öffnen. Denn die aktive «Demokratisierungspolitik» des Westens, sei es mit friedlichen, sei es mit militärischen Mitteln, hat bislang eindeutig mehr Schaden angerichtet als Nutzen gebracht. Sie hat ganze Regionen destabilisiert und die Lage der Menschen in den betroffenen Staaten eher verschlechtert als verbessert.

In Goethes «Faust» gibt sich Mephistopheles als «Teil von jener Kraft, die stets das Böse will und stets das Gute schafft», zu erkennen. Die überzeugten Protagonisten der «Demokratisierungspolitik» agieren wie ein auf den Kopf gestellter Mephistopheles, nämlich als Teil einer Kraft, die stets das Gute will und doch das Böse schafft. Im Bestreben, dem Rad der Geschichte in die Speichen zu greifen und die Heraufkunft des Paradieses zu beschleunigen, geben sie sich romantischen Illusionen hin und überschätzen regelmäßig die Stärke der westlich orientierten Kräfte in den Ländern, die sie umkrempeln wollen. Immer wieder wird der Trugschluss vermittelt, nur ein skrupelloser Diktator halte «die Zivilgesellschaft» davon ab, sich zu entfalten und eine funktionierende Demokratie zu schaffen. Dass weiten Teilen einer Bevölkerung westliche Freiheiten weniger wichtig sein könnten als Ordnung, Stabilität und genug zu essen, wird verdrängt. Es wird auch unterschätzt, wie komplex die historisch gewachsenen Vorbedingungen sind, auf denen westliche Demokratien beruhen. Gesellschaften können solche Phasen nicht einfach überspringen. Sie lassen sich nicht über Nacht demokratisieren, sozusagen auf Knopfdruck. Der Versuch, es doch zu tun, endet nicht mit dem Sieg «der Zivilgesellschaft», wie man viel zu oft beobachten kann, sondern im Chaos oder in einer neuen Gewaltherrschaft.

Dass demokratische Wahlen antiwestliche Mehrheiten ergeben können, gehört ebenfalls zu den Wahrheiten, die nicht in das Konzept der «Demokratisierungspolitik» passen, was immer wieder zu großen Irritationen führt. Dass die Hamas im Gazastreifen demokratisch an die Macht kommen konnte, ist so ein Betriebsunfall. Ebenso der Sieg der israelfeindlichen Muslimbrüder bei der Präsidentschaftswahl von 2012 in Ägypten, den das ägyptische Militär daraufhin mit westlicher Unterstützung wieder «korrigierte». Muss man sich da noch wundern, dass Ägypten nicht mehr im Fokus der «Demokratisierungspolitik» steht und wir so wenig über die Situation in den ägyptischen Kerkern hören?

Ich denke, wir müssen wieder lernen, Geduld zu haben. Wir müssen uns von der Vorstellung verabschieden, Geschichte nach Belieben beschleunigen zu können. Ich bin sicher, es würde helfen, die kleinen Schritte wieder wertzuschätzen, die das Los der Menschen tatsächlich erleichtern. Wenn sie sich ohne Druck von außen entfalten können und das Beispiel freier Gesellschaften vor Augen haben, ohne dass sie ihnen aktiv aufgedrängt werden, dann können diese Menschen ihre Gesellschaften in dem Tempo entwickeln, das für sie passt, und diese ohne Chaos und Gewalt liberalisieren. Genau das war der Kern der neuen Ostpolitik, die Willy Brandt und Egon Bahr auf der Basis von «Wandel durch Annäherung» erbaut haben. Und genau daran sollten wir uns auch heute wieder orientieren.

### Westliche Illusionen

In Russland hat die westliche Konfrontationspolitik eine paradoxe Wirkung. Sie soll bekanntlich dazu beitragen, die russische Zivilgesellschaft zu stärken, den autoritären Staat zu schwächen und das Land zu liberalisieren. De facto bewirkt sie jedoch exakt das Gegenteil. Sie schwächt die westlich orientierten Kreise, stärkt nationalistische Positionen und schließt die Reihen hinter dem Präsidenten Wladimir Putin, der dem Westen Paroli bietet. Der Druck von außen führt auch dazu, dass die Regierung der Opposition und westlichen Nichtregierungsorganisationen grundsätzlich misstrauisch gegenübersteht und glaubt, sich weniger Liberalität im Inneren leisten zu können.

Wer die westlichen Medienberichte über Russland verfolgt, kann gelegentlich den Eindruck bekommen, als halte nur die harte Hand des Kremls die Menschen davon ab, gegen das System Putin zu demonstrieren. Westliche Journalisten suchen fast schon verzweifelt nach allen Anzeichen für sozialen Protest und politische Opposition. Als es dem Oppositionspolitiker Alexej Nawalny am 26. März 2017 gelang, etwa 80 000 Menschen in ganz Russland für Demonstrationen gegen die grassierende Korruption zu mobilisieren, schien eine neue Protestbewegung geboren.[24] Die Hoffnung auf ein Ende des Systems Putin keimte auf. Endlich schien «die Zivilgesellschaft» sich wieder zu regen. Dabei wurde übersehen, dass es sich nicht um eine stoßkräftige politische Opposition gegen die Regierung handelte, sondern um einen Protest, der sich um einen konkreten Missstand drehte: die überbordende Korruption. Es gibt einen «Korruptionswahrnehmungsindex» von Transparency International. Auf dem von 2016 teilen sich Russland und die Ukraine den 131. Rang von insgesamt 176 Staaten.[25] Alexej Nawalny genießt bei diesem Thema in Russland eine hohe Glaubwürdigkeit und hat beeindruckende Erfolge vorzuweisen. Allein bis Ende 2011 ist die Rede von umgerechnet mehr als einer Milliarde Euro, die wieder in die Staatskasse zurückgeflossen sind, weil Nawalny die von ihm angestrengten Prozesse wegen Veruntreuung von Staatsgeldern gewonnen hat.[26] Seit er Anfang März 2017 auf seinem YouTube-Kanal ein Video veröffentlichte, das den ehemaligen Präsidenten und amtierenden Ministerpräsidenten Medwedjew der unrechtmäßigen Bereicherung in großem Stil anklagte, ist sein Bekanntheitsgrad stark gestiegen.

Als die Bewegung «Offenes Russland» die Gunst der Stunde nutzen wollte und Anfang Mai zu landesweiten Protestdemonstrationen gegen Wladimir Putin aufrief, kamen allerdings nur wenige Tausend. Die Menschen demonstrieren für konkrete politische Anliegen, nicht gegen das System Putin.[27]

Ähnliches ließ sich Mitte Mai in Moskau beobachten, als mehr als 20 000 Bürger gegen den von der Stadtverwaltung geplanten Abriss von über 4500 Wohnhäusern demonstrierten. Sprechchöre forderten den Rücktritt des Moskauer Bürgermeisters. Auch hier ging es aber um ein konkretes Anliegen, nicht um die große Politik. «Die Demonstration war rein sozial und deshalb so gut besucht», erklärte eine der Organisatorinnen. Politische Parteien seien so unpopulär, dass sie «die Leute nur abgeschreckt» hätten. Entsprechend wurden keine Redner oder Spruchbänder politischer Parteien zugelassen. Alexej Nawalny, der sich in Richtung Bühne drängte und den Protest für sich vereinnahmen wollte, wurde am Ende sogar von Polizisten abgeführt: weil die Veranstalter ihn nicht reden lassen wollten. Nawalny selbst, der 2018 bei den Präsidentschaftswahlen gegen Putin antreten will, behauptete hinterher via Twitter, er habe gar nicht reden wollen und die Veranstalter hätten auf Wunsch der Moskauer Stadtregierung gehandelt – das nennt man dann wohl eine Verschwörungstheorie.[28]

Nawalny braucht den Nimbus, vom Kreml verfolgt und unterdrückt zu werden, für seine Wahlkampagne, und die westlichen Medien spielen nur zu gerne den Transmissionsriemen. Nawalny und viele andere Demonstranten wurden am 26. März in Moskau verhaftet, weil sie an einer nicht genehmigten Demonstra-

tion teilgenommen hatten. Die Behörden hatten den beantrag-
ten Ort verweigert und eine alternative Örtlichkeit zugewiesen.
Das war vermutlich eine Schikane. Aber Nawalny und die anderen wurden nicht wegen des Inhalts ihrer Proteste verhaftet
oder wegen der Tatsache, dass sie überhaupt demonstrierten,
sondern weil sie sich nicht an die Auflagen der Behörden gehalten und am ursprünglich geplanten Ort demonstriert hatten.[29]
Man könnte auch von einer kalkulierten Provokation sprechen,
um die erhofften Bilder zu produzieren. Das gleiche Verfahren
hat auch am 12. Juni funktioniert, als Nawalny – mit Bedacht am
russischen Nationalfeiertag – landesweit zu Demonstrationen
gegen die Korruption aufgerufen hatte und die Demonstranten
in Moskau entgegen den Auflagen in die Feierlichkeiten am
Kreml hineindirigierte.[30]

Am Beispiel Nawalnys lassen sich gut die Illusionen verdeutlichen, die sich viele bezüglich der russischen Opposition machen. Denn in Russland sind die westlich orientierten Kräfte klar
in der Minderheit. Der Putin-Gegner und Korruptionsjäger
Nawalny ist nicht der westliche Liberale, den sich viele wünschen, sondern nach eigener Bezeichnung ein «nationalistischer
Demokrat». Er irritiert einen Teil seiner Anhänger immer wieder
dadurch, dass er auch auf rechtsextremen Veranstaltungen
spricht und sich einer fremdenfeindlichen Sprache bedient –
und dies ist keine Kremlpropaganda, die erfunden wurde, um
ihn zu diskreditieren, sondern hinreichend belegt.

2007 trat Nawalny in einem ausgesprochen zynischen Video
auf, in dem er dunkelhäutige Kämpfer aus dem Kaukasus mit
Kakerlaken verglich. Er sagte in dem Video, vor einem Tisch mit
einer Fliegenklatsche, einem Pantoffel und einer Pistole stehend,
Kakerlaken könnten mit einem Pantoffel getötet werden, im Fall
der Kämpfer aus dem Kaukasus «empfehle ich eine Pistole» – am
Ende des Videos stürmt ein solcher ins Studio, und es macht
«peng».[31] Die liberale Partei Jabloko hat Nawalny 2007 hinaus-
geworfen, weil er am nationalistischen «Russischen Marsch»
teilnahm, der seit 2005 jedes Jahr am 4. November stattfindet.[32]

Für Jabloko ist der «Russische Marsch» mit Parolen wie «Russland den Russen!» eine Neonaziveranstaltung.[33] Im Georgienkrieg 2008 bezeichnete Nawalny die Georgier als «Nagetiere» (im Russischen handelt es sich um ein Wortspiel auf die Bezeichnung für Georgier), und er verlangte die Ausweisung aller Georgier aus Russland.[34] 2011 stand Nawalny beim «Russischen Marsch» auf dem Podium, während ihm Männer mit kahl rasierten Schädeln die Arme zum Hitlergruß entgegenreckten. Als Kandidat beim Moskauer Bürgermeisterwahlkampf 2013 hat Nawalny fälschlicherweise behauptet, beweisen zu können, dass «diese Tadschiken und Usbeken» die Hälfte aller Verbrechen in Moskau begingen. Er verlangte damals eine Visumspflicht für Staatsangehörige der zentralasiatischen früheren Sowjetrepubliken, von denen viele als Gastarbeiter in Russland arbeiten – in dieser Hinsicht hatte er das schärfste Wahlprogramm aller Kandidaten.[35] Eine frühere Jabloko-Kollegin bezeichnete ihn wegen seines Nationalismus und Rassismus gegenüber der amerikanischen Zeitschrift «The Atlantic» als den «gefährlichsten Mann Russlands».[36]

In zwei zweifelhaften Gerichtsverfahren wurde Nawalny wegen Korruption und Geldwäsche zu Haftstrafen verurteilt, die jedoch zur Bewährung ausgesetzt wurden. Dabei ging es zum einen um eine angebliche Schädigung des Konzerns Yves Rocher durch ein Geschäft, das über ein von ihm und seinem Bruder gegründetes Offshore-Unternehmen auf Zypern lief. Dieses Offshore-Unternehmen auf Zypern gibt es wirklich, ob tatsächlich Betrug und Geldwäsche vorlagen, ist aber zweifelhaft.[37] Zum anderen soll Nawalny als Berater des liberalen Gouverneurs der Region Kirow Holz unterschlagen haben. Nachdem ein früheres Urteil nach Kritik vom Europäischen Gerichtshof für Menschenrechte durch die russische Justiz aufgehoben worden war, wurde im Februar 2017 ein neues Verfahren angestrengt, das Nawalny fünf Jahre auf Bewährung einbrachte. Damit verlor er nach einem 2013 verabschiedeten Gesetz das Recht, sich bei Wahlen aufstellen zu lassen.[38] Es ist denkbar, dass die Prozesse politisch motiviert sind, wie es Nawalny behauptet. Ganz sicher ist es aber nicht.

Wer glaubt, «das» russische Volk sehne sich nach einer westlichen Demokratie und werde nur vom System Putin daran gehindert, in einer solchen zu leben, der verfehlt jedenfalls die Realität. In einer repräsentativen Studie der Körber-Stiftung vom März 2016, in der Einstellungen und Werte in Deutschland und Russland verglichen wurden, zeigen sich bemerkenswerte Gemeinsamkeiten, aber auch sehr erhellende Unterschiede. So stimmen beispielsweise 95 Prozent der Deutschen und 86 Prozent der Russen der Aussage zu, ohne unabhängige Rechtsprechung und Gerichte könne es keine gerechte Gesellschaft geben. Und in beiden Ländern unterstützen 88 Prozent die Aussage, in einer modernen Gesellschaft sollte Fremdenfeindlichkeit keinen Platz haben. Dass eine funktionierende Demokratie ohne politische Opposition nicht denkbar sei, glauben 90 Prozent der Deutschen und immerhin noch 76 Prozent der Russen.

Starke Unterschiede zeigen sich jedoch bei der Frage, ob es die Aufgabe der Medien sei, die Regierung in ihrer Arbeit zu unterstützen und deren Entscheidungen mitzutragen. Dies bejahen 36 Prozent der Deutschen, aber 77 Prozent der Russen. Nur 11 Prozent der Deutschen meinen, dass Streiks und Demonstrationen die öffentliche Ordnung gefährden und verboten werden sollten. In Russland wird diese Aussage von einer Mehrheit, nämlich von 58 Prozent, unterstützt.[39] In Russland, so kann man schlussfolgern, sind die politischen Wertvorstellungen autoritärer. Sie orientieren sich an einer starken Regierung und dem Erhalt der öffentlichen Ordnung.

Anders als es manche Medienberichte nahelegen, sitzt Putin daher ausgesprochen fest im Sattel. Er hat Zustimmungswerte, von denen westliche Politiker häufig nur träumen können. Seit 2014, seit dem Konflikt um die Ukraine, unterstützen ihn konstant über 80 Prozent der Bevölkerung, wie Umfragen des angesehenen Meinungsforschungsinstituts Lewada ergeben haben.[40] Anstatt ihm zu schaden, hat ihm die Konfrontation mit dem

Westen innenpolitisch genutzt, denn vor der Krise lagen seine Zustimmungswerte bedeutend niedriger. Sie waren seit 2011 auf um die 60 Prozent abgesunken. Die harte Haltung gegenüber dem Westen und die Eingliederung der Krim sind im Land ausgesprochen populär. Wladimir Putin ist trotz aller innerrussischen Kritik viel mehr Ausdruck dessen, was die russische Bevölkerung will, als sich Politik und Medien im Westen eingestehen.

Zwar hat Russland durch den fallenden Ölpreis und die Folgen der Ukrainekrise wirtschaftlich gelitten, doch muss, wer Putins Popularität verstehen will, neben der außenpolitischen Dimension auch seine innenpolitische Erfolgsbilanz berücksichtigen. Von seinem Amtsantritt im Jahr 2000 bis zum Jahr 2013 verzehnfachte sich die russische Wirtschaftsleistung fast. Auch die Realeinkommen stiegen in diesem Zeitraum um mehr als den Faktor 10. Die Staatsschulden sanken von 184 Prozent der Wirtschaftsleistung auf unter 10 Prozent. Die Lebenserwartung stieg um knapp fünf Jahre von ca. 65 auf ca. 70 Jahre. Die Zahl der als «arm» eingestuften Menschen sank von 36 auf 15 Millionen.[41]

Wer noch die Zeiten unter Jelzin erinnert, für den ist mit Wladimir Putin ein steiler Aufstieg verbunden und für den haben «stabile Verhältnisse» eine andere Bedeutung als beispielsweise in westeuropäischen Ländern oder in den USA, wo Stabilität im Großen und Ganzen als selbstverständlich gilt. Ein starker Staat und eine starke Regierung sind daher für viele Menschen in Russland kein Schreckensbild, sondern eine Voraussetzung dafür, dass das Chaos und die Not der Jelzin-Jahre nicht zurückkehren. Putin unterstützen sie, damit genau das nicht passiert. Im März 2000, als Putin erstmals zum Präsident gewählt wurde, waren bei einer Umfrage in Russland drei Viertel der Befragten der Meinung, ihr Land brauche nun eine «eiserne Hand».[42]

Daher ist es auch kein Wunder, dass bei den großen Demonstrationen am 26. März und am 12. Juni 2017 in Moskau und vielen anderen russischen Städten Jugendliche das Bild bestimmten. Ihr Erfahrungshorizont geht über die Putin-Ära nicht hinaus. Sie kennen das Chaos der 1990er Jahre nur durch Erzählungen ihrer Eltern und Großeltern, und wenden sich gegen eine politische Führung, der sie vorwerfen, sich selbst durch Korruption zu bereichern und für den Wirtschaftsabschwung seit 2014 verantwortlich zu sein. Wenn Menschen auf die Frage, was ihnen wichtig ist im Leben, unterschiedliche Prioritäten setzen, dann hat das wesentlich mit ihren bisherigen Erfahrungen zu tun und weniger mit einem abstrakten Wertekodex, zu dem man sich theoretisch bekennt oder auch nicht.

Wohlgemerkt: Es geht mir nicht darum, so zu tun, als gebe es an den Zuständen in Russland nichts zu kritisieren oder als seien Fehlentwicklungen nur eine Folge der westlichen Konfrontationspolitik. Russland war innenpolitisch mit Blick auf eine moderne Gesellschaft schon einmal weiter als heute. Dass die Regierung hart gegen oppositionelle Politiker vorgeht, kritische Journalisten bedrängt und allgemein einen Kurs fährt, der die nationale Komponente zur Integration nutzt, hat natürlich etwas mit der Sorge um Stabilität und Ordnung zu tun. Aber es wäre naiv auszublenden, dass dahinter auch das Motiv steht, die eigene Macht abzusichern und politische Alternativen nicht aufkommen zu lassen. Es ist zudem inzwischen bekannt, dass sich im Umfeld des russischen Präsidenten diverse illegale Geschäfte und Fälle von Selbstbereicherung und Korruption beobachten lassen, so dass nicht wenige aus diesem Kreis um ihre Pfründe fürchten müssten, sollte sich die politische Führung ändern.[43]

Worum es mir geht, ist, die Befindlichkeiten und Einstellungen der russischen Bevölkerung ernst zu nehmen und ihr keine westlichen Ideen überzustülpen, die nicht zu ihrem Erfahrungshorizont passen. Denn was folgt daraus, wenn man russische Zustände kritisiert? Dass sich «der Westen» noch stärker einmischen muss? Wo verläuft die Grenze zwischen Hilfe und Bevormundung? Ist der freie Wille eines Volkes nur dann wirklich frei, wenn er sich für das entscheidet, was wir im Westen inzwischen für richtig halten? Nicht wenige meinen, dass wir die russische Zivilgesellschaft noch intensiver fördern sollten als bisher. Doch wer verbirgt sich eigentlich hinter diesem Begriff?

Wird Zivilgesellschaft in Russland vom Westen nur als solche anerkannt, wenn sie sich gegen das System stellt? Ist Zivilgesellschaft nicht vielmehr auch Teil des Systems? Ja, ist sie, und darin besteht ihre wichtigste Rolle. Aber nach westlichem Verständnis ist Zivilgesellschaft in Russland gleichbedeutend mit westlich orientierter Opposition, wobei zusätzlich unter den Tisch fällt, dass es sich dabei eindeutig um eine Minderheit handelt. Wer glaubt, nur Putin hindere die russische Zivilgesellschaft daran sich zu entfalten, der ist jedenfalls auf dem Holzweg.

Ein Grund, warum sich politische Opposition in Russland so schwertut, liegt völlig außerhalb von Begriffen wie Herrschaftssicherung oder Unterdrückung. Um politische Programme zu entwickeln, dann bekannt zu machen und dafür zu werben, braucht man Parteien. Nach 1990 hat man in Russland versucht, das westliche politische System auch auf diesem Feld zu kopieren. Also mussten neben der bisher alles beherrschenden Kommunistischen Partei andere Parteien her, in denen all das berücksichtigt werden sollte, was den weltanschaulichen Strömungen entsprach, die noch aus dem 19. Jahrhundert stammten. Also: Liberalismus, Sozialismus bzw. Sozialdemokratie und Konservatismus. «Dieser Versuch ist grandios gescheitert», schrieb Jens Siegert von der Böll-Stiftung in Moskau am 16. Februar 2017 im Russland-Blog. «Parteien brauchen eine soziale Basis. Die russische Gesellschaft ist aber bis heute kaum sozial strukturiert. Sie gleicht eher einer amorphen Masse mit dem riesigen, alles erdrückenden Zentrum Staat und nur einigen wenigen, kleinen, schwachen und instabilen Kristallisationspunkten politischer und sozialer Assoziation.»[44]

Die russische Politikwissenschaftlerin Ekaterina Schulmann, die als Kolumnistin bei «Wedomosti» schreibt, spricht in dem Zusammenhang von einem «hybriden System», das es in Russland gebe und das weder Demokratie noch Despotie sei.[45] Russland funktioniere eher wie eine Firma, so ein russischer Bekannter im Gespräch. Da sei es wichtig, dass der Laden läuft, und nicht so wichtig, ob bestimmte Demokratisierungsstandards eingehalten werden. Das illustriert auch eine Umfrage des Lewada-Zentrums vom November 2016. Auf die Frage «Als was für einen Staat würden Sie sich Russland in Zukunft wünschen?» haben 33 Prozent, also etwa ein Drittel, geantwortet: «Die Staatsform ist mir egal, mir ist wichtig, wie gut ich mit meiner Familie lebe.»[46] Wer das politische Leben in Russland verstehen will, der muss sich zuallererst bewusst machen, dass viele Russen mit der Politik und Politikern nichts zu tun haben wollen. Hält man sich vor Augen, was diese Gesellschaft in den letzten 100 Jahren durch die Politik hat erleiden müssen, von den Wirren des Bürgerkriegs über den stalinistischen Terror und die kommunistische Diktatur bis zum Staatszusammenbruch unter Jelzin, dann kann diese Haltung auch nicht verwundern. Ändern kann sich das nur über einen langen Zeitraum und nur dann, wenn sich auch der Erfahrungshorizont der Menschen ändert, was vermutlich erst in jener Generation der Fall sein kann, die jetzt heranwächst.

### «Die Welt hat aufgehört, sich an Russland den Hintern abzuwischen»

Der renommierte russische Wissenschaftler Dmitri Trenin, Direktor am Moskauer Carnegie-Zentrum, hat schon vor über zehn Jahren Folgendes gesagt: «Der Westen muss aufhören, darüber nachzudenken, was gut für Russland ist, und sollte sich darauf konzentrieren, was gut für den Westen ist. Irgendwann könnte es ein überraschend großes Maß an Übereinstimmung zwischen beidem geben.»[47] Das ist eine andere Art und Weise, die Einsicht auszudrücken, die auch in Egon Bahrs Strategie «Wandel durch Annäherung» zum Ausdruck kommt. Alle diejenigen, die auf eine Verwestlichung Russlands hoffen und deswegen dem Sturz Putins entgegenfiebern, sollten kritisch prüfen, ob die westliche Politik der letzten Jahre dieses Ziel befördert oder ihm geschadet hat. Und sie sollten sich fragen, warum sie eigentlich davon ausgehen, dass die Verhältnisse ohne Putin besser würden und nicht schlechter. Denn bei aller berechtigten Kritik ist er ein rational kalkulierender, letztlich berechenbarer Politiker. Wäre er weg, käme nicht «die Zivilgesellschaft» an die Macht, sondern, falls nicht erneut Chaos ausbricht, eventuell sogar jemand, der nationalistischer agiert und wirklich unberechenbar ist. Eine Horrorvorstellung für die internationale Politik. Zur bisherigen Bilanz von «Regimechange» würde ein solches Ergebnis jedoch bestens passen.

Es lohnt, sich vor Augen zu führen, dass Putin in seiner ersten Amtszeit nicht nur außenpolitisch nach Westen orientiert war, sondern auch im Inneren. Denn als ein entscheidendes politisches Ziel hatte er damals den langsamen Aufbau einer Zivilgesellschaft identifiziert. Deren wichtige Rolle hat der russische Präsident in Reden und Schriften mehrfach betont, und die diversen staatlichen Aktivitäten, die dabei Geburtshilfe leisten sollten, habe ich in früheren Büchern ausführlich beschrieben.[48]

Dass dieses Ziel nach und nach in den Hintergrund rückte und sich ein autoritäreres Politikverständnis durchsetzte, hat mit einer ganzen Reihe von Gründen zu tun. Machtkämpfe hinter den Kulissen spielten da eine Rolle. Den Wunsch nach Herrschaftssicherung sollte man auch nicht ausklammern. Ebenso die Bedrohung durch den Terrorismus, der im russischen Alltag seit Ende der 1990er Jahre präsent ist. Einkaufszentren und mehrstöckige Wohnhäuser wurden ebenso wie U-Bahn-Stationen, Flugzeuge, Hotels und Theater zu Zielen von Bombenanschlägen und Geiselnahmen, die Hunderte von Toten und Verletzten forderten. Unvergessen ist das Drama um den Überfall auf das Moskauer Musicaltheater Nordost im Oktober 2002, bei dem mehr als 800 Geiseln genommen wurden und 129 Menschen bei der Erstürmung den Tod fanden. Noch unvorstellbarer ist die Bilanz des Überfalls auf eine Schule in Beslan in Nordossetien am 1. September 2004, wo mehr als 1100 Kinder, Eltern und Lehrer länger als zwei Tage unter unmenschlichen Bedingungen in gnadenloser Hitze als Geiseln festgehalten wurden und 331 von ihnen dabei ihr Leben verloren. Neben diesen Gründen darf aber auch die westliche Demokratisierungspolitik nicht unterschlagen werden, die unter George W. Bush an Aggressivität zunahm und zumindest von Seiten der USA auch für geopolitische Interessen eingesetzt wurde, quasi als zivile Variante des Regimechange.

Irgendwann um das Jahr 2005 herum, in der zweiten Amtszeit Putins, wurden erste Kurskorrekturen in der russischen Politik erkennbar. Natürlich war dies auch eine Reaktion auf die Terroranschläge. Aber es wäre naiv zu glauben, dass die «Farbenrevolutionen» in Serbien, Georgien, der Ukraine und Kirgistan nichts damit zu tun gehabt hätten. Das lässt sich an dem russischen NGO-Gesetz gut zeigen, das die Arbeit von ausländischen nichtstaatlichen Organisationen bzw. von russischen Nichtregierungsorganisationen mit ausländischer Finanzierung behindert. Es wurde im November 2005 beschlossen und 2012 noch einmal verschärft.[49] In Moskau war die Sorge entstanden, eine «Farbenrevolution» könne mit der Hilfe und Finanzkraft interessierter ausländischer Kreise auch in Moskau passieren. Die westliche Konfrontationspolitik hat hier dazu beigetragen, eine durchaus hoffnungsvolle Entwicklung im Inneren abzuschneiden. Diese Erkenntnis ist allerdings nicht besonders populär im Westen, denn sie läuft in der Konsequenz darauf hinaus, eigenes Verhalten einer selbstkritischen Betrachtung zu unterziehen.

Und noch an einer anderen Stelle kann man zeigen, wie westliche Politik die Öffnung der russischen Gesellschaft behindert hat, die Entwicklung einer Zivilgesellschaft und einer in der Bevölkerung verankerten, liberalen Opposition. 2011/12, an der Nahtstelle zwischen der Präsidentschaft Dmitri Medwedews und Wladimir Putins, gab es in Moskau und anderen Städten Massendemonstrationen. Auslöser war der Vorwurf, es habe bei den Parlamentswahlen im Dezember 2011, die noch in die Präsidentschaft Dmitri Medwedews fielen, Fälschungen gegeben. Die Leiterin der OSZE-Wahlbeobachter in Russland, Heidi Tagliavini, beklagte einen sehr eingeschränkten politischen Wettbewerb, mangelnde Fairness und klare Vorteile für die Regierungspartei. Auf Protestkundgebungen in den folgenden Monaten vor allem in Moskau und Sankt Petersburg, aber auch in zahlreichen weiteren großen Städten Russlands forderten Zigtausende Demonstranten unter anderem die Wiederholung der Wahl, die Zulassung aller Oppositionsparteien und ein neues demokratisches Wahlrecht.

Die Situation war paradox. Dass in der Mehrzahl gut situierte Russen auf die Straße gingen – und nicht wie in anderen Ländern die zu kurz Gekommenen –, war ein Ergebnis der russischen Politik in den letzten zwölf Jahren. Entsprechende soziologische Untersuchungen belegen, dass sich auf Grund des wirtschaftlichen Aufschwungs und der Stabilität in dieser Zeit in Russland und vor allem in Moskau eine beachtliche Mittelschicht herausbilden konnte, die eine Herausforderung für das bestehende politische System darstellte.[50] Denn aus dieser Mittelschicht kam der Ruf nach zusätzlichen Parteien außerhalb des offiziellen politischen Spektrums und nach mehr Beteiligung. Die Protestbereitschaft, um sich Gehör zu verschaffen, war unerwartet groß. Die Disziplin bei diesen Massendemonstrationen, nebenbei bemerkt, ebenso. Für Randale sorgten – wie auch in anderen Ländern üblich – extreme Randgruppen.

Diese Mittelschicht bildete enge soziale Netzwerke im Internet. Protestideen gelangten so in zentrale und regionale Printmedien und sogar in die zentralen Fernseh- und Radiosender, deren Mitarbeiter mehrheitlich die Anliegen der Mittelschicht teilten. Wie funktionsfähig diese Netzwerke waren und wie stark die gesellschaftliche Kraft, die dahinterstand, lässt sich an den Massen ablesen, die freiwillig beim Löschen der immensen Waldbrände im Sommer 2010 geholfen haben. Am Beginn seiner dritten Amtszeit jedenfalls sanken Putins Popularitätswerte, und es erschien erstmals möglich, dass die Proteste von unten tatsächlich eine politische Stoßrichtung bekommen und das System herausfordern könnten.

Natürlich hatte Putin ein Interesse daran, an dieser Situation etwas zu ändern und die Unzufriedenen wieder einzufangen – nicht nur aus egoistischen Motiven, sondern auch aus Sorge um die Stabilität der Ordnung, da völlig ungewiss war, ob die protestierende Mittelschicht sich zu einer konstruktiven, politisch handlungsfähigen Kraft entwickeln würde, die die Ordnung nicht nur herausfordert, sondern sie auch erhalten könnte. Ein Beobachter bezeichnete die städtische Mittelschicht damals als einen «politischen Zünder, der nicht mehr abgeschraubt werden kann».[51] Als Ausweg bot sich eine Intensivierung der nationalen Rhetorik an. Sie war das neue Instrument des russischen Präsidenten, aber dass dieses eine solche Wirkung entfalten konnte, lag an der Politik des Westens. Denn sie verschaffte den neuen Parolen Glaubwürdigkeit. «Die Welt hat aufgehört, sich an Russland den Hintern abzuwischen»,[52] war eine Formulierung, die recht gut erklärt, warum sich so viele Russen seit 2014 hinter Wladimir Putin scharen – und eben auch viele derjenigen, eigentlich liberalen Kreise, die noch zwei Jahre zuvor für Reformen auf die Straße gegangen waren.

In seinem Buch «Generation Putin» zitiert der «Spiegel»-Journalist Benjamin Bidder Michail Dmitrijew, der bis 2014, als Putin ihn entließ, Chef des staatlichen «Zentrums für strategische Entwicklungen» war. Dieser habe aus seinen Beobachtungen einen Ratschlag an den Westen abgeleitet. «Die Mehrheit der Russen sei überzeugt, Putin verteidige das von Feinden belagerte Russland gegen unfaire Attacken. Das Ausland dürfe diese Effekte seiner Politik auf die russische Gesellschaft nicht aus dem Blick verlieren. Wo möglich, sollte der Westen deshalb den Druck vermindern und ‹Voraussetzungen für eine Normalisierung der Beziehungen schaffen›. Je schneller das Gefühl der Bedrohung von außen wegfalle, ‹desto früher wird die Bevölkerung beginnen, über ihre eigenen Probleme nachzudenken›.»[53] Mit anderen Worten: Kehrt der Westen zu einer Entspannungspolitik zurück, die Russlands Interessen ernst nimmt und respektiert, stärkt er damit auch die Reformkräfte im Inneren. Verfolgt er eine Konfrontationspolitik, erreicht er genau das Gegenteil. Welche Politik sollte der Westen also verfolgen: «Eindämmung durch Abschreckung» oder «Wandel durch Annäherung»?

*«Selbstdenken ist der höchste Mut.*
*Wer wagt, selbst zu denken, der wird auch selbst handeln.»*
*(Bettina von Arnim)*

## Selber denken

Selber denken – was denn sonst? Klingt selbstverständlich, ist es aber nicht. Eine ganze Reihe von Hindernissen steht dem entgegen. Einige sind offensichtlich, manche gut getarnt. Wieder andere haben sich still und heimlich eingeschlichen. Wenn Denken in Zusammenhängen als Verschwörungstheorie denunziert wird, wer will dann noch abseits vom politisch akzeptierten Mainstream selber denken und das dann auch noch sagen? Aber selber denken gehört zur Demokratie, sonst ist diese Etikettenschwindel. Zusammenhänge darstellen, sich vor Fragmentierungen und Halbwahrheiten hüten, auch wenn sie das Erklären so viel einfacher machen, weil sie in vorgegebene Bilder passen.

In einer kurzen Meldung des «Kölner Stadtanzeigers» vom 20. September 2007 konnte man lesen, dass sich Bundeskanzlerin Angela Merkel «als begeisterte Zuschauerin der ‹Sendung mit der Maus› offenbart und die Kindersendung als Vorbild für die Medien in Deutschland empfohlen (hat). Dabei warf sie den Medien vor», so steht es da, «den Bürgern zu wenig Wissen und Zusammenhänge zu vermitteln. Falls sie Journalistin geworden wäre, hätte sie sich auf das Erklären von komplexen Themen konzentriert, sagte die promovierte Physikerin weiter.» Viele meiner aktiven Kollegen arbeiten unermüdlich genau daran und scheitern an den unterschiedlichsten Dingen. Dazu gehören bestimmte Vorstellungen von Chefredaktionen ebenso wie strukturelle Veränderungen in der Medienlandschaft, die einerseits mit einer brutal geforderten Schnelligkeit und andererseits mit personellen und sonstigen Einsparungen verbunden sind. Der von mir sehr geschätzte Kollege der schreibenden Zunft, Frank Nägele, hat es in einem Artikel von August 2016 auf den Punkt gebracht: «Einst haben wir [Journalisten, GKS] gelernt, dass es wichtig sei, alles beim ersten Augenschein infrage zu stellen. Ein Grundsatz des gesunden Menschenverstandes lautete: Glaube nichts, aber halte alles für möglich. Dazu war es wichtig, Dinge in ihrer Tiefe zu verstehen, bevor man über sie urteilte. Aber das kostet sehr viel Zeit. Und die hat offenbar niemand mehr.»[1]

Ich kann mich des Eindrucks nicht erwehren, dass sich zudem das journalistische Selbstverständnis gewandelt hat. Es geht nicht mehr in erster Linie darum zu informieren, sondern darum, die Menschen auf den «richtigen» Weg zu bringen. Eine solche Haltung, zu der sich manche sogar ausdrücklich bekennen, scheint mir grenzwertig. Auf welches Recht könnten sich Journalisten in pluralistischen demokratischen – und nicht diktatorisch geführten – Gesellschaften dabei berufen? Meinungsfreiheit gilt nicht nur für Profis, und nicht alles, was den eher liberal geprägten Massenmedien suspekt ist, verdient die Bezeichnung extremistisch. Demokratie ist auf ein breites Meinungsspektrum angewiesen und darauf, dass angstfreie Debatten möglich sind. Es ist ein Jammer, dass dieser Luxus einer Demokratie von zwei Seiten in die Zange genommen wird. Auf der einen wettern rechte Demagogen und hasserfüllte Wutbürger, auf der anderen intolerante Mainstream-Journalisten und überhebliche Expertokraten, die alles zu wissen meinen, in den letzten Jahren aber immer wieder spektakulär danebenlagen.

Mir ist wichtig, dass sich «die mündigen Bürger» ihre Skepsis vor allzu platten Wahrheiten und allzu glatten Trennungslinien zwischen Gut und Böse erhalten. Selber denken eben. Dabei darf man sich von Begriffen wie Verschwörungstheorie, Populismus und Propaganda nicht ins Bockshorn jagen lassen. All das gibt es natürlich, und diese Dinge haben in einer seriösen Debatte nichts zu suchen. Aber nicht jeder Gedanke, der so gekennzeichnet wird, trägt diese Bezeichnung zu Recht. Darüber müssen wir in unserem Land streiten dürfen, hart aber fair, nicht nur als Sendungstitel, sondern wirklich und wahrhaftig.

Wenn sich weite Teile der Bevölkerung in Medien und Politik nicht mehr wiederfinden, dann schadet das der Demokratie, die – das kann man nicht oft genug wiederholen – ein breites Meinungsspektrum braucht, um stabil zu bleiben. Das mag sich widersprüchlich anhören, aber es sind nicht selten gerade die vermeintlichen Widersprüche, die über die stabilste innere Logik verfügen. Dialogbereitschaft und Diskussionsfähigkeit sind unverzichtbar, kurz: Streitkultur, die zwischen sachlicher Argumentation und persönlicher Beleidigung oder Verunglimpfung zu unterscheiden weiß. Und das bezieht sich nicht nur auf das Thema Russland.

Wegen der großen Bandbreite, die eine pluralistische Gesellschaft von ihrem Anspruch her den Menschen in jeder Beziehung bietet, gehören Respekt und Toleranz zu ihren unverzichtbaren Bestandteilen, wenn sie gut funktionieren soll. Obwohl jeder, der etwas auf sich hält, Respekt und Toleranz im gegenseitigen Umgang für wichtig erachtet, hapert es nicht selten bei der praktischen Anwendung. Ein Grund dafür mag darin zu finden sein, dass Menschen in ihrer Mehrheit dazu neigen, ihren eigenen Lebensstil, ihre eigene Weltanschauung für die einzig richtige zu halten und – bewusst oder unbewusst – eine Werteskala aufzustellen, bei der sie selbst und ihr Lebensmodell bzw. ihre Auffassungen ganz oben stehen. Wer aus dieser Prioritätenliste Rechte und Privilegien ableitet oder gar versucht, anderen seine Vorstellungen aufzudrängen, der verliert ganz schnell die Fähigkeit, Respekt und Toleranz auszuüben, selbst wenn er diese nach wie vor – theoretisch – für hochstehende Werte hält.

Wir leben in einer freien Gesellschaft. Ja, aber eine wesentliche Voraussetzung für die äußere Freiheit ist die innere. Sich so frei zu fühlen, dass man sich des eigenen Verstandes bedient, ohne kanalisierte Anleitung durch andere und auch ohne Absegnung, ob man das so denken darf, ist nach meiner Einschätzung eine der Säulen, die eine demokratische Gesellschaft nicht nur stabil, sondern attraktiv macht.

Frank-Walter Steinmeier hat in einer Rede nach seiner Wahl zum deutschen Bundespräsidenten am 12. Februar 2017 von «Vertrauen in die eigene Urteilskraft» gesprochen. In der ARD Sendung «Farbe bekennen» am selben Tag hat er allerdings auf die Frage, was sich in seinem Tagesablauf ändere, geantwortet, er müsse jetzt nicht mehr zwingend jeden Morgen alle Zeitungen lesen, um dann zu entscheiden, ob Konferenzen einzuberufen oder welche abzusagen seien. Mich hat diese Aussage elektrisiert. Wer sind die Akteure in der Politik? Leitartikler? Was ist mit dem Vertrauen in die eigene Urteilskraft, zu dem er die Bürger zu Recht ermutigen wollte?

Mit dem Vertrauen in die Urteilskraft der Bürger scheint es insgesamt nicht weit her zu sein. In den seltensten Fällen – es lohnt sich einmal darauf zu achten – werden Sachaussagen als solche diskutiert. Meist werden sie als Position einer Partei vorgestellt. Das kann hilfreich sein, wenn Wahlen anstehen, ist aber eher schädlich, wenn sich durch die Etikettierung eine weitere Beschäftigung mit dem Thema verbietet oder verbieten soll. Ist es richtig und sinnvoll, dass allein der Hinweis darauf, es handele sich um eine AfD-Position, für den Rest der Republik bedeutet, auf keinen Fall einen weiteren Gedanken daran zu verschwenden? Was ist mit selber denken? Es kann nicht intelligent sein, ohne die Sache selbst zu betrachten, von etwas Abstand zu nehmen, nur weil eine Gruppierung, deren Ziele und Programme man nicht teilt, zufällig diese Position auch vertritt. Man kann es umdrehen: Warum finden Bürger, die von den Sanktionen gegen Russland nichts halten und diese gerne abschaffen möchten, in den sogenannten etablierten Parteien keinen Resonanzboden, obwohl Einzelne dort die Sanktionen längst für eine fehlgeleitete Politik halten, sich aber nicht trauen, damit offensiv an die Öffentlichkeit zu gehen, weil sie sonst politisch kein Bein mehr auf die Erde bekämen? Dieser Mechanismus hat mich schon vor mehr als zwanzig Jahren beschäftigt, als ich, gerade ein paar Jahre aus Moskau zurück, unter dem Titel «Jetzt mal ehrlich» einen kritischen Blick auf Deutschland geworfen habe.

*«Nur weil möglicherweise jemand einen Satz für seine Zwecke einsetzen, falsch interpretieren oder sonst wie ‹missbrauchen› könnte, soll man etwas runterschlucken, was man als richtig erkannt hat?! Auf diese Weise produziert man Duckmäuser am Fließband, auf diese Weise spielt man all denjenigen in die Hände, denen man als überzeugter Demokrat und freiheitlich denkender Mensch den Boden entziehen möchte. Liegt es vielleicht auch daran, dass wir uns gegenseitig nicht mehr zuhören können oder wollen? Daran, dass es in unserer Medienlandschaft strukturell viel mehr Möglichkeiten gibt, Missverständnisse zu produzieren als Chancen, sie auszuräumen? Jemanden einer ‹falschen Denkungsart› zu bezichtigen, das geht schnell, das schafft man notfalls in dreißig Sekunden. Diesen Verdacht auszuräumen dauert länger, dafür ist kein Platz und keine Zeit. Als Journalist muss mein Interesse sein, von Politikern auf meine Fragen kurze, prägnante und vor allen Dingen eindeutige, aussagekräftige Antworten zu erhalten. Als Politiker muss mein Interesse sein, glaubwürdig ‹rüberzukommen› und unter keinen Umständen falsch interpretiert werden zu können. Wenn Politiker immer mehr befürchten müssen, dass Journalisten auf ‹Fehl-Wörter› lauern, um sie in eine bestimmte politische Kiste zu stecken, dann muss ich mich als Journalist nicht wundern, wenn Politiker mit immer mehr Worten immer weniger aussagen. Man könnte lange darüber nachdenken, was zuerst da war: der kneifende Politiker oder der lauernde Journalist. Aber es lohnt nicht, glaube ich. Es scheint mir weit lohnender, darüber nachzudenken, wie man von diesem Trip wieder runterkommt. Es hat doch etwas Schizophrenes, mit Verlaub, wenn wir uns – die Journalisten und die Bevölkerung insgesamt – über lauter graue Mäuse in der Politik beschweren, aber wehe, wenn wir mal eine bunte Maus entdecken, dann fallen alle sofort über sie her.»*

Selber denken ist vor allem immer dann geboten, wenn einem moralische Bekenntnisse abgenötigt werden, bevor man sich überhaupt zu Wort melden darf, und komplexe Themen immer wieder bei der Frage landen: ja oder nein, bist du dafür oder dagegen? Es läuft immer wieder darauf hinaus, dass eine informierte Debatte fehlt. Dazu trägt nicht unerheblich bei, dass in westlichen Medien, so auch bei CNN oder bei der BBC, kaum eloquente russische Fachleute auftreten, die die Politik ihres Landes erklären. Da erscheinen immer dieselben aus der Putin-Kritik-Fraktion oder offizielle Funktionsträger, bei denen klar ist, dass sie die Regierungspolitik vertreten. Wie soll eine Sachdebatte so in Gang kommen? Warum wird Schanna Nemzowa, die Tochter des ermordeten russischen Oppositionspolitikers Boris Nemzow, als Studiogast eines Morgenmagazins eingeladen, wenn es laut Anmoderation um das Thema Sanktionen und den nach einjähriger Zwangspause gerade wieder tagenden Petersburger Dialog[2] geht? Was soll das bringen außer Mitgefühl für die junge Frau, die – zu dem Zeitpunkt – vor gerade mal acht Monaten ihren Vater auf diese entsetzliche Weise verloren hat? Von Sanktionen hält sie nicht so viel, sagt sie, sie treffen das Volk, deshalb ist sie als Russin eher dagegen. Man müsste durch persönliche Sanktionen die Elite treffen, schlägt sie vor. Und dann wird sie gefragt, wie sie sich fühle. Der journalistische Ansatz in Zusammenhang mit dem angekündigten Thema erschließt sich mir nicht.

Auf der einen Seite also fehlende russische Fachleute. Auf der anderen Seite ein Phänomen, das ebenso zur Verfälschung beiträgt. Wer eine Einladung eines russischen Mediums, zum Beispiel des Auslandsfernsehsenders RT annimmt, muss um seinen guten Ruf fürchten. Dort treten nur zweifelhafte Journalisten auf, wird teils hinter vorgehaltener Hand, teils offen gelästert. Sollte derjenige gar ein Honorar oder eine Aufwandsentschädigung annehmen (in fast allen gängigen deutschen Talkshows üblich), wird er das Etikett, «von Moskau» bezahlt zu sein, nicht mehr loswerden. Beim Selberdenken könnte man darauf kommen, dass das der falsche Weg ist.

Fragen sich diejenigen, die sich mit verbaler Keilerei begnügen, eigentlich mal, wie all das auf junge Menschen wirkt, die im Heranwachsen ihre Raster dafür entwickeln, wie sie später in Entscheidungspositionen handeln? Junge Menschen brauchen Vorbilder und suchen auch danach. Immanuel Kant, ein großer

Denker der abendländischen Philosophie, in Königsberg geboren, gestorben und begraben, wird als *der* Philosoph der Aufklärung bezeichnet. Von 1784 stammt seine Definition, die heute noch genauso aktuell ist wie damals: «Aufklärung ist der Ausgang des Menschen aus seiner selbst verschuldeten Unmündigkeit. Unmündigkeit ist das Unvermögen, sich seines Verstandes ohne Leitung eines anderen zu bedienen. Selbstverschuldet ist diese Unmündigkeit, wenn die Ursache derselben nicht am Mangel des Verstandes, sondern der Entschließung und des Mutes liegt, sich seiner ohne Leitung eines anderen zu bedienen. ‹Sapere aude! Habe Mut, dich deines eigenen Verstandes zu bedienen!› ist also der Wahlspruch der Aufklärung.»

# Dank

Für die Unterstützung meiner Arbeit danke ich einer ganzen Reihe von Menschen, die auch ohne Namensnennung wissen, dass sie gemeint sind. Aber zwei möchte ich namentlich nennen: Dr. Sebastian Ullrich, den Lektor von «Eiszeit», ohne dessen Hilfe es nicht möglich gewesen wäre, dieses Buch so gründlich und doch so schnell zu schreiben. Und Lothar Schmalz, mein Mann, der den Druck und die Belastungen mitträgt, die mit dem behandelten Thema verbunden sind.

# Anmerkungen

## Russlands Rückkehr

1 In der Mail steht als Datum 1.1.2001, was aufgrund des behandelten Inhalts unmöglich ist. Anhand des Textes selbst lässt sie sich auf April/Mai 2012 datieren. www.zerohedge.com/news/2016-10-09/hillary's-wars-pt-2-wiki-leaks-proves-syria-about-iran-israel.

2 https://wikileaks.org/clinton-emails/emailid/18328.

3 Wer genau das Dokument verfasst hat, muss offenbleiben. Zahlreiche Autoren schreiben es Hillary Clinton selbst zu. Da es keine Unterschrift besitzt und auch weder Absender noch Empfänger angegeben sind, lässt sich das aber nicht mit letzter Sicherheit behaupten. Es könnte auch von ihrem Stab verfasst worden sein. Zudem existiert ein Artikel von James B. Rubin, einem ehemaligen Clinton-Mitarbeiter, in der Zeitschrift «Foreign Policy» vom 4. Juni 2012, in dem teilweise ähnliche Formulierungen verwendet werden. Auch er käme also als Verfasser in Betracht. http://foreignpolicy.com/2012/06/04/the-real-reason-to-intervene-in-syria/. So auch die Nachbemerkung bei: http://news.antiwar.com/2016/03/21/clinton-email-shows-us-sought-syria-regime-change-for-israels-sake/.

4 http://www.faz.net/aktuell/politik/rede-in-den-haag-obama-verspottet-russland-als-regionalmacht-12863534.html.

5 «Glasnost» ist russisch für «Transparenz».

6 Dietmar Neutatz, Träume und Alpträume. Eine Geschichte Russlands im 20. Jahrhundert, München 2013, S. 540.

7 Zu den wirtschaftlichen Problemen Russlands in der Ära Jelzin, die natürlich nicht allein an der Politik des Westens lagen, sondern auch an strukturellen Schwächen der Sowjetzeit und der unausgegorenen Privatisierungspolitik, vgl. ebd., S. 532–543, zur Rolle der westlichen Hilfe ebd., S. 543.

8 Helmut Schmidt, Die Selbstbehauptung Europas. Perspektiven für das 21. Jahrhundert, 2. Aufl., Stuttgart/München 2000, S. 217. Vgl. auch das Interview mit Helmut Schmidt im «Spiegel» 39/2000 vom 25.9.2000: http://www.spiegel.de/spiegel/print/d-17436577.html.

9 Neutatz, Träume und Alpträume, S. 539.

10 https://www.lrb.co.uk/v29/n02/perry-anderson/russias-managed-democracy.

11 Zur Außenpolitik Jelzins vgl. Neutatz, Träume und Alpträume, S. 548–552.

12 Gerard Toal, Near Abroad. Putin, the West, and the Contest over Ukraine and the Caucasus, New York 2017, S. 66.

13 Neutatz, Träume und Alpträume, S. 560.

14 Toal, Near Abroad, S. 66.

15 http://news.err.ee/120382/moscow-may-return-to-ratification-of-estonian-russian-border-treaty; https://sputniknews.com/europe/20170227105107-8552-border-russia-estonia-treaty/.

16 http://textbooks.studio/uchebnik-geopolitika/geopoliticheskie-posledstvi-ya-raspada-sssr.html.

17 Zu den Problemen der Ära Jelzin vgl. Neutatz, Träume und Alpträume, S. 542, 544, 552–555.

18 https://www.washingtonpost.com/archive/politics/1996/07/07/yeltsin-campaign-rose-from-tears-to-triumph/99aebeb5-87ca-4555-be86-b352e8e8bced.

19 http://www.spiegel.de/spiegel/print/d-8947088.html; http://www.sueddeutsche.de/politik/wahlforscher-das-sollte-nicht-verharmlost-werden-1.3390497.

20 Zur Wiederwahl Jelzins sowie zu den Kosten der Wahlkampagne und dem IWF-Kredit vgl. David M. Kotz/Fred Weir, Russia's Path from Gorbachev to Putin, London/New York 2007, S. 260–264.

21 Bobo Lo, Vladimir Putin and the Evolution of Russian Foreign Policy (Chatham House Papers), London 2003.

22 https://www.bertelsmann-stiftung.de/fileadmin/files/BSt/Publikationen/GrauePublikationen/NW_Focus_Paper_EU_Eurasien.pdf (S. 6); http://www.tagesspiegel.de/politik/putin-in-berlin-bei-allianz-gegen-terror-nicht-menschenrechte-vergessen/259016.html.

23 Vgl. Winfried Schneider-Deters, Die Ukraine. Machtvakuum zwischen Russland und der Europäischen Union, 2. Aufl., Berlin 2014, S. 593–599.

24 http://www.sueddeutsche.de/wirtschaft/putin-plaedoyer-fuer-wirtschafts-gemeinschaft-von-lissabon-bis-wladiwostok-1.1027908.

25 http://www.zeit.de/2001/42/Putin_tritt_dem_Westen_bei.

26 Der Wortlaut der Rede: https://www.bundestag.de/parlament/geschichte/gastredner/putin/putin_wort/244966.

27 http://www.taz.de/!5165840/.

28 Neutatz, Träume und Alpträume, S. 552.

29 http://www.nytimes.com/1998/05/02/opinion/foreign-affairs-now-a-word-from-x.html.

30 http://www.nybooks.com/articles/2000/02/10/putins-war/.

31 Zum zweiten Tschetschenienkrieg und seinen Hintergründen vgl. auch Neutatz, Träume und Alpträume, S. 555 f.

32 Vgl. als Vertreter der Verschwörungstheorie vor allem John B. Dunlop, The Moscow Bombings of September 1999, Stuttgart 2012. Eine gute Zusammenstellung aller Argumente für und wider findet sich in der englischen Wikipedia: https://en.wikipedia.org/wiki/1999_Russian_apartment_bombings.

33 https://www.theguardian.com/world/2001/oct/23/afghanistan.russia.

34 http://www.csmonitor.com/2001/1015/p13s1-wosc.html.

35 Thomas Rabehl/Wolfgang Schreiber, Das Kriegsgeschehen 2000. Daten und Tendenzen der Kriege und bewaffneten Konflikte, hg. v. d. Arbeitsgemeinschaft Kriegsursachenforschung (AKUF), Opladen 2001, S. 140.

36 Toal, Near Abroad, S. 90; http://www.bpb.de/apuz/27093/geopolitische-ver-aenderungen-auf-dem-eurasischen-schachbrett-russland-zentralasien-und-die-usa-nach-dem-11-september-2001?p=all.

37 http://www.faz.net/aktuell/politik/ausland/zentralasien-washington-muss-stuetzpunkt-in-usbekistan-verlassen-1253392.html.

38 http://www.bundeswehr-journal.de/2015/bundeswehr-schliesst-ueber-raschend-stuetzpunkt-termez-2/.

39 http://www.reuters.com/article/us-kyrgyzstan-usa-manas-idUSKBN0-EE1LH20140603.

40 http://www.stripes.com/news/us-transit-hub-in-romania-fully-operatio-nal-1.270655.

41 https://www.theguardian.com/world/2008/dec/08/afghanistan-taliban-nato-raid-pakistan.

42 http://www.spiegel.de/politik/ausland/gipfel-einigung-putin-erlaubt-nato-afghanistan-transporte-durch-russland-a-545346.html.

43 https://de.sputniknews.com/meinungen/20120803264120748/.

44 https://www.nzz.ch/rueckzug-ueber-die-wolga-1.18172678.

45 http://www.spiegel.de/politik/ausland/afghanistan-russland-schliesst-transitweg-fuer-nato-a-1034343.html. Bei «Sputniknews» liest sich dieselbe Nachricht etwas anders: Der Stützpunkt sei nach dem Ende der ISAF-Mission am 31.12.2014 schlicht nicht mehr benötigt worden: https://de.sput-niknews.com/zeitungen/20150519302390237/.

46 Zu Libyen vgl. die Zusammenfassung «The Libya Gamble» von Jo Becker und Scott Shane in der «New York Times» von Februar 2016: https://www.nytimes.com/2016/02/28/us/politics/hillary-clinton-libya.html; https://www.nytimes.com/2016/02/28/us/politics/libya-isis-hillary-clinton.html; auch: http://www.al-monitor.com/pulse/originals/2017/07/libya-benghazi-liberate-hifter-role.html; http://www.faz.net/aktuell/politik/ausland/mac-ron-vermittelt-im-libyen-konflikt-15119750.html.

47 Die Revolutions-GmbH, in: Der Spiegel 46/2005, S. 178–199, sowie: Traum vom Frühling, in: Der Spiegel 47/2005, S. 184–194.

48 Vgl. dazu Anselm Weidner, Diktatorensturz und Demokratieexport. Die Junge Internationale als fünfte Kolonne, in: Blätter für deutsche und inter-nationale Politik 9/2007, S. 1088–1098, sowie Mária Huber, Demokratieex-port nach Osteuropa. US-Strategien in der Ukraine, in: Blätter für deutsche und internationale Politik 12/2005, S. 1463–1472.

49 https://www.usaid.gov/sites/default/files/documents/1868/USAIDFY2016_AFR_508.pdf.

50 https://www.greenleft.org.au/content/kyrgyzstan-tulip-revolution-turns-against-us; https://www.stratfor.com/analysis/kyrgyzstan-quarrels-united-states-again; http://www.laender-analysen.de/russland/pdf/Russlandanaly-sen002.pdf (S. 5); Dilip Hiro, Inside Central Asia: A Political and Cultural History of Uzbekistan, Turkmenistan, Kazakhstan, Kyrgyzstan, Tajikistan, Turkey, and Iran, New York/London 2009, S. 303, 306 f. http://www.spiegel.de/spiegel/print/d-39447050.html; http://www.spiegel.de/spiegel/print/d-43216142.html.

51 http://m.faz.net/aktuell/wirtschaft/erdoel-grundstein-zu-strategischer-pipeline-gelegt-171796.amp.html.

52 https://wikileaks.org/plusd/cables/08TBILISI207_a.html.

53 http://www.spiegel.de/wissenschaft/technik/gefaelschte-leaks-so-funktioniert-digitale-desinformation-kolumne-a-1149322.html.

54 Weidner, Diktatorensturz und Demokratieexport, S. 1092.

55 http://www.zeit.de/2003/49/Georgien_II.

56 Toal, Near Abroad, S. 115 f.

57 Toal, Near Abroad, S. 117 f.; http://www.spiegel.de/politik/ausland/staatskrise-in-georgien-das-ist-manipulation-und-keine-demokratie-a-516543.html; http://www.deutschlandfunk.de/aufgeladene-stimmung-georgien-vor-der-parlamentswahl.724.de.html?dram:article_id=367920.

58 https://www.tagesschau.de/ausland/saakaschwili-ruecktritt-101.html; http://www.sz-online.de/nachrichten/georgiens-justiz-erlaesst-haftbefehl-gegen-ex-praesident-saakaschwili--2896280.html.

59 https://wikileaks.org/plusd/cables/07STATE164180_a.html.

60 Weidner, Diktatorensturz und Demokratieexport, S. 1092. Vgl. zur fehlenden Förderung der aserbaidschanischen Opposition auch den zweiten Teil der «Revolutions-GmbH» im Spiegel 47/2005: «Traum vom Frühling». http://www.spiegel.de/spiegel/print/d-43216142.html.

61 https://www.heise.de/tp/features/Demokratisierung-ist-eher-ein-Kollateralnutzen-3366590.html.

62 https://wikileaks.org/plusd/cables/06MOSCOW7385_a.html.

63 https://wikileaks.org/plusd/cables/05DUSHANBE1812_a.html.

64 So etwa von: Stefan Kornelius, Angela Merkel. Die Kanzlerin und ihre Welt, Hamburg 2013, S. 198 f.; Stephan Bierling, Vormacht wider Willen. Deutsche Außenpolitik von der Wiedervereinigung bis zur Gegenwart, München 2014, S. 183 f.; Manfred Quiring, Putins russische Welt. Wie der Kreml Europa spaltet, Berlin 2017, S. 172. Eine Schilderung der Geschichte der NATO-Osterweiterung ebenfalls ohne Erwähnung des Beitrittsversprechens von Bukarest an die Ukraine und Georgien bei: Andreas Rödder, 21.0. Eine kurze Geschichte der Gegenwart, München 2015, S. 343 f.

65 http://www.nato.int/cps/en/natolive/topics_37750.htm (unter «Milestones in relations»).

66 http://www.nato.int/cps/es/natohq/topics_38988.htm (unter «Milestones in relations»).

67 https://wikileaks.org/plusd/cables/08USNATO121_a.html.

68 https://wikileaks.org/plusd/cables/08BERLIN744_a.html.

69 https://wikileaks.org/plusd/cables/08TBILISI207_a.html.

70 Vgl. etwa https://wikileaks.org/plusd/cables/08USNATO225_a.html.

71 https://www.congress.gov/bill/110th-congress/senate-resolution/523/text.

72 https://www.bundeskanzlerin.de/ContentArchiv/DE/Archiv17/Reiseberichte/ge-merkel-tiflis.html; auch: http://www.spiegel.de/politik/ausland/krisendiplomatie-merkel-macht-sich-fuer-georgiens-nato-beitritt-stark-a-572627.html.

73 NDR, Panorama: «Neuer kalter Krieg? – Deutschlands riskanter Kurs», 28.8.2008. http://daserste.ndr.de/panorama/media/krieg100.html; auch: https://derstandard.at/1218534098709/Moskau-stellt-Grenzen-Georgiens-infrage.

74 http://www.tagesspiegel.de/politik/kauakasus-konflikt-bundesbuerger-fuerchten-neuen-kalten-krieg/1307976.html.

75 Vgl. etwa Andreas Kappeler, Russen und Ukrainer. Vom Mittelalter bis zur Gegenwart, München 2017, S. 222 f. Dort heißt es, das Gesuch der Ukraine um Aufnahme in die NATO sei «abgelehnt» worden.

76 http://www.kas.de/wf/doc/kas_33981–544–1-30.pdf.

77 http://www.nato.int/cps/in/natohq/news_52837.htm; http://www.nato.int/cps/po/natohq/official_texts_68828.htm; http://www.nato.int/cps/de/natohq/official_texts_87593.htm; http://www.nato.int/cps/ic/natohq/official_texts_112964.htm; http://www.nato.int/cps/en/natohq/official_texts_133169.htm.

78 http://www.nato.int/cps/po/natohq/official_texts_68828.htm.

79 https://www.rferl.org/a/nato-should-grow-at-next-summit-says-clinton/24588476.html.

80 https://www.nytimes.com/2017/03/12/world/europe/vladimir-putin-angela-merkel-russia-germany.html.

81 http://www.deutschlandfunk.de/ukraine-krise-georgische-kuenstler-fuerchten-russische.691.de.html?dram:article_id=314969.

82 Michel Eltchaninoff, In Putins Kopf. Die Philosophie eines lupenreinen Demokraten, Stuttgart 2014, S. 131.

83 https://www.cducsu.de/sites/default/files/positionspapier_russland_final_clean.pdf (S. 2).

84 Ralf Fücks, Freiheit verteidigen. Wie wir den Kampf um die offene Gesellschaft gewinnen, München 2017, S. 137.

85 Vicken Cheterian, War and Peace in the Caucasus. Russia's Troubled Frontier, London 2008, S. 167.

86 Cheterian, War and Peace, S. 179; http://www.deutschlandfunk.de/noch-kein-krieg.724.de.html?dram:article_id=97957.

87 Svante E. Cornell, Small Nations and Great Powers. A Study of ethnopolitical Conflict in the Caucasus, London/New York 2001, S. 162; Jürgen Schmidt, Konfliktursachen Abchasien und Südossetien, in: Erich Reiter (Hg.), Die Sezessionskonflikte in Georgien, Wien/Köln/Weimar 2009, S. 101–128, hier: S. 114.

88 Cornell, Small Nations and Great Powers, S. 151.

89 Ebd., S. 151, 163 f.; Cheterian, War and Peace, S. 172.

90 Eva-Maria Auch, Der Konflikt in Abchasien in historischer Perspektive, in: OSZE-Jahrbuch 2004, S. 237–252, hier: S. 241.

91 Thomas de Waal, The Caucasus. An Introduction, New York 2016, S. 148; Alexandr Kokejew/Georgi Otybra, Der Weg in den Abchasien-Krieg (Untersuchungen des FKKS 13/1997), April 1997, S. 5 f.

92 Auch, Der Konflikt in Abchasien, S. 242.

93 De Waal, The Caucasus, S. 150 f.; Cornell, Small Nations and Great Powers,

S. 155; Kokejew/Otybra, Der Weg in den Abchasien-Krieg, S. 8; Schmidt, Konflikturachen Abchasien und Südossetien, S. 110.

94 Cornell, Small Nations and Great Powers, S. 156 f.; Cheterian, War and Peace, S. 189; Kokejew/Otybra, Der Weg in den Abchasien-Krieg, S. 10.

95 De Waal, The Caucasus, S. 131.

96 Cornell, Small Nations and Great Powers, S. 164; Kokejew/Otybra, Der Weg in den Abchasien-Krieg, S. 11.

97 Cheterian, War and Peace, S. 173.

98 Toal, Near Abroad, S. 130.

99 De Waal, The Caucasus, S. 65 (Zitat), 137, 230; Toal, Near Abroad, S. 131.

100 De Waal, The Caucasus, S. 135–138.

101 Ebd., S. 139, 232; Cornell, Small Nations and Great Powers, S. 160; Cheterian, War and Peace, S. 175.

102 Toal, Near Abroad, S. XVIII.

103 Schmidt, Konflikturachen Abchasien und Südossetien, S. 103 f.

104 Cornell, Small Nations and Great Powers, S. 151, 163; De Waal, The Caucasus, S. 138.

105 Cheterian, War and Peace, S. 172.

106 Toal, Near Abroad, S. 42, auch: S. 132.

107 http://www.faz.net/aktuell/feuilleton/buecher/themen/georgien-ehrengast-der-frankfurter-buchmesse-2018-14237474.html.

108 Marietta S. König, Der ungelöste Streit um Süd-Ossetien, in: Marie-Carin von Gumppenberg/Udo Steinbach, Der Kaukasus. Geschichte – Kultur – Politik, 2. neubearbeitete Aufl., München 2010, S. 125–136, hier: S. 129.

109 De Waal, The Caucasus, S. 134, 139, 141, 232; Cornell, Small Nations and Great Powers, S. 167; Toal, Near Abroad, S. 134.

110 König, Der ungelöste Streit, S. 129. Es lebten mehr Osseten im georgischen Kernland (etwa 100 000) als in Südossetien selbst (etwa 65 000), ebd. S. 128.

111 Cornell, Small Nations and Great Powers, S. 139 f.

112 Ebd., S. 167–169; De Waal, The Caucasus, S. 143 f.; Cheterian, War and Peace, S. 183 f.; Independent International Fact-Finding Mission on the Conflict in Georgia, Report, Bd. 1, S. 14, Bd. 2, S. 64–72, 93 f.; Egbert Jahn, Neue Fronten nach dem Krieg. Russland, der Westen und die Zukunft des Südkaukasus, in: Osteuropa 58 (2011), 11, S. 5–18, hier: S. 9 (https://www.zeitschrift-osteuropa.de/site/assets/files/2609/oe081101.pdf).

113 De Waal, The Caucasus, S. 153.

114 Cornell, Small Nations and Great Powers, S. 170.

115 Auch, Der Konflikt in Abchasien, S. 247.

116 Cheterian, War and Peace, S. 179, 182, 191.

117 Ebd., S. 195 f.

118 https://www.opendemocracy.net/democracy-caucasus/abkhazia_archive_4018.jsp; De Waal, The Caucasus, S. 157, 161; Cheterian, War and Peace, S. 197.

119 Ebd., S. 195, 199, 205; De Waal, The Caucasus, S. 159 f.

120 Ebd., S. 164; Cornell, Small Nations and Great Powers, S. 351; Auch, Der Konflikt in Abchasien, S. 248; Aschot Manutscharjan, Die innenpolitische

Entwicklung Georgiens von 1991 bis 1996 unter besonderer Berücksichtigung der Sezessionskonflikte, in: Erich Reiter (Hg.), Die Sezessionskonflikte in Georgien, Wien/Köln/Weimar 2009, S. 71–100, hier: S. 86; Schmidt, Konfliktursachen Abchasien und Südossetien, S. 127.

121 Human Rights Watch, Georgia/Abkhazia. Violations of the Laws of War and Russia's Role in the Conflict (Human Rights Watch Arms Control Project and Human Rights Watch/Helsinki Vol. 7 No. 7), März 1995, S. 5.

122 De Waal, The Caucasus, S. 162–164; Manutscharjan, Die innenpolitische Entwicklung Georgiens von 1991 bis 1996, S. 80.

123 Auch, Der Konflikt in Abchasien, S. 249.

124 Kokejew/Otybra, Der Weg in den Abchasien-Krieg, S. 42.

125 De Waal, The Caucasus, S. 164 f.; Kokejew/Otybra, Der Weg in den Abchasien-Krieg, S. 46.

126 Zum Konflikt in Abchasien vgl. auch Independent International Fact-Finding Mission on the Conflict in Georgia, Report, Bd. 2, S. 64–69, 73–76; Alexander Kokeev, Der Kampf um das Goldene Vlies. Zum Konflikt zwischen Georgien und Abchasien, HSFK-Report 8/1993, S. 2–14.

127 Vgl. dazu https://wikileaks.org/plusd/cables/06MOSCOW7385_a.html (11. (c)).

128 Auf diesen Punkt weist hin: Jahn, Neue Fronten, S. 15 f.

129 Als «Great Game» bezeichnete man in der zweiten Hälfte des 19. Jahrhunderts den Streit der Großmächte um Zentralasien.

130 De Waal, The Caucasus, S. 173–189; Cornell, Small Nations and Great Powers, S. 376.

131 De Waal, The Caucasus, S. 194.

132 Independent International Fact-Finding Mission on the Conflict in Georgia, Report, Bd. 2, S. 109.

133 König, Der ungelöste Streit, S. 131.

134 https://www.rferl.org/a/1061715.html.

135 Toal, Near Abroad, S. 145.

136 Cheterian, War and Peace, S. 213.

137 De Waal, The Caucasus, S. 208.

138 Toal, Near Abroad, S. 152.

139 Es handelte sich um die Verhandlungen zum A-KSE-Vertrag im Rahmen der OSZE, also zur Anpassung des KSE-Vertrages zur Begrenzung der konventionellen Rüstung in Europa an die neuen Gegebenheiten nach dem Ende des Warschauer Paktes und der ersten Osterweiterung der NATO. Gemeinsame Erklärung der Russischen Föderation und Georgiens, Istanbul, 17. November 1999 (Anhang 14 des «Dokuments von Istanbul 1999», http://www.osce.org/de/mc/39571?download=true). Vgl. auch unten S. 185–187.

140 Toal, Near Abroad, S. 110.

141 http://www.civil.ge/eng/article.php?id=16321;  http://www.civil.ge/eng/article.php?id=15342.

142 Vgl. etwa https://wikileaks.org/plusd/cables/06MOSCOW7385_a.html, 17. (C). Im Juli 2006 forderte das georgische Parlament den Abzug der russi-

schen Friedenstruppen und ihre Ersetzung durch internationale Friedenstruppen. König, Der ungelöste Streit, S. 130.

143  Gemeinsame Erklärung der Russischen Föderation und Georgiens, Istanbul, 17. November 1999 (Anhang 14 des «Dokuments von Istanbul 1999», http://www.osce.org/de/mc/39571?download=true).

144  https://wikileaks.org/plusd/cables/06MOSCOW7385_a.html, 12.(C).

145  Zit. nach Jahn, Neue Fronten, S. 6.

146  Ebd., S. 15.

147  Zur Zahl der Pässe vgl. Ulrike Gruska, Abchasien – Kämpfe um den schönsten Teil der Schwarzmeerküste, in: Marie-Carin von Gumppenberg/Udo Steinbach (Hg.), Der Kaukasus. Geschichte – Politik – Kultur, 2., neubearbeitete Aufl., München 2010, S. 103–112, hier: S. 108, sowie König, Der ungelöste Streit, S. 135.

148  Toal, Near Abroad, S. 285.

149  http://www.kas.de/wf/de/33.14356/.

150  http://www.zeit.de/online/2008/08/kosovo-anerkennung; Toal, Near Abroad, S. 154.

151  De Waal, The Caucasus, S. 207; http://www.spiegel.de/politik/ausland/umkaempftes-paradies-abchasien-monaco-auf-minen-a-560009.html.

152  Toal, Near Abroad, S. 175.

153  Chronik einer Tragödie, in: Der Spiegel 35/2008, S. 126–131 (http://www.spiegel.de/spiegel/print/d-59403066.html).

154  Independent International Fact-Finding Mission on the Conflict in Georgia, Report, Bd. 1, S. 28.

155  Ebd., Bd. 2, S. 223 f.

156  König, Der ungelöste Streit, S. 130. Zur Zahl der getöteten russischen Soldaten vgl. http://nvo.ng.ru/wars/2010-08-13/6_aug08.html. Dieselbe Zahl bei Toal, Near Abroad, S. 171. Insgesamt kamen 67 russische Soldaten im Georgienkrieg ums Leben, ebd. S. 196.

157  https://harpers.org/blog/2013/10/the-bloom-comes-off-the-georgian-rose/.

158  Vgl. dazu die Karte in: Mark Galeotti, The Modern Russian Army 1992–2016, Oxford/New York 2017, S. 24.

159  https://www.welt.de/politik/article2352548/Georgiens-Wut-ueber-Adolf-Putin-ist-grenzenlos.html.

160  Toal, Near Abroad, S. 183, 186.

161  Chronik einer Tragödie, in: Der Spiegel 35/2008, S. 126–131 (http://www.spiegel.de/spiegel/print/d-59403066.html).

162  http://derstandard.at/1220460235538/Russland-beendet-Rueckzug-aus-georgischem-Kernland.

163  Jahn, Neue Fronten, S. 6, 14.

164  https://derstandard.at/1220460824466/Georgien-scheitert-mit-Klage-gegen-Russland.

165  http://de.reuters.com/article/eu-russland-georgien-2zf-idDEH-UM56039420080905.

166  Independent International Fact-Finding Mission on the Conflict in Geor-

gia, Report, Bd. 1, S. 11, 22. Zum Missfallen der georgischen Regierung über den Tagliavini-Report vgl. http://www.spiegel.de/politik/ausland/us-haltung-zu-georgien-im-zickzackkurs-ins-fiasko-a-732357.html.

167 https://www.rferl.org/a/EU_Report_On_2008_War_Tilts_Against_Georgia/1840447.html.

168 Toal, Near Abroad, S. 167.

169 Bierling, Vormacht wider Willen, S. 245.

170 Rödder, 21.0, S. 357.

171 Kornelius, Angela Merkel, S. 199 f.

172 Vgl etwa: https://www.rferl.org/a/Did_Russia_Plan_Its_War_In_Georgia__/1191460.html sowie Johanna Popjanevski, From Sukhumi to Tskhinvali: The Path to War in Georgia, in: The Guns of August 2008. Russia's War in Georgia, hg. von Svante E. Cornell und S. Frederick Starr, London/New York 2009, S. 143–161.

173 Jahn, Neue Fronten, S. 10.

174 Toal, Near Abroad, S. 156 f.

175 https://wikileaks.org/plusd/cables/08MOSCOW1270_a.html.

176 Ebd.

177 Schon am 4. September 2007 warnte der stellvertretende Außenminister Karasin den Moskauer US-Botschafter, dass Georgien eine Militäraktion in Südossetien vorbereite. https://wikileaks.org/plusd/cables/07MOSCOW-4328_a.html. Dieselbe Warnung, allerdings jetzt auch erweitert auf Abchasien, äußerte Karasin auch am 23. Oktober 2007. Es gebe einen entsprechenden georgischen Truppenaufmarsch. Russland werde auf einen Versuch, die beiden Regionen mit Gewalt zurückzuerobern, entsprechend reagieren. Karasin wunderte sich bei dieser Gelegenheit auch, warum die USA die klar antidemokratischen Tendenzen Saakaschwilis nicht öffentlich kritisierten. https://wikileaks.org/plusd/cables/07MOSCOW5147_a.html.

178 https://wikileaks.org/plusd/cables/06MOSCOW7385_a.html. Dort auch Beispiele für die gegenseitigen Provokationen und die Eskalationsspirale.

179 Jahn, Neue Fronten, S. 16.

180 http://www.cer.eu/sites/default/files/publications/attachments/pdf/2011/briefing_georgia_15aug08_tv-1136.pdf (S. 3).

181 http://www.spiegel.de/politik/ausland/kaukasus-krieg-russland-wertet-eu-bericht-als-freispruch-a-652326.html; http://www.sueddeutsche.de/politik/bericht-zu-georgien-der-erste-schuss-1.45887; https://www.tagesschau.de/ausland/georgien742.html.

182 Toal, Near Abroad, S. 111, 119, 163.

183 http://www.taz.de/!5177510/.

184 http://www.nytimes.com/2008/08/13/washington/13diplo.html. Vgl. auch Toal, Near Abroad, S. 162 f.

185 http://www.washingtonpost.com/wp-dyn/content/article/2008/08/14/AR2008081403332.html; https://twitter.com/senjohnmccain/status/403626841925103617/photo/1. Vorschlag zum Friedensnobelpreis: http://www.nytimes.com/2008/11/30/world/europe/30iht-nato.4.18268641.html.

186 https://www.youtube.com/watch?v=Iphxko1Amkk;   http://www.cbsnews.
    com/news/mccain-today-we-are-all-georgians/.

187 Toal, Near Abroad, S. 194.

188 Ebd.,     S. 100;    http://www.washingtonpost.com/wp-dyn/content/ar-
    ticle/2008/08/12/AR2008081202935.html.

189 https://www.thenation.com/article/getting-georgias-war/.

190 Jahn, Neue Fronten, S. 8.

191 http://www.washingtonpost.com/wp-dyn/content/article/2008/08/12/
    AR2008081202935.html.

192 Toal, Near Abroad, S. 123; http://www.washingtonpost.com/wp-dyn/cont-
    ent/article/2008/08/12/AR2008081202932.html;   http://www.huffington-
    post.com/david-bromwich/georgia-and-the-push-for_b_120478.html;
    http://www.kas.de/wf/doc/kas_15189–544-1-30.pdf (S. 80 f.); http://www.
    nytimes.com/2008/08/12/us/politics/12mccain.html.

193 http://www.washingtonpost.com/wp-dyn/content/article/2008/08/25/
    AR2008082502142.html; http://www.spiegel.de/spiegel/print/d-59673666.
    html.

194 http://edition.cnn.com/2008/WORLD/europe/08/28/russia.georgia.cold.
    war/index.html; https://www.youtube.com/watch?v=rm$^3$Z45_tZBw; diese
    Vermutung auch bei Jahn, Neue Fronten, S. 14.

195 Toal, Near Abroad, S. 195.

196 http://www.spiegel.de/spiegel/print/d-127194954.html.

197 http://www.nybooks.com/daily/2014/03/29/obamas-putin-delusion/.

198 Vgl. zu dieser Deutung Cheterian, War and Peace, S. 208 f.

199 http://www.zeit.de/politik/ausland/2017–01/republik-moldau-praesident-
    igor-dodon-eu-assoziierungsabkommen.

200 http://www.spiegel.de/politik/ausland/moldau-praesident-beklagt-verlust-
    von-hunderten-millionen-an-eu-geldern-a-1141914.html.

201 http://www.dw.com/de/transnistrien-will-nach-russland/a-2180721;
    https://www.welt.de/politik/ausland/article134919392/Transnistrien-
    duesteres-Vorbild-fuer-die-Ostukraine.html; http://www.deutschlandfunk-
    kultur.de/transnistrien-der-eingefrorene-konflikt.979.de.html?dram:ar-
    ticle_id=332977; Thomas Kunze/Thomas Vogel, Das Ende des Imperiums.
    Was aus den Staaten der Sowjetunion wurde, Bonn 2016, S. 179–190; Toal,
    Near Abroad, S. 286.

202 https://wikileaks.org/plusd/cables/08WARSAW953_a.html.

203 https://www.tagesschau.de/ausland/eurasische-union100~_ori-
    gin-75b1a3e7–8e3 e-4a9 e-8a9 b-b3c184e7e946.html.

204 http://www.un.org/en/ga/sixth/70/docs/treaty_on_eeu.pdf.

## Der Showdown

  1 https://web.archive.org/web/20160310165406/http://www.huffington-
    post.com/2009/02/06/ap-ceo-bush-turned-milita_n_164812.html; http://
    www.dailynews.com/article/ZZ/20090206/NEWS/902069916.

2 NSA: National Security Agency, zuständig für die Überwachung elektronischer Kommunikation im Ausland.

3 Vgl. zur amerikanischen Kriegsführung in Vietnam allgemein die Studie von Bernd Greiner, Krieg ohne Fronten. Die USA in Vietnam, Hamburg 2007.

4 Vgl. dazu allgemein: Andreas Elter, Die Kriegsverkäufer. Geschichte der US-Propaganda 1917–2005, Frankfurt/M. 2005.

5 Vgl. zur Geschichte mit den Brutkästen und ihren Hintergründen: John R. MacArthur, Die Schlacht der Lügen. Wie die USA den Golfkrieg verkauften, München 1993, S. 53–90.

6 Vgl. dazu Garance Le Caisne, Codename Cesar. Im Herzen der syrischen Todesmaschine, München 2016.

7 http://www.spiegel.de/spiegel/anti-is-sondereinheit-im-irak-foltert-vergewaltigt-und-toetet-a-1149000.html; https://theintercept.com/2017/07/11/documenting-life-amid-the-battle-for-mosul/; http://www.independent.co.uk/news/world/middle-east/mosul-massacre-battle-isis-iraq-city-civilian-casualties-killed-deaths-fighting-forces-islamic-state-a7848781.html; https://www.thenation.com/article/a-us-led-coalition-is-bombing-civilians-out-of-raqqa/.

8 Toal, Near Abroad, S. 267.

9 https://www.om.nl/onderwerpen/mh17-crash/@96068/jit-flight-mh17-shot/; https://www.om.nl/onderwerpen/mh17-crash/@98017/mh17-investigation/.

10 Zu den Unabhängigkeitsbestrebungen der Krim seit 1991 vgl. Michael Geistlinger, Der Beitritt der Republik Krim zur Russländischen Föderation aus der Warte des Selbstbestimmungsrechts der Völker, in: Archiv des Völkerrechts 52 (2014), S. 175–204; zur Unterstützung der Aufnahme in die Russische Föderation und der russischen Militärpräsenz auf der Krim durch die Krimbevölkerung 2014 vgl. Toal, Near Abroad, S. 220–223, 285.

11 Unter Annexion versteht man einen «gewaltsamen Erwerb von Territorium eines Staates durch einen anderen Staat.» (Rainer Hofmann, Annexation, in: Max Planck Encyclopedia of Public International Law); zur Bewertung, dass die Aufnahme der Krim in die Russländische Föderation völkerrechtswidrig, aber nicht zwingend eine Annexion ist, vgl. auch die Einschätzung von Anne Peters, Direktorin am Max-Planck-Institut für ausländisches öffentliches Recht: http://www.mpil.de/files/pdf3/Peters_Verletzt_der_Anschluss_der_Krim_an_Russland_das_Voelkerrecht_Plaedoyer_3_20143.pdf.

12 Zur «multivektoralen» Außenpolitik der Ukraine vor der Orangenen Revolution vgl. Andreas Kappeler, Kleine Geschichte der Ukraine, 4., überarbeitete und aktualisierte Aufl., München 2014, S. 275–281.

13 Toal, Near Abroad, S. 4.

14 Die Revolutions-GmbH, in: Der Spiegel 46/2005, S. 196.

15 http://www.bpb.de/25087/ukraine-gespalten-zwischen-ost-und-west?p=all.

16 Vgl. dazu Mária Huber, Demokratieexport nach Osteuropa. US-Strategien in der Ukraine, in: Blätter für deutsche und internationale Politik 12/2005, S. 1466 f.

17 Vgl. dazu http://www.nato.int/cps/en/natolive/topics_37750.htm (unter

«Milestones in relations») sowie Schneider-Deters, Die Ukraine, S. 105 f. Der Text des NATO-Ukraine-Action-Plans unter http://www.nato.int/cps/en/natohq/official_texts_19547.htm.

18 http://www.bundesheer.at/pdf_pool/publikationen/ukraine_zerissen_zw_ost_u_west_m_malek_gemeinsam_zerissen_k_buescher.pdf (S. 26, 28).

19 Huber, Demokratieexport, S. 1467.

20 http://www.politifact.com/punditfact/statements/2014/mar/19/facebook-posts/united-states-spent-5-billion-ukraine-anti-governm/.

21 https://www.youtube.com/watch?v=U2fYcHLouXY#t=504. Vgl. auch John J. Mearsheimer, Why the Ukraine Crisis is the West's Fault, in: Foreign Affairs September/Oktober 2014, S. 1–12.

22 http://nato.int/cps/en/natohq/topics_64610.htm.

23 https://wikileaks.org/plusd/cables/06KIEV604_a.html.

24 https://wikileaks.org/plusd/cables/06KYIV4679_a.html.

25 https://wikileaks.org/plusd/cables/07KYIV315_a.html.

26 http://www.fort-russ.com/2016/05/operation-sea-breeze-how-us-marines.html.

27 https://wikileaks.org/plusd/cables/06KIEV2190_a.html; https://wikileaks.org/plusd/cables/06KIEV2247_a.html; https://wikileaks.org/plusd/cables/06KIEV2207_a.html; https://www.theguardian.com/world/2006/jun/12/ukraine.russia.

28 https://wikileaks.org/plusd/cables/06KIEV2281_a.html.

29 http://nybooks.com/daily/2013/12/05/ukraine-protests-way-out/. Siehe neben Snyders zahlreichen Artikeln in der «New York Review of Books» auch seinen Gastbeitrag in der «FAZ» vom 16.3.2015: http://www.faz.net/aktuell/politik/die-gegenwart/gastbeitrag-von-timothy-snyder-zu-putins-plaenen-13484611.html.

30 Vgl. als Beispiel für dieses sehr beliebte Argument jüngst Andreas Kappeler, Russen und Ukrainer. Vom Mittelalter bis zur Gegenwart, München 2017, S. 227 f.

31 http://en.kremlin.ru/events/president/news/44078.

32 https://wikileaks.org/plusd/cables/08MOSCOW806_a.html.

33 http://www.laender-analysen.de/ukraine/chroniken/Chronik_ua_2008_dru.pdf.

34 Damit meinte er vermutlich die Aktivitäten rund um die US-Raketenabwehr in Polen und Tschechien, auf die im Kapitel «Wer bedroht wen?» eingegangen wird.

35 https://wikileaks.org/plusd/cables/08MOSCOW265_a.html.

36 Ebd.

37 Der Begriff «red line» findet sich in einem Bericht der Moskauer US-Botschaft vom 18. Januar 2008: https://wikileaks.org/plusd/cables/08MOSCOW147_a.html; vgl. auch: Toal, Near Abroad, S. 7, 94.

38 https://wikileaks.org/plusd/cables/08MOSCOW806_a.html.

39 https://wikileaks.org/plusd/cables/06KIEV604_a.html, Punkt 13.

40 https://www.rbth.com/defence/2016/06/29/russia-to-open-new-naval-base-in-black-sea-to-counter-nato_607229.

41 http://www.dw.com/en/ukraine-extends-russian-naval-bases-lease-in-exchange-for-gas-discounts/a-5495790.

42 http://www.spiegel.de/politik/ausland/krim-statut-warum-russland-am-schwarzmeerhafen-sewastopol-festhaelt-a-956815.html; https://www.nzz.ch/eier_und_rauchbomben_im_ukrainischen_parlament-1.5572048.

43 http://www.zeit.de/politik/ausland/2010–02/ukraine-wahl-analyse/komplettansicht.

44 http://www.dw.com/en/ukraine-announces-intention-to-stay-out-of-all-military-alliances/a-5361801; http://www.dw.com/en/ukraine-scraps-nato-accession-plans/a-5434301.

45 http://www.kas.de/wf/doc/kas_36785–1522–1-30.pdf (S. 33).

46 http://www.sueddeutsche.de/wirtschaft/putin-plaedoyer-fuer-wirtschafts-gemeinschaft-von-lissabon-bis-wladiwostok-1.1027908.

47 http://www.spiegel.de/politik/deutschland/ukraine-krise-helmut-schmidt-von-ex-eu-kommissar-verheugen-kritisiert-a-970150.html.

48 http://www.stern.de/politik/ausland/konflikt-zwischen-russland-und-dem-westen-niemand-weiss--wer-dieser-putin-jetzt-ist-3821592.html.

49 http://www.spiegel.de/spiegel/print/d-130458613.html.

50 http://www.handelsblatt.com/politik/international/ukraine-poroschenko-mann-wird-neuer-generalstaatsanwalt/13590356.html; http://www.laender-analysen.de/ukraine/chroniken/Chronik_ua_2014_dru.pdf (S. 12).

51 https://rm.coe.int/16802f038b (S. 95).

52 http://www.spiegel.de/politik/ausland/ukraine-faktencheck-putin-und-der-legitime-praesident-a-957238.html.

53 http://www.spiegel.de/politik/ausland/ukraine-europarat-kritisiert-ermittlungen-zu-strassenschlachten-a-1060987.html.

54 https://rm.coe.int/168048851b; http://www.zeit.de/politik/ausland/2015–11/ukraine-odessa-europarat-bericht.

55 https://www.youtube.com/watch?v=FWJCNs6txL4.

56 Vgl. z.B. https://wikileaks.org/plusd/cables/06KYIV4679_a.html; https://wikileaks.org/plusd/cables/07KYIV315_a.html.

57 https://wikileaks.org/plusd/cables/07KYIV223_a.html.

58 http://www.stern.de/politik/ausland/kommentar-zur-ukraine-krise-die-vorwuerfe-gegen-putin-klingen-stark-nach-kriegs-propaganda-3956658.html.

59 http://www.deutschlandfunk.de/ukraine-konflikt-nato-fordert-ende-illegaler.1818.de.html?dram:article_id=296016; auch Richard Sakwa, Frontline Ukraine. Crisis in the Borderlands, London/New York 2015, S. 247.

60 http://www.zeit.de/politik/ausland/2014–12/ukraine-neutralitaet-block-freiheit-nato-parlament; http://www.spiegel.de/politik/ausland/ukraine-im-konflikt-mit-russland-nato-beitritt-in-kiew-beschlossen-a-1010111.html.

61 https://www.kyivpost.com/ukraine-politics/nato-information-documen-tation-centre-ukraine-gets-new-leader.html; https://www.kyivpost.com/ukraine-politics/poroshenko-calls-closer-nato-cooperation-2017.html.

62 http://www.faz.net/aktuell/politik/ausland/ukrainischer-praesident-kuendigt-referendum-ueber-nato-beitritt-an-14821411.html.

63 http://www.dw.com/de/eu-freihandel-mit-kiew-trotz-russischen-protests/a-18933285.

64 http://www.dw.com/de/zollschranken-zwischen-der-eu-und-der-ukraine-sind-gefallen/a-18953914.

65 http://www.bpb.de/internationales/europa/ukraine/251558/statistik-aussenhandel-der-ukraine-mit-der-eu-28-und-russland-im-vergleich; https://eeas.europa.eu/delegations/ukraine/21194/latest-statistics-ukraines-trade-eu-boosted-first-full-year-association-agreement_en.

66 https://www.nzz.ch/wirtschaft/wirtschaftspolitik/auf-nach-westen-1.18669919.

67 http://trade.ec.europa.eu/doclib/docs/2015/december/tradoc_154128.pdf; http://www.ost-ausschuss.de/ukraine.

68 Angaben nach World Economic Outlook Database, April 2017: https://www.imf.org/external/pubs/ft/weo/2017/01/weodata/index.aspx. Die genaue Gegenüberstellung der drei Länder: http://www.imf.org/external/pubs/ft/weo/2017/01/weodata/weorept.aspx?pr.x=47&pr.y=10&sy=2011-&ey=2017&scsm=1&ssd=1&sort=country&ds=.&br=1&c=922%2C913%2C926&s=NGDPD%2CNGDPDPC&grp=0&a=.

69 https://de.wikipedia.org/wiki/Liste_der_Länder_nach_Bruttoinlandsprodukt_pro_Kopf (Stand: Juli 2017).

70 https://www.cia.gov/library/publications/the-world-factbook/geos/sy.html.

71 Die Türkei betrachtet die syrische Kurdenmiliz YPG als einen Ableger der kurdisch-türkischen PKK, die sie wiederum als Terrororganisation bekämpft.

72 http://www.zeit.de/politik/ausland/2011-08/syrien-assad-militaer-baer/komplettansicht.

73 http://www.aljazeera.com/indepth/features/2012/02/201221315020166516.html.

74 Vgl. dazu etwa http://www.zeit.de/politik/ausland/2012-06/intervention-syrien/komplettansicht.

75 http://www.aljazeera.com/indepth/features/2012/02/201221315020166516.html.

76 http://www.sueddeutsche.de/politik/der-westen-fordert-syriens-praesident-zum-ruecktritt-auf-usa-und-eu-eskalieren-druck-auf-assad-1.1132586. Sarkozy war damals französischer Präsident, Cameron britischer Premierminister.

77 Vgl. dazu ausführlich Michael Lüders, Die den Sturm ernten. Wie der Westen Syrien ins Chaos stürzte, 4. Aufl., München 2017, S. 15–40.

78 http://www.un.org/en/ga/search/view_doc.asp?symbol=S/2011/612.

79 http://www.reuters.com/article/us-syria-un-idUSTRE7937M220111005.

80 http://www.zeit.de/politik/ausland/2011-10/syrien-sicherheitsrat-resolution.

81 http://www.spiegel.de/politik/deutschland/waffen-deal-deutschland-will-

saudi-arabien-kampfpanzer-liefern-a-771989.html; http://www.taz.de/!50
93399/.

82 https://www.welt.de/politik/ausland/article162760674/Stehen-vor-der-
groessten-humanitaeren-Katastrophe-seit-1945.html.

83 https://www.nytimes.com/2017/07/15/world/middleeast/iran-iraq-
iranian-power.html.

84 https://www.nytimes.com/2014/08/09/opinion/president-obama-thomas-
l-friedman-iraq-and-world-affairs.html.

85 https://www.nytimes.com/2016/02/28/us/politics/libya-isis-hillary-
clinton.html.

86 http://www.spiegel.de/politik/ausland/usa-und-tuerkei-beraten-
flugverbotszone-ueber-syrien-a-849556.html.

87 Eine UN-Mission unter Leitung des schwedischen Chemiewaffenexperten
Ake Sellström, die zum Zeitpunkt des Angriffs in Damaskus war, um auf
Einladung des Assad-Regimes andere Giftgasangriffe zu untersuchen, insbesondere den von Khan al-Assal, bei dem ein unter Kontrolle der Regierungstruppen stehendes Dorf angegriffen worden war, hat einen Unter-
suchungsbericht über Ghouta veröffentlicht. Dieser stellt zwar fest, dass es
sich um einen Sarinangriff gehandelt hat, identifiziert auch zwei verschiedene Typen von Boden-Boden-Raketen, mit denen das Giftgas verschossen
wurde, und kann bei zwei Projektilen grobe Angaben zur Flugbahn machen.
Einen Schuldigen benennt er jedoch nicht, und das nicht nur, wie immer
wieder behauptet wird, weil die OPCW kein Mandat dazu hatte. Die Ergebnisse der Recherche vor Ort sind auch nicht so eindeutig, dass sie alleine
eine Identifizierung des Verantwortlichen ermöglichen würden. Der Bericht
findet sich hier: https://undocs.org/A/67/997. Sehr aufschlussreich ist auch
ein Interview mit Sellström, in dem er genau dies sehr deutlich sagt: http://
carnegie-mec.org/diwan/54863?lang=en. Interessant sind auch die Bemer-
kungen zu Khan al-Assal am Schluss von diesem Sellström-Interview:
http://www.cbrneworld.com/_uploads/download_magazines/Sellstrom_
Feb_2014_v2.pdf.

88 https://www.theatlantic.com/magazine/archive/2016/04/the-obama-
doctrine/471525/.

89 https://www.washingtonpost.com/world/us-secretly-backed-syrian-
opposition-groups-cables-released-by-wikileaks-show/2011/04/14/AF-
1p9hwD_story.html.

90 https://wikileaks.org/plusd/cables/09DAMASCUS306_a.html.

91 Seymour M. Hersh, Die Akte Assad, in: Cicero 5/2016, S. 16–32.

92 https://wikileaks.org/plusd/cables/09DAMASCUS692_a.html.

93 https://wikileaks.org/plusd/cables/10DAMASCUS106_a.html.

94 https://wikileaks.org/plusd/cables/09DAMASCUS306_a.html.

95 https://wikileaks.org/plusd/cables/06DAMASCUS5399_a.html.

96 https://wikileaks.org/plusd/cables/06BEIRUT2735_a.html.

97 http://www.faz.net/aktuell/politik/ausland/libanon-ende-der-syrischen-
militaerpraesenz-1231404.html.

98 https://wikileaks.org/plusd/cables/10DAMASCUS106_a.html.

99 https://www.nytimes.com/2015/10/13/world/middleeast/syria-russia-airstrikes.html; https://www.washingtonpost.com/world/national-security/lawmakers-move-to-curb-1-billion-cia-program-to-train-syrian-rebels/2015/06/12/b0f45a9e-1114–11e5-adec-e82f8395c032_story.html.

100 http://www.nytimes.com/2013/08/13/world/africa/arms-shipments-seen-from-sudan-to-syria-rebels.html; https://www.thetimes.co.uk/article/syrian-rebels-squabble-over-weapons-as-biggest-shipload-arrives-from-libya-pr2rmxkpg8d.

101 http://www.al-monitor.com/pulse/originals/2016/12/defense-ndaa-congress-manpads-syria.html.

102 http://www.reuters.com/article/us-usa-syria-rebels-insight-idUSKBN0HA0QX20140915.

103 http://www.nytimes.com/2012/06/21/world/middleeast/cia-said-to-aid-in-steering-arms-to-syrian-rebels.html; http://www.nytimes.com/2013/03/25/world/middleeast/arms-airlift-to-syrian-rebels-expands-with-cia-aid.html.

104 http://www.reuters.com/article/us-usa-syria-obama-order-idUSBRE8701OK20120801.

105 Der Vorfall ist zusammengefasst in dem Bericht von Judicial Watch: http://www.judicialwatch.org/wp-content/uploads/2013/09/JWBenghaziAnnivRpt09Sep13.pdf. Vgl. auch Lüders, Die den Sturm ernten, S. 67–70.

106 http://www.judicialwatch.org/wp-content/uploads/2015/05/Pgs.-1–3-2–3-from-JW-v-DOD-and-State-14–812-DOD-Release-2015–04–10-final-version1.pdf.

107 Dies behauptet auch: Seymour Hersh, Die Akte Assad, in: Cicero 5/2016, S. 16–32. Vgl. ebenso Lüders, Die den Sturm ernten, S. 67–70.

108 Es gibt Berichte, dass zumindest später diese Lieferungen aus Libyen über die Türkei nach Syrien von Katar finanziert wurden: http://www.nytimes.com/2013/06/22/world/africa/in-a-turnabout-syria-rebels-get-libyan-weapons.html.

109 Die Benghasi-Route wird auch durch einen Bericht der Londoner «Times» aus dem türkischen Hafen Iskenderun bestätigt: https://www.thetimes.co.uk/article/syrian-rebels-squabble-over-weapons-as-biggest-shipload-arrives-from-libya-pr2rmxkpg8d.

110 http://en.kremlin.ru/events/president/news/50385.

111 Vgl. etwa: http://www.faz.net/aktuell/politik/ausland/naher-osten/syrien-assad-und-seine-dschihadisten-11745871.html.

112 Vgl. etwa: http://www.spiegel.de/politik/ausland/in-syrien-kaempfen-radikale-islamisten-gegen-das-assad-regime-a-846752.html; http://www.spiegel.de/politik/ausland/syrien-krieg-warum-die-salafisten-immer-maechtiger-werden-a-860879.html.

113 http://www.judicialwatch.org/wp-content/uploads/2015/05/Pg.-291-Pgs.-287–293-JW-v-DOD-and-State-14–812-DOD-Release-2015–04–10-final-version11.pdf.

114 Seymour Hersh, Die Akte Assad, in: Cicero 5/2016, S. 16–32.

115 https://www.theguardian.com/world/2015/jul/31/us-trained-rebels-killed-

captured-syrian-al-qaida-affiliate-nusra; http://www.reuters.com/article/
us-mideast-crisis-syria-usa-idUSKCN0S31BR20151009.

116 https://www.theguardian.com/us-news/2015/sep/16/us-military-syrian-
isis-fighters.

117 https://www.nytimes.com/2014/08/09/opinion/president-obama-thomas-
l-friedman-iraq-and-world-affairs.html.

118 http://www.judicialwatch.org/wp-content/uploads/2015/05/Pg.-291-
Pgs.-287–293-JW-v-DOD-and-State-14–812-DOD-Release-2015–04–
10-final-version11.pdf.

119 Günter Meyer, Leiter des Zentrums für Forschung zur arabischen Welt an
der Universität Mainz, schätzte im Februar 2017, es lebten etwa 75 Prozent
der noch in Syrien befindlichen Syrer in den Assad-Gebieten: http://www.
deutschlandfunk.de/syrien-gespraeche-die-machtverhaeltnisse-haben-
sich.694.de.html?dram:article_id=379678. Laut einer Meldung der Nachrichtenagentur AFP vom Januar 2017 waren es 65,5 Prozent: http://al-moni-
tor.com/pulse/afp/2017/01/syria-conflict-players.html.

120 http://www.spiegel.de/politik/ausland/syrien-uno-bericht-fast-eine-halbe-
million-syrer-kehrt-in-heimat-zurueck-a-1155247.html; http://www.unhcr.
org/dach/de/15457-unhcr-meldet-anstieg-bei-rueckkehrern-nach-syrien.html.

121 http://www.alternet.org/grayzone-project/ignored-western-media-syrians-
describe-nightmare-armed-opposition-brought-them.

122 https://www.reporter-ohne-grenzen.de/syrien/.

## Gut und Böse

1 Vgl. Anders Stephanson, Manifest Destiny. American Expansionism and the
Empire of Right, New York 1995.

2 Zu Wilson vgl. jetzt: Manfred Berg, Woodrow Wilson. Amerika und die Neu-
ordnung der Welt, München 2017.

3 Vgl. oben S. 113, Anm. 87.

4 https://www.opcw.org/fileadmin/OPCW/Fact_Finding_Mission/
s-1510-2017_e_.pdf.

5 Seymour Hersh, Trumps rote Linie, in: Welt am Sonntag vom 25. Juni 2017,
S. 13–17.

6 https://www.welt.de/debatte/kommentare/article166158286/Wer-Assad-
duldet-verraet-die-Werte-des-Westens.html.

7 http://un-report.blogspot.de/2017/04/us-uk-france-draft-resolution-on.
html.

8 http://un-report.blogspot.de/2017/04/us-uk-france-blue-draft-on-syria.
html.

9 http://un-report.blogspot.de/2017/04/russia-draft-on-khan-shaykhun-un-
access.html.

10 http://www.un.org/depts/german/sr/sr_13/sr2118.pdf.

11 http://un-report.blogspot.de/2017/04/security-council-elected-member.
html.

12 http://edition.cnn.com/2017/04/10/politics/un-security-council-syria/; http://www.aljazeera.com/news/2017/04/security-council-syria-attack-170406230140973.html.

13 http://un-report.blogspot.de/2017/04/revised-p3-draft-on-syria-un-access-to.html.

14 http://www.spiegel.de/politik/ausland/syrien-68-kinder-bei-bus-anschlag-nahe-aleppo-gestorben-a-1143535.html; http://www.spiegel.de/politik/ausland/syrien-selbstmordattentaeter-tarnten-sich-als-helfer-a-1144125.html.

15 «Putin schafft ein ukrainisches Aleppo!», in: BILD vom 20.2.2017 (online zu lesen unter: http://germany.mfa.gov.ua/de/press-center/publications/5304-putin-namagajetysya-utvoriti-ukrajinsyke-aleppo).

16 Es handelt sich um 310 US-Soldaten, 200 Kanadier, 100 Briten und 16 Litauer, zusammen immerhin 626 Soldaten. Vgl. International Institute for Strategic Studies (Hg.), The Military Balance 2017, London 2017, S. 44, 60, 134, 175. http://www.forces.gc.ca/en/operations-abroad/op-unifier.page; http://www.eur.army.mil/jmtg-u/; https://www.armytimes.com/articles/amid-russia-tensions-us-army-continues-to-build-up-ukrainian-forces-training-center.

17 Der Text von Minsk II findet sich hier: https://ukraine-nachrichten.de/maßnahmenkomplex-umsetzung-minsker-vereinbarungen_4202.

18 http://www.auswaertiges-amt.de/DE/Aussenpolitik/Laender/Laenderinfos/Ukraine/Innenpolitik_node.html.

19 http://iportal.rada.gov.ua/en/news/News/135007.html.

20 Sakwa, Frontline Ukraine. Crisis in the Borderlands, London/New York 2015, S. 163 f., 170.

21 https://www.hrw.org/news/2014/07/24/ukraine-unguided-rockets-killing-civilians.

22 http://www.zeit.de/politik/ausland/2014–11/ukraine-sozialleistungen-erneute-gefechte; http://www.faz.net/aktuell/politik/ausland/europa/die-menschen-in-der-ostukraine-kaempfen-um-ihre-rente-13441976.html; http://www.deutschlandfunk.de/ostukraine-ein-ministerium-fuer-die-enttaeuschten.795.de.html?dram:article_id=353384; http://www.zeit.de/2014/38/ukraine-raiffeisen-bank-karl-sevelda/komplettansicht.

23 http://www.laender-analysen.de/ukraine/pdf/UkraineAnalysen184.pdf (S. 5).

24 Ebd.; http://www.deutschlandfunk.de/ukraine-kiew-hat-den-separatisten gebieten-den-strom.795.de.html?dram:article_id=384549.

25 http://www.laender-analysen.de/ukraine/pdf/UkraineAnalysen184.pdf; https://www.nzz.ch/wirtschaft/kiew-loest-blockade-des-donbass-auf-der-lukrative-handel-mit-dem-feind-ld.151289.

26 Tim Neshitov, Im Fleischwolf. Alexei Bobrownikow war in der Ukraine ein preisgekrönter Reporter, dann begann er, über vermeintliche Volkshelden bei der Armee zu recherchieren, in: Süddeutsche Zeitung vom 4. Juli 2017.

27 http://www.sueddeutsche.de/politik/ukraine-dauernd-auf-dem-weg-nach-westen-1.3561115.

28 Daniela Dahn, Europa gegen Russland?, in: Ossietzky 20/2016. http://www.ossietzky.net/20–2016&textfile=3689.

29 http://www.deutschlandfunk.de/anti-doping-gesetz-hoffnung-auf-einen-sauberen-sport.724.de.html?dram:article_id=340958; http://www.faz.net/aktuell/sport/sportpolitik/studie-der-sporthilfe-die-wahrheit-ueber-athleten-12088268.html; https://www.sporthilfe.de/upload/Dysfunktionen_des_Spitzensports_30637.pdf (S. 82).

30 http://www.mz-web.de/sport/-peter-danckert--es-gab-in-ost-und-west-flaechendeckendes-doping--2973492.

31 https://www.welt.de/print/welt_kompakt/article118692459/Wie-wahrhaftig-ist-die-Sportgeschichte-West.html.

32 http://www.spdfraktion.de/themen/friedrich-versucht-wahrheit-staatliches-doping-vertuschen.

33 https://www.freitag.de/autoren/lutz-herden/das-ganz-grosse-geschuetz.

34 Albertos Gaspedal, in: Der Spiegel vom 3. März 2017.

35 Vgl. etwa https://www.zdf.de/sport/fussball-russland-doping-vorwuerfe-100.html.

36 http://www.sueddeutsche.de/sport/doping-im-fussball-barcelona-und-real-im-zwielicht-1.309887.

37 NOK-Chef der USA warnt vor Kaltem Krieg im Sport, in: Thüringer Allgemeine, 24. September 2016.

38 Vgl. Andreas Molitor: Dass Russland in Europa herrsche (…), in: ZEIT-Geschichte, Heft 3 (2017), S. 34–37.

39 Protokoll über die Verhandlungen des Parteitages der Sozialdemokratischen Partei Deutschland. Abgehalten zu Essen vom 15. bis 21. September 1907, Berlin 1907, S. 255.

40 Zit. nach John C. G. Röhl: Wilhelm II. Der Weg in den Abgrund 1900–1941, München 2008, S. 989.

41 Zit. nach Volker Ullrich: Die nervöse Großmacht. Aufstieg und Untergang des deutschen Kaiserreichs 1871–1918, Frankfurt/M. 1997, S. 237.

42 Zit. nach ebd., S. 259.

43 Zit. nach Wolfgang Kruse: Krieg und nationale Integration. Eine Neuinterpretation der sozialdemokratischen Burgfriedenspolitik 1914/15, Essen 1993, S. 72.

44 Gerd Koenen, Der Russland-Komplex. Die Deutschen und der Osten, München 2005.

45 Zit. nach Dietmar Süß, «Ein Volk, ein Reich, ein Führer». Die deutsche Gesellschaft im Dritten Reich, München 2017, S. 204 f.

46 Ulrich Herbert: Geschichte Deutschlands im 20. Jahrhundert, München 2014, S. 445.

47 Die Tagebücher von Joseph Goebbels. Hrsg. von Elke Fröhlich, Teil II, Bd. 1, München 1996, S. 377 (v. 8.9.1941).

48 Peter Jahn, Gedenken zweiter Klasse, in: Die ZEIT vom 14. Juni 2017.

49 Süddeutsche Zeitung vom 18.7.2016.

50 Maybrit Illner vom 9. Februar 2017. Geäußert wurde dieser Vorwurf vom «Bild»-Chefredakteur Julian Reichelt. Vgl. http://meedia.de/2017/02/10/

maybrit-illner-bild-chef-reichelt-wirft-ehemaligem-spd-chef-platzeck-lobbyarbeit-fuer-moskau-vor/.

51 http://www.spiegel.de/politik/ausland/katar-fbi-vermutet-russische-hacker-hinter-krise-a-1150946.html.

52 Der große Manipulator, in: BILD vom 21. April 2017.

53 https://www.washingtonpost.com/world/national-security/russian-hackers-penetrated-us-electricity-grid-through-a-utility-in-vermont/2016/12/30/8fc90cc4-ceec-11e6-b8a2–8c2a61b0436 f_story.html?utm_term=.4b20c75b008 b. Es handelt sich hier allerdings bereits um die korrigierte Fassung.

54 https://www.leahy.senate.gov/press/leahy-reaction-on-russian-hacking-of-a-vermont-electric-utility.

55 http://dailycaller.com/2016/12/30/washington-post-publishes-false-news-story-about-russians-hacking-electrical-grid/.

56 http://www.spiegel.de/netzwelt/netzpolitik/usa-russische-hacker-sollen-stromversorger-angegriffen-haben-a-1128123.html.

57 https://www.welt.de/politik/article160741870/Russische-Hacker-in-Stromversorger-Netzwerk-eingedrungen.html.

58 http://www.faz.net/aktuell/politik/ausland/schaedliche-software-entdeckt-offenbar-hackerangriff-auf-stromversorger-in-amerika-14598744.html; https://www.tagesschau.de/ausland/burlington-electric-103.html; http://www.taz.de/!5370305/.

59 https://theintercept.com/2016/12/31/russia-hysteria-infects-washpost-again-false-story-about-hacking-u-s-electric-grid/.

60 https://medium.com/@jeffreycarr/the-dnc-breach-and-the-hijacking-of-common-sense-20e89dacfc2 b.

61 http://www.spiegel.de/netzwelt/netzpolitik/usa-russische-hacker-sollen-stromversorger-angegriffen-haben-a-1128123.html.

62 Vgl. https://theintercept.com/2017/06/27/cnn-journalists-resign-latest-example-of-media-recklessness-on-the-russia-threat/.

63 https://drive.google.com/file/d/0Byj_1ybuSGp_NmYtRF95VTJTeUk/view.

64 https://www.washingtonpost.com/business/economy/russian-propaganda-effort-helped-spread-fake-news-during-election-experts-say/2016/11/24/793903b6–8a40–4ca9-b712–716af66098fe_story.html?utm_term=.35e75cebfccc.

65 http://money.cnn.com/2017/06/26/media/cnn-announcement-retracted-article/index.html.

66 https://www.buzzfeed.com/passantino/cnn-russia-coverage-publishing-restrictions?utm_term=.saqXk897Q#.tbnMpLEOl.

67 https://theintercept.com/2017/06/27/cnn-journalists-resign-latest-example-of-media-recklessness-on-the-russia-threat/.

68 http://uebermedien.de/13187/eine-e-mail-in-litauen-liess-deutsche-medien-fake-news-grossalarm-ausloesen/.

69 http://www.ostpol.de/beitrag/4797-viel-larm-um-nichts. Vgl. auch http://uebermedien.de/13278/angebliche-fake-news-geht-als-debatte-ueber-fake-news-um-die-welt/.

70  http://www.focus.de/politik/ausland/alexej-kowaljow-russischer-medien-experte-kreml-fuehrt-informationskrieg-gegen-eigene-buerger_id_6707995.html.

71  http://www.spiegel.de/politik/deutschland/nato-warum-frank-walter-steinmeier-irritiert-a-1098623.html; http://www.faz.net/agenturmeldungen/dpa/fast-zwei-drittel-der-deutschen-gegen-nato-saebelrasseln-1431 6486.html.

72  https://www.washingtonpost.com/world/national-security/russian-government-hackers-penetrated-dnc-stole-opposition-research-on-trump/2016/06/14/cf006cb4-316e-11e6-8ff7-7b6c1998b7a0_story.html?utm_term=.8472b1c735ee.

73  https://www.crowdstrike.com/blog/bears-midst-intrusion-democratic-national-committee/.

74  https://guccifer2.wordpress.com/2016/06/15/dnc/.

75  Vgl. als gute Zusammenfassung der Belege: https://motherboard.vice.com/en_us/article/4xa5g9/all-signs-point-to-russia-being-behind-the-dnc-hack.

76  https://medium.com/@jeffreycarr/the-dnc-breach-and-the-hijacking-of-common-sense-20e89dacfc2b.

77  https://wikileaks.org/ciav7p1/#PRESS. Vgl. zur kritischen Einordnung auch: http://www.spiegel.de/netzwelt/web/wikileaks-enthuellungen-zur-cia-irgendjemand-muss-doch-gut-sein-a-1137813.html.

78  https://medium.com/@jeffreycarr/fbi-dhs-joint-analysis-report-a-fatally-flawed-effort-b6a98fafe2fa.

79  https://www.washingtonpost.com/world/national-security/cybersecurity-firm-finds-a-link-between-dnc-hack-and-ukrainian-artillery/2016/12/21/47bf1f5a-c7e3-11e6-bf4b-2c064d32a4bf_story.html?utm_term=.658c2c08ac35; https://www.crowdstrike.com/blog/danger-close-fancy-bear-tracking-ukrainian-field-artillery-units/.

80  https://www.voanews.com/a/skeptics-doubt-ukraine-hack-link-to-dnc-cyberattack/3649234.html; https://medium.com/@jeffreycarr/the-gru-ukraine-artillery-hack-that-may-never-have-happened-820960bbb02d; https://www.voanews.com/a/cyber-firm-rewrites-part-disputed-russian-hacking-report/3781411.html.

81  https://en.wikipedia.org/w/index.php?title=File:ODNI_Statement_on_Declassified_Intelligence_Community_Assessment_of_Russian_Activities_and_Intentions_in_Recent_U.S._Elections.pdf&page=7.

82  https://www.us-cert.gov/sites/default/files/publications/JAR_16-20296A_GRIZZLY%20STEPPE-2016-1229.pdf; vgl. dazu http://www.sueddeutsche.de/digital/hacking-vorwuerfe-gegen-russland-viele-indizien-gegen-russland-aber-kaum-beweise-1.3316005; https://theintercept.com/2016/12/14/heres-the-public-evidence-russia-hacked-the-dnc-its-not-enough/.

83  https://www.documentcloud.org/documents/3259984-Trump-Intelligence-Allegations.html#document/p1.

84  http://www.bbc.com/news/world-us-canada-39435786.

85  https://www.washingtonpost.com/graphics/2017/world/national-security/obama-putin-election-hacking/?tid=a_inl&utm_term=.2fc37fccc471.

86 http://www.politico.com/story/2016/07/clinton-putin-226153.

87 http://baltimorepostexaminer.com/hillary-clintons-reckless-russia-policy/2016/02/13; https://www.wsj.com/articles/clinton-charity-tapped-foreign-friends-1426818602.

88 https://www.nytimes.com/2016/08/21/us/politics/hillary-clinton-presidential-campaign-charity.html?utm_source=huffingtonpost.com&utm_medium=referral&utm_campaign=pubexchange_article.

89 http://www.politico.com/story/2017/01/ukraine-sabotage-trump-backfire-233446.

90 https://www.cbsnews.com/news/fbi-director-comey-agency-requested-access-to-dnc-servers/.

91 https://consortiumnews.com/2017/07/24/intel-vets-challenge-russia-hack-evidence/; https://disobedientmedia.com/2017/07/new-research-shows-guccifer-2-0-files-were-copied-locally-not-hacked/; https://theforensicator.wordpress.com/guccifer-2-ngp-van-metadata-analysis/; http://original.antiwar.com/justin/2017/08/03/seymour-hersh-debunked-russia-gate/.

92 http://www.spiegel.de/netzwelt/netzpolitik/wikileaks-vault-7-sicherheitsexperten-koennten-cia-hackergruppe-enttarnt-haben-a-1142643.html.

93 http://www.sueddeutsche.de/politik/ueberwachungsaffaere-nsa-ausschuss-endet-im-streit-1.3561628.

94 http://edition.cnn.com/2016/12/30/politics/mccain-cyber-hearing/index.html.

95 https://theintercept.com/2017/06/05/top-secret-nsa-report-details-russian-hacking-effort-days-before-2016-election/.

96 http://www.bundestag.de/parlament/praesidium/reden/2017/003/492714.

## Wer bedroht wen?

1 http://www.spiegel.de/politik/ausland/ukraine-konflikt-clinton-zog-parallele-zwischen-putin-und-hitler-a-957147.html.

2 Robert Jervis, Perception and Misperception in International Politics, Neuaufl., Princeton 2017.

3 http://foreignpolicy.com/2015/02/09/how-not-to-save-ukraine-arming-kiev-is-a-bad-idea/.

4 http://www.spiegel.de/spiegel/print/d-59099269.html; http://www.spiegel.de/spiegel/print/d-125443724.html; http://www.spiegel.de/spiegel/print/index-2015-42.html.

5 http://www.faz.net/aktuell/politik/ausland/russland-greift-wladimir-putin-nach-dem-alten-reich 14581616.html; https://www.welt.de/debatte/kommentare/article160759206/Putin-greift-nach-Europa-und-Europa-schaut-zu.html; http://www.huffingtonpost.de/torsten-heinrich/ein-russischer-nuklearer-erstschlag-das-undenkbare-denken_b_5759858.html.

6 http://www.huffingtonpost.de/2016/11/16/putin-ende-nato_n_13006660.html.

7 http://www.spiegel.de/politik/ausland/putin-drohte-mit-einmarsch-in-polen-und-rumaenien-a-992298.html; http://www.focus.de/politik/ausland/in-zwei-tagen-in-warschau-oder-bukarest-bei-ueberraschungsangriff-keine-chance-putins-truppen-wuerden-europa-ueberrennen_id_4143578.html.

8 http://www.bild.de/politik/ausland/wladimir-putin/nato-nervenkrieg-am-himmel-38357422.bild.html; http://www.bild.de/politik/ausland/schweden/putin-schockt-mit-zwei-atom-schiffen-48461070.bild.html; http://www.bild.de/politik/ausland/russland/so-wird-der-neue-kalte-krieg-48190134.bild.html; http://www.bild.de/politik/ausland/aleppo/aleppo-flammenwerfer-47987466.bild.html.

9 http://www.spiegel.de/spiegel/nato-lernen-den-totalen-krieg-zu-fuehren-essay-a-1102178.html.

10 http://www.spiegel.de/politik/ausland/russland-putin-unterzeichnet-neue-militaerdoktrin-a-1010374.html; https://www.swp-berlin.org/fileadmin/contents/products/aktuell/2015A12_kle.pdf.

11 https://www.swp-berlin.org/fileadmin/contents/products/aktuell/2010A21_kle_ks.pdf; https://www.nzz.ch/russland_sieht_in_der_nato_die_groesste_bedrohung-1.4863645.

12 http://www.stern.de/politik/ausland/usa-und-russland--die-fuenf-groessten-baustellen-zwischen-den-atommaechten-7409588.html.

13 https://www.welt.de/politik/ausland/article142077065/Wir-haben-Europa-nie-wie-eine-Maetresse-behandelt.html.

14 http://data.worldbank.org/indicator/SP.POP.TOTL.

15 http://www.imf.org/external/pubs/ft/weo/2017/01/weodata/weorept.aspx?sy=2015&ey=2016&scsm=1&ssd=1&sort=country&ds=%2C&br=1&pr1.x=52&pr1.y=5&c=914%2C946%2C137%2C124%2C943%2C918%2C138%2C156%2C142%2C964%2C182%2C960%2C935%2C968%2C128%2C922%2C939%2C936%2C961%2C132%2C184%2C134%2C174%2C944%2C176%2C136%2C186%2C112%2C111%2C941&s=NGDPD&grp=0&a=.

16 http://www.spiegel.de/politik/ausland/sipri-usa-und-osteuropa-ruesten-auf-a-1144485.html; https://www.sipri.org/sites/default/files/Trends-world-military-expenditure-2016.pdf. Die gesammelten Daten der Jahre 1949 bis 2016 finden sich unter: https://www.sipri.org/databases/milex.

17 http://nationalinterest.org/blog/the-buzz/did-russia-just-cut-its-defense-budget-by-whopping-25-19831.

18 http://www.faz.net/aktuell/politik/ausland/russland-kuerzt-militaerausgaben-zeichen-der-entspannung-14941329.html.

19 http://www.zeit.de/politik/ausland/2017-02/donald-trump-verteidigungs-haushalt-usa-armee.

20 https://www.sipri.org/databases/milex.

21 Gerard Toal, Near Abroad. Putin, the West and the Contest over Ukraine and the Caucasus, New York 2017, S. 145.

22 Werner Abelshauser, Kriegswirtschaft und Wirtschaftswunder. Deutschlands wirtschaftliche Mobilisierung für den Zweiten Weltkrieg und die

Folgen für die Nachkriegszeit, in: Vierteljahreshefte für Zeitgeschichte 47 (1999), S. 503–538, hier: S. 516.

23 http://www.faz.net/aktuell/politik/ausland/russland-kuerzt-militaerausgaben-zeichen-der-entspannung-14941329.html.

24 International Institute for Strategic Studies (Hg.), The Military Balance 1989–1990, London 1989. Die Angaben wurden aus den Angaben zu den einzelnen Ländern errechnet, so dass auch die nicht den jeweiligen Bündnissen unterstellten Soldaten der jeweiligen Staaten – das ist insbesondere für die Sowjetunion und die USA relevant – enthalten sind. Die Zahl der Kampfpanzer und Flugzeuge nach ebd.

25 International Institute for Strategic Studies (Hg.), The Military Balance 2017, London 2017. Die Angaben wurden aus den Angaben zu den einzelnen Ländern errechnet. Bei den Kampfpanzern wurden nur die aktiven, nicht die eingemotteten Reservepanzer mitgezählt. Deren Zahl beträgt im Falle Russlands 17 500, im Falle der NATO 5 686. Dabei handelt es sich größtenteils um veraltete Modelle.

26 Michael Kofman, The ABCs of Russian Military Power, in: Paul J. Saunders (Hg.), A New Direction in U. S.-Russia-Relations?, Washington, DC 2017, S. 11–22.

27 Die Zahlen zu den Auslandsstützpunkten nach International Institute for Strategic Studies (Hg.), The Military Balance 2017, London 2017, S. 224.

28 Kilian Graf, Der Transnistrien-Konflikt, Hamburg 2010, S. 351 f.

29 https://www.nzz.ch/article7XPID-1.363283.

30 http://www.dw.com/de/russland-darf-syrische-marinebasis-tartus-unbegrenzt-nutzen/a-37214707.

31 http://www.politico.com/magazine/story/2015/06/us-military-bases-around-the-world-119321.

32 https://www.economist.com/news/united-states/21704817-presence-american-troops-foreign-soil-growing-more-controversial-go-home.

33 http://www.zeit.de/politik/ausland/2016-05/nato-russland-erklaerung.

34 http://www.spiegel.de/spiegel/nato-lernen-den-totalen-krieg-zu-fuehren-essay-a-1102178.html.

35 http://www.nato.int/nato_static_fl2014/assets/pdf/pdf_2016_02/20160205_1602-factsheet-rap-en.pdf.

36 «European Reassurance Initiative» heißt übersetzt «Europäische Rückversicherungsinitiative». «Operation Atlantic Resolve» heißt übersetzt «Operation atlantische Entschlossenheit». Beide Bezeichnungen sollen verdeutlichen, dass die USA nach wie vor entschlossen sind, Europa zu verteidigen.

37 https://www.army.mil/article/179087/tank_brigade_sets_quick_pace_moving_to_europe.

38 http://www.nato.int/cps/en/natohq/official_texts_133169.htm?selectedLocale=en.

39 https://www.army.mil/article/179087/tank_brigade_sets_quick_pace_moving_to_europe.

40 https://www.swp-berlin.org/fileadmin/contents/products/aktuell/2016A41_rrw.pdf.

41 https://www.swp-berlin.org/fileadmin/contents/products/aktuell/
2015A27_tga.pdf.

42 https://www.swp-berlin.org/fileadmin/contents/products/aktuell/
2016A41_rrw.pdf.

43 http://www.nato.int/cps/en/natohq/official_texts_25468.htm?selected-
Locale=de.

44 http://www.osce.org/mc/39569?download=true.

45 https://web.archive.org/web/20070930035042/http://www.tagesspiegel.de/
zeitung/Fragen-des-Tages;art693,2340195; http://www.nato.int/docu/pr/
2000/p00–052e.htm, Punkt 51; http://www.friedensgutachten.de/tl_files/
friedensgutachten/pdf/fga2004/FGA_2004.pdf (S. 227f.).

46 Friedensgutachten 2008, hg. von Andreas Heinemann-Grüder u. a., Müns-
ter 2008, S. 69.

47 http://www.osce.org/de/mc/39571?download=true.

48 https://www.nzz.ch/article7XPID-1.363283.

49 Friedensgutachten 2008, hg. von Andreas Heinemann-Grüder u. a., Müns-
ter 2008, S. 70.

50 http://www.nato.int/cps/en/natohq/official_texts_25468.htm?selected-
Locale=de.

51 https://www.swp-berlin.org/fileadmin/contents/products/aktuell/
2016A41_rrw.pdf, S. 4.

52 http://www.abolition2000.org/a2000-files/mbmd3.pdf (S. 13).

53 https://www.foreignaffairs.com/articles/united-states/2006–03–01/rise-us-
nuclear-primacy.

54 https://wikileaks.org/plusd/cables/06MOSCOW3333_a.html.

55 Vgl. hierzu die Diskussion auf der Münchner Sicherheitskonferenz im Februar 2007, insbesondere den Vorwurf in der Diskussion, Russland entwickele
strategische Offensivwaffen, und Putins Antwort darauf: http://www.ag-frie-
densforschung.de/themen/Sicherheitskonferenz/2007-putin-disk.html.

56 https://www.bloomberg.com/politics/articles/2017–01–30/nuclear-strike-
survival-for-russia-china-get-new-u-s-review; https://sputniknews.com/mili-
tary/201701301050164565-intelligence-stratcom-report-us-nuclear-attack-
on-russia/; https://www.congress.gov/bill/114th-congress/house-bill/4909/
text (SEC. 1647); https://www.congress.gov/114/crpt/hrpt840/CRPT-114
hrpt840.pdf (S. 1255).

57 Zu den Radarstationen im Kaukasus, die gerne vergessen werden, vgl. die
Antworten der US-Regierung auf russische Fragen zur Raketenabwehr vom
März 2007, Antwort auf Frage 7: https://wikileaks.org/plusd/cables/07US-
NATO136_a.html. Zum möglichen Stationierungsort auch https://wikile-
aks.org/plusd/cables/07Paris1063_a.html.

58 https://wikileaks.org/plusd/cables/08LONDON111_a.html.

59 Ein Bericht der Botschaft in Warschau vom 5. Oktober 2005 verdeutlicht,
dass zu diesem Zeitpunkt noch nicht feststand, ob es eine Basis in Europa
geben sollte. https://wikileaks.org/plusd/cables/05WARSAW3545_a.html.

60 http://news.bbc.co.uk/2/hi/europe/4445284.stm. Vgl. auch https://wikile-
aks.org/plusd/cables/06WARSAW554_a.html.

61 https://wikileaks.org/plusd/cables/06PRAGUE360_a.html; https://wikileaks.org/plusd/cables/06PRAGUE803_a.html; https://wikileaks.org/plusd/cables/06WARSAW1676_a.html.

62 https://wikileaks.org/plusd/cables/06PRAGUE1074_a.html; https://wikileaks.org/plusd/cables/06PRAGUE1106_a.html; https://wikileaks.org/plusd/cables/06WARSAW2111_a.html.

63 http://www.ag-friedensforschung.de/themen/Sicherheitskonferenz/2007-putin-dt.html.

64 Vgl. https://wikileaks.org/plusd/cables/07MOSCOW705_a.html.

65 https://wikileaks.org/plusd/cables/07MOSCOW2659_a.html.

66 https://wikileaks.org/plusd/cables/07MOSCOW2201_a.html.

67 Zur georgischen Weigerung und zu den Hintergründen (keine Anerkennung der Präsenz russischer Friedenstruppen) vgl. https://wikileaks.org/plusd/cables/07STATE164180_a.html. Vgl. auch https://wikileaks.org/plusd/cables/07MOSCOW2741_a.html.

68 https://wikileaks.org/plusd/cables/07MOSCOW12473_a.html.

69 https://missilethreat.csis.org/missile/ss-26/; https://de.wikipedia.org/wiki/Iskander_(Rakete).

70 Diese Drohung wurde – bis in die Gegenwart hinein – immer wieder geäußert. Vgl. etwa https://wikileaks.org/plusd/cables/07MOSCOW3338_a.html.

71 https://www.theguardian.com/world/2007/apr/11/usa.topstories3.

72 https://wikileaks.org/plusd/cables/07MOSCOW2659_a.html.

73 http://www.telegraph.co.uk/news/worldnews/1569495/Russia-piles-pressure-on-EU-over-missile-shield.html.

74 Vgl. zu den russischen Einwänden: Gespräche am 29.1.2007 in Moskau: https://wikileaks.org/plusd/cables/07MOSCOW1001_a.html; Gespräche am 11./12.3.2007 in Prag: https://wikileaks.org/plusd/cables/07PRAGUE398_a.html; Gespräch in Moskau am 23.3.2007: https://wikileaks.org/plusd/cables/07MOSCOW1305_a.html; sehr detailliert die Gespräche zur strategischen Sicherheit in Moskau am 17.4.2007: https://wikileaks.org/plusd/cables/07MOSCOW1877_a.html.

75 https://wikileaks.org/plusd/cables/07MOSCOW1001_a.html.

76 https://wikileaks.org/plusd/cables/07USNATO264_a.html.

77 https://wikileaks.org/plusd/cables/07USNATO577_a.html.

78 Vgl. ebd. sowie https://wikileaks.org/plusd/cables/07MOSCOW1877_a.html; https://wikileaks.org/plusd/cables/07USNATO362_a.html. Der tschechische Präsident Vaclav Klaus, der Ende April 2007 zu Gesprächen in Moskau gewesen war, teilte dem tschechischen US-Botschafter dagegen mit, er glaube, dass es Putin ernst sei mit seinem Widerstand gegen die Raketenabwehr. Er glaube nicht, dass innenpolitische Motive dahinter stünden. https://wikileaks.org/plusd/cables/07PRAGUE497_a.html.

79 http://www.faz.net/aktuell/politik/ausland/nato-russland-rat-moskaus-neuer-rauher-ton-1437574.html.

80 http://www.faz.net/aktuell/politik/inland/raketenabwehr-union-greift-steinmeier-scharf-an-1408355.html.

81  http://www.faz.net/aktuell/politik/ausland/raketenabwehr-putins-saat-des-misstrauens-1413667.html.

82  https://www.theguardian.com/world/2007/apr/11/usa.topstories3.

83  http://www.telegraph.co.uk/news/worldnews/1569495/Russia-piles-pressure-on-EU-over-missile-shield.html.

84  Vgl. das Non-Paper der US-Regierung zur Zusammenarbeit bei der Raketen-abwehr vom 17. April 2007: https://wikileaks.org/plusd/cables/07USNA-TO259_a.html.

85  https://wikileaks.org/plusd/cables/07MOSCOW1877_a.html.

86  Zum Hintergrund von Gabala vgl. https://wikileaks.org/plusd/cables/07 BAKU722_a.html.

87  Vgl. dazu die Präsentation des russischen Alternativvorschlags im NATO-Russland-Rat am 25. Juli 2007, Punkt 7: https://wikileaks.org/plusd/cab-les/07USNATO430_a.html.

88  Vgl. den Bericht über die ausführliche Vorstellung der russischen Vor-schläge im NATO-Russland-Rat am 25. Juli 2007: https://wikileaks.org/plusd/cables/07USNATO430_a.html. Eventuell griff Putin mit seinem Vor-schlag, die Radarstation in Gabala zu verwenden, sogar eine frühere ameri-kanische Anfrage auf. Vgl. dazu https://wikileaks.org/plusd/cables/07PA-RIS1063_a.html. Später hat Washington eine solche Anfrage aber immer abgestritten.

89  https://wikileaks.org/plusd/cables/07MOSCOW2768_a.html.

90  https://wikileaks.org/plusd/cables/07MOSCOW3338_a.html.

91  Ebd.

92  https://wikileaks.org/plusd/cables/07USNATO430_a.html.

93  Ebd.

94  https://wikileaks.org/plusd/cables/07PRAGUE999_a.html.

95  https://wikileaks.org/plusd/cables/07USNATO490_a.html.

96  https://wikileaks.org/plusd/cables/07MOSCOW4897_a.html.

97  https://wikileaks.org/plusd/cables/07MOSCOW5059_a.html.

98  https://wikileaks.org/plusd/cables/07USNATO579_a.html.

99  Vgl. die Diskussionen bei der nächsten Verhandlungsrunde in Budapest am 13. Dezember 2007: https://wikileaks.org/plusd/cables/08 BUDAPEST-345_a.html.

100  https://wikileaks.org/plusd/cables/07STATE159779_a.html.

101  Vgl. etwa https://wikileaks.org/plusd/cables/08MOSCOW142_a.html; ht-tps://wikileaks.org/plusd/cables/07MOSCOW5387_a.html; https://wikile-aks.org/plusd/cables/08MOSCOW410_a.html.

102  https://wikileaks.org/plusd/cables/07BERLIN1943_a.html.

103  https://wikileaks.org/plusd/cables/07USNATO579_a.html.

104  https://wikileaks.org/plusd/cables/08MOSCOW142_a.html.

105  https://wikileaks.org/plusd/cables/08MOSCOW387_a.html.

106  Zur russischen Kritik an der fehlenden Genauigkeit der amerikanischen Vorschläge vgl. https://wikileaks.org/plusd/cables/08MOSCOW2055_a.html.

107  Vgl. etwa https://wikileaks.org/plusd/cables/07PRAGUE1215_a.html;

https://wikileaks.org/plusd/cables/08MOSCOW2055_a.html; https://wiki-leaks.org/plusd/cables/08MOSCOW1061_a.html.

108 https://wikileaks.org/plusd/cables/08BUDAPEST345_a.html.

109 https://wikileaks.org/plusd/cables/07USNATO265_a.html.

110 https://wikileaks.org/plusd/cables/07KIEV1459_a.html.

111 https://wikileaks.org/plusd/cables/08USNATO41_a.html; zu Putins Ab-sicht, ein positives Signal zu setzen, vgl. auch https://wikileaks.org/plusd/cables/08MOSCOW1090_a.html.

112 https://wikileaks.org/plusd/cables/08BERLIN358.html.

113 http://www.spiegel.de/politik/ausland/verzicht-auf-raketenabwehr-obama-umgarnt-russland-a-649752.html.

114 https://wikileaks.org/plusd/cables/09MOSCOW2391_a.html.

115 http://news.bbc.co.uk/2/hi/europe/8262515.stm.

116 https://wikileaks.org/plusd/cables/09MOSCOW2391_a.html.

117 https://2009-2017.state.gov/secretary/20092013clinton/rm/2009a/09/129366.htm.

118 https://wikileaks.org/plusd/cables/09MOSCOW1111_a.html.

119 https://wikileaks.org/plusd/cables/09MOSCOW1491_a.html.

120 https://wikileaks.org/plusd/cables/09MOSCOW1804_a.html.

121 https://wikileaks.org/plusd/cables/09USNATO421_a.html.

122 https://wikileaks.org/plusd/cables/09STATE96519_a.html.

123 https://wikileaks.org/plusd/cables/09STATE96526_a.html.

124 https://wikileaks.org/plusd/cables/09STATE96519_a.html. Allerdings wurde Moskau schon Anfang Oktober darüber informiert, dass Abfangra-keten in Polen stationiert würden. Wahrscheinlich hatte man damit schlicht gewartet, bis die Zustimmung der polnischen Regierung absehbar war. https://wikileaks.org/plusd/cables/09MOSCOW2529_a.html.

125 https://wikileaks.org/plusd/cables/09STATE96526_a.html.

126 https://wikileaks.org/plusd/cables/09PRAGUE564_a.html.

127 https://wikileaks.org/plusd/cables/09WARSAW983_a.html.

128 https://wikileaks.org/plusd/cables/10MOSCOW319_a.html; https://wikile-aks.org/plusd/cables/10MOSCOW391_a.html.

129 https://www.mda.mil/system/aegis_status.html.

130 https://obamawhitehouse.archives.gov/the-press-office/2011/09/15/fact-sheet-implementing-missile-defense-europe; https://www.armscontrol.org/factsheets/Phasedadaptiveapproach; https://www.armscontrol.org/act/2013_04/Pentagon-Shifts-Gears-on-Missile-Defense.

131 http://defense-update.com/20130316_alaska-to-pivot-us-missile-defenses-again.html.

132 https://www.armscontrol.org/factsheets/Phasedadaptiveapproach.

133 http://navyrecognition.com/index.php/news/defence-news/2016/october-2016-navy-naval-forces-defense-industry-technology-maritime-security-global-news/4438-us-sm-3-interceptors-can-take-down-ballistic-missiles-at-initial-flight-stage.html.

134 http://www.rand.org/content/dam/rand/pubs/research_reports/RR900/RR957/RAND_RR957.pdf.

135  https://wikileaks.org/plusd/cables/09WARSAW1071_a.html. Dazu passt auch ein Bericht von «Jane's Defence» vom April 2017, dass über eine Neuausrichtung des PAA-Systems auf die russische Bedrohung durch Raketen und Cruise Missiles nachgedacht werde. http://www.janes.com/article/695 33/russian-cruise-missiles-add-new-dimension-to-epaa-planning-says-eucom-official.

136  https://wikileaks.org/plusd/cables/09STATE96526_a.html.

137  https://wikileaks.org/plusd/cables/10MOSCOW161_a.html.

138  http://www.sueddeutsche.de/politik/russland-und-die-nato-neustart-in-lissabon-1.1026432.

139  http://www.faz.net/aktuell/politik/ausland/zorn-ueber-raketenabwehr-russland-droht-europa-mit-praeventivschlaegen-11738902.html.

140  https://de.sputniknews.com/politik/20121220265188860/.

141  http://www.faz.net/aktuell/politik/ausland/streit-ueber-raketenabwehr-daenemark-weist-russische-warnungen-zurueck-13499069.html.

142  http://www.sueddeutsche.de/politik/krim-besetzung-putin-hat-das-rad-zurueckgedreht-1.1911067.

143  http://www.spiegel.de/politik/ausland/iran-muss-95-prozent-seines-angereicherten-urans-beseitigen-a-1043598.html.

144  https://www.nytimes.com/2015/09/08/science/irans-unsung-plutonium-concession-in-nuclear-deal.html.

145  http://www.reuters.com/article/us-iran-nuclear-kerry-idUSKCN0-UR2AQ20160113.

146  https://www.iaea.org/newscenter/focus/iran/iaea-and-iran-iaea-reports.; http://www.spiegel.de/politik/ausland/usa-verhaengen-neue-sanktio-nen-gegen-iran-a-1158551.html.

147  http://www.zeit.de/politik/2016-06/nato-raketenabwehr-russland-sicher-heit-europa.

148  http://www.zeit.de/2016/45/abruestungsvertrag-usa-russland-atomrake-ten-streit.

149  https://sputniknews.com/military/201703281052032112-russia-us-missile-defense/; https://sputniknews.com/military/201703281052028770-us-arms-race/.

150  http://www.independent.co.uk/news/world/europe/us-surprise-nuclear-strike-russia-weapons-arms-race-viktor-poznikhir-general-staff-anti-ballistic-a7655481.html; https://www.rt.com/news/382520-us-arms-race-provoke/; https://sputniknews.com/world/201703291052064136-russia-countermeasures-us-missile-defense-system/; http://tass.com/de-fense/937967.

151  http://www.zeit.de/politik/ausland/2017-02/nordkorea-usa-donald-trump-atomare-aufruestung-5vor8/komplettansicht.

152  http://www.deutschlandfunk.de/raketenabwehrsystem-thaad-in-suedko-rea-es-kann-hoechstens.676.de.html?dram:article_id=384098.

153  https://www.welt.de/politik/ausland/article162781496/Pekings-Wut-ueber-Raketenabwehr-auf-dem-Golfplatz.html.

154 http://www.armscontrolwonk.com/archive/1202268/iskanders-in-kaliningrad/.

155 http://www.independent.co.uk/news/world/europe/russia-poland-us-cruise-missiles-war-conflict-warning-ambassador-a7498996.html; http://defence-blog.com/news/polish-air-force-receives-first-us-cruise-missiles.html.

156 Vgl. https://www.ndr.de/info/sendungen/streitkraefte_und_strategien/streitkraefteundstrategien104.pdf (S. 3–7); http://www.stern.de/digital/technik/russland-stationiert-iskander-raketen-in-kaliningrad-7098506.html.

## «Wandel durch Annäherung»

1 http://www.focus.de/politik/ausland/tid-25376/mikrofon-pannen-von-politikern-da-ist-das-riesenarschloch-furchtbar-der-typ_aid_729002.html.

2 Bernd Stöver, Der Kalte Krieg. Geschichte eines radikalen Zeitalters 1947–1991, München 2017, S. 410-436.

3 John Lewis Gaddis, The Cold War. A New History, London 2007, S. 227; http://www.spiegel.de/politik/ausland/kalter-krieg-nato-manoever-fuehrte-1983-beinahe-zum-atomkrieg-a-931489.html.

4 http://www.spiegel.de/einestages/vergessener-held-a-948852.html.

5 Gaddis, The Cold War, S. 227 f.

6 Klaus Wiegrefe, Der Scheinriese, in: Der Spiegel 20/2017, S. 35, https://magazin.spiegel.de/SP/2017/20/151139715/index.html.

7 Bernd Greiner, Die Kuba-Krise. Die Welt an der Schwelle zum Atomkrieg, 2. Aufl., München 2015.

8 Stöver, Der Kalte Krieg, S. 397 f.

9 Ebd., S. 408 f., 421–424, 440 f.

10 Konstantin von Hammerstein, Die Sprache der Panzer, in: Der Spiegel 21/2017, https://magazin.spiegel.de/SP/2017/21/151254614/index.html?utm_source=spon&utm_campaign=centerpage.

11 Für diesen Hinweis danke ich General a. D. Harald Kujat, der in seiner aktiven Zeit als oberster Militär der NATO an zahlreichen NATO-Russland-Verhandlungen beteiligt war.

12 Heinrich A. Winkler, Geschichte des Westens. Die Zeit der Weltkriege 1914–1945, München 2011, S. 195–197.

13 http://www.dw.com/en/what-is-turkeys-incirlik-air-base/a-38869196.

14 http://www.dw.com/en/iceland-agrees-to-the-return-of-american-troops/a-19369461; https://www.stripes.com/news/navy-aircraft-returning-to-former-cold-war-base-in-iceland-1.393156#.WQCOXsakJPZ.

15 http://www.sueddeutsche.de/politik/skandinavien-norwegen-rueckt-nach-westen-1.3240142.

16 https://www.nytimes.com/2017/06/13/world/europe/arctic-norway-russia-radar.html.

17 https://obamawhitehouse.archives.gov/the-press-office/2016/07/09/fact-sheet-us-and-nato-efforts-support-nato-partners-including-georgia.

18 http://www.reuters.com/article/us-georgia-exercises-idUSKCN0Y21RP.

19 https://en-marche.fr/emmanuel-macron/le-programme/international. Zu Macrons Russland-Politik vgl. auch: http://www.al-monitor.com/pulse/originals/2017/06/france-shift-syria-open-doors-russia-assad-putin.html.

20 Zum Vergleich mit dem Saarland vgl. einen Artikel von Martin Brusis, allerdings mit Bezug auf das Saarstatut von 1954: http://www.ipg-journal.de/kommentar/artikel/die-krim-braucht-ein-saar-referendum-341/.

21 http://www.zeit.de/2014/51/frank-walter-steinmeier-russland-rede; Frank-Walter Steinmeier, Flugschreiber. Notizen aus der Außenpolitik in Krisenzeit, Berlin 2016, S. 191 f.; http://www.tagesspiegel.de/politik/rede-beim-deutsch-russischen-forum-gabriel-fuer-neuanfang-des-dialogs-mit-russland/13338282.html; https://www.welt.de/newsticker/dpa_nt/afxline/topthemen/article162185971/Werden-an-eurer-Seite-stehen.html.

22 Peter Bender, Die «Neue Ostpolitik» und ihre Folgen. Vom Mauerbau bis zur Vereinigung, München 1995.

23 Der Text der Rede ist nachzulesen unter: http://www.1000dokumente.de/index.html?c=dokument_de&dokument=0091_bah&object=translation-&st=&l=de.

24 https://www.tagesschau.de/ausland/russland-protest-korruption-101.html; http://www.zeit.de/politik/ausland/2017-03/alexej-nawalny-festgenommen-moskau-demonstration-korruption-russland-opposition.

25 https://www.transparency.org/news/feature/corruption_perceptions_index_2016.

26 https://de.wikipedia.org/wiki/Alexei_Anatoljewitsch_Nawalny.

27 http://www.zeit.de/politik/ausland/2017-05/russland-demonstrationen-proteste-wladimir-putin-st-petersburg-moskau.

28 Vgl. dazu Stefan Scholl, Russlands Protest zerfasert, in: Frankfurter Rundschau vom 17. Mai 2017, S. 8.

29 http://www.zeit.de/politik/ausland/2017-03/alexej-nawalny-festgenommen-moskau-demonstration-korruption-russland-opposition.

30 http://www.spiegel.de/politik/ausland/proteste-in-russland-alexej-nawalny-fordert-wladimir-putin-heraus-a-1151763.html.

31 http://www.nytimes.com/2011/12/10/world/europe/the-saturday-profile-blogger-aleksei-navalny-rouses-russia.html; https://www.youtube.com/watch?v=oVNJiO10SWw.

32 Steven Lee Myers, Putin. Der neue Zar, Zürich 2016, S. 493.

33 http://www.newyorker.com/magazine/2011/04/04/net-impact.

34 https://www.theatlantic.com/international/archive/2013/07/is-aleksei-navalny-a-liberal-or-a-nationalist/278186/; http://www.mdr.de/heute-im-osten/klimeniouk-zu-nawalny-100.html; https://en.wikipedia.org/wiki/Anti-Georgian_sentiment.

35 http://www.zeit.de/2013/37/russland-opposition-alexej-nawalny; http://www.mdr.de/heute-im-osten/klimeniouk-zu-nawalny-100.html.

36 https://www.theatlantic.com/international/archive/2013/07/is-aleksei-navalny-a-liberal-or-a-nationalist/278186/.

37 http://www.dw.com/de/neue-anklage-gegen-kreml-kritiker-nawalny/
a-17193492.

38 http://www.spiegel.de/politik/ausland/russland-verurteilt-kreml-kritiker-
nawalny-wegen-veruntreuung-a-911727.html; http://www.zeit.de/politik/
ausland/2013–07/alexej-nawalny-russland-urteil; http://www.nytimes.
com/2012/08/01/world/europe/aleksei-navalny-charged-with-
embezzlement.html; http://www.faz.net/aktuell/politik/ausland/russland-
in-moskau-wieder-gewalt-gegen-demonstranten-11742106.html; http://
www.zeit.de/politik/ausland/2016–02/russland-kreml-willkuer-egmr-
urteil-alexej-nawalny; https://www.tagesschau.de/ausland/nawalny-bewae-
hrungstrafe-101.html; http://www.sueddeutsche.de/politik/russland-
kreml-kritiker-nawalny-darf-nicht-fuer-praesidentschaft-kandidie-
ren-1.3559213.

39 Thorsten Spengler/Christiane Scholz: Russland in Europa. Annäherung
oder Abschottung? Eine repräsentative Befragung von TNS Infratest Poli-
tikforschung im Auftrag der Körber-Stiftung, März 2016, S. 12.

40 http://www.spiegel.de/wirtschaft/soziales/wladimir-putin-und-russland-
18-jahre-in-neun-grafiken-a-1150457.html.

41 Ebd.

42 Dietmar Neutatz, Träume und Alpträume. Eine Geschichte Russlands im
20. Jahrhundert, München 2013, S. 583.

43 http://www.zeit.de/politik/ausland/2016-01/russland-korruption-alexej-
nawalny-kreml-wladimir-putin.

44 http://russland.boellblog.org/2017/02/16/ist-russland-konservativ/.

45 http://www.laender-analysen.de/russland/pdf/RusslandAnalysen328.pdf
(S. 21).

46 http://www.laender-analysen.de/russland/pdf/RusslandAnalysen328.pdf
(S. 18).

47 http://www.laender-analysen.de/russland/pdf/Russlandanalysen085.pdf
(S. 8).

48 Vgl. etwa Gabriele Krone-Schmalz, Was passiert in Russland?, München
2007.

49 http://www.spiegel.de/politik/ausland/russland-putin-unterzeichnet-ngo-
gesetz-a-845640.html; http://www.faz.net/aktuell/politik/ausland/russ-
land-duma-billigt-ngo-gesetz-1282009.html.

50 http://www.laender-analysen.de/russland/pdf/Russlandanalysen224.pdf
(S. 2-5).

51 http://www.laender-analysen.de/russland/pdf/Russlandanalysen224.pdf
(S. 4).

52 http://www.spiegel.de/wirtschaft/soziales/wladimir-putin-und-russland-
18-jahre-in-neun-grafiken-a-1150457.html (Text zur Grafik zu Putins Popu-
laritätswerten).

53 Benjamin Bidder, Generation Putin. Das neue Russland verstehen, München 2016, S. 174. http://www.spiegel.de/politik/ausland/russland-warum-
die-revolution-der-putin-gegner-scheiterte-a-1125206.html.

## Selber denken

1 Frank Nägele, Hilfe, ich bin konservativ!, in: Kölner Stadtanzeiger vom 6./7.8.2016.

2 Der russische Präsident Putin und der damalige Bundeskanzler Schröder hatten im Jahr 2000 die Idee, ein Dialogforum zu schaffen, auf dem sich die unterschiedlichsten gesellschaftlichen Bereiche treffen können und dessen Arbeitsergebnisse direkt den jeweiligen Regierungschefs bzw. Staatschefs mit auf den Weg gegeben werden konnten, weil parallel zum Petersburger Dialog immer Regierungskonsultationen stattfanden.

Alle in den Anmerkungen genannten Webseiten wurden im August 2017 zuletzt angesehen.

Um die Benutzung des Anmerkungsapparates zu erleichtern, kann unter www.chbeck.de/krone-schmalz-eiszeit eine Datei mit den Anmerkungen heruntergeladen werden, damit die Adressen der Webseiten nicht abgetippt werden müssen.

# Karten

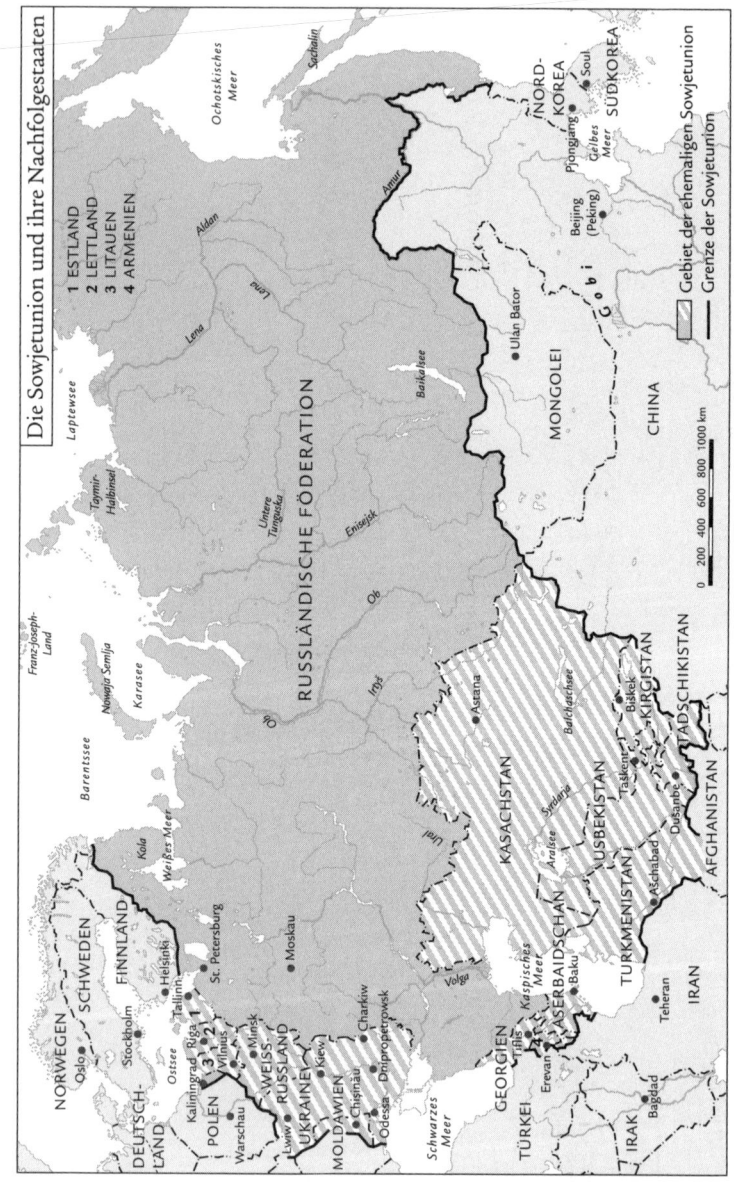

Die Sowjetunion und ihre Nachfolgestaaten

1 ESTLAND
2 LETTLAND
3 LITAUEN
4 ARMENIEN

Gebiet der ehemaligen Sowjetunion
Grenze der Sowjetunion

0  200  400  600  800 1000 km

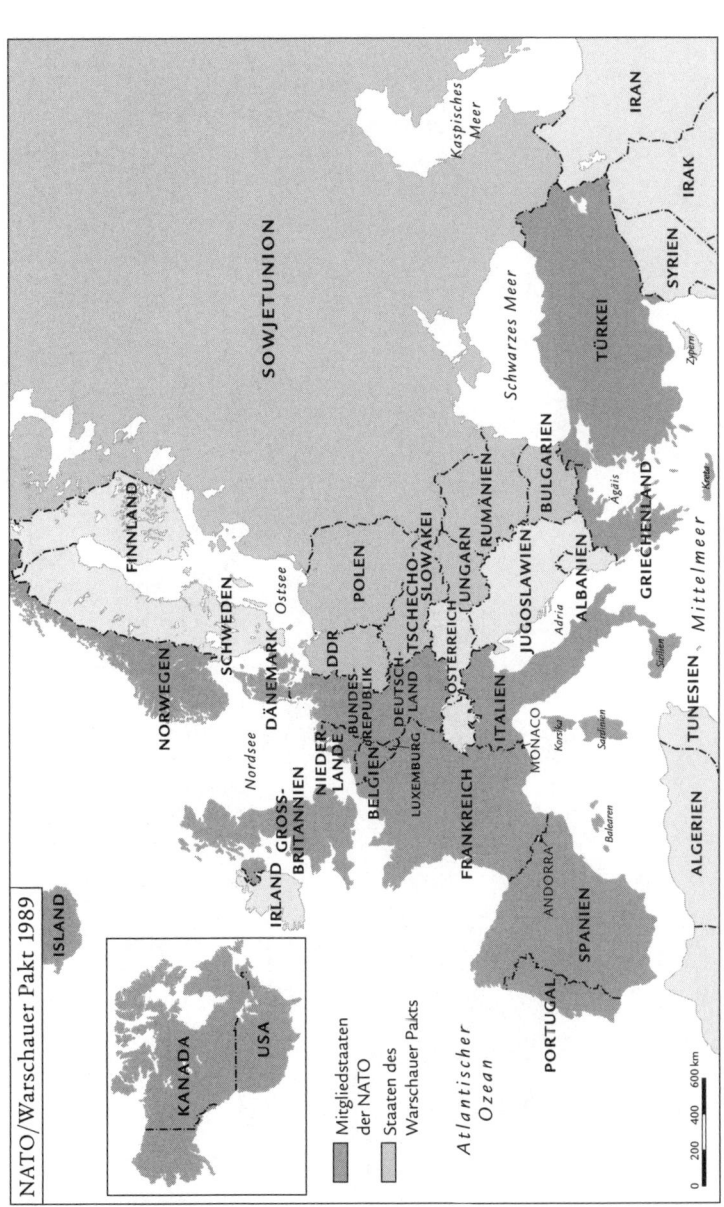

NATO/Warschauer Pakt 1989

ISLAND

KANADA
USA

■ Mitgliedstaaten
  der NATO
■ Staaten des
  Warschauer Pakts

Atlantischer
Ozean

0  200  400  600 km

PORTUGAL
SPANIEN
ANDORRA
FRANKREICH
IRLAND GROSS-
BRITANNIEN
NIEDER-
LANDE
BELGIEN
LUXEMBURG
BUNDES-
REPUBLIK
DEUTSCH-
LAND
MONACO
ITALIEN
ÖSTERREICH
Korsika
Sardinien
Balearen
ALGERIEN
TUNESIEN
Sizilien
Mittelmeer

NORWEGEN
SCHWEDEN
FINNLAND
DÄNEMARK
Ostsee
Nordsee
DDR
POLEN
TSCHECHO-
SLOWAKEI
UNGARN
RUMÄNIEN
JUGOSLAWIEN
Adria
ALBANIEN
BULGARIEN
GRIECHENLAND
Kreta
Ägäis
Zypern

SOWJETUNION
Kaspisches
Meer
Schwarzes Meer
TÜRKEI
SYRIEN
IRAK
IRAN

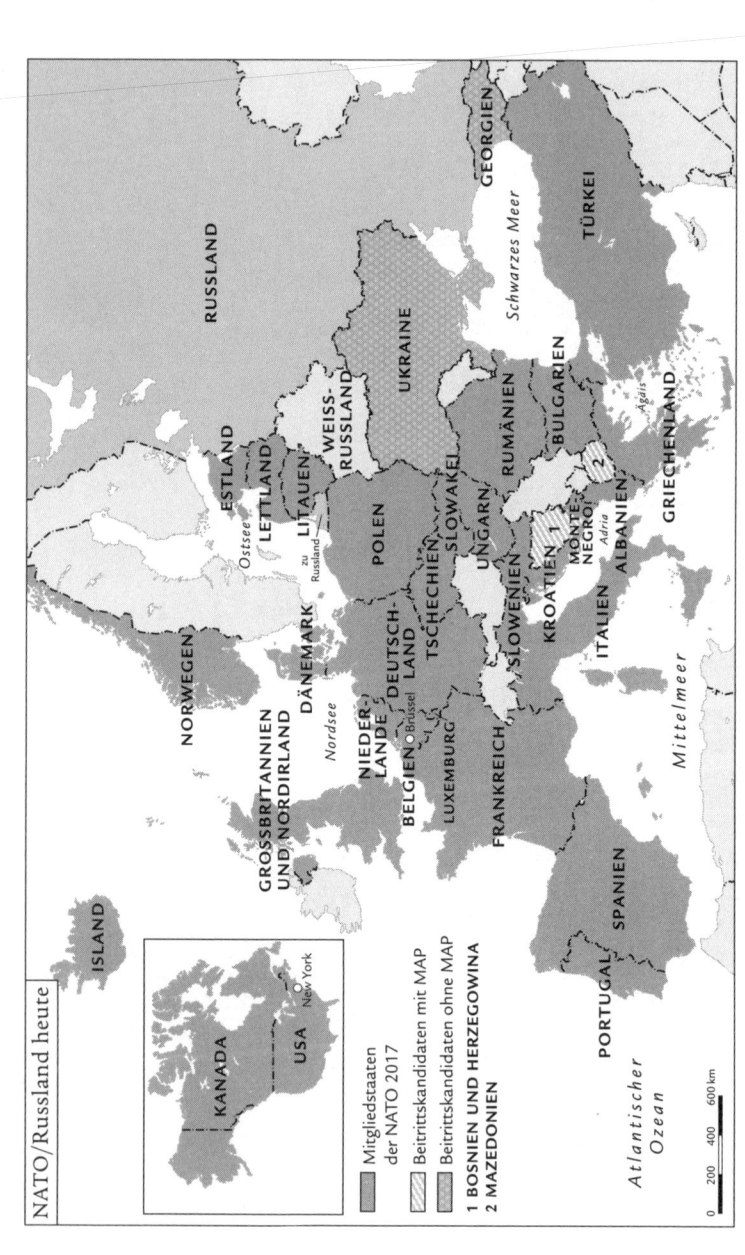

NATO/Russland heute

**Legende:**

- Mitgliedstaaten der NATO 2017
- Beitrittskandidaten mit MAP
- Beitrittskandidaten ohne MAP

1 BOSNIEN UND HERZEGOWINA
2 MAZEDONIEN

ISLAND

KANADA
USA
New York

NORWEGEN

GROSSBRITANNIEN UND NORDIRLAND

DÄNEMARK

NIEDER-LANDE
Brüssel
BELGIEN
LUXEMBURG

DEUTSCH-LAND

FRANKREICH

PORTUGAL

SPANIEN

ITALIEN

Atlantischer Ozean

Nordsee

Mittelmeer

ESTLAND
LETTLAND
LITAUEN
zu Russland
Ostsee

RUSSLAND

WEISS-RUSSLAND

POLEN

TSCHECHIEN
SLOWAKEI
UNGARN
SLOWENIEN
KROATIEN 1
MONTE-NEGRO
ALBANIEN
Adria

UKRAINE

RUMÄNIEN

BULGARIEN

GEORGIEN

Schwarzes Meer

TÜRKEI

GRIECHENLAND

Ägäis

0   200   400   600 km

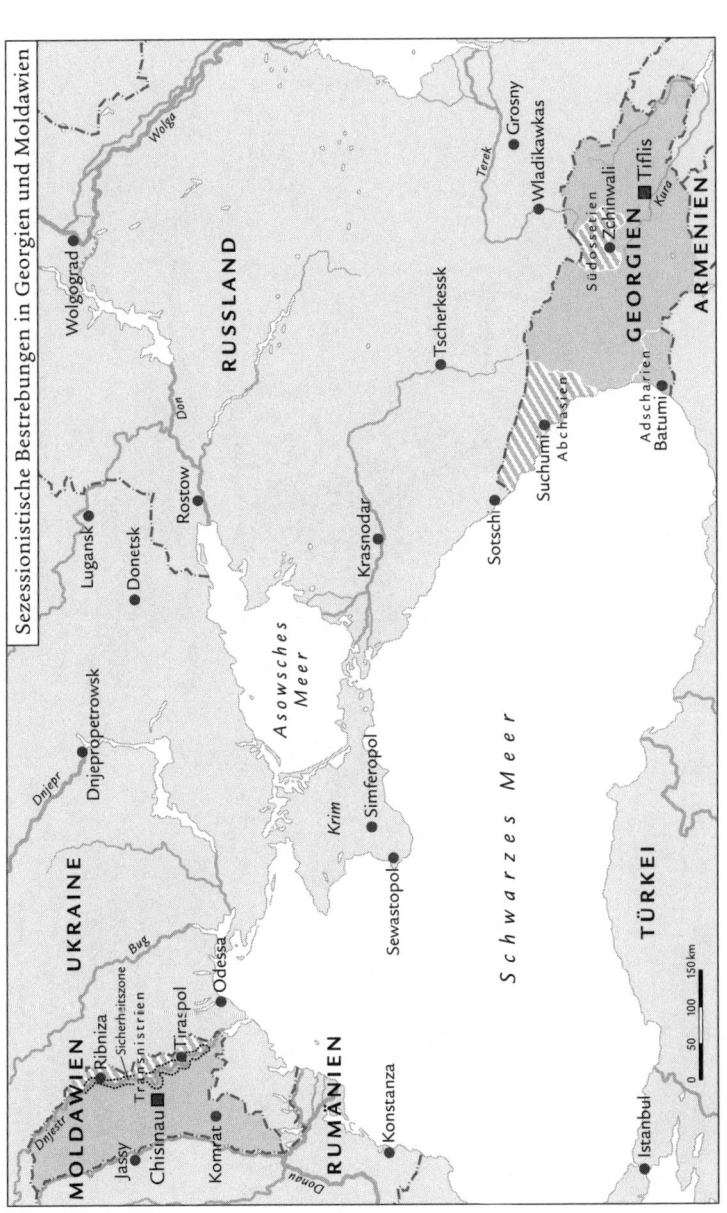

Sezessionistische Bestrebungen in Georgien und Moldawien

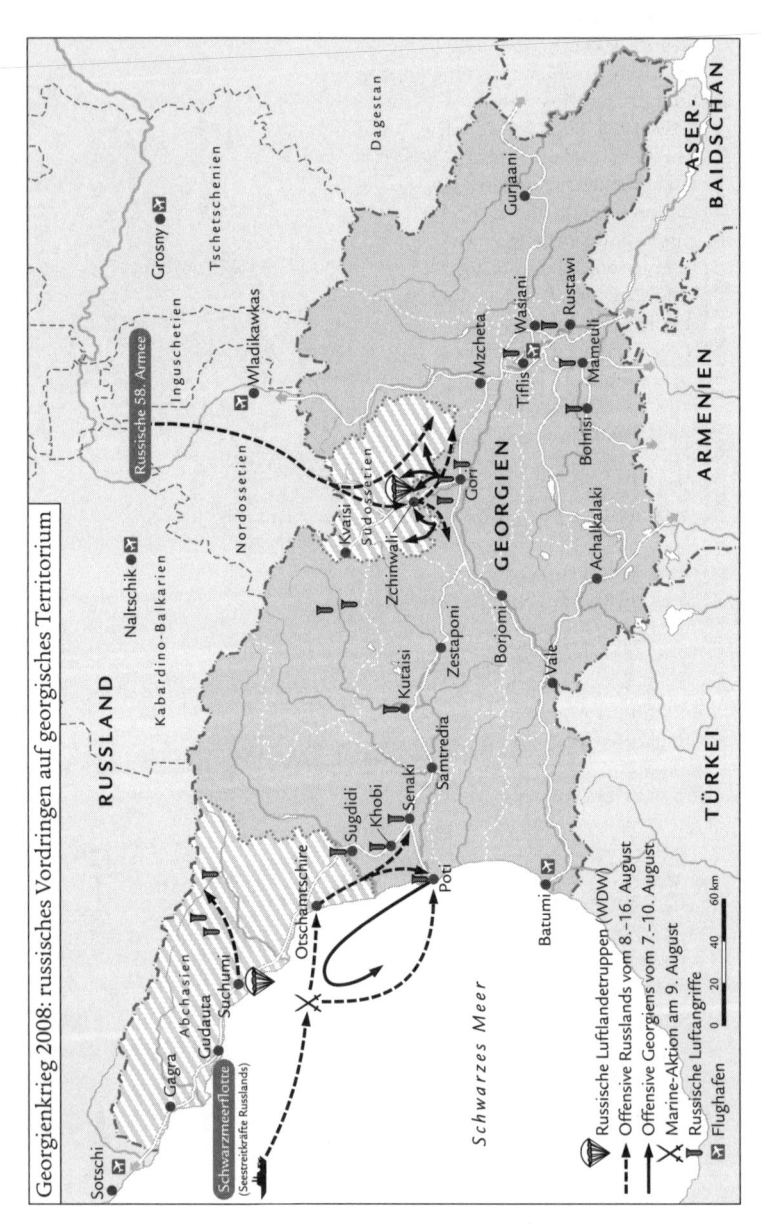

Georgienkrieg 2008: russisches Vordringen auf georgisches Territorium

Russische Luftlandetruppen (WDW)

Offensive Russlands vom 8.–16. August

Offensive Georgiens vom 7.–10. August

Marine-Aktion am 9. August

Russische Luftangriffe

Flughafen

0 20 40 60 km

Schwarzmeerflotte (Seestreitkräfte Russlands)

Russische 58. Armee

RUSSLAND

Tschetschenien

Inguschetien

Nordossetien

Dagestan

Kabardino-Balkarien

GEORGIEN

Südossetien

ARMENIEN

TÜRKEI

ASER-BAIDSCHAN

Abchasien

Schwarzes Meer

Sotschi

Gagra

Gudauta

Suchumi

Otschamtschire

Poti

Batumi

Sugdidi

Khobi

Senaki

Samtredia

Zestaponi

Kutaisi

Borjomi

Vale

Achalkalaki

Bolnisi

Mameuli

Achalkalaki

Kvaisi

Zchinwali

Gori

Mzcheta

Tiflis

Wasiani

Rustawi

Gurjaani

Wladikawkas

Grosny

Naltschik